Wolfgang Wüst

Frankens Policey – Alltag, Recht und Ordnung in der Frühen Neuzeit

Wolfgang Wüst

unter Mitarbeit von Christoph Gunkel

Frankens Policey

Alltag, Recht und Ordnung in der Frühen Neuzeit

Analysen und Texte

Schriftenreihe des Mittelalterlichen Kriminalmuseums Rothenburg ob der Tauber

Band XIV

wbg Academic

Die Deutsche Nationalbibliothek verzeichnet diese Publikation
in der Deutschen Nationalbibliografie; detaillierte bibliografische
Daten sind im Internet über http://dnd.d-nb.de abrufbar.

wbg Academic ist ein Imprint der wbg

Die Herausgabe des Werkes wurde durch die
Vereinsmitglieder der wbg ermöglicht.
Umschlagsabbildung: Rothenburger Policeyordnung aus dem Jahr 1705,
Titelseite und S. 24. Bildnachweis: SLUB Dresden, Hist.urb.Germ.1004.m,13.
Satz und eBook: Satzweiss.com Print, Web, Software GmbH
Gedruckt auf säurefreiem und
alterungsbeständigem Papier.
Printed in Germany

Besuchen Sie uns im Internet: www.wbg-wissenverbindet.de

ISBN 978-3-534-40567-1

Elektronisch ist folgende Ausgabe erhältlich:
eBook (PDF): 978-3-534-40568-8

Inhalt

Grußwort

© *SR Kiertscher*

Regulierungswut und Normdickicht – Gesetzesflut und Rechtswirrwarr: nur einige der häufig bemühten Metaphern zur Umschreibung einer vermeintlich immer stärker um sich greifenden rechtlich-administrativen Durchdringung unseres Lebens. Vielen präsentiert sich dies als ein Phänomen der Gegenwart. Einige setzen dem gar die Vorstellung einer „guten alten Zeit" entgegen, in der das Recht noch nicht derart Platz gegriffen habe. So überraschen die – gegenteiliges vermittelnden – Ausstellungssektionen des Mittelalterlichen Kriminalmuseums, Europas bedeutendstem Rechtskundemuseum, nicht wenige seiner jährlich über 110 000 Gäste aus über 110 Ländern. *Frühneuzeitliche* Policeyordnungen – die Schreibweise mit „-cey" unterscheidet sich bewusst von der heutigen Polizei – in einem *Mittelalterlichen* Kriminalmuseum scheinen schon mit Blick auf die abweichenden Epochenattribute *prima facie* nicht naheliegend. Der vermeintliche Widerspruch löst sich indes rasch sowohl in thematisch-konzeptioneller als auch museumsgeschichtlicher Hinsicht. Die Wurzeln des heute von einer gemeinnützigen Stiftung öffentlichen Rechts getragenen Museums reichen über einhundert Jahre zurück und gründen auf einer privaten Altertumssammlung der Jahrhundertwende. Über die Jahrzehnte wuchs die Sammlung des stets und bis heute noch sich selbst tragenden Museums. Bereits in den 1970er Jahren deckte die Ausstellung das gesamte historische deutsche Rechtswesen ab. Deshalb wurde auch diese umfassende Museumsausrichtung bei der Umwandlung in eine Stiftung festgeschrieben bei Aufrechterhaltung der entwicklungsgeschichtlich begründeten engeren Firmierung, ähnlich anderen großen geschichtsträchtigen Häusern wie dem Germanischen Nationalmuseum in Nürnberg.

Aber auch thematisch sind frühneuzeitliche Policeyordnungen in einem Mittelalterlichen Kriminalmuseum naheliegend. Der längsten Zeit unserer Rechtsgeschichte war eine strikte Differenzierung von Rechtsgebieten heutiger Provenienz fremd. So bricht sich etwa die Scheidung von Zivil- und Strafrecht erst ab dem Hochmittelalter und dann sehr vorsichtig Bahn. Insoweit fungieren die den Policeyordnungen gewidmeten Präsenzausstellungsbereiche als Scharnier zwischen der Strafrechtsgeschichte im engeren Sinne und der Sozial-, Herrschafts- und Verwaltungsrechtsgeschichte. Sie weiten den Vorstellungshorizont der Gäste vom Fokus auf Folter und Todesstrafe hin zu einem breiteren Verständnis der weitläufigen und feingliedrigen rechtlichen Durchdringung des Lebens in „alter Zeit". Museumspädagogisch wird dabei bewusst der Faden auch bei den uns heute noch prägenden Vorstellungen und Visualisierungen des 19. und frühen 20. Jahrhunderts aufgenommen. Vermittels der gegenständlichen Zeugnisse historischen Rechtswesens und erläuternden Informationen erfolgt dann eine zeitgemäße und dem derzeitigen Kenntnisstand folgende Kontextualisierung.

Dass die Ausstellungsbereiche zur „Guten Policey" – Wolfgang Wüst spricht von der „guten" Policey, um zu betonen, dass sie keineswegs immer heilbringend war – mittlerweile einen Schwerpunkt der Sammlung bilden, verdankt sich dem Stifter und langjährigen Museumsleiter, Christoph Hinckeldey (1922–1994). Bereits früh faszinierten den Juristen Hinckeldey die historischen Policey-Ordnungen. Viele Jahre Forschungsarbeit mündeten in eine Doktorarbeit mit dem Arbeitstitel „Die Polizeiordnungen der ehemals freien Reichsstadt Rothenburg ob der Tauber". Sehr zum Leidwesen der Rothenburger Stadtgeschichte konnte diese nicht mehr abgeschlossen werden. Auch heute noch nehmen die Kapitel zu den Policeyordnungen in den deutschen und englischen Begleitbänden zur Präsenzausstellung („Justiz in alter Zeit" und „Criminal Justice through the Ages") mit jeweils über einhundert Seiten einen breiten Raum ein. Vor diesem Hintergrund nimmt es nicht wunder, dass die Schriftenreihe des Mittelalterlichen Kriminalmuseums sich nunmehr in einem eigenständigen Band den Policeyordnungen widmet.

Der vorliegende Band soll dem geneigten Leser einen tieferen Einblick in die Geschichte und Wirkungsweise frühneuzeitlicher Normen geben. Wir freuen uns, dass wir mit dem Landeshistoriker Wolfgang Wüst eine Koryphäe auf dem Gebiet der frühneuzeitlichen Policeyordnungen für unsere Schriftenreihe gewinnen konnten. Fast zwanzig Jahre lehrte und forschte Wolfgang Wüst auf dem Lehrstuhl für Bayerische und Fränkische Landesgeschichte an der Friedrich-Alexander-Universität Erlangen-Nürnberg. Mit weit über 400 Titeln gilt seine Publikationstätigkeit nicht nur in Fachkreisen als äußerst bemerkenswert – das von ihm herausgegebene und mittlerweile acht Bände umfassende, vorzügliche Quellenwerk zu frühmodernen Normsetzungen („Die ‚*gute*' Policey im Reichskreis") gilt bereits heute als unverzichtbare Grundlagenarbeit. Der bewusst gewählte regionale Zugang der Reihe und der vorliegenden Publikation lässt längst verlorene Welten der Frühen Neuzeit in ihren ganz individuellen Verästelungen greifbar werden. Möge das weite Spektrum der in den Policeyordnungen geregelten Lebensbereiche dem Leser einen erhellenden Blick hinter die Kulissen der „großen" Geschichte eröffnen.

Rothenburg o.d.T., Pfingsten 2021

Dr. Markus Hirte, LL.M.
Geschäftsführender Direktor des Mittelalterlichen Kriminalmuseums

Geleitwort

© *Karl Härter*

Die *gute Policey* bildet einen Schlüssel zum Verständnis und zur Erforschung der mittelalterlichen und frühneuzeitlichen Geschichte – in Europa, im Heiligen Römischen Reich deutscher Nation und in Franken. Seit dem späten Mittelalter erließen Staaten, Territorien, Städte und andere Obrigkeiten zahllose Policeyordnungen, um „gute Ordnung und Policey" zu erhalten.

Im vorliegenden Band präsentiert Wolfgang Wüst städtische Ordnungen insbesondere der Reichsstadt Rothenburg ob der Tauber, Ordnungen der Markgrafschaften Brandenburg-Ansbach und Brandenburg-Bayreuth, Policeygesetze adeliger Herrschaften, Dorf- und Gemeindeordnungen und die Policeyordnung des Fränkischen Reichskreises. Ausgehend von diesen gut gewählten, exemplarischen Beispielen stellt er kenntnisreich wie anschaulich die Bandbreite *guter Policey* dar: Policeyordnungen bzw. Ordnungsgesetze regelten nahezu alle Bereiche von Gesellschaft, Wirtschaft, Umwelt, Kultur und Alltagsleben und bildeten eine wichtige Grundlage für Verwaltung und Justiz. Dadurch ergänzte und erweiterte die Policeygesetzgebung auch das traditionelle Strafrecht, normierte Ordnungswidrigkeiten und Delikte, etablierte neue Maßnahmen zur Kontrolle und Verfolgung von Kriminalität und erweiterte die Strafmöglichkeiten. Policey, Kriminalität und Strafjustiz bilden folglich einen für die mittelalterliche und frühneuzeitliche Geschichte wesentlichen Zusammenhang. Die Strafrechts- und Kriminalitätsgeschichte – und damit auch deren Präsentation im Mittelalterlichen Kriminalmuseum Rothenburg ob der Tauber – ist daher eng mit der Geschichte der Policeyordnungen und der *guten Policey* verknüpft. Darauf hat bereits der Band „Justiz in alter Zeit" aus der Schriftenreihe des Mittelalterlichen Kriminalmuseums hingewiesen.

Insofern ist die *gute Policey* als historisches Forschungsthema keineswegs auf die Rechtsgeschichte begrenzt. Neben Kriminalitäts-, Verwaltungs-, Sozial-, Wirtschafts- und Kulturgeschichte hat insbesondere auch die Landesgeschichte Policeyordnungen als Quelle genutzt, um eine große Vielfalt unterschiedlicher historischer Forschungsthemen zu bearbeiten. Der vorliegende Band zu *Frankens Policey* demonstriert dies eindringlich. Ausgehend von den Quellen – den Ordnungsgesetzen, die unterschiedliche Obrigkeiten des Fränkischen Reichskreises erlassen haben – entfaltet Wolfgang Wüst ein breites Panorama der *guten Policey* im frühneuzeitlichen Franken.

Die Policeyordnungen beschäftigten sich z. B. mit Festen wie Taufe, Hochzeit und Kirchweih, wollten übermäßiges „Saufen", „Fressen", „unzüchtiges Tanzen" und „Spielen" (d. h. Glücksspiel) unterbinden und damit auch abweichende und kriminelle Verhaltensweisen verhindern oder strafen. Im Fokus standen ebenfalls Religion und Konfession und damit religiöse Devianz bzw. Delikte. Dazu zählten die Gotteslästerung – ein auch im Strafrecht kriminalisiertes Verbrechen – Fluchen und Schwören, der Besuch der Gottesdienste und viele andere „Sünden", die in Policeygesetzen als Ordnungswidrigkeiten oder gar Verbrechen behandelt wurden. Mittels *guter Policey* wollten folglich auch die Obrigkeiten in Franken ein „gottgefälliges Leben" ihrer Untertanen sicherstellen, die Konfessionalisierung voranbringen und die religiöse bzw. konfessionelle Ordnung erhalten.

Hiermit verknüpft war auch die Reglementierung von Bettlern, Armenwesen und sozialer Fürsorge, wie beispielweise durch die Rothenburger Bettelordnung von 1691 oder die Mandate der Reichsstadt Schweinfurt. Damit etablierten bereits die frühneuzeitlichen Obrigkeiten eine umfassende Armenfürsorge, deren Prinzipien und Maßnahmen – wie z. B. die kommunale Zuständigkeit für die Versorgung von sozial Schwachen – noch die moderne Sozialpolitik prägen. Andererseits bedeutete dies aber auch Diskriminierung, soziale Disziplinierung und Kriminalisierung von sozialen Randgruppen, die als „Fremde" und „Umherziehende" aus der Ständegesellschaft ausgegrenzt und als Vaganten, Räuber und Diebe mit teils harten Strafen verfolgt wurden. Die Reglementierung und Kriminalisierung des Sexualverhaltens spielte ebenfalls eine wichtige Rolle in den fränkischen Policeyordnungen, die ergänzend zum Strafrecht Sexualdelikte wie Unzucht, Hurerei und Ehebruch kriminalisierten, weil diese die religiöse wie soziale Ordnung gefährdeten.

Eine zentrale Thematik, die Wolfgang Wüst in diesem Band am Beispiel der markgräflichen Waldordnung von 1531, der „Adelspolicey" der fränkischen

Reichsritterschaft und der „Dorfpolicey" darstellt, sind die Regelungen zum ländlichen Raum. Daran lassen sich lokale Rechts- und Verwaltungsstrukturen und die Vielfalt der ländlichen Lebens- und Wirtschaftsformen anschaulich nachvollziehen. Deutlich werden aber auch Gefahren und Bedrohungen der Lebensgrundlagen der Menschen, die uns heute kaum noch bewusst sind: Die Ausrottung der Sperlinge, Raupen und Maulwürfe als Schädlinge und Ungeziefer in der abgedruckten Policeyordnung der Freiherren von Hutten ist hierfür ein eindrückliches Beispiel. Es zeigt die Relevanz der Policeyordnungen für eine moderne Umweltgeschichte, die im Übrigen auch die Wurzeln von Eingriffen in die Natur durch staatliche Normgebung deutlich machen kann.

Mit diesem Band erhalten die Leserinnen und Leser folglich einen unmittelbaren wie anschaulichen Einblick in Recht, Verwaltung und Alltag sowie Probleme und Gefährdungen der vormodernen Welt, denen die Obrigkeiten mit Policeynormen begegnete, um Ordnung und Sicherheit zu erhalten. Deutlich wird auch die Verknüpfung Frankens mit dem Heiligen Römischen Reich deutscher Nation. Der Fränkische Reichskreis erließ – anders als andere Reichskreise – eine eigene bedeutende Policeyordnung, die in diesem Band ediert ist. Darüber hinaus zeigen auch weitere der hier präsentierten Ordnungen vielfältige Bezüge zum Reich und den drei Reichspoliceyordnungen von 1530, 1548 und 1577 im Besonderen, deren Normen und Regelungen die *Policey Frankens* mit prägten. Als Kenner der Reichsgeschichte wie der Landesgeschichte Frankens demonstriert Wolfgang Wüst erneut, dass *gute Policey* und Policeygesetzgebung die vielfältigen Regionen, Räume und Ebenen des Alten Reiches miteinander verknüpften – vom Dorf und der reichsritterlichen Herrschaft, über Reichsstädte und Landesherrschaften bis zu den Reichskreisen und dem Kaiser.

Die Darstellung der *Policey Frankens* basiert auf einer profunden Kenntnis des Forschungsstands und auf jahrelangen produktiven eigenen Forschungen des Autors. Davon zeugt insbesondere die von Wolfgang Wüst herausgegebene achtbändige Reihe zur „guten" Policey im Reichskreis, die der Forschung Hunderte von Policeyordnungen aus dem südwestdeutschen Raum in exzellenter Edition zur Verfügung stellt. Davon hat auch dieser Band zu *Frankens Policey* sehr profitiert. Die Edition komplementiert und erweitert das vom Unterzeichnenden und Michael Stolleis herausgegebene Repertorium der Policeyordnungen der Frühen Neuzeit, das inzwischen als Datenbank online zur Verfügung steht und ebenfalls zahlreiche Ordnungsgesetze aus dem fränkischen Raum erschließt. Insofern informiert der von Wolfgang Wüst verfasste Band zur *fränkischen Policey* nicht nur hervorragend und quellennah über gute Ordnung und Ordnungsgesetze im Mittelalter und der Frühen Neuzeit, sondern er regt auch zur weiteren Beschäftigung mit der *guten Policey* und den mannigfaltigen Policeyordnungen an.

Frankfurt am Main, im Juni 2021

Prof. Dr. Karl Härter
Forschungsgruppenleiter am Max-Planck-Institut für Rechtsgeschichte und Rechtstheorie, Frankfurt am Main

Vorwort

© *Wolfgang Wüst*

Anlässlich des Zentenariums des Mittelalterlichen Kriminalmuseums in Rothenburg ob der Tauber bat mich der geschäftsführende Direktor, Dr. Markus Hirte, LL.M., für die renommierte Schriftenreihe des Museums – die Bände werden durch die Wissenschaftliche Buchgesellschaft in Darmstadt (wbg) verlegt – einen Band zur „*guten*" Policey vorzugsweise mit fränkischen Quellen zu verfassen. Diesem Wunsch bin ich gerne nachgekommen, zumal der Doyen internationaler Policeyforschung, Prof. Dr. Karl Härter vom Max-Planck-Institut für Rechtsgeschichte und Rechtstheorie in Frankfurt am Main, und der an der Universität Jena promovierte Rechtswissenschaftler Markus Hirte mit einem wegweisenden Gruß- und Geleitwort das Unternehmen unterstützten.

Der vorliegende Band stützt sich auf die im Zeitraum von 2001 bis 2018 am Erlanger Lehrstuhl für Bayerische und Fränkische Landesgeschichte entstandenen acht Quellen- und Editionsbände zur „*guten*" Policey im Reichskreis. Diese Veröffentlichungen fokussieren mit insgesamt fast 400 Ordnungen – eine Auswahl ziert auch diesen Band – die Normenentwicklung der Frühmoderne, gelegentlich ins 15. und 19. Jahrhundert ausgreifend. Die Kapitel von „Frankens Policey – Alltag, Recht und Ordnung in der Frühen Neuzeit – Analysen und Texte" orientieren sich an bisherigen Referenzwerken (siehe S. 372 f.), wobei Neues dazukam, aber auch Bewährtes aus Konzeptions- und Platzgründen über Bord gehen musste. So fehlen beispielsweise die Ordnungen aus den drei (alt-)fränkischen Hochstiften Bamberg, Eichstätt und Würzburg. Ferner haben die Glossare und Register der Referenzwerke weiterhin Gültigkeit, um im Zweifelsfall Erläuterungen für die spätmittelalterliche oder frühneuzeitliche Quellensprache dieses Bandes zu geben.

Worum geht es konkret in unserem neuen Buch? Ein erster Blick auf die Rückseite des Buchumschlags hilft hier weiter: „In der Antike entworfen, im Spätmittelalter geboren und in der Frühen Neuzeit umgesetzt, veränderte die ‚gute' Policey die Gesellschaft und den Alltag der Menschen grundlegend und nachhaltig. Im Fränkischen Reichskreis entwarf man in den Kanzleien ungezählter geistlicher wie weltlicher Grund-, Vogtei- und Gerichtsherren eine Vielzahl an Dekreten, Erlassen, Verordnungen und Reglements." In Auswahl präsentiert unser Band daraus einige repräsentative Beispiele, wobei die imposante Reichsstadt Rothenburg ob der Tauber besondere Beachtung findet. Wir würdigen den *genius loci.*

Ich danke allen Personen und Institutionen (Archive, Bibliotheken), die beigetragen haben, dass der vorliegende Band trotz pandemischer Zeiten (2020/21) zeitgerecht erscheinen konnte. Unschätzbare Hilfe erfuhr ich neben dem Personal des Mittelalterlichen Kriminalmuseums wiederum von der redaktionellen Erfahrung von Herrn Christoph Gunkel, M.A. (Friedrich-Alexander-Universität Erlangen-Nürnberg), von meiner unendlich geduldigen Ehefrau Sabine Wüst mit unserem impulsgebenden Sohn Carl in Nürnberg sowie von der Wissenschaftlichen Buchgesellschaft (Darmstadt) mit Frau Lea Eggers und Frau Svenja Pasche.

Ich wünsche dem neuen vierzehnten Band der Schriftenreihe eine gute Aufnahme bei den Museumsbesuchern, im Buchhandel sowie in Forschung und Lehre.

Nürnberg, zur Sommersonnenwende am 21. Juni 2021

Prof. em. Dr. Wolfgang Wüst
1. Vorsitzender der Fränkischen Arbeitsgemeinschaft e. V.

A. Auftakt – Alles Policey oder was?

Die Historikerin Andrea Iseli stellte 2009 angesichts der im Mittelalterlichen Kriminalmuseum in Rothenburg ob der Tauber zahlreich überlieferten Policeyquellen des 15. bis 19. Jahrhunderts eine keineswegs unberechtigte Frage nach der Epochenbenennung: „Könnte die gute Policey den Absolutismus oder die Sozialdisziplinierungsthese als Signum einer ganzen Epoche ersetzen? Auf diese ‚Nobilitierung' des Konzepts konnte sich die Forschergemeinde bisher nicht einigen, bietet aber quasi als Ersatz neue Interpretationen des Phänomens Policey an."[1] Diese Feststellung blieb trotz sich intensivierender Vorbehalte[2] gegen einseitige Epochenzuschreibungen in der frühen Neuzeit unter den Schlagworten Absolutismus, Konfessionalisierung oder Sozialdisziplinierung prinzipiell bestehen.

Im Gegenteil scheint der Hype internationaler Policeyforschung seit einigen Jahren vorüber zu sein. Der 1997 auf Initiative von André Holenstein (Bern), Frank Konersmann (Bielefeld) und Gerhard Sälter (Berlin) begründete, interdisziplinär ausgerichtete „Arbeitskreis Policey/Polizei im vormodernen Europa",[3] der lange Zeit mit Diskussionsrunden und Veröffentlichungen die Szene beherrschte, stellte 2010 mit einem letzten Arbeitstreffen in Stuttgart-Hohenheim zum Thema „Gren-

1 Andrea Iseli, Gute Policey. Öffentliche Ordnung in der Frühen Neuzeit (UTB 3271), Stuttgart 2009, S. 131. Vgl. ferner: Dies., „Bonne police". Frühneuzeitliches Verständnis von der guten Ordnung eines Staates in Frankreich (Frühneuzeit-Forschungen 11), Epfendorf 2003.

2 Vgl. hierzu die von Jonas Hübner in einer Buchbesprechung zur UTB-Veröffentlichung vorgebrachten Einwände: Jonas Hübner, Rezension zu: *Iseli, Andrea: Gute Policey. Öffentliche Ordnung in der Frühen Neuzeit. Stuttgart 2009.* ISBN 978-3-8252-3271-9, in: H-Soz-Kult, 19.4.2011, URL: www.hsozkult.de/publicationreview/id/reb-14021 (Zugriff: 25.5.2021).

3 Der Arbeitskreis verstand sich nicht als Konkurrent, sondern als Ergänzung zu dem von 1991 bis 2010 unter der Leitung von Gerd Schwerhoff bestehenden Arbeitskreis „Historische Kriminalitätsforschung in der Vormoderne" und zu den jährlichen Kolloquien zur modernen Polizeigeschichte.

zen als Dimensionen von Policey, Strafjustiz und Kriminalität vom Mittelalter bis zur Gegenwart“ seine Tätigkeit weitgehend ein. Auf der Internetseite des Arbeitskreises enden die Einträge mit einer Anzeige zu Wolfgang Neuraths Artikel in der Online-Zeitschrift „Medienimpulse“ zum Titel: „Policey, Biopolitik und Liberalismus. Vom Zugriff der Macht auf das Leben“. In dem Beitrag ging es aus historischer Perspektive um Diskurse zur Biopolitik. Sie zeigten, dass „das Foucaultsche Konzept der *gouvernementalité* von der Policey des 18. Jahrhunderts bis hin zum aktuellen (Neo-)Liberalismus seine Macht keineswegs verloren hat“.[4] Der entsprechende Eintrag stammt vom 29. Juni 2012.[5] Ruhiger ist es auch um die Policey-Aktivitäten am Max-Planck-Institut für europäische Rechtsgeschichte in Frankfurt am Main geworden, wo über Jahrzehnte unter Leitung der Rechtshistoriker Michael Stolleis (1941–2021) und Karl Härter (* 1956) das zunächst analog konzipierte Wahnsinnsunternehmen „Repertorium der Policeyordnungen der Frühen Neuzeit“ und die seit 1999 bestehende Veröffentlichungsreihe „Studien zu Policey, Kriminalitätsgeschichte und Konfliktregulierung“ – sie sind in einfacher Druckausstattung in dem für Iuridica ausgewiesenen Verlag Vittorio Klostermann[6] erschienen – den Takt der Policeyforschung vorgaben. Bezeichnenderweise wurde 2012 – just im Abschiedsjahr der zuletzt von Wien (Josef Pauser) betreuten Internetplattform des genannten Arbeitskreises Policey/Polizei – der Reihentitel geändert. Gestrichen wurde jetzt die ältere, enger geführte Bezeichnung „Studien zu Policey und Policeywissenschaft“. Im Kontext koordinierter Programme sind unter dem Schirm akademischer Qualifizierungsschriften (Promotionen, Habilitationen) und individueller rechtshistorischer Forschungsinteressen weitere bahnbrechende Grundlagenwerke zur *„guten“* Policey entstanden. Sie sind zeitlich und regional weit gestreut; von Interesse sind sie für uns vor allem wegen ihrer gelungenen Einordnung regionaler Aussagen in das europäische Geschehen. Aktuell zählen in unvollständiger Auswahl zu diesem

---

4 Wolfgang NEURATH, Policey, Biopolitik und Liberalismus. Vom Zugriff der Macht auf das Leben (Bios), in: Medienimpulse-Online 50/2 (2012), DOI: https://doi.org/10.21243/mi-02-12-09 (Zugriff: 20.3.2019).

5 URL: https://www.univie.ac.at/policey-ak/ (Zugriff: 20.3.2019).

6 URL: https://www.klostermann.de (Zugriff: 20.3.2019).

Forscherkreis neben Karl Härter[7] insbesondere André Holenstein,[8] Martin Schennach[9] und Thomas Simon.[10]

In Fortführung zu diesen überregional, ja europäisch ausgerichteten Projekten verstand und versteht sich seit dem Jahr 2000 das auf Süddeutschland begrenzte, mehrbändige Editions- und Quellenprogramm des Erlanger Lehrstuhls für Landesgeschichte „Die ‚*gute*' Policey im Reichskreis. Zur frühmodernen Normensetzung in den Kernregionen des Alten Reiches" als ein Plädoyer, das Policey-Thema in die historischen Überschriften zu bringen. Acht Quellenbände[11] zur Policey im Reichskreis bieten eine Grundlage für die Schriftenreihe des Mittelalterlichen Kriminalmuseums Rothenburg ob der Tauber. Die ehemalige Reichsstadt Rothenburg, in

---

7 Karl Härter, Policey und Strafjustiz in Kurmainz. Gesetzgebung, Normdurchsetzung und Sozialkontrolle im frühneuzeitlichen Territorialstaat, 2 Bde. (Studien zur europäischen Rechtsgeschichte 190), Frankfurt am Main 2005; Ders., Polizei, in: Friedrich Jaeger (Hg.), Enzyklopädie der Neuzeit, Bd. 10, Stuttgart 2009, Sp. 170–180; Ders., Die Verwaltung der „guten Policey": Verrechtlichung, soziale Kontrolle und Disziplinierung, in: Michael Hochedlinger/Thomas Winkelbauer (Hg.), Herrschaftsverdichtung, Staatsbildung, Bürokratisierung: Verfassungs-, Verwaltungs- und Behördengeschichte der Frühen Neuzeit (Veröffentlichungen des Instituts für Österreichische Geschichtsforschung 57), Wien 2010, S. 243–269; Ders., Security and "Gute Policey" in early modern Europe: Concepts, laws, and instruments, in: Historical Social Research 35/4 (2010), S. 41–65; Ders., Kirchenzucht und gute Policey: die Kirchenordnungen des 16. Jahrhunderts im Kontext der vormodernen Ordnungsgesetzgebung, in: Sabine Arend/Norbert Haag/Sabine Holtz (Hg.), Die württembergische Kirchenordnung von 1559 im Spannungsfeld von Religion, Politik und Gesellschaft (Quellen und Forschungen zur württembergischen Kirchengeschichte 24), Epfendorf 2013, S. 31–48.

8 André Holenstein, „Gute Policey" und lokale Gesellschaft im Staat des Ancien Régime. Das Fallbeispiel der Markgrafschaft Baden(-Durlach), 2 Bde. (Frühneuzeit-Forschungen 9/1–2), Epfendorf 2003.

9 Martin Schennach, Jagdrecht, Wilderei und „gute Policey". Normen und ihre Durchsetzung im frühneuzeitlichen Tirol (Studien zu Policey und Policeywissenschaft), Frankfurt am Main 2007; Ders., Gesetz und Herrschaft. Die Entstehung des Gesetzgebungsstaates am Beispiel Tirols (Forschungen zur deutschen Rechtsgeschichte 28), Köln 2010.

10 Thomas Simon, Policey im kameralistischen Verwaltungsstaat: Das Beispiel Preußen, in: Karl Härter (Hg.), Policey und frühneuzeitliche Gesellschaft (Ius Commune, Sonderheft 129), Frankfurt am Main 2000, S. 473–496; Ders., „Gute Policey". Ordnungsleitbilder und Zielvorstellungen politischen Handelns in der Frühen Neuzeit (Studien zur europäischen Rechtsgeschichte 170), Frankfurt am Main 2004; Ders., Das Policeyrecht des 18. Jahrhunderts als Teil des „Teutschen Privatrechts". Zum Verhältnis von „Recht" und „Policey", in: Rechtsgeschichte – Legal History 19 (2011), S. 309–321.

11 Wolfgang Wüst (Hg.), Policey, Bde. 1, 2, 3, 4, 5, 6, 7, 8 und Bilanz.

deren Mauern 1393 bis 1410 die Johanniter-Komturei – es handelt sich um den heutigen Museumsstandort – errichtet wurde, trat im 17. und 18. Jahrhundert selbst mit umfangreichen Ordnungen in die Welt der „*guten*" Policey ein. Für Rothenburg stehen als Beispiele vier gedruckte Policey-Verfügungen, wobei 1721 ältere Satzungen für das engere Stadtgebiet und 1723 für die weitläufige Landhege[12] zusammengefasst wurden. Ungeachtet seiner älteren, antiken Wurzeln markierte der Policey-Begriff in den Reichsstädten und in anderen süddeutschen Quellen seit dem späten Mittelalter zunächst noch vereinzelt, später immer häufiger ein generelles und zeitlich übergreifendes Ordnungssystem.

Welche Argumente sprechen nun für eine epochale Policey-Zuschreibung? Es ist zunächst, wie gesagt, die Ordnung selbst, die als Grundkonstante gesellschaftlicher Entwicklungen zu gelten hat. „*Gut*" setzten wir dabei allerdings in Anführungszeichen, weil sicher nicht alle Policeyordnungen für die Betroffenen positive Effekte brachten. Nimmt man die euphemistisch formulierten Wiederholungssequenzen in den Arengen vieler Policeygesetze ernst, dann hatten Vorgänger und Vorfahren des jeweiligen Gesetzgebers schlecht befolgte Ordnungen verkünden lassen. Sie wurden jedenfalls nicht oder nur teilweise implementiert, wenngleich die neuere Forschung in den Textwiederholungen frühmoderner Dekrete eine gängige Praxis Mächtiger im Sinne perpetuierter Herrschaft zu erkennen glaubt. An vielen süddeutschen Orten ging man freimütig mit der Unvollkommenheit älterer Ordnungen um. Im Hochstift Bamberg errichtete man deshalb 1616 aus einer ganz simplen Einsicht heraus eine neue Ordnung, da sich der Blick auf „*kleidungen, anstellung der heuͦrathstaͤg, hochzeiten, kindtauffen, begrebnußen vnd anderer zusamenkhunfften*" trübte. „*So kommen vns doch fast aller ortten vielfeltige clagen fuͦr, befinden es auch selbsten im werck, daß ein zimliche zeithero, solche wohlmeinende satzungen wenig gefruchtet, allerhandt unordnungen vnd mißbreuch, sonderlich in claydungen, essen vnd trincken, uff hochzeiten, kindtauffen, vnd andern zusamenkunfften, darwider auffkommen, auch von tag zu tag zu vnserer vnderthanen, derselben weib vnd kinder eusserstem verderben vnd vndergang je lenger je beschwerlicher einreissen vnd*

12 Alois Schneider, Grenzlinien spätmittelalterlicher städtischer Territorialherrschaften. Die Schwäbisch Haller und Rothenburger Landhege, in: Gabriele Isenberg/Barbara Scholkmann (Hg.), Die Befestigung der mittelalterlichen Stadt (Städteforschung A 45), Köln u. a. 1997, S. 111–135.

vberhandt" nehmen.[13] Der regierende Fürstbischof Johann Gottfried von Aschhausen (reg. 1609–1622) haderte jedenfalls mit der Arbeit seiner Amtsvorgänger. 1686 folgte dann unter Fürstbischof Marquard Sebastian Schenk von Stauffenberg (reg. 1683–1693) bereits die nächste „*reformirte*" Policeyordnung mit ganz ähnlichen Ordnungsvorgaben.

Etwas milder im Ton ging 1725 der Abt von Münsterschwarzach Januarius Schwab (reg. 1717–1742) mit der Tradition und dem Blick auf das legislative Stückwerk seiner Vorgänger um. Nachdem „*in denen bißherigen troublen zeiten und vielen veränderungen sich auch viele unordnungen und jrrungen dahier vorm closter ergeben und eingerissen, als hat der hochwürdige in Gott herr, herr Januarius abbt und prælat zu Münsterschwarzach unser allerseits gnädiger herr eine nothdurfft zu seÿn ermessen beÿ regirung deß auch hochwürdigen abbten Joanni Burcardi miltseeligster gedächtnuß von weÿlandt Martini Mathæi Schwarzach*[ischer] *secretario verfaßte alten archiven aufbehaltene, von folgenten herrn gehalten und noch jüngstens von abbt Benedict im 1657.* [Jahr] *vermehrte, leztens aber unterm abbt Placidum den 20.ten martÿ 1679 publicirte dorfsordnung hinwiederumb verneuern und wie geschehen beÿ der canzleÿ auf heut den 9.ten juni im jahr 1725 hiezu gebottenen sambtlichen vorm closter wohnhafften und unterthanen vortragen*" zu lassen.[14]

---

13 Wolfgang Wüst (Hg.), Policey, Bd. 2, S. 469: „*Des hochwürdigen fürsten vnd herrn, herrn Johann Gottfriden bischoffen zu Bamberg vnd dombpropsten zu Wuͤrtzburg etc. vnsers gnedigen fürsten vnd herrn erneuertes mandat vnd ordnung*", 12. Januar 1616. Zur Bamberger Quellen- und Policeyforschung vgl. insbesondere: Johannes Staudenmaier, Gute Policey in Hochstift und Stadt Bamberg. Normgebung, Herrschaftspraxis und Machtbeziehungen vor dem Dreißigjährigen Krieg (Studien zu Policey und Policeywissenschaft), Frankfurt am Main 2012.

14 Wolfgang Wüst (Hg.), Policey, Bd. 2, S. 387.

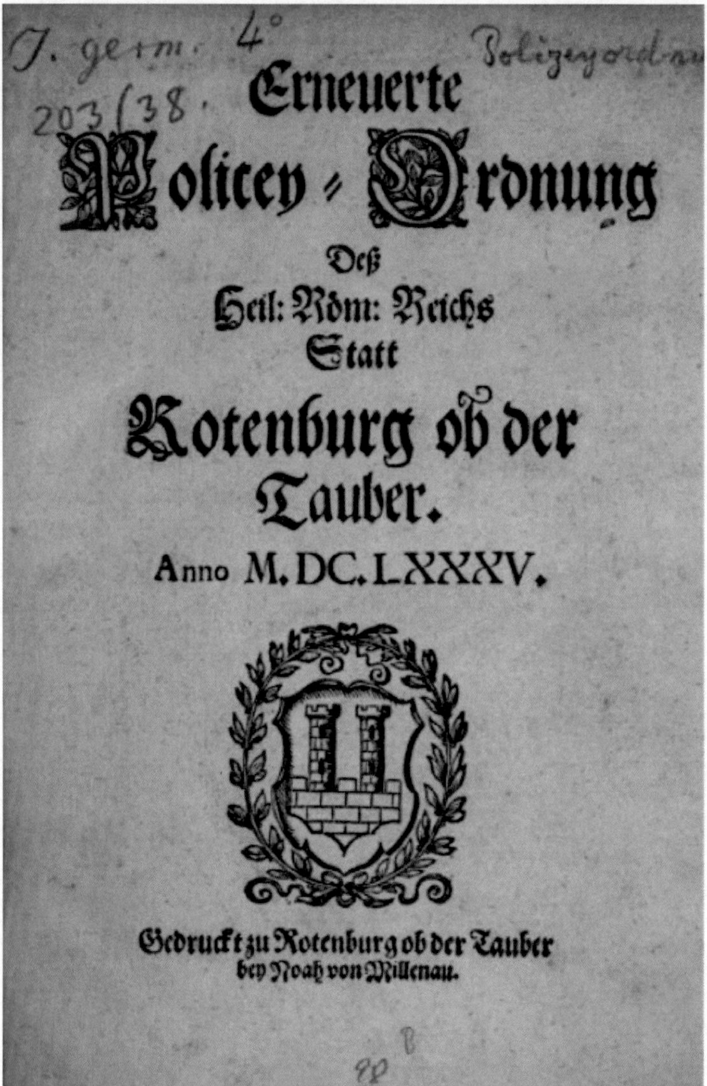

Erneuerte
Policey=Ordnung
Deß
Heil: Röm: Reichs
Statt
Rotenburg ob der
Tauber.
Anno M.DC.LXXXV.

Gedruckt zu Rotenburg ob der Tauber
bey Noah von Millenau.

Abb. 1: „Erneuerte Policey=Ordnung Deß Heil: Roͤm: Reichs Statt Rotenburg ob der Tauber. Anno M.DC.LXXXV.; Actum & Decretum in Senatu, Freytags den 18. Dec. 1685“, Rothenburg ob der Tauber (Noah von Millenau) 1685. Bildnachweis: BSB, 4° J.germ.203/38; UB Augsburg, 02/XII.6.4.142.

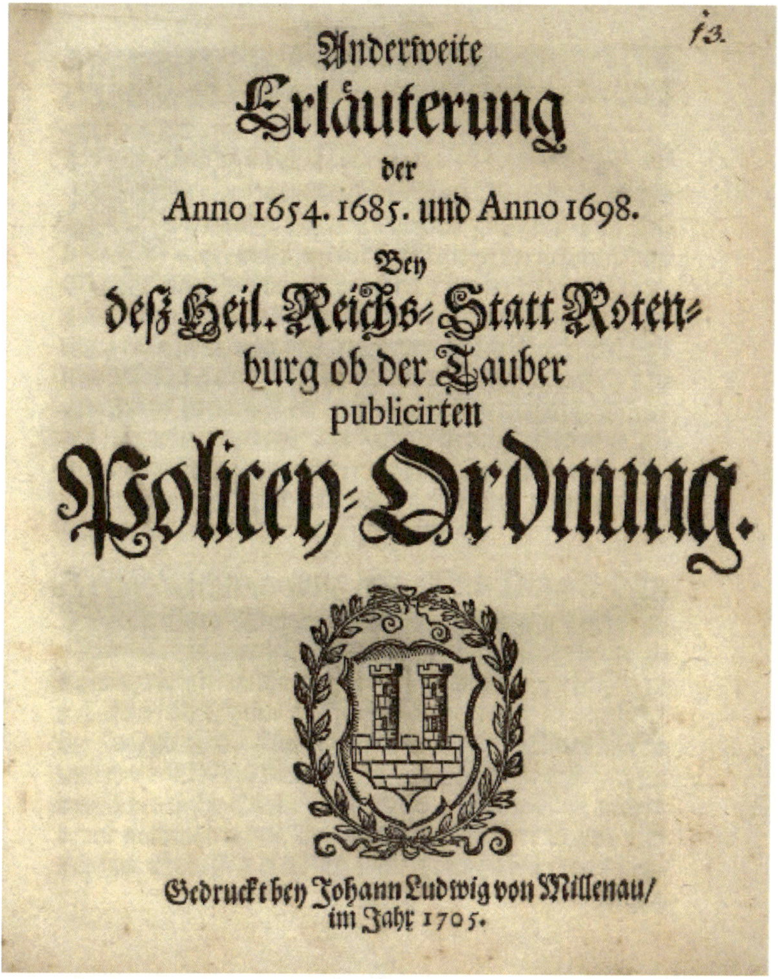
13.

Anderweite
Erläuterung
der
Anno 1654. 1685. und Anno 1698.
Bey
deß Heil. Reichs=Statt Roten=
burg ob der Tauber
publicirten
Policey=Ordnung.

Gedruckt bey Johann Ludwig von Millenau/
im Jahr 1705.

Abb. 2: „Anderweite Erlaͤuterung der Anno 1654. 1685. und Anno 1698. Bey deß Heil. Reichs=Statt Rotenburg ob der Tauber publicirten Policey=Ordnung.", Rothenburg ob der Tauber (Johann Ludwig von Millenau) 1705. Bildnachweis: SLUB Dresden, Hist.urb.Germ.1004.m,13.

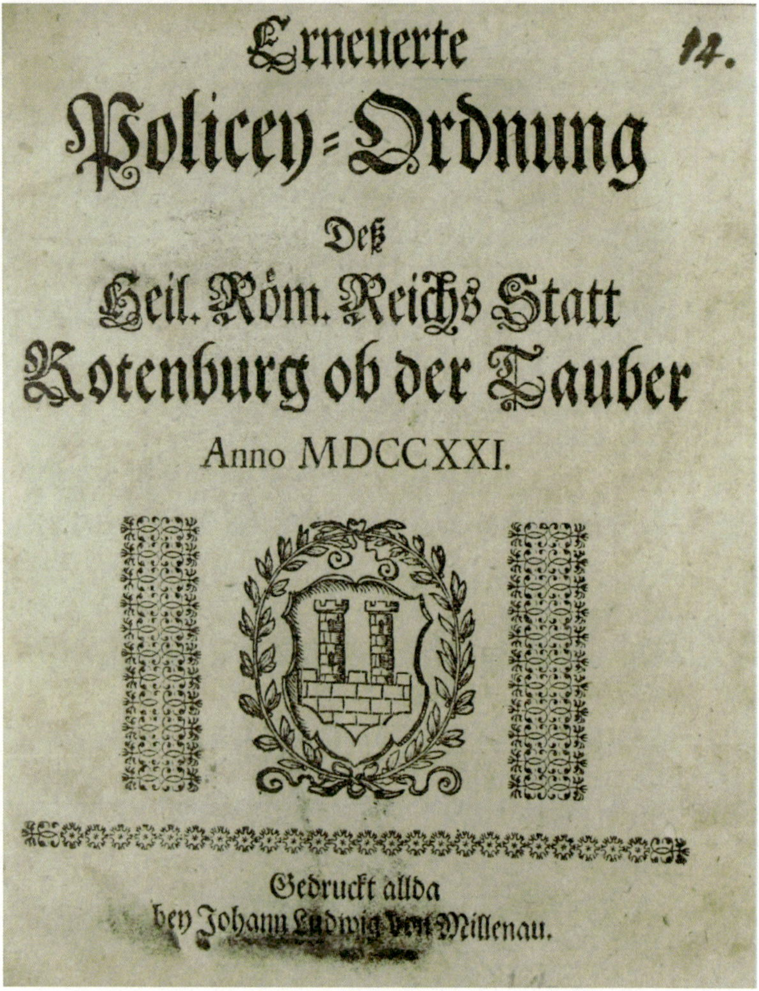

Erneuerte

Policey=Ordnung

Deß

Heil. Röm. Reichs Statt

Rotenburg ob der Tauber

Anno MDCCXXI.

Gedruckt allda

bey Johann Ludwig von Millenau.

Abb. 3: „Erneuerte Policey=Ordnung Deß Heil[igen] Roͤm[ischen] Reichs Statt Rotenburg ob der Tauber, Anno MDCCXXI.", Rothenburg ob der Tauber (Johann Ludwig von Millenau) 1721, Titelblatt. Bildnachweis: SLUB Dresden, Hist.urb.Germ.1004.m,14.

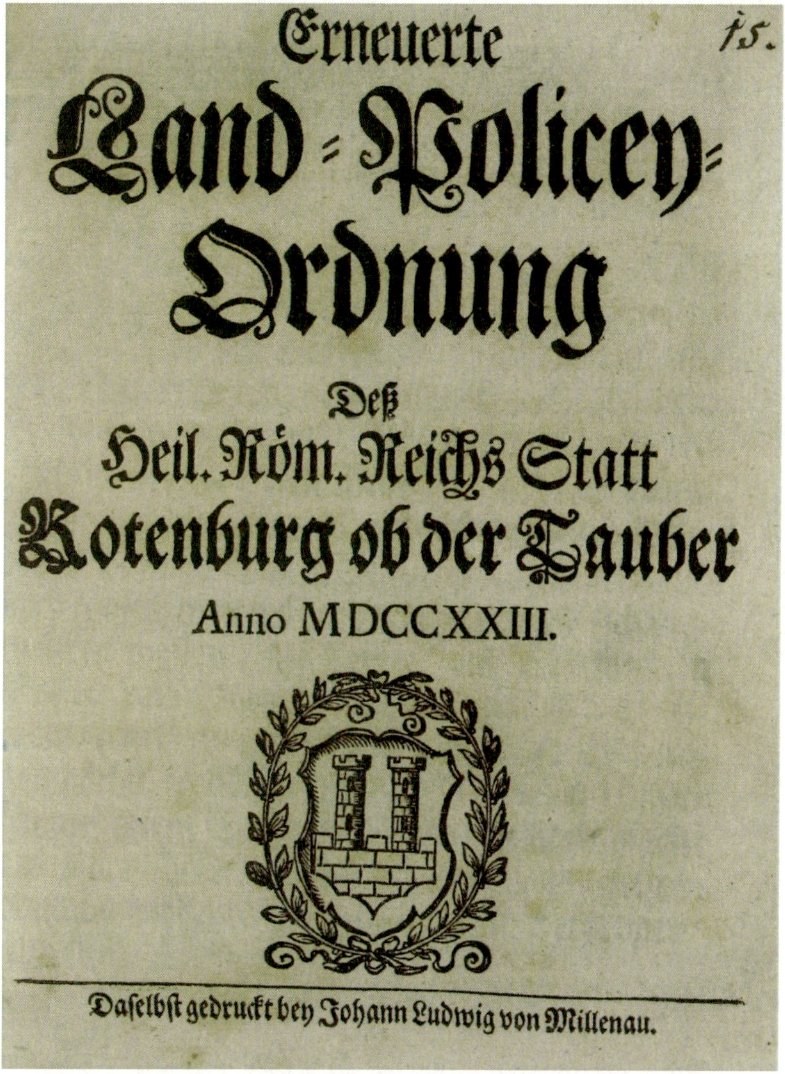
15.

Erneuerte
Land=Policey=
Ordnung
Deß
Heil. Röm. Reichs Statt
Rotenburg ob der Tauber
Anno MDCCXXIII.

Daselbst gedruckt bey Johann Ludwig von Millenau.

Abb. 4: „Erneuerte Land=Policey=Ordnung Deß Heil. Ro^em. Reichs Statt Rotenburg ob der Tauber, Anno MDCCXXIII.; Actum & decretum in Senatu, Freytags den 5. Nov. 1723", Rothenburg ob der Tauber (Johann Ludwig von Millenau) 1723, Titelblatt. Bildnachweis: SLUB Dresden, Hist.urb.Germ.1004.m,15; VD 18, 11364092.

Deß Hochwürdigsten Fürsten und Herrens/
H. Marquard Sebastian
Bischoffens zu Bamberg/ deß Heiligen
Römischen Reichs Fürsten rc.
Reformirte Policey-Ordnung/
Wie es fürohin bey denen Ersten Messen/ Heyraths-Tägen/
Hochzeiten/ Kindtauffen/ Firmung und Begräbnussen in Ihro
Hochfürstl: Gnaden Hochstifft und Fürstenthumb Bamberg
gehalten werden solle.

Gedruckt zu Bamberg/ in der Hochfürstl: Druckerey/
durch Johann Jacob Immel. Im Jahr 1686.

Abb. 5: „Deß Hochwuͤrdigsten Fuͤrsten und Herrens/ H[errn] Marquard Sebastian, Bischoffens zu Bamberg/ deß Heiligen Roͤmischen Reichs Fuͤrsten etc. Reformirte Policey=Ordnung/ […]“, Bamberg (Johann Jacob Immel) 1686. Bildnachweis: StA Bamberg, Drucksachen, Ordnung von 1686.

Ein weiteres Argument für die epochale Zuschreibung der *„guten"* Policey ist der lange Zeitraum, den die territorialen oder städtischen Ordnungshüter für sich reklamierten. In der unterfränkischen Benediktinerabtei Münsterschwarzach führte man die lokalen Adressaten im 18. Jahrhundert in einer Mischung aus frühmodernem Policeyrecht, fürstlicher *benevolentia* und absolutistischem Herrschaftsstil bis in die Jahre der Klostergründung zurück, um künftig die Welt im Klosterland mit althergebrachten und erprobten Normierungen zu segnen. In der Arenga einer Generalordnung für alle *„vorm Closter wohnenden"* hielten es Abt und Konvent noch ganz mit der Tradition: *„Es ist aber förderst zu wissen, daß schon vor 905* [Jahren] *im 816.ten jahr nach Christi heÿl bringenten menschwerdung Magingaudus ein gefürsteter graff von Rottenburg Gott und der heiligen Felicitati zu ehren hiesiges closter gestifftet und solchem neben anderen auch daß dörflein Ipsigarim. dann also würde dieser orth, in welchen er sein fürstliches Schloss gehabt gennennet: geschenkhet und die inwohner leibaÿgen eingehändigt als Burckhardum Anthonium Rotholdum, Ranfridum, Helbridum und andern mehr undt sÿind also die unterthanen vor dem closter die vereheste und altiste die vor allen andern mit nahmen in des closters alten büchern und briefen genennet werden* […]."[15] Verweise auf ältere Gesetzeswerke finden sich auch andernorts, so beispielsweise in schwäbischen Ordnungen. Der Haupttext der Policeyordnung des adeligen Damenstifts Edelstetten von 1671 stammte zwar aus der Feder des damaligen Obervogts Johann Friedrich Molitor, doch rezipierte er vielfach ältere Rechte. Namentlich wurde auf die ältere Stiftsordnung von 1625 Bezug genommen. Zudem zitierte der Verfasser zahlreiche Passagen aus vorangegangenen Gerichtsordnungen und Protokollen, die im Einzelnen bis zum Jahr 1427 zurückreichten.[16]

Die Policey als Epochenbegriff bietet sich neben zeitlich ausgreifender Systematik auch aus einem weiteren Grund an. Die klar formulierten Bezüge regionaler Ordnungen zum Korpus der Reichspolicey des 16. Jahrhunderts entkleiden die gedruckten wie die handschriftlich überlieferten Stücke ihrer Provinzialität. Sie nehmen nicht nur Reichsrecht auf, sondern adaptierten und modernisier-

15 Ebd.

16 StA Augsburg, Damenstift Edelstetten, B 27 (Alte Signatur: Laden XIV, Fascicul 11, Nr. 16); Wolfgang Wüst (Hg.), Policey, Bd. 1, S. 296–325; Ders., Das reichsunmittelbare adelige Damenstift Edelstetten im Spiegel der *„guten"* Policey von 1625/71, in: Schwabenspiegel. Jahrbuch für Literatur, Sprache und Spiel 2017 (2018), S. 59–73.

ten die europäischen Vorlagen der Jahre 1530, 1547 und 1577.[17] Wählen wir für die Nachweise markgräfliche Gesetze, dann sehen wir, wie Ordnungen vielfach bewusst an die Vorgaben der Reichsgesetze anknüpften. Die Reichspolicey wurde zur Richtschnur für territoriales Handeln;[18] ja sie rechtfertigten vor Ort eine Intensivierung des legislativen Outputs. Markgraf Georg Friedrich von Brandenburg-Ansbach (1539–1603) – er regierte seit 1557 in Personalunion im „*obergebirgischen*" Landesteil Kulmbach-Bayreuth – ließ fast wortgleich im Vorspann zu seiner Landesordnung 1549 und 1566 erläutern: „*Policeyordnung etlicher punct vnnd artickel, in welchen vermög des Heiligen Römischen Reichs, verschinen* [15]*48. jars, vff deme dazumal zu Augspurg gehaltenem reichstag, vffgerichten vnd publicirten ordnung vnd reformation guter pollicey, einer jeden obrigkeit, selbsten fürsehung zuthun beuolhen, wie die in des durchleuchtigen hochgebornen fürsten vnd herrn, herrn Georgen Friderichen marggraffens zu Brandenburg, etc. auch in Schlesien zu Jegerndorff, etc. hertzogen, fürstenthumb, jetzo widerumb, von newem vbersehen vnnd außgangen. Anno 1566.*"[19] Und bei der Ausführung der einzelnen Bestimmungen verwies der Landesherr zu Ansbach und Bayreuth immer wieder auf die Legitimation durch Reichsorgane und auf den speziellen kaiserlichen Auftrag, Reichsgesetze subsidiär zu ergänzen. So schob die Ansbacher Kanzlei vor dem Absatz über die Ausrichtung von Hochzeiten ein: Es „*volgen hernach die artickel, darinn die römische kayserliche mayestat e*[t]*c. vnser aller gnedigster herr, den obrigkeiten, selbst ordnungen fürzunemen, beuelch gethan*" hat.[20] 1549 zitierte die markgräfliche Kanzlei sogar blattweise nach der auf dem Geharnischten Reichstag von 1548 beschlossenen Reichspoliceyordnung: „*Vnd wo jemandt darüber sölche der kaÿserlichen maÿestat vermanung vnd gebot ver-*

---

17 Matthias WEBER, Die Reichspolizeiordnungen von 1530, 1548 und 1577. Historische Einführung und Edition (Ius Commune, Sonderhefte 146), Frankfurt am Main 2002; DERS., Ständische Disziplinierungsbestrebungen durch Polizeiordnungen und Mechanismen ihrer Durchsetzung – Regionalstudie Schlesien, in: Michael STOLLEIS unter Mitarbeit von Karl HÄRTER und Lothar SCHILLING (Hg.), Policey im Europa der Frühen Neuzeit (Ius Commune, Sonderhefte 83), Frankfurt am Main 1996, S. 333–377.

18 Karl HÄRTER, „Gute Ordnung und Policey" des Alten Reiches in der Region. Zum Einfluß der Reichspoliceygesetzgebung auf die Ordnungsgesetzgebung süddeutscher Reichsstände, in: Rolf KIESSLING/Sabine ULLMANN (Hg.), Das Reich in der Region: Während des Mittelalters und der Frühen Neuzeit (Forum Suevicum 6), Konstanz 2005, S. 187–223.

19 Wolfgang WÜST (Hg.), Policey, Bd. 2, S. 550 f.

20 Ebd., S. 551.

brechen, vnd vberfarn würde, dieselben, bei der gesatzten peen vnd straf, wie die kaÿserlich reformation vnd ordnung ausweiset, zustraffen. Vnd aber die römisch kaÿserlich maÿestat, vnser allergnedigster herr, am vierzehenden plat jrer kaÿserlichen maÿestat pollicej vnd reformation, einen artickel (darjnn den obrigkeiten ordnungen fürzunemen beuolhen würdet) begreiffen vnd stellen lassen hat […]."[21] Um die Reichsnähe policeylichen Handelns zu dokumentieren, konnte man zudem andere Formen wählen. So zeigte die Wahl eines symbolträchtigen Zeitpunkts vielfach programmatischen Charakter für das Mandat selbst. Der Rat der Reichsstadt Frankfurt am Main erließ beispielsweise eine seiner Policeyordnungen so, dass sie exakt „*auf dem* […] *in Franckfurt a. M. angestellten Kayserlichen Wahl-Tag d*[en] *16. Dez. 1741 publiciret*" werden konnte.[22]

Die Policeymaterie würde sich für die großen Überschriften historischer Darstellungen auch aus einem weiteren Grund gut eignen. Die „*gute*" Policey subsummierte die Gesellschaft als Ganzes. Ordnungen beschäftigten sich gleichermaßen intensiv mit dem luxuriösen Lebensstil und den Kleidungs- und Ernährungsgewohnheiten städtischer und ländlicher Oberschichten auf der einen Seite. Andererseits lebten Policeyordnungen von der Disziplinierung der wachsenden Bettler- und Vagantenscharen oder den Verhaltensrichtlinien gegenüber todgeweihten Menschen mit kontagiösen epidemischen Erkrankungen. Belegen wir diese mit wenigen Beispielen aus fränkischen Reichsstädten. Die Nürnberger Kleider- und Hoffarts-Ordnung vom 28. April 1618 führte zu „*den Trachten der Erbarn Mannspersonen*" im Patriziat Folgendes aus: „*Erstlich ist denen im Vordersten Standt zu tragen erlaubet vnd zugelassen Schamlotene oder Tobine*[23] *Schauben/*[24] *deßgleichen Seidene Maͤndel/ gefuͤttert vnd vngefuͤttert/ die gefuͤtterten Schauben vnd Maͤndel sollen von keinem koͤstlichern/ dann Ruckmadern*[25] *futter durchfuͤttert/ vnd die Maͤndel von keinem hoͤhern Zeug/ dann Canawatz/ oder Daffet/ darzu gantz glat vnd vngemodelt/ vnd mit keinerley sorten Sammat/ wie die genannt werden moͤgen*

21 Ebd., S. 524.

22 BSB, 4 J.germ.204,1, Druck: Frankfurt am Main 1741.

23 Aus Zobelpelz bestehend.

24 Ein seit dem ausgehenden 15. Jahrhundert bekannter, nicht gegürteter oder mit einer Prunkkette gehaltener Überrock aus Pelz oder mit Pelzkragen.

25 Die Einteilung des Marderfells in Ruckmarder (Rückenseite des Marders, dunkel gefärbt) und Marderkehlen (Kehle des Marders, weiß oder hellbeige gefärbt) stammt aus dem 15. Jahrhundert und diente zur Abgrenzung des Pelzwertes.

auch mit Damascat/[26] *Atlaß oder gemodelten Seiden zeug nicht vnterfuͤttert sein/ Doch moͤgen sie auff die Maͤndel zum Kragen/ Auffschlegen/ vnnd Bremwerck aufwendig herumb/ drey Elen Sammat vnd nicht mehr gebrauchen.*"[27] Mit einer Gruppe auf der sozialen Kehrseite der Gesellschaft beschäftigte sich, ähnlich wie ungezählte andere Armen- und Bettlermandate, eine am 1. Oktober 1777 verkündete Senatsweisung des Schweinfurter Rats. „*Ist es ein allgemein richtig anerkannter Grund=Satz einer wohlgeordneten Policey, ein vorzügliches Augenmerck darauf zu nehmen, daß die Classe derjenigen Mitleyds=würdigen Menschen, welche Alters und sonstiger Gebrechlichkeit halber nicht zu arbeiten, weniger ihren Lebens=Unterhalt sich zu verschaffen im Stande sind, ernähret und versorget werden; So sind die Veranstaltungen wider das Betteln ein nicht weniger würdig= und wichtiger Gegenstand einer wohleingerichteten Policey=Verordnung; Und nachdem man wahrgenommen, daß die Nachsicht des Bettelns nur zu einer bequemen Gelegenheit und schädlichsten Unterstuetzung der Faulheit gebrauchet worden, so hat man auch die Nothwendigkeit eingesehen, auf keinerley Weise einiges Betteln im Staate zu gestatten, so, daß man von gesammten Reichs= und Craysses= wegen nicht entübriget seyn wollen: Diesem Unheil abzuhelffen, wie solches die im öffentlichen Druck ergangene Patente des breitern bestärcken.*"[28]

Policeyordnungen sind – dies ist ein weiterer Gesichtspunkt – zeitlich übergreifend angelegt. Das betrifft sowohl den Lebenszyklus von der Geburt bis zum Tod als auch den Jahreszyklus, wenn Regelungen jahreszeitlich bedingte Vorgänge um-

26 Der *Damascat*-Begriff zielt etymologisch auf den Entstehungsprozess von Damast, das Überlappen von kett- und schusssichtigen Partien, ab.

27 Wolfgang Wüst (Hg.), Policey, Bd. 7, S. 490 f.; Joachim Peters (Bearb.), Verneute Ordnung und Verbott der Hoffart/ Eines Edlen/ Ehrnvesten und Weisen Raths/ der Statt Nurmberg/ was vnter jhrer Burgerschafft/ Innwohnern/ Vnterthanen vnd Verwanthen/ jedem in seinem Standt/ von Manns vnd Weibspersonen/ in Beklaidungen zugelassen und verbotten wird. Gedruckt bey Balthasar Scherffen MDCXVIII, in: ebd., S. 489–504.

28 Ebd., S. 599; Marina Heller (Bearb.), Kundmachung: Wie es in Ansehung des ganzlich abzustellenden Gassen=Bettelns, zumahlen auch unerzogener armen Kinder im Waysen= und Arbeits=Haus zu halten, Schweinfurt 1.10.1777, in: Wolfgang Wüst (Hg.), Policey, Bd. 7, S. 599–603.

schreiben wie den Weinbau[29] und die herbstliche Weinlese, die winterliche Wald-,[30] Brennholz- und Rodungsordnung, die Aussaat des Getreides im Frühjahr oder die jährlich wiederkehrenden Hochwassergefahren in Fluss- oder Wasserordnungen.[31] Zeitlich fixierte Gesellschaftsphänomene wurden somit keineswegs ausgespart. Sie wurden in ihrer thematischen Vielfalt aufgenommen und erfuhren durch die Policey ihre kurz- oder langzeitliche, mitunter auch epochenteilende Gliederung. Für den Quellenband zu den fränkischen Hochstiften Bamberg, Eichstätt und Würzburg ergab sich daraus die Überschrift „Ehe, Geburt, Tod und Nachlass". Zum Nachweis zeitlich entfernter Abschnitte wählen wir Exempel aus einer Würzburger Hebammenordnung von 1739 sowie aus den zu Würzburg und Eichstätt erlassenen Trauerordnungen der Jahre 1747 und 1789. Eine hochstiftische Geburtshilfeordnung nahm dabei 1739 Anleihe am sogenannten Sündenfall in Genesis (Kapitel 3): „*Nachdeme die erschaffende Gnad und Allmacht GOttes den Menschen nach dem eigenen Goͤttlichen Ebenbild geschoͤpffet, und mit dem groͤßten Gnaden-Trost, daß er wachsen und sich vermehren, auch lang auf Erden leben und Herz der erschaffenen Ding seyn solle, erfuͤllet, nachmahls aber aus gerechtigster Empfindung des Menschlichen Hochmuths und Ungehorsams durch das gemachte Gesatz, daß das Weib in Schmertzen gebaͤhren, und der Mensch dem Tod unterliegen solle, verhaͤnget hat, daß die Menschliche Geburt nicht ohne Gefahr sowohl der Gebaͤhrerinnen als ihrer Leibs-Frucht, auch, wie es die Erfahrnuß hier und dar zeiget, mit derselben wuͤrcklichen Tod geschihet; So haben nicht allein die Heyden aus dem Liecht der Vernunfft, sondern auch fuͤrnehmlich die Christen aus Christlicher Liebe unter andern ihre sonderbahre Sorg auf die Rett- und Erhaltung der gebaͤhrenden Frauen und der Geburt selbst, damit zumahlen die letztere nebst dem zeitlichen nicht auch um ihr ewiges Leben durch Unterbleibung der Heil*[igen] *Tauff gebracht werde, jederzeit billig gesetzt, und zu dem End die Hebammen als getreue Gehuͤlffen vor- in- und nach der Geburt*

29 Wolfgang Wüst (Hg.), Bacchus küsst Franken. Aspekte einer europäischen Weinlandschaft (Fränkische Arbeitsgemeinschaft e.V., Heft 6), St. Ottilien 2021.

30 Wolfgang Wüst, Im Wald herrscht Recht und Ordnung. Zur Benevolenz spätmittelalterlicher und frühneuzeitlicher Forstwirtschaft, in: BHVB 151 (2015), S. 171–184.

31 Wolfgang Wüst/Gisela Drossbach unter Mitarbeit von Lisa Bauereisen und Christoph Gunkel (Hg.), Umwelt-, Klima- und Konsumgeschichte. Fallstudien zu Süddeutschland, Österreich und der Schweiz, Berlin u. a. 2018.

zu derselben Erleichterung" geordnet.[32] Am Lebensende sorgte dann die Leich- und Trauerordnung von 1747 für Klarheit, insbesondere hinsichtlich entstehender Begräbniskosten. Fürstbischof Anselm Franz von Ingelheim (1746–1749), Herzog zu Franken, verfügte sozusagen punktgenau für das Hochstift Würzburg: „*Erstens jedermann ohne Unterschied des Stands oder Condition*[33] *alle Gebuͤhrnisse nach dem zu maͤnnlicher Nachricht und Wissenschaft hiebeygehendem Tax entrichten, und niemand dagegen ein mehrers fordern, annehmen, oder auch anbiethen solle. Zweytens werden die weitlaͤufig gedruckten Todtenzettel hiemit abgestellet, und mehrers nicht, dann den Namen und das Alter des Verstorbenen, nebst dessen Bedienung, worinnen derselbe etwa gestanden, wie auch der Monat, Tag und Stund dessen Hinscheidens darinnen anzumerken erlaubet. Drittens aber sollen dem Todtensarg weder die bishero gewoͤhnlichen Striche von Roßmarin oder Buchskraͤnze, noch sonstige Bruderschaftszeichen in das kuͤnftige mehr aufgeleget werden. Wie dann gleichermaßen, Viertens niemanden mehr gestattet wird, die mit vielen Koͤsten bisher ausgetheilten Trauerflöhre oder Leidbinden einem Anverwandten, auch so gar nicht einmal des erstern Grads, und also noch weniger jemand anders, am allerwenigsten aber den Leichansagern, Trägern und dergleichen, oder auch an das Pfarr- Bruderschafts- und andere Kreuz ferner hinzugeben und zu schicken. Fünftens sollen in dem Sterbhaus weder schwarze Spalier oder Tuͤcher aufgehaͤnget, noch in der Kirche die Stuͤhle damit bedecket*" werden.[34]

Stimmen wir gegen Ende des ersten Kapitels („Auftakt") die Leser noch auf den aktuellen Stand raumbezogener Policey-Forschung ein. Sehr früh wurde das Thema von dem von 1949 bis 1988 zunächst an der nordamerikanischen Clark University in Worcester (Massachusetts) und anschließend an der Columbia University in New York lehrenden, russisch gebürtigen Marc Raeff (1923–2008) behandelt. Bereits 1983 erschien sein Buch, das bis heute keine deutsche Übersetzung erfahren hat: „The well-ordered police state. Social and institutional change through law in the Germanies and Russia 1600–1800".[35] Innerhalb der angloamerikanischen Ge-

[32] Wolfgang Wüst (Hg.), Policey, Bd. 6, darin: Tobias Riedl (Bearb.), Hochfuͤrstliche Wirtzburgische Hebammen-Ordnung vom Jahr 1739, S. 307–316, hier: S. 307.

[33] *condition* (*condicio, -onis*): Stellung, Beruf.

[34] Wolfgang Wüst (Hg.), Policey, Bd. 6, darin: Anne-Kathrein Jung (Bearb.), Leich- und Trauerordnung vom 7.7.1747, S. 317–321, hier: S. 317.

[35] Erschienen: New Haven/London 1983; Bruce Weber, Nachruf auf Marc Raeff („Marc Raeff, Russian history scholar, dies at 85"), in: The New York Times, Ausgabe vom 29. September 2008, S. A19.

schichtsforschung blieb das Thema nachgefragt.[36] Die zeitprägende Dimension der Policey als Staatskunst des ausgehenden 15. bis frühen 19. Jahrhunderts war seit Beginn keineswegs nur der deutschsprachigen Geschichts-, Staats- und Politikforschung vorbehalten. Beispiele aus Osteuropa, Frankreich, Italien, Spanien und Portugal dokumentieren ein internationales und länderübergreifendes Interesse an unserem Thema.[37]

Vor Ort fand das Policeywesen der frühen Neuzeit seit der genannten Etablierung des „Arbeitskreises Policey/Polizei im vormodernen Europa", der Repertorisierung der Policeygesetzgebung durch das Max-Planck-Institut für europäische Rechtsgeschichte in Frankfurt am Main seit den 1990er Jahren vermehrte

[36] Darunter gab es auch zahlreiche Angebote deutscher Rechtshistoriker, beispielsweise: Karl Härter, Security and "Gute Policey" in early modern Europe, S. 41–65.

[37] Paolo Napoli, Naissance de la police moderne. Pouvoir, normes, société, Paris 2003; Ders., Polizia d'Antico Regime. Frammenti di un concetto nella Toscana e nel Piemonte del XVII e XVIII secolo, in: Michael Stolleis unter Mitarbeit von Karl Härter und Lothar Schilling (Hg.), Policey im Europa der Frühen Neuzeit (Ius Commune, Sonderheft 83), Frankfurt am Main 1996, S. 1–53; Elena Fasano Guarini, Gli „ordini di polizia" nell'Italia del '500?: Il caso toscano, in: Michael Stolleis unter Mitarbeit von Karl Härter und Lothar Schilling (Hg.), Policey im Europa der Frühen Neuzeit (Ius Commune, Sonderheft 83), Frankfurt am Main 1996, S. 55–96; Albert Rigaudiére, Les ordonnances de police en France à la fin du Moyen Âge, in: Michael Stolleis unter Mitarbeit von Karl Härter und Lothar Schilling (Hg.), Policey im Europa der Frühen Neuzeit (Ius commune, Sonderheft 83), Frankfurt am Main 1996, S. 97–161. Erstaunlich sind auch die zahlreichen deutschsprachigen Publikationen zur Policey außerhalb des Heiligen Römischen Reichs Deutscher Nation. Vgl. hierzu für Frankreich: Andrea Iseli, „Bonne police". Frühneuzeitliches Verständnis von der guten Ordnung eines Staates; für Portugal: Airton L. Cerqueira-Leite Seelaender, Polizei, Ökonomie und Gesetzgebungslehre. Ein Beitrag zur Analyse der portugiesischen Rechtswissenschaft am Ende des 18. Jahrhunderts (Studien zu Policey und Policeywissenschaft), Frankfurt am Main 2003; für Böhmen und Mähren: Pánek Jaroslav, Policey und Sozialdisziplinierung im frühneuzeitlichen Böhmen und Mähren, in: Michael Stolleis unter Mitarbeit von Karl Härter und Lothar Schilling (Hg.), Policey im Europa der Frühen Neuzeit (Ius Commune, Sonderhefte 83), Frankfurt am Main 1996, S. 317–333. Als Beitrag in einem tschechischen Editions- und Forschungsvorhaben: Wolfgang Wüst, Mandáty rady a městská „policey" – výzva pro editora, in: Michaela Hrubrá/Ludmila Sulitková/Vilém Zábranský (Hg.), Stav a perspektivy zpřístupňování středověkých a raně novověkých městských knih (Supplementum 1 – Ústecký sborník historický), Ústi nad Labem/Aussig 2010, S. 291–308.

Beachtung.[38] Konsens besteht meist darin, dass der Begriff in deutschsprachigen Quellen gegen Ende des 15. Jahrhunderts auftaucht und bis in die Jahre der Industrialisierung obrigkeitliche Regulierungstätigkeiten umschreibt. Die erste Erwähnung dieses Schlüsselbegriffs politischer, sozialer und wirtschaftlicher Neuorientierung steht für Franken – das ist mittlerweile sicher – in Zusammenhang mit der Überlieferung der Reichsstadt Nürnberg. Hier wurde seit 1464 von der „*Poletzey*" gesprochen. Die neue Bezeichnung schließt sich inhaltlich jedoch älteren Landes- und Stadtverordnungen für örtliche Gerichte, Ämter, Zünfte, Räte und Ständeversammlungen an. Einige Rechtssammlungen des hohen und späten Mittelalters wurden deshalb von ihren Editoren dem Policey-/Polizeiwesen zugeordnet. So gab Joseph Baader[39] 1861 die „Nürnberger Polizeiordnungen" aus dem 13. bis 15. Jahrhundert heraus und Hermann Hoffmann[40] titulierte seine Quellenauswahl des 12. bis 15. Jahrhunderts aus dem Würzburger Hochstift als „Würzburger Polizeisätze". Die Traditionen der Dorfordnungen, Ehehaften, Salbücher, Weistümer und Urbare flossen ebenfalls mit ein.[41] Im 16. und 17. Jahrhundert schreibt man policeylichen Gesetzesinitiativen noch einen defensiven Charakter zu; ihre Initiativen resultierten aus der Reaktion. So verhielt es sich auch mit der fränkischen Kreisordnung von 1572, die zeitlich begleitet wurde von Erntekrisen und Hungersnöten. Die Getreidepreise waren auch an den frän-

---

38 Vgl. hierzu vor allem die Tätigkeitsberichte des Max-Planck-Instituts für europäische Rechtsgeschichte, Frankfurt am Main (Eigenverlag), mit ausführlichen bibliographischen Nachweisen und Projektbeschreibungen der Mitarbeiter am „Repertorium der Policeyordnungen im frühmodernen Europa".

39 Joseph Baader (Hg.), Nürnberger Polizeiordnungen aus dem XIII.–XV. Jahrhundert (Bibliothek des Literarischen Vereins in Stuttgart 63), Stuttgart 1861, ND Amsterdam 1966.

40 Hermann Hoffmann (Hg.), Würzburger Polizeisätze. Gebote und Ordnungen des Mittelalters 1125–1495. Ausgewählte Texte (Veröffentlichungen der GffG X/5), Würzburg 1955.

41 Als Beispiele für das Interesse an fränkischen Weistümern: Finanzamtmann Fromlet (Bearb.), Hällische Dorfordnungen, in: Württembergische Vierteljahrshefte für Landesgeschichte N.F. 13 (1904), S. 383–405; Erich Freiherr von Guttenberg (Bearb.), Urbare und Wirtschaftsordnungen des Domstifts zu Bamberg, aus dem Nachlass hg. v. Alfred Wendehorst (Veröffentlichungen der GffG X/7/1), Neustadt an der Aisch 1969; Enno Bünz u. a. (Hg.), Fränkische Urbare. Verzeichnis der mittelalterlichen urbariellen Quellen im Bereich des Hochstifts Würzburg (Veröffentlichungen der GffG X/13), Neustadt an der Aisch 1998.

kischen Schrannenorten nach den schlechten Erntejahren 1769/70 wie in allen süddeutschen oder „*vorderen*" Reichskreisen empfindlich gestiegen und die Not der Bevölkerung wurde lauthals an die Kreisversammlungen herangetragen.[42] Im Fränkischen Kreis begnügte man sich – im Unterschied zu anderen Regionen im Reich – nicht mit dem Verweis auf die Legislative des Reichstags. Dort stellte man sich zumindest noch im 16. Jahrhundert durchaus der Herausforderung, obwohl verschiedene Reichstage das Policeyrecht zur Tagesordnung erklärt hatten. Im Januar 1530 hatte Kaiser Karl V. zu einem Reichstag nach Augsburg geladen, um mit den Reichsständen – neben der Behandlung der Türkengefahr und der Religionsproblematik – „*gute ainigkait und frid, auch sunst gute muntz pollicey und wolfahrt des hailigen Reichs allenthalben in disen und andern desselben obligenden sachen: zu beschliessen: zumachen: aufzurichten und zuvnderhalten*".[43] Das herausragende und einzig konkretisierte Ergebnis dieser Reichsversammlung war schließlich die erst später so bezeichnete „*Reichspoliceyordnung*".[44] Sie wurde 1548 und 1577 ergänzt, „*reformirt vnd gebessert*". Sie blieb dann unverändert als eine Art Grundgesetz bis zum Ende des Reiches im Jahr 1806 in Kraft.[45] Der nach 1577 vermeintlich quantitativ wie qualitativ kaum nennenswerte Out-

---

42 StA Nürnberg, Nürnberger Kreistagsakten, Tom. 6; Ansbacher Kreistagsakten, Tom. 16a.

43 Zitat aus dem Anschreiben Karls V. zum Augsburger Reichstag.

44 Zur Edition und Kommentierung vgl.: Gustaf Klemens SCHMELZEISEN, Polizeiordnungen und Privatrecht (Forschungen zur neueren Privatrechtsgeschichte 3), Münster/Köln 1955, S. 56–93; Johann Jakob SCHMAUSS/Heinrich Christian Freiherr VON SENCKENBERG (Hg.), Neue und vollständigere Sammlung der Reichs-Abschiede, Welche von den Zeiten Kayser Conrads des II. bis jetzo auf den Teutschen Reichs-Tägen abgefasset worden, sammt den wichtigsten Reichs-Schlüssen, so auf dem noch fürwährenden Reichs-Tage zur Richtigkeit gekommen sind, 4 Teile, 2 Bde., Frankfurt am Main 1747. Vgl. außerdem das Generationen übergreifende Editionsprojekt zu den „Deutschen Reichstagsakten". Einschlägig sind die Mittlere Reihe (Deutsche Reichstagsakten unter Maximilian I.), die Jüngere Reihe (Deutsche Reichstagsakten unter Kaiser Karl V.) und die Reichsversammlungen 1556–1662, hg. v. der Historischen Kommission bei der Bayerischen Akademie der Wissenschaften, Gotha 1893 ff. Vgl. dazu: Eike WOLGAST, Deutsche Reichstagsakten, in: Lothar GALL (Hg.), „... für deutsche Geschichts- und Quellenforschung". 150 Jahre Historische Kommission bei der Bayerischen Akademie der Wissenschaften, München 2008, S. 79–120.

45 Vgl. Karl HÄRTER, Entwicklung und Funktion der Policeygesetzgebung des Heiligen Römischen Reiches Deutscher Nation im 16. Jahrhundert, in: Jus Commune 20 (1993), S. 61–141.

put der Reichsgesetzgebung in Sachen Policey wurde daher einmal mehr als Beleg gesehen, dass das Reich seit dem späten 16. Jahrhundert in dem zentralen Bereich der Gestaltung öffentlicher Ordnung versagt habe.[46] Es schien sich die lange vorherrschende Bewertung, das Reich sei ein morsches, machtloses und orientierungsloses Gebilde, das den Weg zu *moderner* Staatlichkeit nicht fand, zu bestätigen. Die Forschung konstatierte dementsprechend ein „Versagen der Reichsgesetzgebung“ seit dem 16. Jahrhundert und betonte die führende Rolle der Territorien im Policeybereich. Ergänzende Initiativen zur Reichsgesetzgebung auf der Ebene der Kreise wurden erst gar nicht wahrgenommen. Stützt man sich auf den Befund der Policeygesetzgebung, um die Aktivitäten der Reichskreise zu bilanzieren, scheint der Fränkische Kreis sich in dem Augenblick mit einer defensiven Ordnungspolitik abzufinden, als sich die Regulierungstätigkeit der Policey offensiv erweiterte. Unter Abkehr von Herkommen und in bewusster Übertretung älterer normativer Traditionen stellten die Landesherren zu den zweckmäßigen ökonomischen Motiven vergangener Tage planerische und kreative Maßnahmen zur Wirtschaftsförderung. Inwieweit die Kreise überterritoriale Kooperationsaufgaben erfüllten oder vielleicht auch in den vielherrigen Kreisen, wie in Franken, eigentliche territoriale Funktion übernahmen, musste sich zeigen. Wenn die Kreisagenda in Franken von Münzaufsicht und Wissenschaftspolitik, Gesundheitsschutz und Sozialproblemen bis hin zu Feiertagsregelungen, Wirtshausaufsicht, Straßen- und Zuchthausbau reichte, dann entsprach das grundsätzlich den Policeyordnungen der Territorien und berechtigt zu einer entsprechenden Einordnung der Kreise. Allerdings führte dies zu keinen Ergänzungen der Kreispoliceyordnung von 1572. In Norddeutschland war der Bedarf an supraterritorialer Policeyaufsicht geringer und wurde stärker der Eigenverantwortung der Territorien überlassen, aber – wie Udo Gittel[47] am Niedersächsischen Reichskreis zeigte – gab es auch hier überterritoriale Kooperationsbereitschaft

---

46 Gegenüber den Landesverordnungen marginalisiert die Reichsgesetzgebung noch: Marc Raeff, The well-ordered police state. Social and institutional change through law in the Germanies and Russia 1600–1800, New Haven/London 1983, S. 43–56. Die dort vorgenommenen Einzelverweise auf die Reichspoliceyordnungen sind zum Teil ungenau, ja bisweilen unzutreffend.

47 Udo Gittel, Die Aktivitäten des Niedersächsischen Reichskreises in den Sektoren „Friedenssicherung“ und „Policey“ (Veröffentlichungen der Historischen Kommission für Niedersachsen und Bremen 35), Hannover 1996.

im Bereich der Policey zum Beispiel gegen gartende Kriegsknechte und Straßenräuber und mobiles Gesindel, das dann auf Kreisebene geregelt wurde. Je weniger über die Reichskreise und diese übergreifenden gesetzgeberischen Kompetenzen bekannt war, umso größer musste die „Zersplitterung“ erscheinen und die herrschaftliche Vielgestaltigkeit als Chaos im „Flickenteppich“[48] süddeutscher Kleinterritorien erscheinen. Der Fränkische Reichskreis passte sich den veränderten Bedürfnissen des späten 17. und 18. Jahrhunderts an, wie neuere Forschungen zeigen. Dies traf auch für den noch kaum erhellten Bereich des Gesundheitswesens und der Seuchenbekämpfung zu. Dazu zählten im agrarischen Bereich beispielsweise die Vorsorge gegen Ernteschädlinge und allerlei „Ungeziefer“, von denen neben Raupen, Heuschrecken und Spatzen vor allem auch Nagetiere wie Mäuse, Ratten und Hamster auf der policeylichen Meldeliste standen.[49] Ferner zeigte Carolin Porzelt,[50] dass sich die Pestpolitik des Kreises in erster Linie an den Mandaten der großen Reichsstadt Nürnberg orientierte. Die Gesetzesinitiative ging so – im Gegensatz zu 1572 – wieder von den Territorien aus. Den Verantwortlichen war klar, dass die Pestpolitik der Reichsstadt Nürnberg nicht an den Stadtgrenzen enden durfte. Die Bevölkerung der Kreisstände wurde am wirkungsvollsten dann geschützt, wenn die Seuche möglichst weit im Vorfeld ihrer territorialen Grenzen zum Stehen gebracht werden konnte.[36] Deswegen wurde das Problem auch auf der Ebene des Fränkischen Reichskreises angegangen, der damit eine neue gesundheitspolitische Kompetenz erhielt. Das Grundmuster der Behandlung der Thematik war Folgendes: Die Stadt nahm direkte Verbindung zu den Mitständen im Fränkischen Kreis auf und suchte, diese zur Übernahme der Nürnberger Präventivmaßnahmen zu bewegen. Die kleineren Stände holten sich ihrerseits in der Großstadt Rat in dieser Frage. Tatsächlich wurden daraufhin verschiedentlich gemeinsame Gegenmaßnahmen eingeleitet. Ein erster Beleg

48 Wolfgang Wüst, Flickenteppiche als Metapher für Chaos, Föderalismus und Vielfalt. Eine landeshistorische Perspektive, in: ZBLG 83/1 (2020), S. 39–60.

49 Karl Härter, Die Policey der Hamster, Sperlinge, Raupen und Heuschrecken: „Schädliche Tiere“ und „Ungeziefer“ in der preußischen Policeygesetzgebung der Frühen Neuzeit, in: Gerald Kohl u. a. (Hg.), Festschrift für Thomas Simon zum 65. Geburtstag. Land, Policey, Verfassung, Wien 2020, S. 73–92.

50 Carolin Porzelt, Die Pest in Nürnberg. Leben und Herrschen in Pestzeiten in der Reichsstadt Nürnberg, 1562–1713 (Forschungen zur Landes- und Regionalgeschichte 7), St. Ottilien 2007.

für die Zusammenarbeit in der Pestproblematik ist die Überlieferung der Nürnberger Sterbeordnung von 1562 auch in einer Abschrift aus Bamberg, wo man sich somit an diesem Muster zu orientieren begann. Doch gelang es erst nach dem Dreißigjährigen Krieg, die Zusammenarbeit auf eine breitere organisatorische Basis zu stellen. Ein Kreismandat vom 12. Oktober 1708 – *„die Contagion betreffend"* – fasste dann die diesbezüglichen Einzelvorschriften auf Kreisebene zusammen.[51]

[51] In Auswahl: Fritz Dross, „Ich aber will hinaus spatziern, da ich frisch, frey und sicher bin …". Aussatzpraktiken im frühneuzeitlichen Nürnberg, in: Guy Thewes/Martin Uhrmacher (Hg.), Extra muros. Vorstädtische Räume im Spätmittelalter und Früher Neuzeit / Espaces suburbains au Bas Moyen Âge et à l'époque moderne (Städteforschung. Veröffentlichungen des Instituts für vergleichende Städtegeschichte in Münster A/91), Wien u. a. 2019, S. 299–332; Alois Schmid, Der Fränkische Reichskreis. Grundzüge seiner Geschichte – Struktur – Aspekte seiner Tätigkeit, in: Wolfgang Wüst (Hg.), Reichskreis und Territorium: die Herrschaft über der Herrschaft? Supraterritoriale Tendenzen in Politik, Kultur, Wirtschaft und Gesellschaft. Ein Vergleich süddeutscher Reichskreise (Augsburger Beiträge zur Landesgeschichte Bayerisch-Schwabens 7), Stuttgart 2000, S. 243–245; Carolin Porzelt, Die Pest in Nürnberg; Johann Carl Sigmund Kiefhaber, Historisch-chronologisches Verzeichnis der seit dem Anfang dieses Jahrhunderts bis jetzt in der Reichsstadt Nürnberg und deren Gebiet herrschend gewesenen Epidemien unter den Menschen und Thieren, Nürnberg 1796.

B. Die Stadt-Policey: Nürnberg, Rothenburg ob der Tauber, Schweinfurt, Weißenburg und Windsheim

I. Entstehung

In Anlehnung an die Reichsreformdiskussion[1] des späten 15. Jahrhunderts, an Postulate aus den Jahrzehnten vor und während der Reformation und des Bauernkriegs[2] sowie an das ältere, durchaus breit angelegte Regelwerk des Mittelalters[3] entstand zu Beginn der Neuzeit eine neue Gesetzesdimension. Dabei lässt sich feststellen, dass der Begriff Policey samt seinen Vorformen[4] („*politie, policie, police*") bereits in den frühesten Quellenbelegen[5] und in der zugehörigen Literatur am

1 Franz-Ludwig KNEMEYER, Polizeibegriffe in Gesetzen des 15. bis 18. Jahrhunderts, in: Archiv für öffentliches Recht N.F. 92 (1967), S. 154–181; Dietmar WILLOWEIT, Gesetzgebung und Recht im Übergang vom Spätmittelalter zum frühneuzeitlichen Obrigkeitsstaat, in: Okko BEHRENDS/Christoph LINK (Hg.), Zum römischen und neuzeitlichen Gesetzesbegriff. 1. Symposion der Kommission „Die Funktion des Gesetzes in Geschichte und Gegenwart" vom 26. und 27. April 1985, Göttingen 1987, S. 123–146.

2 Als Fallbeispiel: Winfried SCHULZE, Klettgau 1603. Von der Bauernrevolte zur Landes- und Policeyordnung, in: Heinrich R. SCHMIDT/André HOLENSTEIN/Andreas WÜRGLER (Hg.), Gemeinde, Reformation und Widerstand. Festschrift für Peter Blickle zum 60. Geburtstag, Tübingen 1998, S. 429–431.

3 Als eines der wenigen älteren Editionsvorhaben, die mit einem Policey-Begriff vor 1500 operierten. Vgl. Hermann HOFFMANN, Würzburger Polizeisätze.

4 Nicht gemeint ist hier der etymologische Ursprung in der Antike als *politeia* – (Αθηναίων) ρολιτεία – bzw. als *politia*.

5 Als eines der ersten Reichsgesetze sprach die Reichsregimentsordnung von 1495 von „*Ordnung und Polizei*". Vgl. Karl HÄRTER, Entwicklung und Funktion der Policeygesetzgebung, S. 69 f.

häufigsten mit „Ordnung“[6] verbunden worden ist. Schon die Schrift des Rostocker Juristen Johann Oldendorp (ca. 1488–1567) aus dem Jahr 1530 – wir stehen noch am Beginn der Policeywissenschaft – trug den Titel: „*Van radtslagende, wo men gude politie und ordenunge ynn steden und landen erholden moeghe*“.[7] In der süddeutschen Städtelandschaft finden sich frühe Belege in der Überlieferung der Reichsstadt Nürnberg. In einem kaiserlichen Privileg für Nürnberg von 1464 hieß es: „*Polletzey und regirung in allen Sachen ordnen* [...]“ (1464 VII 26). 1476 folgte dort ein zweiter Verweis: „*Nachdem dise stat mit vil loblichen pollicein und guten ordnungen versehen*“ (1476 III 24).[8] Eine erste Policeyordnung für das Nürnberger Landterritorium entstand aber nicht vor dem Jahr 1529. Seit 1464/76 taucht dann die Policey-Nomenklatur zunächst sporadisch, seit Mitte des 16. Jahrhunderts regelmäßig in Nürnberger Quellen auf. 1621 erläutert der Rat hierzu für den zugehörigen Implementierungsvorgang: „*DEMnach ein Edler/ Ehrnvester Rath dieser Statt/ Jaͤhrlichen die jenigen Statuten vnd Gesetz/ durch welche gemeine Burgerschafft von vngebuͤrlichen verhandlungen abgemahnet werden/ zu dero nachrichtung in beeden PfarrKirchen/ alß zu S. Sebaldt/ vnd zu S. Lorentzen/ offentlich verlesen lassen: Vnd aber jhre Herrlichkeiten mit grossem mißfallen erfahren/ das solche wolgemeinte verkuͤndigung diser Gesetz vnd Policey/ von der Burgerschafft/ in gebuͤrende obacht nit gezogen/ theils auch sich mit der vnwissenheit entschuldigt.*“[9] Gesetze, Statuten, Erlasse, Mandate und Policey wurden somit vom Rat gleichgesetzt. Zeitlich standen süddeutsche Reichsstädte im internationalen Vergleich keineswegs an der Spitze. Als Quellenbegriff kann die „*gute*“ Policey seit dem 14. Jahrhundert zunächst in

---

6 Karolina ZOBEL, Polizei. Geschichte und Bedeutungswandel des Wortes und seiner Zusammensetzung, Diss. phil., München 1952, S. 480.

7 Johann OLDENDORP, Opera omnia, 2 Bde., Basel 1559, ND Aalen 1966; zitiert nach: Michael STOLLEIS, Geschichte des öffentlichen Rechts in Deutschland, Bd. 1: Reichspublizistik und Policeywissenschaft 1600–1800, München 1988, S. 85 f. Vgl. zur Policeykonzeption bei Oldendorp auch: Birgit C. BENDER-JUNKER, Utopia, Policey und Christliche Securitas. Ordnungsentwürfe der Frühen Neuzeit, Marburg 1992, S. 155–162.

8 Vgl. Werner BUCHHOLZ, Anfänge der Sozialdisziplinierung im Mittelalter. Die Reichsstadt Nürnberg als Beispiel, in: ZHF 18 (1991), S. 129–147; Georg-Christoph VON UNRUH, Polizei, Polizeiwissenschaft und Kameralistik, in: Kurt G. A. JESERICH u. a. (Hg.), Deutsche Verwaltungsgeschichte, Bd. I: Vom Spätmittelalter bis zum Ende des Reiches, Stuttgart 1983, S. 389. Vgl. ferner immer noch: Joseph BAADER, Nürnberger Polizeiordnungen.

9 Wolfgang WÜST (Hg.), Policey, Bd. 7, Quelle Nr. 2.

Frankreich, speziell für Paris, nachgewiesen werden. Ein königlicher Erlass bediente sich zur Herrschaftslegitimierung erstmals 1371 des Schlüsselworts der *„Policie"*. Mehr oder weniger zeitgleich tauchte der Begriff als *„Polizia"* zunächst für Städte in der Toskana und im Piemont auf.[10]

Abb. 6: „Vernewte Polliceyordnung/ Mandata vnd Gesetz/ Jaͤrlich am Ersten oder Andern Sontag in der Fasten/ auff dem Lande [im Nürnberger Landterritorium] zuuerkuͤnden, Anno M.D.LXXII.", [o. O.] 1572. Bildnachweis: StA Nürnberg, Reichsstadt Nürnberg, Druckschriften 110, S. 126; BSB, 4° J.germ.134.

[10] Vgl. hierzu die „kleine Archäologie" des Begriffs bei: Andrea Iseli, Gute Policey, S. 14–16.

Eins Erbarn Raths
der Stadt Nürmberg/verneute Policey=
ordnung vnd verpot der Hoffart/vnd was einem
jeden seinem stande nach/von Klaidung
vnd anderm zu tragen gebürt/
vnd zugelassen ist.

M D LXXXIII.

Abb. 7: „Eins Erbarn Raths der Stadt Nu^{e}rmberg/ verneute Policey=ordnung vnd verpot der Hoffart/ vnd was einem jeden seinem stande nach/ von Klaidung vnd anderm zu tragen gebu^{e}rt/ vnd zugelassen ist.“, Nürnberg 1583. Bildnachweis: VD 16, N 1974; UB Eichstätt, Sigel: 824.

Reichsstädte wie Nürnberg und Rothenburg ob der Tauber mit einem großen Landgebiet verfügten vielfach über separate Policey-Regelungen für Stadt und Land. Im Fränkischen Reichskreis gehörte zu dieser Gruppe – allerdings in Grenzlage zu Schwaben – zu Beginn auch die Reichsstadt Hall (Schwäbisch Hall), die 1703 eine „*Erneuerte Policey=Ordnung*“ erließ und die mit der Haller „*Landheeg*“ eine fast 200 Kilometer lange Landwehr ihres Territoriums geschaffen hatte. In Rothenburg erneuerte 1723 dann der Stadtrat ausdrücklich nur in seiner Landhege[11] Gesetze, die zuvor *extra muros* offenbar wenig beachtet wurden. „*Wir Burgermeister und Rath des Heil*[igen] *Reichs Statt Rotenburg ob der Tauber fuͤgen hiermit all unsern Unterthanen und Angehoͤrigen auf dem Land zu vernehmen: Nachdeme bey etlichen Jahren her sehr viele Maͤngel und Unordnungen wider die ehemals publicirte Land Policey Ordnung in allen Puncten eingerissen/ und noch taͤglich weiters hervorbrechen und sich vermehren wollen/ als haben/ aus Christlichem Eyffer und Obrigkeitlicher Schuldigkeit/ solchem aͤrgerlich, auch Seel- Leib- und Vermoͤgen hoͤchst-schaͤdlich- und verderblichen Unwesen mit allem Ernst vorzukommen nachfolgendes/ bey Vermeidung der dabey angesetzten ohnausbleiblicher Straff/ hiermit verordnet.*“[12] Ähnliches galt für das Nürnberger Landgebiet[13] oder, außerhalb des regionalen fränkischen Spektrums, beispielsweise im weit reichenden Ulmer Umland.[14]

---

[11] Alois Schneider, Grenzlinien spätmittelalterlicher städtischer Territorialherrschaften, S. 111–135.

[12] Wolfgang Wüst (Hg.), Policey, Bd. 7, Quelle Nr. 7.

[13] Wolfgang Leiser, Das Landgebiet der Reichsstadt Nürnberg, in: Rudolf Endres (Hg.), Nürnberg und Bern: Zwei Reichsstädte und ihre Landgebiete (Erlanger Forschungen A 46), Erlangen 1990, S. 227–260; Günther Tiggesbäumker (Hg.), Die Reichsstadt Nürnberg und ihr Landgebiet im Spiegel alter Karten und Ansichten. Bestände der Stadtbibliothek Nürnberg. Ausstellung der Stadtbibliothek Nürnberg vom 3. September bis 29. Dezember 1986 (Ausstellungskatalog der Stadtbibliothek Nürnberg 97), Nürnberg 1986.

[14] Gerold Neusser, Das Territorium der Reichsstadt Ulm im 18. Jahrhundert. Verwaltungsgeschichtliche Forschungen (Forschungen zur Geschichte der Stadt Ulm 4), Ulm 1964.

Erneuerte
Policey=
Ordnung/
Des
Heil. Reichs=Stadt
Schwäbischen Hall.

Gedruckt von Georg Michael Mayern/
bestellten Buchdr. allda/ 1703.

Abb. 8: „Erneuerte Policey=Ordnung/ Des Heil[igen] Reichs=Stadt Schwaͤbischen Hall.“, Schwäbisch-Hall (Georg Michael Mayern) 1703. Bildnachweis: SUB Göttingen, 8 J STAT II, 1274.

II. Inhalt

Inhaltlich befassten sich Artikel und Titel des policeylichen Ordnungswerks zunächst mit Maßnahmen gegen das schuldenfördernde „Fressen" und „Saufen" – auch als „Völlerei" und „Zutrinken" veredelt – in öffentlichen Gasthäusern und insbesondere bei Hochzeiten, Tauffeiern oder Kirchweihen. Hier ging es in erster Linie gegen einen die Ständeordnung negierenden Kleiderluxus, gegen die sich ausbreitende Spielleidenschaft, gegen Ehebruch, Fluchen und Gotteslästern, bis hin zur Praxis bei der Prävention von Seuchen,[15] Katastrophen und Krisen. Es verwundert nicht, dass aus diesem Grund die Schank-, Brau- und Wirtshausreglements allgegenwärtig waren. So lesen wir in *„eines Erbarn Raths der Statt Nu*ᵉ*rmberg Wandelbuch*" von 1621: *„Die Bier Wirth/ sie schencken Weiß oder hiesigs Rot Bier/ oder frembd Bier/ sollen dessen nur einerley haben/ Nemlich/ das Rot/ oder das Weisse/ vnd darzu ein Ta*ᵉ*felein deß Satz zugesicht hencken. Vnd soll auch kein Wein= oder Bier Wirth/ seine Zechga*ᵉ*st/ u*ᵉ*ber die Feuerglocken sitzen/ Zechen/ vnd Spilen lassen.*"[16] Direkter und eindringlicher warnte vor der Sünde der Völlerei und Trinkerei dann im Dezember 1686 der Rat in Rothenburg in seiner Zusatzerklärung zur allgemeinen Ordnung. Diese war bereits mehrmals erneuert worden, als man sie 1685 wieder anzeigte und verlas: *„ALlem wilden/ viehischen/ und gottlosen Weesen zu steuren/ wie auch Bu*ᵉ*rgerliche Nahrung vor Weib und Kind zu erhalten zu wollen. Wir Jederma*ᵉ*nniglich vom Schwelgen/ Fressen/ Sauffen und Spielen in Wirths= und Bierha*ᵉ*ussern/ oder andern Schlupffwinckeln Va*ᵉ*tterlich und treuhertzig abgewarnet/ das u*ᵉ*berma*ᵉ*ssige Zu= und Gesundheit=Trincken bey ehrlichen Zusam*[m]*enkunfften auch alles Ernstes abgestellet haben/ gestalten die jenige/ welche durch dergleichen Schwelgen und Pancketieren in Armuth gerathen/ und mit Schulden sich u*ᵉ*berladen/ ohn einige Gnad zu relegiren und aus der Statt zu schaffen entschlossen seyn; wie dann auch die junge*

[15] Fritz Dross, „Ich aber will hinaus spatziern, da ich frisch, frey und sicher bin …", S. 299–332; Wolfgang Wüst, Wider *„ehebruch, hurereÿ, unzucht, kuppeleÿ und unterschleipf"* – Policey-Statuten in Kempten im Jahre 1770, in: Allgäuer Geschichtsfreund – Blätter für Heimatforschung und Heimatpflege N.F. 116 (2016), S. 69–106; Ders., Wider Gotteslästerung, Unkeuschheit, Ehebruch, Neid, Hass und Aufruhr – Policey und Zucht in Nördlingen, in: Rieser Kulturtage. Dokumentation. Band XXI/2016, 9. April–8. Mai 2016, Nördlingen 2018, S. 325–348.

[16] UB Erlangen, H61/4 TREW.X 19.21/29 [Druckschrift].

Pursch und Handwercks=Gesellen zu Nachts/ und zwar bey Winters=Zeit uͤber 8. und Sommers uͤber 10. Uhr der kleinen in den Wirths= und Bierhaͤusern/ oder sonsten auf der Gassen ohne Liecht/ bey Straf Eines Gulden/ oder des Thurns/ sich keines wegs betretten lassen“ sollen.[17]

Die gegenüber der genannten und bekannten policeylichen Suchtprävention noch kaum thematisierte Seuchen- und Katastrophenvorsorge manifestierte sich ebenfalls im reichsstädtischen Ordnungsschema. Wir sprechen hier von medizinischer Policey.[18] Dabei argumentierte man lange noch eher religiös-gottesfürchtig als naturwissenschaftlich aufgeklärt. 1543 leitete der Rat die Nürnberger Pestordnung jedenfalls noch traditionell ein: „*Zvm ersten. Ist in solchen* [ge]*faͤrlichen zeyten nichts nützer/ fruchtbarer hailsamer/ noch troͤstlicher/ dann das ein Christe*[n] *mensch sein hertz vn*[d] *gemuͤt/ durch ein rechten festen/ bestendigen glaube*[n]*/ an das gnadenreich Eua*[n]*gelion vnsers herrn Jesu Christi/ gegen Gott dem vater erhebe/ vnd vngezweyfelt dafuͤr halte/ Er sey vnser aller gnediger vatter/ der vns vnser suͤnd/ durch das leyden vnd sterben Christi gnedigklich vergeben hab/ vnd das ewig leben nach disem/ trewlich vnd gewißlich geben woͤll.*“[19] 1705 ließ man dagegen in der erneuerten Leichen- und Bestattungsordnung seitens des Nürnberger Rats die Seuchengefahr konkreter umschreiben. Man drängte jetzt entgegen der Gewohnheit auf zeitnahe Bestattungen, nachdem „*bishero die verblichene Leichname manchmal viel Taͤge uͤber in denen Haͤusern liegend geblieben/ unter dem Vorwand/ daß wegen Vielheit der Erben/ Anverwandten und Gesinds/ mit Verfertigung der Leidkleider/ nicht sobalden aufzukommen/ welches aber dem alten Gebrauch allerdings zuwider/ auch solchergestalt denen Benachbarten und Traͤgern merklicher Ungemach verursachet wird/ ja gar eine schaͤdliche Seuche/ bevorab bei heisser Sommer=Zeit/ hieraus zu befahren*“ ist.[20]

---

[17] Kurtzer Begriff und Erlaͤuterung der Anno 1685. Bey des Heil[igen] Reichs=Statt Rotenburg ob der Tauber publicirten verneuerten Policey=Ordnung, Rothenburg ob der Tauber (Noah von Millenau) 1686.

[18] Martin Dinges, Medicinische Policey zwischen Heilkundigen und „Patienten“ (1750–1830), in: Karl Härter (Hg.), Policey und frühneuzeitliche Gesellschaft (Ius Commune Sonderheft 129), Frankfurt am Main 2000, S. 263–295; Caren Möller, Medizinalpolizei. Die Theorie des staatlichen Gesundheitswesens im 18. und 19. Jahrhundert (Studien zu Policey und Policeywissenschaft), Frankfurt am Main 2005.

[19] Wolfgang Wüst (Hg.), Policey, Bd. 7, Quelle Nr. 72.

[20] Ebd., Nr. 49.

Die Policey trug in die Kanzleien nebenbei die Sorge um die Umwelt. Sie war insbesondere mit Blick auf periodisch wiederkehrende Überschwemmungen in der sogenannten Wasser-Policey notwendig. Über Gewässerverschmutzung klagte man ferner in Fischereiordnungen. Diese waren 1739 in der Reichsstadt Weißenburg „am Nordgau“ – gemeint war das heute bayerische Weißenburg und nicht die elsässische Namensschwester, das heutige Wissembourg – Bestandteil allgemeiner Stadtmandate, wie der des „*Heiligen Roͤm*[ischen] *Reichs Freyen Stadt Weissenburg am Nordgau* STATUTEN *und Ordnung*“:[21] Als „*auch unsere Herren, beede Raͤthe mehr dann augenscheinlich befunden, was vor allerhand Unordnung und Schaͤden mit Fischen, und Eroͤßigung der Freywasser* [...] *mit unaufhoͤrlichen Fischen, Aufhebung der jungen Brut, schoͤpffen, abschlagen, abgraben, Reisen, und Koͤrblein legen, welches alles zu gaͤntzlicher Eroͤßigung, und Verderbnuß der Wasser gemeiner Stadt, und benachbarten an ihren anliegenden Gruͤnden, und Feld-Guͤther zu unwiederbringlichen Schaden, und dann den hiezuvor mit etlichen benachbarten aufgerichteten Ordnungen, und Vertraͤgen gantz zuwider und Abbruch beschieht; Also haben beede Raͤth zu Fuͤrkommung noch weitern Unraths, auch Aufnehmung mehrer Hegung bestimmter Gemein- und Frey-Wasser folgende Ordnung fuͤrgenommen*“.[22]

Zum Kanon der Policeynormen zählten zunächst vor allem christliche Orientierungskategorien. Es handelte sich meist um kirchliche Werte, die im Rahmen biblischer Policey bis zum 19. Jahrhundert zunehmend säkularisiert wurden. In klassischer Weise präzisierte die angesprochenen Kirchengebote 1656 der evangelische Rat zu Rothenburg ob der Tauber. Es sei unser „*Will und Meinung/ daß alle Haußvaͤtter und Haußmuͤtter nicht allein fuͤr ihre Personen die Predigten und Gottesdienst/ wie nicht wenigers die Kinderlehren mit hoͤchstem fleiß und andacht besuchen/ Sondern auch ihre Kinder und Gesind embsig und mit groͤsserm ernst/ als biß dato beschehen/ darzu anhalten und schicken/ den lieben Catechismum mit denselben/ so viel moͤglich/ zu Hauß treiben/ und den ihrigen in uͤbung aller Christlichen Tugenden mit guten Exempeln vorgehen.*“[23] Eher dem ökonomischen Feld war dagegen die Münz- oder Geld-Policey zuzuordnen, bei der gerade seit dem 16. Jahr-

[21] BSB, Franconica 72#Beibd.5.

[22] Wolfgang WÜST (Hg.), Policey, Bd. 7, Quelle Nr. 8.

[23] Ebd., Nr. 3.

hundert die Reichskreise[24] in übergreifenden Assoziationen aktiv blieben. Mit dem Geldumlauf, für dessen Richtig- und Wertigkeit in erster Linie überterritoriale Institutionen firmierten, setzten sich zahlreiche Handels- und Zollbestimmungen auseinander. Zuletzt waren sie zu Schweinfurt in der *„Passagegeld-Ordnung"*[25] vom

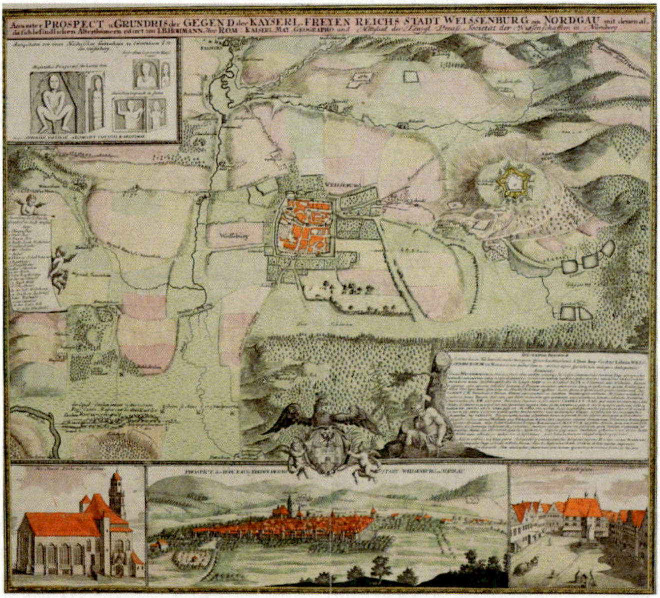

Abb. 9: „Accurater Prospect u. Grundris der Gegend der Kayserl. Freyen Reichs Stadt Weissenburg am Nordgau", Kupferstich bei Johann Baptist Homann (1664–1724) & Erben, um 1725. Bildnachweis: privat.

---

[24] Konrad Schneider, Reichskreise und europäisierter Geldumlauf, in: Wolfgang Wüst/ Michael Müller (Hg.), Reichskreise und Regionen im frühmodernen Europa – Horizonte und Grenzen im *spatial turn*. Tagung bei der Akademie des Bistums Mainz, Erbacher Hof, 3.–5. September 2010 (Mainzer Studien zur Neueren Geschichte 29), Frankfurt am Main u. a. 2011, S. 283–301; Frank Göttmann, Über Münz- und Währungsprobleme im Bodenseeraum vom Ende des 17. Jahrhunderts bis zur Mitte des 18. Jahrhunderts, in: Schriften des Vereins für Geschichte des Bodensees und seiner Umgebung 107 (1989), S. 195–220.

[25] Passage-Geld: Eine Durchgangs- und Nutzungs-Abgabe für Wege und Straßen.

Februar 1784 formuliert. Auf der städtischen Chaussee[26] mussten am Oberen Tor in Richtung Herzogtum Sachsen folgende Personen bezahlen: *„Alle diejenige, welche ordentliche Commercial= und Kaufmanns=Guͤter hin= oder herfuͤhren“*. Ferner waren die Händler gebührenpflichtig, die *„Wein, Bier, Getraid, Heu, Stroh, Fische, Holz, Bretter, Kohlen und dergleichen Waaren, auch Vieh aus der Stadt, ausser den hiesigen Vieh=Maͤrkten, in andere fremdherrische Orte verfuͤhren“*. Ebenso entrichteten alle Standespersonen Zoll, die *„auf den gebauten Chausséen mit der Post, oder mit eigenen, oder auch Lehen=Pferden hin= oder herreisen.“*[27]

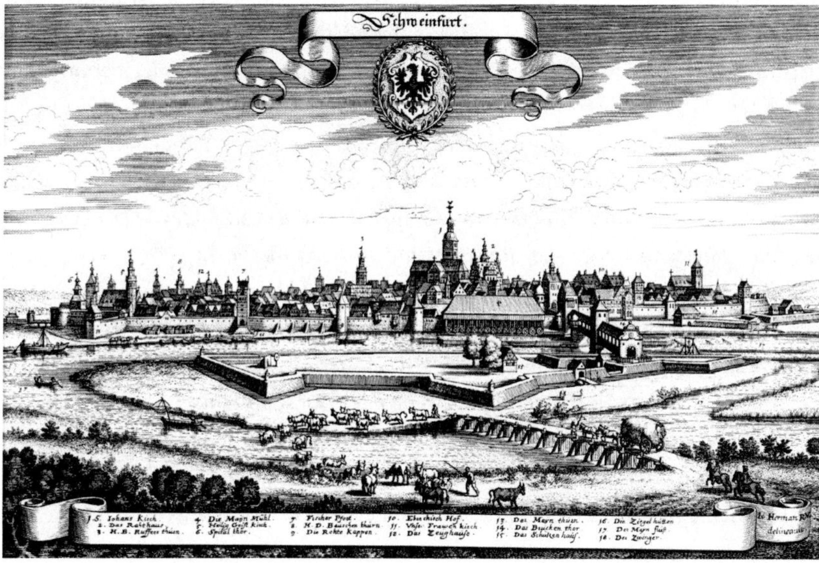

Abb. 10: Die Reichsstadt Schweinfurt, Kupferstich von Matthäus Merian d. Ä. (1593–1650), 1648. Bildnachweis: Topographia Franconiae. Das ist/ Beschreibung, Vnd Eygentliche Contrafactur der Vornembsten Stätte, Vnd Plätze des Franckenlandes/ vnd Deren/ die Zu Dem Hochlöblichen Fränckischen Craiße gezogen werden, Frankfurt am Main 1648, S. 95–97.

[26] Wolfgang Wüst, Chausseen in Franken – Kunststraßen nach französischem Vorbild, in: Altfränkische Bilder N.F. 9 (2014), S. 22–24; Hermann Rölz, Chausseebau in Franken am Beispiel Brandenburg-Ansbach, Magisterarbeit, Erlangen 2007.

[27] Wolfgang Wüst (Hg.), Policey, Bd. 7, Quelle Nr. 84.

III. Vollzug

Erst während des 19. Jahrhunderts erfuhr die alte gesetzgebende Policey ihren Umbruch zur heutigen Polizei als einem Ordnungs- und Vollzugsorgan des Staates. Der Adel nahm dabei bis zur Revolution von 1848/49 im Rahmen seiner Gerichtshoheit noch separate Policey- beziehungsweise Polizeirechte im alten und neuen Stil wahr.[28] Jetzt verengte sich das Themenspektrum; die innere und äußere Sicherheit des modernen Staates wurden zur Richtschnur des Handelns.[29] Die „Architekten" der alten Policey waren aber ebenfalls bemüht, den Vollzug ihrer Ordnungen immer wieder anzusprechen und die zuständigen Überwachungsorgane im Sinne der sich im 19. und 20. Jahrhundert etablierenden Vollzugs- und Polizeibehörden zu benennen. 1705 lesen wir in der Begräbnisordnung – der „*Verneuerten Leich=Ordnung*" – für Nürnberg: „*Befehlen auch Unserm verordneten Fuͤnfer=Gericht auch allen Beamten und Bedienten/ wie die Namen haben/ insondernheit Unsern verordneten Stadt= und Land= Pfaͤndern/ darob steif und vest zu halten/ die Ubertrettere ohne Unterschied zu rugen und zu straffen/ auch hierinnen einige Person nicht anzusehen/ noch jemand zu verschonen.*"[30] 1707 stärkte man in einer Nürnberger Spezereiordnung die Exekutive des Schauamts. „*So soll dem Gewürtz-Schau-Amt in so weit die Macht gegeben seyn, mit Vorwissen der Herren Deputierten/ sich hierzu des Marck-Aufsehers/ oder eines zu erwählenden Stadt-Knechts zu gebrauchen/ denen dann befohlen werden solle/ auf des Gewürzt-Schau-Amts Anweisung/ gegen die Ubertrettere die Execution zum Effect zu bringen/ damit durch dergleichen Exempel*

---

28 Wolfgang Wüst, Adeliges Selbstverständnis im Umbruch? Zur Bedeutung patrimonialer Gerichtsbarkeit 1806–1848, in: Walter Demel/Ferdinand Kramer (Hg.), Adel und Adelskultur in Bayern (ZBLG, Beiheft 32), München 2008, S. 349–376.

29 Alf Lüdtke, Zurück zur „Policey"? Sicherheit und Ordnung in Polizeibegriff und Polizeipraxis – vom 18. bis ins 21. Jahrhundert, in: Helmut Gebhardt (Hg.), Polizei, Recht und Geschichte. Europäische Aspekte einer wechselvollen Entwicklung. Beiträge des 14. Kolloquiums zur Polizeigeschichte (Grazer rechtswissenschaftliche Studien 60), Graz 2006, S. 12–29; Hans Kirsch, Sicherheit und Ordnung betreffend: Geschichte der Polizei in Kaiserslautern und in der Pfalz 1276–2006 (Studien zur pfälzischen Geschichte und Volkskunde 1), Kaiserslautern 2007; Manfred Biernath, Die bayerische Polizei. Geschichte, Sozialstruktur und Organisation, München 1977; Ernst Rudolf Hubert, Zur Geschichte der politischen Polizei im 19. Jahrhundert, in: Ders. (Hg.), Nationalstaat und Verfassungsstaat. Studien zur Geschichte der modernen Staatsidee, Stuttgart 1965, S. 144–167.

30 Wolfgang Wüst (Hg.), Policey, Bd. 7, Quelle Nr. 49.

andere von der Nachfolge abgeschrecket" werden.[31] Und 1739 ließ der Rat der Reichsstadt Weißenburg in ähnlicher Absicht verlesen: „*Welcher Burger, oder Burgerin, oder Innwohner fuͤr die Herren Beamten in die Cantzley, Pfleg- und Steuer-Stuben gefordert werden, und nicht erscheinen, die sollen mit gleicher Gefaͤngnuͤß gestrafft*" werden.[32] In einer Kundmachung von 1777 für Schweinfurt, speziell für Aufseher und Bettelvögte „*unerzogener*" Armenkinder in Waisen- und Arbeitsanstalten, hieß es: „*So haben jedoch in Ansehung der wuͤrcklich vacirenden Handwercks=Pursche sowohl, als der Vermumten oder faͤlschlich sich dafuͤr ausgebenden, der dißfalls schon gegebenen Maas=Regeln unerachtet, annoch erweitertere Vorschrifften und Beobachtungen sich nothwendig gemachet, dahero auch mehrerholte Deputation nicht verfehlet, dergleichen zur genauen Nachachtung sowohl untern Stadt=Thoren, als auch für die Herbergs–Vaͤtter, Profeßionisten und Zuͤnffte, ingleichen auch fuͤr die Aufseher und Bettel=Vogt, zu verabfassen.*"[33] Freilich können wir bei der Lektüre der Ordnungen nicht in jedem Fall sicher sein, ob dort ausgesprochene Sanktionen wie Geld- und Leibesstrafen, Internierung oder Stadtverweis tatsächlich vollzogen wurden. Der Blick auf andere Quellen kann hier weiterhelfen. So sind die Straf- und Gerichtsbücher als Indiz für Strafverfolgung mit Verweisen auf das gültige reichsstädtische Policeyrecht unverzichtbar.

IV. Vorbilder

Hand in Hand mit Initiativen im Alten Reich – die Debatte um die 1530 erlassene Reichspolicey-Ordnung bildete den Auftakt und die Ordnung von 1548 markierte den Höhepunkt der Gesetzgebungsvorgaben im Reichstag – entwickelten Städte ihre Vorstellungen von den Normen der Zeit. Städte knüpften ihre Ordnungen vielfach bewusst an Vorgaben des Reiches. Die Reichspolicey wurde dann zur Richtschnur für regionales Handeln; ja sie rechtfertigte vor Ort eine Intensivierung des Outputs. In Nürnberg bezog sich der Rat 1583 bei der Ächtung von Hoffart und luxusbasiertem Hochmut auf die Reichsgesetze der Jahre 1530, 1548 und 1577. „*OB wol ein Erber Rathe dieser Statt Nuͤrmberg/ hievor zu etlich malen/ sonderlich aber*

31 Ebd., Nr. 18.

32 Ebd., Nr. 8.

33 Ebd., Nr. 69.

im jar 1568. auß allerhand guten beweglichen vrsachen/ der dazumals eingerissenen vbermessigen hoffart halben/ als ein Commun vn[d] *Stand des heiligen Reichs/ den auff etlichen davor gehaltenen Reichstaͤgen beschlossenen vnd decretierten Reichspoliceyordnungen*[34] *gemeß/ auß schuldigem gehorsam/ sonderbare Statuta, Gesetz vnd Ordnungen verfassen/ vnd gemeiner burgerschafft allhie/ oͤffentlich publiciren lassen/ vnd sich gentzlich versehen/ es solte solchen Ordnungen durchauß/ wie billich/ gehorsamlich nachgesetzt worden*“ sein.[35] In der Nürnberger „*Mercantil= und BANCO=Gerichts Ordnung*“ von 1697, um ein weiteres Beispiel für die Rezeption von Reichsrecht anzuführen, legte der reichsstädtische Rat seinen legislativen Bezugsrahmen fest. Es sei „*alles das zu thun und zu verrichten, was nach Anleitung der Kaͤiserl*[ichen] *Cammer= Gerichts= und Unserer Gerichts=Ordnung, der Nuͤrnbergischen Reformation und Satzungen, insonderheit des Reichs Abschiedes zu Regenspurg de Anno 1654. in Process=Sachen, in anderen Unseren Gerichten und sonsten, eingefuͤhret worden und uͤblichen Herkommens, auch von Uns ferner vor gut angesehen und verordnet*“ worden war.[36] In Schweinfurt bemühte sich schließlich der Rat 1716 in einer erneuerten Policeyordnung nicht zum ersten Mal, seinen Bürgern eine Serie an Reichsabschieden zum Thema des angemessenen christlichen Lifestyles ins Gedächtnis zu rufen. Im sechsten Titel – „*Verbott deß uebermaessigen trinckens und zutrinckens, auch vollsauffens, und nacht-schwaermens*“ – der Ordnung hieß es: „*So setzen, ordnen und gebieten wir, daß von maenniglichen, sie seyen im geistlich- oder weltlichen stande, oder auß unserer gemeind und burgerschafft, oder beysassen und unterthanen, mann oder weib, deren kinder und gesind, jung oder alt, niemand außgenommen, nach innhalt gottes heil. worts, auch in dessen conformitaet von roemischen kaeysern, glor-wuerdigster gedaechtniß, anno 1500, 1512, 1530, 1548, & 1577. tit. 8. rubr. vom uebermaessigen trincken, und vom zutrincken, etc. publicirten verordnungen, sich desselben allerdings enthalten, auch unsere burger und unterthanen insgemein vor allen dergleichen excessen deß vollsauffens und uebermaessigen zu- und vermeynten gesundheit-trinckens*“ abstehen.[37]

In Nürnberg ergriff der Rat, ähnlich wie in den kleineren fränkischen Reichsstädten Weißenburg und Windsheim, in Fortschreibung der Reichspolicey-Ordnungen,

---

34 Matthias Weber, Die Reichspolizeiordnungen von 1530, 1548 und 1577.

35 Wolfgang Wüst (Hg.), Policey, Bd. 7, Quelle Nr. 50.

36 Ebd., Nr. 108.

37 Wolfgang Wüst (Hg.), Policey, Bd. 2, S. 206–272.

deren uneingeschränkte Gültigkeit der Rat immer wieder betonte, eigene Initiativen. Sie mündeten seit 1529/72 (Policey) beziehungsweise seit 1535/1629 (Handwerk) in die wenigen ausführlichen Generalverordnungen zur politischen, wirtschaftlichen und sozialen Ordnung, waren aber ansonsten wegen des komplexen städtischen Alltags einer *booming township* aufgegliedert in Einzelbereiche. Außerdem spielte die Stadt als Druckerort für Gesetzesvorgaben innerhalb des Reichskreises eine wichtige Rolle. So wurde 1572 vor Ort „*Des loͤblichen Frenckischen Reichskrayß/ verainte vnd verglichne Policey ordnung etlicher puncten vnd Artickeln*" gedruckt, die als direkte Ordnung eines Reichskreises singulären Charakter hat.[38] So wusste man im Rat über die Einzelheiten Bescheid, „*welche gleichwol die röm. kay. may. vnsere aller genedigste herren, auff ettlichen zu Augsburg vnd andern orten gehaltnen reichstägen, einem jeden stand vnd glied des römischen reichs in seinen oberkalten vnd gepieten dess vnd anderswegen, vnd darob haltende fürsehung zuthon beuolhen.*"[39] In der Pegnitzstadt Nürnberg zeigte sich, im Gegensatz zu Augsburg, eine deutliche Parallele zur Gesetzgebung in Straßburg. Die Gesamtzahl ratspoliceylicher Initiativen ist wegen der bisher nur für die Jahre 1449 bis 1471 vorliegenden Edition der Ratsverlässe[40] – die Beschlüsse des Rats zu Nürnberg wurden meist mit der Formel „*es ist erteilt*" oder „*es ist verlassen*" entschieden –, wegen der 1773 abgebrochenen „Vollständigen Sammlung" der seit 1564 aufgezeichneten „*Additional-Decreta*" durch Leonhard Christoph Lahner und des im Falle Nürnbergs nicht abgeschlossenen Projekts zur Datenerfassung reichsstädtischer Gesetzgebung in Spätmittelalter und Früher Neuzeit nur annähernd zu beziffern. Die Zahl der Nürnberger Dekrete, Mandate und Ordnungen dürfte zwischen dem späten Mittelalter und dem frühen

---

38 Ebd., S. 827–838.

39 Wolfgang Wüst, Die „gute Policey" im fränkischen Reichskreis. Ansätze zu einer überterritorialen Ordnungspolitik in der Frühmoderne. Edition der „verainten und verglichnen Policey Ordnung" von 1572, in: JfL 60 (2000) = Festschrift für Rudolf Endres zum 65. Geburtstag, S. 177–199.

40 Martin Schieber/Irene Stahl (Hg.), Die Nürnberger Ratsverlässe, Heft 1: 1449–1459; Heft 2: 1452–1471 (Schriften des Zentralinstituts für fränkische Landeskunde und allgemeine Regionalforschung an der Universität Erlangen-Nürnberg 23/1–2), Neustadt an der Aisch 1983/1995; Ernst Mummenhoff, Die Nürnberger Ratsbücher und Ratsmanuale, in: AZ N.F. 17 (1910), S. 1–124; Peter Fleischmann, Rat und Patriziat in Nürnberg. Die Herrschaft der Ratsgeschlechter vom 13. bis zum 18. Jahrhundert, Bd. 1: Der Kleinere Rat; Bd. 2: Ratsherren und Ratsgeschlechter; Bd. 3: Ratsgänge (1318/23 bis 1806/08), Register und Verzeichnisse (Nürnberger Forschungen 31/1–3), Nürnberg 2008.

19. Jahrhundert bei circa 7500 Einzelstücken[41] liegen, womit die „dekretierte" Vielfalt von Augsburg nochmals deutlich übertroffen würde.

Um die Reichsnähe policeylichen Handelns zu dokumentieren, konnte man auch andere Formen wählen. So zeigte die Wahl eines symbolträchtigen Zeitpunkts vielfach programmatischen Charakter für das Mandat selbst. Der Rat der Reichsstadt Frankfurt am Main erließ beispielsweise eine seiner Policeyordnungen so, dass sie exakt „*auf dem* [...] *in Franckfurt a. M. angestellten Kayserlichen Wahl-Tag d*[en] *16. Dez. 1741 publiciret*" werden konnte.[42] Policey wurde dabei zum Kennzeichen einer sich rasch intensivierten Staatlichkeit in der frühen Neuzeit – sie blieb ein Gradmesser für Modernität, landesfürstlicher und sozialer Fürsorge sowie Disziplinierung. Lediglich die Reichskreise überließen das innovative Feld ihren Kreisständen oder verwiesen auf zurückliegende Initiativen im Reichstag. Nur im Fränkischen Kreis kam es trotzdem mit „*Des loͤblichen Frenckischen Reichskrayß/ verainte und verglichne Policey ordnung etlicher puncten und Artickeln*" zu einer direkten Ausformulierung grenzüberschreitender Ordnungsvorstellungen, die in Nürnberg 1572 gedruckt wurden.[43] Ihre Wirkung hat man bisher sicher unterschätzt. Sie strahlte auf die fränkischen Reichsstädte aus. Dies sieht man schon daran, dass der Rat zu Nürnberg fast zeitgleich für sein Landterritorium eine eigene Policeyordnung in Druck gehen ließ.[44] Die Stadt verwies dabei wiederholt auf den Kreis.

---

41 Das von der DFG unterstützte Projekt zur Erfassung der Nürnberger Policey-Mandate wurde vor Ort von Thomas Horling und Steven Zahlaus durchgeführt. Insgesamt bearbeitete man 7500 Regesten. Im Druck erschienen bisher: Karl Härter/Michael Stolleis (Hg., seit 2004), Repertorium der Policeyordnungen der Frühen Neuzeit, Reihe Reichsstädte: Bd. 4/1: Achim Landwehr/Thomas Simon (Hg.), Frankfurt am Main (Studien zur europäischen Rechtsgeschichte 169), Frankfurt am Main 2004; Bd. 6/2: Klaus Militzer (Hg.), Köln (Studien zur europäischen Rechtsgeschichte 191/1–2), Frankfurt am Main 2005; Bd. 8/3: Susanne Kremmer/Hans E. Specker (Hg.), Ulm (Studien zur europäischen Rechtsgeschichte 218), Frankfurt am Main 2007; Bd. 10/4: Gunter Mahlerwein/Thomas Rölle/Sigrid Schieber (Hg.), Speyer, Wetzlar, Worms (Studien zur europäischen Rechtsgeschichte 251), Frankfurt am Main 2010.

42 BSB, 4 J.germ.204,1, Druck: Frankfurt am Main 1741.

43 Wolfgang Wüst, Die „gute Policey" im fränkischen Reichskreis, S. 177–199.

44 Peter Fleischmann, Norenberc – Nürnberg. 1050 bis 1806 (Ausstellungskataloge der Staatlichen Archive Bayerns 41), München 2000, Nr. 135; StA Nürnberg, Reichsstadt Nürnberg, Druckschriften, Nr. 110.

V. Studien zu Nürnberg, Rothenburg ob der Tauber, Schweinfurt, Weißenburg und Windsheim

Editionsprojekte zu Reichsstädten in der Frühmoderne standen lange Zeit unter keinem guten Stern. Dafür gibt es vor allem drei Gründe. Die städtische Überlieferung der frühen Neuzeit ist, quantitativ gesehen, kaum mehr überschaubar. Diese in der Tat für ausgefallene Fragestellungen vorteilhafte Situation erwies sich für Quelleneditionen jedoch als Nachteil, da sie seitens der Editoren Mut zur Lücke verlangt. Ferner setzte spätestens in der Aufklärung eine herbe Kritik an den alten Reichsstädten ein, da man deren Regierungs- und Gesellschaftsordnung kaum für reformfähig hielt. Schließlich und drittens galt ganz grundsätzlich die editorische Präferenz zunächst mittelalterlichen und weniger frühneuzeitlichen Quellen. Die *„gute“* Policey stand damit zeitlich außerhalb klassischer Projektförderung. Nehmen wir zunächst Bezug zum inhaltlichen Anliegen, mit Quellen die zivilisatorische Leistung der Reichsstädte gegenüber einer zeitgebundenen Kritik herauszustellen. Die innerstädtische Sicht *„guter Policey“* neutralisiert so manche Endzeitkritik am bürgerlichen Lebensstil, an städtischer Kultur, Verwaltung, Wirtschaft und Verfassung.

Oberdeutsche Reichsstädte erlitten nach ihrer handelspolitischen Blütezeit im 15. und 16. Jahrhundert meist als Folge der Depression während des Dreißigjährigen Krieges – er traf vor allem die Städtelandschaft anhand Einquartierungen, Angriffen und wiederkehrenden epidemischen Pestwellen mit voller Wucht – und des Aufstiegs territorialer und fürstenstaatlicher Residenzen nach dem Westfälischen Frieden einen Niedergang. Das war zumindest die lange vorherrschende Lehrmeinung, die in letzter Zeit allerdings vor allem mit Blick auf die großen Reichsstädte relativiert wurde. In Nürnberg[45] und Augsburg[46] war man im 18. Jahrhundert durchaus

45 Frank Rexroth, Stiftungen und die Frühgeschichte von „Policey“ in spätmittelalterlichen Städten, in: Michael Borgolte (Hg.), Stiftungen und Stiftungswirklichkeiten. Vom Mittelalter bis zur Gegenwart (Stiftungsgeschichten 1), Berlin 2000, S. 111–131.

46 Andreas Hieber, Policey zwischen Augsburg und Zürich: Ein Forschungsüberblick, in: Peter Blickle/Peter Kissling/Heinrich Richard Schmidt (Hg.), Gute Policey als Politik im 16. Jahrhundert. Die Entstehung des öffentlichen Raumes in Oberdeutschland (Studien zur Policey und Policeywissenschaft), Frankfurt am Main 2003, S. 1–24.

ernsthaft gewillt, ökonomische Reformen einzuleiten.[47] Ein Blick auf das Kapitel Wirtschaft und Handel bestätigt diese Reformvermutung. Nürnberg dominiert hier das Spektrum: „*Ordnung wie es mit kauffen vnnd verkauffen alles Schmalz/ soll gehalten werden*“ von 1558, die Weinmarktordnung von 1597, die „*Safran Schauer Ordnung*“ von 1613, eine Weinhandelsordnung für 1636, eine Fischhandelsordnung für 1660, die „*Ordnung, derer stahl- und eisen-händlere alhie in Nürnberg*“ von 1689, eine Spezereihändlerordnung aus dem Jahr 1700, eine Verfügung für den Handel der Kandelgießer mit Zinn von 1701, zwei Spezereihändlerordnungen von 1704 und 1707, die Ordnung für den Viehhandel und Viehmarkt für 1720 oder die Ordnung zum Nürnberger Obstmarkt im Jahr 1757.[48] Eine Leihhausordnung von 1757 und die Schweinfurter Pfandhaus-Statuten von 1773 beschließen diese Sektion.[49]

Zur selben Zeit erstarrten reichsstädtisch-republikanische Verfassungssysteme, die seit den Reformen Kaiser Karls V. in der Regel von einer ständig kleiner werdenden patrizischen Oligarchie mehr schlecht als recht regiert wurden.[50] In den reichsstädtischen Republiken herrschte unter Ausschluss der Handwerker sowie der Zünfte eine Oligarchie, die am Weg zur Aristokratie vitale alte Handelsinteressen vernachlässigte. Es entstand der Eindruck einer in sich geschlossenen und meist untätigen Stadtoligarchie, in der Ämterkauf, Günstlingswirtschaft und Inzest das Gemeinwohl, das *bonum commune*, beschädigten. So entstand das Bild schlafender Bürgermeister. Friedrich von Lupin bemerkte als Sohn eines reichsstädtischen Kanzleidirektors in Memmingen 1794 dazu treffend: „*Man bemerkt überall das Festsitzen im Alten und das Festhalten am Alten. In dem Schlafsessel, in welchem der*

[47] Gerhard Seibold, Wirtschaftlicher Erfolg in Zeiten des politischen Niedergangs. Augsburger und Nürnberger Unternehmer in den Jahren zwischen 1648 und 1806, 2 Bde.: Darstellung, Anhang (Studien zur Geschichte des Bayerischen Schwaben 42), Augsburg 2014.

[48] Wolfgang Wüst (Hg.), Policey, Bd. 7, Quellen Nr. 9, 10, 11, 12, 13, 14, 15, 16, 17, 18, 19 und 22.

[49] Ebd., Nr. 23 und 24.

[50] Wolfgang Wüst, Patrizier – Zum Selbstverständnis reichsstädtischer Oligarchen in Süddeutschland, in: Ders. unter Mitarbeit von Marc Holländer (Hg.), Patrizier – Wege zur städtischen Oligarchie und zum Landadel. Süddeutschland im Städtevergleich, Frankfurt am Main u. a. 2018, S. 35–56.

Urgroßvater gestorben, erwartet seine Herrlichkeit, der Herr Bürgermeister v. S. von Tag zu Tag, schon zehn Jahre lang, die letzte Stunde.“[51]

Die Vielfalt der hier präsentierten Quellen spricht, für sich genommen, gegen den Befund ebenso schwarz-weiß malender wie einseitiger Rückständigkeits- oder Fortschrittsdiskurse. Wie sollten wir sonst die Ordnungen bewerten, die sich nach dem Dreißigjährigen Krieg mit ausgesprochenen Innovationsthemen beschäftigten? Dazu zählten in den ausgewählten Reichsstädten unter anderem die Bereiche der Gesundheits- und Umweltvorsorge, der Seuchenprävention, der Handels-, Energie- und Wirtschaftsförderung. Überall finden sich dazu entsprechende Verfügungen. Beispielsweise zählen hierzu Berufsordnungen der Sanduhrmacher aus dem Jahr 1656, reichsstädtische Ordnungen der Eisenhändler von 1689, der „*Geschmeidemacher*“ von 1716 und der Bleistiftmacher von 1731, die Handelsbestimmungen für Kannengießer mit Zinn von 1701, die Spezereihändler- und Zuckerbäckerordnungen von 1704, 1707 und 1794, eine Obstmarktregelung von 1757 sowie die Strukturierung des Leihhauses von 1757 und des Schweinfurter Pfandhauses von 1773. Zu nennen wären ferner die Ordnungen für Brillenmacher (1723), Perückenmacher (1707–1805), Trompetenmacher (1720) und Kanarienvogelhändler (1728), die Einschränkungen beim Lottospielen (1787), die Leitlinien für städtische Hebammen und Wundärzte aus den Jahren 1755 und 1794 sowie eine Sturm-, Feld- und Weinbergordnung für Schweinfurt und das Landterritorium von 1780. Andere Reglements griffen fast zeitgleich herkömmliche Themenbereiche auf. Dazu gehörten die Rothenburger und Schweinfurter Feuerordnungen der Jahre 1720, 1725 und 1780 ebenso wie die Nürnberger Leich- und Trauerordnungen von 1705 und 1765 oder die letzte Schweinfurter Kleiderordnung aus dem Jahr 1780.[52]

Um vordergründige Bewertungen zum reichsstädtischen Niedergang aus der Aufklärungs- und Revolutionszeit zu korrigieren, ist es notwendig, sich intensiver mit Gesetzgebung und „*guter*“ Policey zu befassen. In Auswahl zu den fränkischen Reichsstädten kann dies an repräsentativen Beispielen umgesetzt werden. Dort

---

51 Friedrich Freiherr von Lupin, Selbst-Biographie, 2 Bde., Weimar ²1847, hier: Bd. 1, S. 296 f.; Rita Huber-Sperl, Memmingen zwischen Zunfthandwerk und Unternehmertum. Ein Beitrag zur reichsstädtischen Gewerbegeschichte 1648–1802 (Memminger Forschungen 5), Memmingen 1995.

52 Wolfgang Wüst (Hg.), Policey, Bd. 7, Quellen Nr. 14, 16, 17, 18, 20, 22, 23, 24, 34, 35, 38, 39, 40, 41, 42, 49, 50, 55, 60, 69, 74, 75, 90, 91, 98, 99, 100, 106.

gab es als Folge des dichten Regelwerks in Ballungsräumen seit dem ausgehenden 15. Jahrhundert eine beeindruckende legislative Entfaltung sowie gesetzgeberische Kontinuitäten. Sie gilt es, als Texte zu erfassen und in den Diskurs einzuordnen, um den Stellenwert der Städte im frühmodernen Europa zu beschreiben. Geeignete Nachweise beginnen mit einer Feuer-Ordnung aus Nürnberg für das Schwellenjahr 1500[53] und enden mit einer reichsstädtischen Zuckerbäcker-Verordnung[54] vom 7. April 1794 sowie mit den bis 1805 stets erneuerten Vorschriften für Perückenmacher[55] in Nürnberg. Im Studium der kommentierten und edierten Quellen bietet sich die Chance, die vorhandene „dichte" Beschreibung aus fränkischen Reichsstädten für neue Fragestellungen zu öffnen.

Diskurse zur Konfessionalisierung, Professionalisierung in Gericht und Verwaltung, zur sozialen Disziplinierung von Randgruppen, zum Konsumverhalten in fränkischen Handels-, Produzenten- und Konsumentenzentren, zum städtischen Prekariat, zur Bürgertreue, zu städtisch-administrativer Verdichtung oder, *last but not least*, zur Implementierung der vielen Gesetze spielen dabei eine besondere Rolle. Blicken wir für diese Bereiche zunächst auf den Zusammenhang von Konfessionsbildung und Policey in den Stadtgemeinden, ganz im Sinne der von Arthur Geoffrey Dickens (1910–2011) am King's College in London geprägten These „reformation is an urban event".[56]

1. Kirchgang und Konfession

Policey und Konfession bildeten in vielerlei Hinsicht eine Einheit. Wo keine Religion ist, „*da lebet man wie das unvernünfftige Viehe/ da ist auch keine bestendige Policey*",[57] formulierte bereits der bekannte Jurist und Politiker Dieterich Rein-

53 Ebd., Nr. 96.

54 Ebd., Nr. 41.

55 Ebd., Nr. 38.

56 Arthur Geoffrey Dickens, The German Nation and Martin Luther, New York 1974, S. 182; Bernd Moeller, Reichsstadt und Reformation, Gütersloh 1962; Hans-Christoph Rublack, Forschungsbericht Stadt und Reformation, in: Bernd Moeller (Hg.), Stadt und Kirche im 16. Jahrhundert, Gütersloh 1978, S. 9–26.

57 Dieterich Reinkingk, Biblische Policey. Das ist: Gewisse, auß Heiliger Göttlicher Schrifft zusammengebrachte, auff die drey Haupt-Stände, als Geistlichen, Weltlichen

kingk (1590–1664). Es war die Aufgabe der policeylichen Für- und Vorsorge, zumindest den Besuch der Gottesdienste, Predigten, Sakramenten- und Kinderlehre anzumahnen. Fehlverhalten und Nachlässigkeit, auch mangels häuslicher Disziplin, war zu sanktionieren. 1685/86 ließ es der Rat in Rothenburg ob der Tauber, der seit der Reformation im städtischen Kirchenregiment stand, so formulieren: „*GLeichwie nun vor allen Dingen dem Drey=Einigen Gott der schuldige Dienst zu erzeigen/ sein heiliges Wort hoch und theuer zu halten/ die offentliche Kirchen=Versam*[m]*lungen fleissig zu besuchen/ die Sonn= und Fest=Taͤg feyerlich zu begehen/ die Jugend auch/ Kinder und Gesind/ zu Gottes Ehren und ihrer selbsteigenen Seelen=Seeligkeit Christ=eiferigst aufzuziehen: Also wollen zuvorderist nochmalen bey Vermeidung schwehrer Leibs= und Lebens=Straffen ernstlich widerholet haben/ was deßwegen in unserer Policey=Ordnung nach der Ersten Tafel des Gesetz Gottes/ besonders vom Gottesdienst/ Besuchung der Kirchen/ und Anstellung guter Hauß=Disciplin, von Heiligung des Son*[n]*tags/ der Kinder=Zucht u*[nd] *angeordnet/ befohlen und publicirt worden/ wie nemblichen alle Hauß=Vaͤtter und Hauß=Muͤtter mit den Ihrigen bey den Predigten/ Bettstunden/ und dem Gottestdienst mit Andacht sich einfinden/ ihre Kinder und Gesind zu den Kinderlehren und dem Catechismo sorgfältigst anhingegen von dem Muͤssiggang und anderm zu großem Aͤrgernuß auf den Gassen treibenden Üppigkeiten*“ zu bewahren.[58] 1705 ergänzte man ältere Bestimmungen des 17. Jahrhunderts (1654, 1685/86 und 1698) zur „*Heiligung*“ der arbeitsfreien Tage in Rothenburg nochmals ausdrücklich. „*Als wollen zuvorderist nochmalen bey Vermeidung schwehrer Leibs= und Lebens=Straffen ernstlich widerholet haben/ was deßwegen in unserer Policey=Ordnung nach der Ersten Tafel des Gesez Gottes/ besonders vom Gottesdienst/ Besuchung der Kirchen/ und Anstellung guter Hauß=Disciplin, von Heiligung des Sonntags/ der Kinder=Zucht u. angeordnet/ befohlen und publicirt worden/ wie nemlichen alle Hauß=Vaͤtter und Hauß=Muͤtter/ zumahlen der an-*[n]*och truͤbsaͤhligen Zeiten willen mit den Ihrigen bey den Predigten/ gewoͤhnlichen und absonder angestellten Bett=stunden sich einfinden/ und dem Gottesdienst mit Andacht abwarten/ ihre Kinder und Gesind zu den Kinderlehren und dem Chatechismo sorgfaͤltigst anhingegen von dem Muͤssiggang und andern zu*

und Häußlichen gerichtete Axiomata, oder Schlußreden, Frankfurt am Main (Spörlin) 1663, S. 11.

58 Wolfgang Wüst (Hg.), Policey, Bd. 7, Quelle Nr. 5.

grossem Aͤrgernuß auf den Gassen treibenden Uͤppigkeiten/ die Wir auch offentlich und ernsthafft abzustraffen gedrohet/ abhalten.“[59]

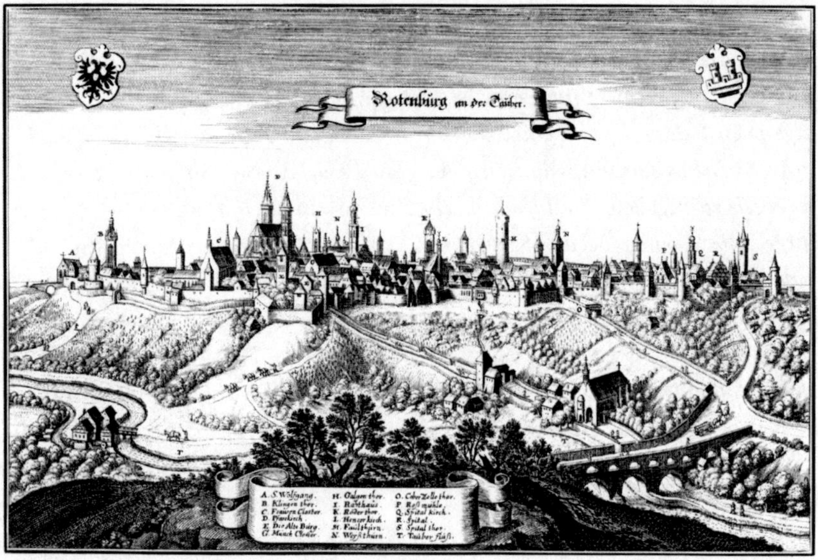

Abb. 11: Die Reichsstadt Rothenburg ob der Tauber, Kupferstich von Matthäus Merian d. Ä. (1593–1650), 1648. Bildnachweis: Topographia Franconiae. Das ist/ Beschreibung, Vnd Eygentliche Contrafactur der Vornembsten Stätte, Vnd Plätze des Franckenlandes/ vnd Deren/ die Zu Dem Hochlöblichen Fränckischen Craiße gezogen werden, Frankfurt am Main 1648, S. 84–90.

Regelmäßiger Kirchgang stand natürlich im Zentrum aller Festtage. Das sollte insbesondere für Hochzeiten gelten, die im Verruf standen, zu ausgelassen, teuer, luxuriös und unchristlich ausgerichtet zu werden. So verfügte Rothenburg bereits 1656 mit Blick auf das Bankett: Das Essen „*vor dem Kirchgang* [ist] *abzuschaffen: Daß fuͤrterhin bey allen und jeden Hochzeiten vor dem Kirchgang im geringsten nichts mehr gespeisset werde (außgenommen wann frembde Hochzeit Gaͤst von ein/ zwey oder drey meil wegs darzu erscheinen/ denen man wol eine Suppen und einen Trunck*

[59] Ebd., Nr. 6.

geben kan) weiln dar=durch offtmals theils ohnersaͤttliche Personen/ sonderlich aber das Junge Gesindlein/ ursach und anlaß genommen haben/ noch vor angehendem Gottesdienst sich mit uͤber=maͤssiger Speiß und Tranck anzufuͤllen/ und andern ehrlichen Leuten dardurch grosse aͤrgernuß zu geben/ bey Straff 50. ℔ Gelts.“[60] Die Kombination von Wirtshaus und sonntäglichem Kirchgang war stets ein Stein des Anstoßes. Kirchliche Devisen schöpften vielmehr aus der Enthaltsamkeit bei Wein, Branntwein und Bier[61] sowie einer verstärkten Bibelexegese. Rothenburger Bürger mussten sich so beispielsweise „*mit Lesung in der Bibel fleissig uͤben/ die Sonn=hohen Fest= und Feyertaͤg mit Spielen/ weltlichen Geschaͤfften und Arbeiten nicht entheiligen/ insonderheit keine Wein= und andere Fuhren bey Straf 40. Pfund Gelds an gedach=ten Sonntaͤgen/ und hohen Fest=Zeiten vornehmen.*“ 1705 wurde ebenfalls angemahnt, „*unter der Predigt keinen Wein und Bier herausser geben/ noch vielweniger muthwillige Zechleute dulden/ sich mit Lesung in der Bibel fleissig uͤben/ die Sonn=hohen Fest= und Feyertaͤg mit Spielen/ weltlichen Geschaͤfften und Arbeiten nicht entheiligen/ insonderheit keine Wein= und andere Fuhren bey Straf 40. Pfund Gelds an gedach=ten Sonntaͤgen/ und hohen Fest=Zeiten vornehmen/ wie auch unter der Predigt keinen Wein und Bier herausser geben/ noch vielweniger muthwillige Zechleute*“ zu dulden.[62] Wechseln wir das Thema und wenden uns städtischer Fürsorge- und Armenpolitik zu.

2. Policey und Prekariat: Vorsorge gegen Arme – Fürsorge für Arme

Reichsstädte waren als wichtige Geld- und Münzplätze, als Handels- und Gewerbeorte mit einer kapitalkräftigen Kaufmannschaft sowie als Standorte ungezählter Spitäler, Klöster und Stifte gegebene Anziehungspunkte für Bettler, Diebe und „*vagierende*“ Unterschichten. Es sollte deshalb nicht verwundern, dass die frühmoderne Policey-Gesetzgebung gerade hier einen ihrer Schwerpunkte setzte. 1777 erklärte es

[60] Ebd., Nr. 3.

[61] Wolfgang Wüst, Bier und Brauer im Spiegel städtisch-ländlicher Herrschaftskonzepte – Schwaben und Franken im Fokus, in: ZHVS 113 (2021), S. 251–278; Ders., Taverne und Bierkonsum im Spiegel obrigkeitlicher Sorge, in: ZBLG 78 (2015), S. 550–570.

[62] Wolfgang Wüst (Hg.), Policey, Bd. 7, Quelle Nr. 6.

der Rat in Schweinfurt geradezu zur Kernaufgabe „*guter*“ Policey: „*Ist es ein allgemein richtig anerkannter Grund=Satz einer wohlgeordneten Policey, ein vorzuͤgliches Augenmerck darauf zu nehmen, daß die Classe derjenigen Mitleyds=wuͤrdigen Menschen, welche Alters und sonstiger Gebrechlichkeit halber nicht zu arbeiten, weniger ihren Lebens=Unterhalt sich zu verschaffen im Stande sind, ernaͤhret und versorget werden; So sind die Veranstaltungen wider das Betteln ein nicht weniger wuͤrdig= und wichtiger Gegenstand einer wohleingerichteten Policey=Verordnung.*“[63]

Die Folge waren strenge Reglementierungen, die in Bettel- und Almosenordnungen konkretisiert wurden. Für Nürnberg edierte Otto Spälter die frühen Armenordnungen. Eine erste Ordnung von 1518 rezipierte dabei bereits Inhalte der Vorgängermandate, insbesondere die von 1478. Die so gezeigte Kontinuität zwischen dem 15. und 16. Jahrhundert relativiert teilweise ältere Forschungen, die gerade im Almosen- und Armenwesen während der Reformation einen Neuanfang konstatierten. Dieser kam offenbar erst 1522 mit der neuen Almosenordnung, die vielfach fast wortgleich bis 1563 fortgeschrieben wurde.[64] Jetzt hatte sich „*ain erbar Rate vermellter stat Nürmberg solchs alles, wie pillich zw hertzen gefast, dabeÿ auch bedacht, das sich bishere vill burgere vnnd anndere außwendige*[65] *personen vndterstannden haben, das almüsen on rechte nott vnnd ehafft zu nemen, ir hanndtarbait gar zu uerlassen vnnd* [sich] *allein des pettelns zu behelffen, auch sölch eingenomen almusen mit müssig geen vnnd annder sundtlicher leichuertigkaÿt zu uerzern, daneben auch ire kÿnnder allein auf den pettel zu ziehenn vnnd dohin zu weisen, ir jugent on alle lerrnung erberer kunsst vnnd handwerck, allein mit feÿrn zu zupringen.*“[66]

Nürnbergs Bettelordnungen wurden zum Vorbild für andere Städte, selbst in Frankfurt am Main und Köln richtete sich der Rat nach den fränkischen Vorlagen.[67] Grundsätzlich galten überall Bettelverbote: „*Zum ersten orden, setzen vnnd gebieten*

63 Ebd., Nr. 69.

64 Christian Peters, Der Armut und dem Bettel wehren. Städtische Beutel- und Kastenordnungen von 1521 bis 1531, in: Irene Dingel (Hg.), Gute Ordnung. Ordnungsmodelle und Ordnungsvorstellungen in der Reformationszeit, Leipzig 2014, S. 239–255; Wolfgang Wüst, Die gezüchtigte Armut. Sozialer Disziplinierungsanspruch in den Arbeits- und Armenanstalten der „vorderen“ Reichskreise, in: ZHVS 89 (1996), S. 95–124.

65 Gemeint sind: auswärtige Personen.

66 Wolfgang Wüst (Hg.), Policey, Bd. 7, Quelle Nr. 62.

67 Willi Rüger, Mittelalterliches Almosenwesen. Die Almosenordnung der Reichsstadt Nürnberg (Nürnberger Beiträge zu den Wirtschafts- und Sozialwissenschaften 31), Nürnberg 1932, S. 69.

vnser herren vom rate, das kein burger noch burgerin, gast noch gestin dieser statt Nurmberg weder tags noch nachts petteln soll, es werde ine dann von dem, so durch einen erbarn rate daruber gesetzt vnnd beschieden ist, gegunt vnnd erlaubt."[68] Für zugelassene Bettler, die sich in der Öffentlichkeit nur an bestimmten Orten und zu bestimmten Zeiten zeigen durften, gab man aus Metall gestanzte Bettelzeichen aus. „*Vnnd den petlern vnnd petlerin, die sich bey dem tag zu pettln schamen vnnd allein des nachts peteln wollen, wurdet man ain sunder tzaichen geben, im summer in die nacht nit lennger dann tzwo hor vnnd im winntter in die nacht nit lennger dann drey hoer zu peteln, yedoch nit an ein liecht nach inhalt der stat gesetz.*"[69] Um als Bettler anerkannt zu werden, setzte man einen christlichen Lebenswandel voraus. Da die Bettelzeichen vom Beichtvater ausgegeben wurden, hieß das konkret, dass jeder legitimierte Arme „*auff das min*[de]*st dasselbe jar gebeichtet hat vnnd geabsoluirt sey*".[70] Erlaubtes und marktkonformes Betteln fand in einer städtisch kontrollierten Almosenvergabe Unterstützung. Zu den Karitativmaßnahmen zählten wöchentliche Haussammlungen, die man für Rothenburgs Bedürftige 1691 sonn- und donnerstags durchführte. Stadtarme gingen mit dem Bettelvogt „*in einem hauffen sonn= v*[nd] *donnerstags zu gewiesen abgetheilten hausthüren*". Dort hatten sie „*im nahmen aller, das Vatter Unser andächtig v*[nd] *deutlich bethen, und mit danck erwarten sollen, was jeder christlicher haußvatter entweder am geld oder brod dem bettelvogt, in eine besonderen büchsen, reichen und einlegen wird, wie dann diesem freÿgestellt, und jedes, zu bezeugung derleÿ liebthaten v*[nd] *allmoßen, obliegende gebühr v*[nd] *christlicher schuldigkeit überlassen ist, solch allmosen nach seinem von Gott gegönnten vermögen, standt, gewerb und beruff, entweder an geld, oder halb= ganzem= und mehr laib broden mit zutheilen.*"[71]

Armut blieb im Kontext eines immer wieder unterstellten Müßiggangs seitens der Betroffenen in den zugehörigen Landterritorien der Reichsstädte ein Thema. Die Rothenburger Policeyordnung von 1656 traf hier in der Landwehr zum Schutz der Dorfbewohner und Bauern Vorsorge. Während der langen Herbst- und Wintermonate blieben weite Kreise des Gesindes, der Knechte, Mägde und Taglöhner

68 Wolfgang Wüst (Hg.), Policey, Bd. 7, Quelle Nr. 61.

69 Ebd.

70 Ebd.; vgl. Wolfgang Wüst, Glaubenskontrolle mit Beichtzettel im katholischen Süden. Osterbeichte – Confessio Pascalis, in: JHVD 122 (2021), S. 9–33.

71 Wolfgang Wüst (Hg.), Policey, Bd. 7, Quelle Nr. 66.

ohne Vertrag, Brot und Arbeitsstelle. Sie warteten „*nicht ohne geringes aͤrgernuß und verfuͤhrung*" auf bessere Zeiten, konkret auf die „*herbey kommende Fruͤelings= und Sommerszeit*" bis die Arbeit „*im Rheinstrom und Franckenland herbey kommet*". Ohne Vorsorge fiel ihr Sozialstatus rapide, sie zählten dann zum herrenlosen, verarmten „*Gesind*" oder, treffender formuliert, zum ländlichen Gesindel mit Anschluss an den Kreis vagabundierender Gesellen. Rothenburgs Policey-Rat reagierte postwendend: „*Als wird hiermit allen unsern Schultheissen/ Hauptkuthen und Bauren=meistern ernstlich befohlen/ auff solches Dienst= und Herrenlose Gesind/ wie auch theils auff dem Land sich befindende Haußgenossen/ ein sonderbare fleissige auffsicht zu haben/ und denenselben/ noch vor herbey nahender Fruͤelings und Sommer Arbeit/ ehe sie in obgedachte Ort hinweg gehen moͤgten/ ohnverzuͤgenlich anzudeuten/ wo fern sie also/ als solche undanckbare Gaͤst sich erzeigen/ unsere Arme Leut in ihrer Arbeit verlassen/ und kuͤnfftig sich wider einfinden wuͤrden/ daß sie alsdann in unserer Landwehr nicht mehr geduldet/ sondern alsobalden wider fort= und außgeschafft*" werden sollen.[72]

Fragen wir angesichts geringer Erfolge policeylicher Bettler- und Armenprävention nach der Umsetzung städtischer Disziplin und Kontrolle.

3. Pädagogik und Disziplinierung

Als Beispiel für die Fülle policeylicher Allgewalt wählen wir den Begriff der Sozialdisziplinierung, die im 18. Jahrhundert zunehmend zur didaktisch begleiteten und angemessenen Empfehlung wurde. Schadensprävention und die Abwehr menschlichen Unheils waren genuine Aufgaben und Themen „*guter*" Policey. Zunächst wirkte sie aber primär sozialdisziplinierend. Diese Form der Kontrolle geht zurück auf Überlegungen Gerhard Oestreichs aus dem Jahr 1962. Sozialdisziplinierung entwickelte sich, trotz berechtigter Einwände, zu einem frühen Leitkonzept der Frühneuzeitforschung. In Auseinandersetzung mit der älteren Absolutismus-Forschung – in den Städten standen die Ratsoligarchien Pate – beschrieb Gerhard Oestreich sie als ein gesellschaftliches Phänomen. Bei der Suche nach Antworten zu Zielvorstellungen und zur Praxis frühneuzeitlicher Herrschaft hat der Autor eine Grundlage geschaffen, wenn er die Rationalisie-

72 Ebd., Nr. 3.

rungstheorie Max Webers für die historische Forschung über die Sozialdisziplinierung[73] fruchtbar machte. Policey- und Landesverordnungen spielten seitdem bei der Erforschung frühmoderner Staatlichkeit eine Schlüsselrolle.[74] Freilich blieb das ein wohlmeinend formuliertes Postulat, denn von einer Erfassung aller Policeyordnungen, geschweige denn von der editorischen Aufarbeitung, war man weit entfernt.

Mit welcher Intention und mit welchem Vokabular setzten nun die Gesetzgeber soziale Disziplinierung um? Ernstliche Warnungen wurden zur Sprachkonvention. 1750 warnte man in einer Schweinfurter Torsperrordnung beispielsweise Bettler „*ernstlich*", sich nicht „*zu unterstehen, bey dieser Einlaß=Zeit mit in die Stadt zu schleichen*".[75] 1656 waren zuvor zum Schutz der Kirchengebote in Rothenburg strenge Maßnahmen beschlossen worden. „*Vors Erste* [ist es] *unser ernstlicher Befelch/ Will und Meinung/ daß alle Haußvaͤtter und Haußmuͤtter nicht allein fuͤr ihre Personen die Predigten und Gottesdienst/ wie nicht wenigers die Kinderlehren mit hoͤchstem fleiß und andacht besuchen/ Sondern auch ihre Kinder und Gesind embsig und mit groͤsserm ernst/ als biß dato beschehen/ darzu anhalten und schicken.*"[76] 1686 schützte der Rat zu Rothenburg Kirchengebote mit dem Verweis auf das reichsstäd-

[73] Gerhard OESTREICH, Strukturprobleme des europäischen Absolutismus, in: VSWG 55 (1968), S. 329–347; DERS., Strukturprobleme des europäischen Absolutismus, in: DERS. (Hg.), Geist und Gestalt des frühmodernen Staates. Ausgewählte Aufsätze, Berlin 1969, S. 179–197; DERS., Policey und Prudentia civilis in der barocken Gesellschaft von Stadt und Staat, in: Brigitte OESTREICH (Hg.), Strukturprobleme der frühen Neuzeit, Berlin 1980, S. 367–379. Hier stellte Oestreich die „Sozialdisziplinierung" im Zeitalter des Absolutismus als einen fundamentalen Vorgang, als Grundtatsache und als Leitidee heraus. Zur Kritik: Winfried SCHULZE, Gerhard Oestreichs Begriff „Sozialdisziplinierung in der Frühen Neuzeit", in: ZHF 14 (1987), S. 265–302; Hans MAIER, Sozialdisziplinierung – ein Begriff und seine Grenzen (Kommentar), in: Paolo PRODI (Hg.), Glaube und Eid. Treueformeln, Glaubensbekenntnisse und Sozialdisziplinierung zwischen Mittelalter und Neuzeit (Schriften des Historischen Kollegs, Kolloquien 28), München 1993, S. 237–240.

[74] Gerhard OESTREICH schrieb 1968 in „Strukturprobleme des europäischen Absolutismus" (S. 343) über die frühneuzeitliche Entwicklung: „Der Mensch wurde in seinem Wollen und seiner Äußerung diszipliniert [...]. Der soziale Prozeß fand in den Stadt-, Landes- und Reichspolizeiordnungen seinen Niederschlag. [...] Diese Landes- und Polizeiordnungen sind uns ein Mittel zum Verständnis des Disziplinierungswillens."

[75] Wolfgang WÜST (Hg.), Policey, Bd. 7, Quelle Nr. 82.

[76] Ebd., Nr. 3.

tische Blutgericht[77] mit Leibes- und Lebensstrafen. „*GLeichwie nun vor allen Dingen dem Drey=Einigen Gott der schuldige Dienst zu erzeigen/ sein heiliges Wort hoch und theuer zu halten/ die offentliche Kirchen=Versam*[m]*lungen fleissig zu besuchen/ die Sonn= und Fest=Taͤg feyerlich zu begehen/ die Jugend auch/ Kinder und Gesind/ zu Gottes Ehren und ihrer selbsteigenen Seelen=Seeligkeit Christ=eiferigst aufzuziehen: Also wollen zuvorderist nochmalen bey Vermeidung schwehrer Leibs= und Lebens=Straffen ernstlich widerholet haben/ was deßwegen in unserer Policey=Ordnung nach der Ersten Tafel des Gesetz Gottes/ besonders vom Gottesdienst/ Besuchung der Kirchen/ und Anstellung guter Hauß=Disciplin, von Heiligung des Son*[n]*tags/ der Kinder=Zucht u*[nd] *angeordnet/ befohlen und publicirt worden.*“[78] Harte Freiheits- und Geldstrafen sowie „ernstliche“ Verbote begleiteten zu dieser Zeit in der Rothenburger Landwehr Zechverbote in den Land- und „Hecken“-Wirtschaften: „*Insonderheit aber wollen wir hiermit allen Unter=thanen und Anverwandthen auff dem Land ernstlich verbotten haben/ gleichwie in nechst vorgehenden Jahren auch beschehen/ daß keiner bey einigem Heckenwirth (welcher das recht einer Erbschenck auff seinem Gut nicht hergebracht hat) einkehre/ zeche/ oder sonsten Wein in Geschirren oder Faͤßlein abholen lasse/ bey ohnnachlaͤssiger Straff von jeder Maß dergleichen abgeholten oder auß=gezechten Wein, einen Reichsthaler/ halb dem hiesigen Reichs Richterampt/ und halb unsern Wirthen/ oder dem Jenigen/ so es fuͤrderlichst anzeigen wuͤrde/ zu bezahlen; oder aber nach befindung einiger Halßstarrigkeit/ neben der Geltstraff/ auch mit dem Thurn es zu verbuͤssen.*“[79]

Und wo bleibt die didaktische Komponente im Armarium der Strafandrohungen? Bis 1705 hieß es erweitert: „*Als befehlen hier=mit ernstlich und wohlmeynend/ daß man sich mit mehrerer frequenz bey denen Leichen aus Christlicher Liebe einfinden= und wo es des Plazes halb seyn kann/ die Predigt in der Kirchen ausharren/ sich jedoch vor oder unter der Procession nicht in dieselbe eindringen/ noch auch die Zeit ausserhalb der Kirchen mit vieler Aͤrgernuß ohne Andacht und mit anderm Geschwaͤz*“ zuzubringen.[80] In Nürnbergs „*Mercantil= und BANCO=Gerichts Ordnung*“ klangen

77 Gerhard Dilcher/Bernhard Diestelkamp (Hg.), Recht, Gericht, Genossenschaft und Policey. Studien zu Grundbegriffen der germanistischen Rechtshistorie. Symposion für Adalbert Erler, Berlin 1986.

78 Wolfgang Wüst (Hg.), Policey, Bd. 7, Quelle Nr. 5.

79 Ebd., Nr. 3.

80 Ebd., Nr. 6.

1697 Befehle eher wie wohlgemeinte Ratschläge. Ratsmitglieder ließen „*verkuͤnden und thun hiemit maͤnniglich zu wissen, Gleich= wie Unsere in GOtt ruhende Vorfahren am Regiment, nach dem, in Anno 1621. dem Gemeinen Wesen zum Besten, und den Handlungen und Kauffmannschafft zu Behuͤff, wohlbedaͤchtlich aufgerichteten, auch nach und nach mit guten Ordnungen versehenen Banco Publico, dahin reifflich bedacht gewesen*". Man urteilte im Konsens „*durch summarische Cognition*" und hoffte, dass Konflikte bald „*erlediget oder guͤtlich beygeleget*" werden können.[81] Der Einzug einer gutmeinenden Pädagogik im Regelwerk der Policey wurde beizeiten begleitet von einer Öffnung für zunächst verbotene oder eingeschränkte Konsumgüter.

4. Konsum

Konsum und Konsumentengesellschaft sind Begriffe, die wir als Wegbegleiter der Moderne trotz gelegentlicher kritischer Hinterfragung schätzen gelernt haben. Wir assoziieren Nachfrage, Ressourcen, Geschmack, Statussymbole, Freizeit, Medien und vor allem Werbung bis hin zum „Konsumterror". Die historische Bewertung des Konsums führte bisher im Kielwasser der Wirtschafts-, Sozial-, Markt-, Mode- sowie der Medienwissenschaften mit Blick auf Luxus, Genuss, Statussymbole und Verbrauchsgüter ein Schattendasein. Dieser Befund ist zunächst überraschend, da die Neuere Kulturgeschichte verstärkt nach gesellschaftlichen Alltagsphänomenen suchte, zumal sich in der europäischen Regionalgeschichte die Empirie auf das regionale Marktgeschehen konzentrierte. Konsumgeschichte ist aber, und das trifft insbesondere für ihre regionalen Varianten zu, bis heute trotz ihrer seit den 1970er Jahren hauptsächlich von den Sozialwissenschaften eingeführten Deutungsmuster zur Konsumgesellschaft eine verkannte Größe geblieben. Das trifft insbesondere für regionale Varianten vor dem 19. Jahrhundert zu, die über die „*gute*" Policey gut belegt sind.[82] Wir wollen dies an der Luxusbeschränkung, an der Hoffartskritik, am

[81] Ebd., Nr. 108.

[82] Hannes Siegrist/Hartmut Kaelble/Jürgen Kocka (Hg.), Europäische Konsumgeschichte. Zur Gesellschafts- und Kulturgeschichte des Konsums (18. bis 20. Jahrhundert), Frankfurt am Main 1997; Christian Kleinschmidt, Konsumgesellschaft (Grundkurs Neue Geschichte), Göttingen 2008; Wolfgang König, Kleine Geschichte der Konsum-

Kleiderkonsum und an den frühmodernen Geboten zum Wein- und Bierverbrauch exemplarisch verdeutlichen.

In einer Nürnberger Kleiderordnung von 1618 mit entsprechend geregelter Hoffart stand zu Beginn des Dreißigjährigen Kriegs Luxuskonsum als Sündenfall und Gotteslästerei im normierten Raum: „*Als haben ihre Herrlichkeiten in betrachtung/ das der Allmechtig Gott/ dem vnter andern Lastern/ die Hoffart ein sonderer greuel ist/ durch solche uebermessigkeit hoechlich erzuernet/ vnnd zu schweren straffen bewogen wird/ als ein Stand und mitglid deß Heiligen Reichs/ vermoeg deren hiebevorn auff gehaltenen Reichstagen/ von desselben Staenden auffgerichten loeblichen Policeyordnung darunter die Hoffart auch begriffen ist/ gebuerlich einsehen zuthun/ lenger nit vmbgehen koennen noch sollen/ Vnd derowegen vorangerete ihre gegebene Ordnung der Hoffart halben.*“[83] In anderen Städten hielt man es bei Lustbarkeiten und Überfluss ähnlich. 1681 empfahl der Rat zu Rothenburg als Konsumbremse für Fest- und Feiertage zum wiederholten Mal: Wie „*wir auch hiemit austruecklich widerholet haben wollen/ was von Ubermaaß und Hoffarth in Kleidungen/ von Hochzeiten/ Heyrathsberedungen/ und absonderlich der gewissen Anzahl an Gaesten nach den dreyen Unterschidungen eines jedwedern darbey vorgeschriebenen Rangs und Gangs/ von Kindtauffen/ der erbettenen Gevattern Dothengelt und Dothenhembdlin/ denen Leichbestattungen/ deren Mahlzeiten/ Traur=Binden und Kraentzen fuer die verstorbene junge Kinder und ledige Personen/ ingleichem vom naechtlichen gassiren/ und daß die Handwercks=Gesellen ueber 2. oder 3. Uhr der Groessern in den Wirths= und Bierhaeusern sich nicht weiters betretten*“ lassen.[84] Der ratsführenden Oberschicht im Nürnberger Patriziat, dem „*Voerdersten Standt*“ war es aber durchaus erlaubt, konsumfördernden Luxus als Standessymbol zu behaupten und zu zeigen. Zugelassen waren in Nürnberg konkret „*Schamlotene oder Tobine*[85] *Schauben/*[86] *deßgleichen Seidene Maendel/ gefuettert vnd vngefuettert/ die gefuetterten Schauben vnd Maendel sollen von keinem koestlichern/ dann Ruckmadern*[87] *futter durchfuettert/ vnd die*

gesellschaft. Konsum als Lebensform der Moderne, Stuttgart 2013; Wolfgang Wüst, Konsum in Franken – historisch betrachtet, in: Altfränkische Bilder N.F. 10 (2015), S. 22–24.

83 Wolfgang Wüst (Hg.), Policey, Bd. 7, Quelle Nr. 53.

84 Ebd., Nr. 4.

85 Aus Zobelpelz.

86 Martha Bringemeier, Priester- und Gelehrtenkleidung. Tunika – Sutane, Schaube – Talar. Ein Beitrag zu einer geistesgeschichtlichen Kostümforschung, Münster 1974.

87 Die dunkle Rückenpartie im Marderfell.

Maͤndel von keinem hoͤhern Zeug/ dann Canawatz/ oder Daffet/ darzu gantz glat vnd vngemodelt/ vnd mit keinerley sorten Sammat/ wie die genannt werden moͤgen auch mit Damascat/ Atlaß oder gemodelten Seiden zeug[88] *nicht vnterfuͤttert sein/ Doch moͤgen sie auff die Maͤndel zum Kragen/ Auffschlegen/ vnnd Bremwerck aufwendig herumb/ drey Elen Sammat vnd nicht mehr gebrauchen/ das Bremwerck*[89] *aber/ es sey von Sammat oder Seiden portten/ nicht uͤber ein halb drittel einer Elen hoch gemacht werden bey straff zwantzig gulden.*“[90] Die für die Konsumgeschichte ebenfalls unverzichtbaren *Trickle-down*-Effekte[91] im Käuferkreis waren policeylich und sozial noch nicht erwünscht. Nürnbergs Krämer und Handwerker trugen als fünfter Stand in der Kleiderordnung jedenfalls bescheidene Textilien. „*ALle dieselben Burger ohne Vn=terschied/ moͤgen wol ein schwartz Wuͤllen Rock oder Mandel/ vnd darauff nur ein halbe Elen Sammat tragen/ solche auch mit kroͤpffen/ Fuͤchsen/ oder anderm geringerm futter vnterfuͤttern lassn/ doch ohne alles Bremwerck. Sie sollen auch zu Hosen vnd Wammasen keine koͤstlichere Zeug nehmen/ vnd jhnen anmachen lassen/ als Daffet/ Zendeldort/ Macheyer vnd dergleichen Zeug. Auch seind jhnen/ die von Auff: oder vnauffgeschnittenen guten Tripp oder Beltzsam*[m]*ate Pareth oder Hauben: Vnd die Kroͤß oder Kraͤgen/ deren einer mehr dann zwen gulden kostet/ verbotten/ bey straff wer wider dieses vnnd die andern obigen gesetz handelt/ zehen Gulden.*“[92]

Aus Nürnbergs „Wandelbuch“ erfahren wir 1621 Näheres zum Bier- und Weinkonsum in dieser großen Handels- und Reichsstadt. In den Stadttavernen hatte man zunächst für genügend Vorrat zu sorgen, und die Wirte mussten ihren Ausschank öffentlich kennzeichnen. „*Ein jeder Wirth vnd Weinschenck in dieser Statt/ soll vier vnd zwantzig Aymer Weins in vorrath haben. Es soll auch ein jeder Wirth/ der Wein oder Bier schenckt/ sein ordenlichen Zaiger/ sichtiglich an eine stangen außgehencket haben.*“ Konsumbeschränkungen bestanden mit Blick auf nächtliche Polizeistunden und die Sortenvielfalt beim Bier. „*Die Bier Wirth/ sie schencken Weiß oder hiesigs Rot Bier/ oder frembd Bier/ sollen dessen nur einerley haben/ Nemlich/ das Rot/ oder das Weisse/ vnd darzu ein Taͤfelein deß Satz zugesicht hencken. Vnd soll auch kein Wein= oder Bier Wirth/ seine Zechgaͤst/ uͤber die Feuerglocken sitzen/ Zechen/ vnd Spilen*

88 Meist handelte es sich um Seidenstoffe mit Bändern, Fransen und Quasten.

89 Zierwerk. Etymologisch von „verbrämen“.

90 Wolfgang Wüst (Hg.), Policey, Bd. 7, Quelle Nr. 53.

91 Christian Kleinschmidt, Konsumgesellschaft, S. 20.

92 Wolfgang Wüst (Hg.), Policey, Bd. 7, Quelle Nr. 53.

lassen."[93] In Schweinfurt galt bis zur Mediatisierung für Sonn- und Feiertage ein Brauverbot. „*Die Sonn= und Feyertage, ohne besondere Erlaubniß des loͤbl*[ichen] *Umgelder=Amts, nichts brauen, auch kein Bier nach Haus tragen lassen, es geschehe denn im Noth=Fall mit jenes Beguͤnstigung, nach der Nachmittags=Predigt.*"[94] Kontrollen bestanden mit Blick auf die Qualität der Produkte, zumal wenn das bürgerliche Wohlergehen auf dem Spiel stand, wie nach dem Konsum von Branntwein. „*Zum Brantwein soll man kein Getraidt/ Bierheffen/ Gletwasser/ oder andere materia/ ausser deß Weins vnd Weinheffen gebrauchen/ noch von dergleichen verbottenen materien/ innerhalb zweyer Meilwegs/ vmb diese Statt Brantwein brennen/ Vnd soll auch der jenige die Straff bezahlen/ der die Bierheffen/ vnd Gletwasser darzu hergibt.*" So konnte es die Zeitgenossen nicht wirklich überraschen, wenn künftig „*kein Alchymisterey*" mehr in den Häusern betrieben werden durfte.[95] In Schweinfurt zählte es zur 1782 erneuerten, eidlich geleisteten Pflicht der Braumeister: „*Beym Brauen selbst sollet ihr euch der Ordnung fuͤgen, wie ihr eingeschrieben seyt, bey Drey Reichsthaler Strafe, das Bier so weit einkochen lassen, als es zu seiner Guͤthe erfordert wird und das Zeichen im Kessel mit sich bringt, nicht aber schlechtes weises, oder braunes Bier, welches weder gehoͤrig gekocht, noch mit denen noͤthigen Materialien zubereitet worden, und nachher von denen geschwornen Bier=Probern verschlagen wird, brauen.*"[96]

Marktbeschränkungen hingen häufig mit den genannten Appellen zur Enthaltsamkeit an Sonn- und Feiertagen zusammen. Es war deshalb 1723 zu Rothenburg den „*saͤmtlichen Wirthen/ Wein- und Bierschenckern/ Krafft diß/ alles Ernstes und bey Straff 4 Reichsthaler verbotten/ Niemanden (ausser denen reisenden Personen und Krancken) wer der auch seyn mag/ an Sonn-Fest- oder Feyertaͤgen sowohl zu fruͤh/ als Nachmittag/ unter waͤhrendem Gottesdienst einig Getraͤnck oder Quartier/*

[93] Ebd., Nr. 2; Wolfgang Wüst, Sicherheit durch Alkohol? Zur Finanzierung städtischer Mauerringe und Toranlagen durch das Um(n)geld, in: Olga Fejtová/Martina Maříková/ Jiří Pešek (Hg.), Die Stadt und ihre Mauern. 36. internationale Tagung des Archivs der Hauptstadt Prag in Zusammenarbeit mit dem Institut für Geschichte der Akademie der Wissenschaften der Tschechischen Republik, der Fakultät für Humanistische Studien der Karls-Universität und dem Lehrstuhl für Geschichte der Philosophischen Fakultät der J. E. Purkyně-Universität in Ústí nad Labem (Documenta Pragensia 38), Praha/Prag 2019/2020, S. 513–542.

[94] Wolfgang Wüst (Hg.), Policey, Bd. 7, Quelle Nr. 43.

[95] Ebd., Nr. 2.

[96] Ebd., Nr. 43.

weder ums Geld/ noch ohne Geld" abzugeben.[97] Neben Wein und Bier rückten im 18. Jahrhundert aber zunehmend Tee und Kaffee in das policeyliche Fürsorge- und Konsumspektrum. 1770 galt in Nürnberg Folgendes nicht nur bei Tauffeiern. Die vorderen Stände achteten darauf, dass sie „*zugelassenen Personen, nach vollbrachter Tauf=Handlung, ausser kleinen Confect, und allenfalls warmen in Caffee oder Thee bestehenden Getra^e^nk, nebst Brod und Wein, nichts weiter auftragen lassen, sofort aber die u^e^brigen Sta^e^nde, daß solche alleine nur etwas von weisen= oder Eyer=Brod und Wein, zu der Zeit vorsezen sollen.*" Taufpaten mussten fortan im Vorfeld der Feiern auf den süßen Luxus von Konfekt, Gewürzen und Torten inklusive des gewohnten Hausverzehrs verzichten. Die „*u^e^ble Gewohnheit, den Gevattern sowol, als u^e^brigen Freunden und Bekannten, Wein, Brod, Confect, Torten, oder, an deren statt, Caffee, Gewu^e^rz, Geflu^e^gel, und andere Sachen in das Haus zu schiken*", war bei Strafe abzustellen.[98]

5. Policey und Umwelt

Trotz der von der natur- und geisteswissenschaftlichen Forschung gleichermaßen zum Teil früh fokussierten Zusammenhänge zwischen Umwelt und menschlicher Existenzsicherung zählt eine komplex betriebene Umweltgeschichte noch immer zu den neuen Wissens- und Aufgabenfeldern.[99] Mit erheblicher Zeitverzögerung zur Forst-, Agrar- und Waldgeschichte[100] öffnete sich ihr jüngst die Landes- und Stadtgeschichte.[101] Die von Lucien Febvre (1878–1956), Mitbegründer der ein-

97 Ebd., Nr. 7.

98 Ebd., Nr. 51.

99 Vgl. dazu überblicksartig: Helmut JÄGER, Einführung in die Umweltgeschichte, Darmstadt 1994; Reinhold REITH, Umweltgeschichte der Frühen Neuzeit (Enzyklopädie deutscher Geschichte 89), München 2011; Franz-Josef BRÜGGEMEIER, Umweltgeschichte: Erfahrungen, Ergebnisse, Erwartungen, in: Archiv für Sozialgeschichte 43 (2003), S. 1–18; Wolfram SIEMANN/Nils FREYTAG, Umwelt – eine geschichtswissenschaftliche Grundkategorie, in: Wolfram SIEMANN (Hg.), Umweltgeschichte. Themen und Perspektiven (Beck'sche Reihe 1519), München 2003, S. 7–20; Wolfgang WÜST/Gisela DROSSBACH (Hg.), Umwelt-, Klima- und Konsumgeschichte.

100 Hansjörg KÜSTER, Geschichte des Waldes, München 1998.

101 Wolfgang WÜST, Nachhaltige Landespolitik? Fürstenherrschaft und Umwelt in der Vormoderne. Eine süddeutsche Fallstudie, in: ZBLG 70/1 (2007), S. 85–108; Rolf KIESSLING/

flussreichen Annales-Schule, in „La terre et l'evolution humaine: introduction géographique à l'histoire“ (Paris 1922) bereits in der Zwischenkriegszeit angemahnte Hinwendung der Geschichtswissenschaften zu den geologisch-geographischen Grundlagen des Daseins steht im Fokus. Ihm soll abschließend Rechnung getragen werden.

Eine umweltorientierte Policey lässt sich in mehreren Statuten und Mandaten konkretisieren. Dazu zählte zunächst die Wald-, Holz- und Markordnung aus Schweinfurt von 1741. Dort schrieb der Rat die Gründe für diese nachhaltige Gesetzesinitiative fest: „*Demnach Wir in reiffliche Erwegung gezogen/ wie hoch und viel dem Gemeinen Wesen und der lieben Nachkommenschafft daran gelegen seye/ daß die Waldungen und das Gehoͤltz jeden Orts/ conserviret und daruͤber eine fleissige Obsicht und Sorgfalt getragen werde/ damit solche nicht devastiret/ oder sonsten verderblich damit umgegangen/ sondern/ so viel nur immer moͤglich/ selbige in guten Stand und Wesen erhalten werden moͤgen; Und wir dann* [es] *vor hoͤchst=noͤthig/ diensam und =nuͤtzlich angesehen haben/ zu Erreichung dieses guten Endzwecks eine besondere Wald= und Marckungs=Ordnung*“ zu verfassen.[102] Ein frühes Schießverbot im Nürnberger Stadtwald von 1550 kann man mit Blick auf eine feuerpoliceyliche Vorsorge ebenfalls dem Bereich des Umweltrechts zuordnen. Der Rat hatte dazu Mitte des 16. Jahrhunderts „*abermals*“ ermahnt, „*alles puͤchsen schiesens/ vnd was zur prunst vnd verderbung der welde vrsach geben mag/ auff den bemelten Nuͤrmberger vnd andern eines Rats welden/ gentzlichen in rue vnd muͤssig steen*“ zu lassen. Das galt künftig „*bey vermeydung der vorbestimbten straff/ Nemlich zweintzig pfundt newer heller vnd verliesung des schießzeugs/ Darinnen nyemands verschont.*“[103] Obwohl Umweltkatastrophen wie Überschwemmungen, Dürrezeiten, Mäuse- und Rattenplagen, Kriegszerstörungen, Brand- und Feuersbrünste bis in die Zeit des Ersten Weltkriegs noch als verdiente Sühne oder gerechte Strafe Gottes beurteilt wurden,

---

Wolfgang SCHEFFKNECHT (Hg.), Umweltgeschichte in der Region (Forum Suevicum. Beiträge zur Geschichte Ostschwabens und der benachbarten Regionen 9), Konstanz 2012. – Als Beispiel für die selten umgesetzte adäquate Berücksichtigung umwelthistorischer Fragestellungen unter neueren Stadtgeschichten steht hier das mehrbändige Würzburger Werk: Rüdiger GLASER/Winfried SCHENK, Aspekte der vorindustriellen Umweltgeschichte des Würzburger Siedlungsraums, in: Ulrich WAGNER (Hg.), Geschichte der Stadt Würzburg, Bd. 2, Stuttgart 2004, S. 21–36.

102 Wolfgang WÜST (Hg.), Policey, Bd. 7, Quelle Nr. 88.

103 Ebd., Nr. 81.

nahmen reichsstädtische Feuerordnungen konkrete Schutz- und Bauvorschriften in ihre Texte auf. 1780 erfahren wir diese für Schweinfurt in detaillierter Ausführung. Es sollen „*aber alle die Ort und Feuer-Waͤnde, an und bey welchen gefeuert wird, von ganzem Mauerwerk aufs beste verwahret, an denselben und andern daran befindenden Waͤnden einig Holz nicht gelitten, sondern durch die Zimmer-Leute und Maurer (denen solches bey ihren Pflichten mit allem Ernst hiermit nochmals, bevorab auch dieses auferlegt und gebotten seyn solle, ohne Obrigkeitlichen Vorbewust und Verwilligung keine neue Feuer-Waͤnde zu machen,) heraus geschnitten und weggeraumt, Distillir- und Bad-Stuͤbleins-Oͤfen und Wasch-Kessel, ingleichen Brandenwein-Zeuge, Brat-Oͤfen, Obst-Doͤrren, Schmiede- und Feuer-Essen mit Gemaͤuer wohl eingefasset, und uͤber die Kessel Schlot-Maͤntel gemacht, so dann auch die Schornsteine, Camin und Schloͤte, ebenmaͤßig ohne Blendung derer darinnen steckenden Balken, und schaͤdliche Versetzung, mit Mauerwerk zum besten verwahret*“ und „*keine blecherne Roͤhren von Oͤfen ober- oder unter dem Gebaͤlk in die Schloͤte hinein mehr gefuͤhrt*“ werden.[104] Schließlich wählen wir zum frühen 16. Jahrhundert noch eine für Nürnbergs Stadtnähe erlassene Gartenhausordnung. Mit ihr sicherte sich der Rat einen Grüngürtel vor den Stadttoren. Zugleich trug er den standesrepräsentativen Wünschen des Patriziats und der Kaufmannschaft Rechnung, Gartenhäuser als Familienschätze beziehungsweise als stadtnahe „Lusthäuser“[105] in freier Natur zu genießen. „*Wiewol vor ettwo vilverschinen jahre von einem erbaren rath umb gemeines nutz unnd notturfft willen dieser statt Nürnberg stattlich gesezt unnd geboten worden das niemand in einer meil wegs ausser halb und gerings umb dise statt weder in gartten oder andern enden keinerleÿ neu gepeu es seÿ heuser stedel absaytten keeler oder anders nicht auffrüchten pauen noch machen lassen solt, aus gemainen lust heuslein der mocht ÿemannd nicht mer dann ains in seinem gartten haben, machen lassen unnd gebrauchen, doch nicht grosser dann xvi stat schuch lanng so viel praÿt und auch xvi solcher schuch hoch bis an das tach doch das kain abseitten da nebenn noch dabeÿ nichts gepaut und in der keinem kein stublin auch schlot oder des geleichen gemacht*“ werden soll.[106]

---

[104] Ebd., Nr. 100.

[105] Wolfgang Schmid, „Am Brunnen vor dem Tore …“. Zur Freizeitgestaltung der Stadtbevölkerung im 15./16. Jahrhundert, in: Peter Johanek (Hg.), Die Stadt und ihr Rand (Städteforschung A 70), Köln 2008, S. 19–146.

[106] Wolfgang Wüst (Hg.), Policey, Bd. 7, Quelle Nr. 76.

In vielen Städten gab es für Kriegs- und Katastrophenfälle durch Kirchen- und Sturmglocken ein Warnsystem. 1565 wurde für Schweinfurt in einem Mandat näher umschrieben, wenn der Türmer „*solche losung vernimbtt, soll er vf die große glocken also sturmb anschlagen, erstlich dreÿ straich vnderschiedlich nacheinander, darnach etliche kleine straich darauf, hernach dreÿ streich langsamb zum andernmahl, vndt wieder etliche kleine streich darauf, vndt dann abermals dreÿ streich zum drittenmahl, vndt wieder etliche kleine streich drauf wie vor, auch alsbaldt dreÿ schüß darzue*“ tun.[107]

[107] Ebd., Nr. 102.

Erneuerte Land-Policey-Ordnung Deß Heil[igen] *Ro*e*m*[ischen] *Reichs Statt Rotenburg ob der Tauber von 1723*

Erneuerte Land-Policey-Ordnung[108] **Deß Heil[igen] Ro**e**m[ischen] Reichs Statt Rotenburg ob der Tauber, Anno MDCCXXIII** [5.11.1723][109] // [2,3][110]

Wir Burgermeister und Rath des Heil[igen] Reichs Statt Rotenburg ob der Tauber fuegen hiermit all unsern Unterthanen und Angehoerigen auf dem Land zu vernehmen: Nachdeme bey etlichen Jahren her sehr viele Maengel und Unordnungen wider die ehemals *publicir*te Land-Policey-Ordnung in allen Puncten eingerissen/ und noch taeglich weiters hervorbrechen und sich vermehren wollen/ als haben/ aus Christlichem Eyffer und Obrigkeitlicher Schuldigkeit/ solchem aergerlich- auch Seel- Leib- und Vermoegen hoechst-schaedlich- und verderblichen Unwesen mit allem Ernst vorzukommen nachfolgendes/ bey Vermeidung der dabey angesetzten ohnausbleiblicher Straff/ hiermit verordnet/ und zwar // [4]

Tit[ulus] I: Von des Son[n]tags- Hohen Fest- und Feyertaegen Feyrung/ auch Fortpflanzung eines guten Christenthums/ Abstellung der an solchen heiligen Taegen eingerissenen vielen gottlosen Mißbraeuchen.

1. Sollen unsere Unterthanen und andere Angehoerige auf dem Land sich jederzeit eines Christlichen/ erbarn und GOtt wohl gefaelligen Lebens und Wandels befleissigen/ sonderheitlichen die Heiligung des Sonntags/ der Fest- und Feyertaegen eyffrig angelegen seyn lassen/ die Predigten und Betstunden/ wie ingleichen die Kinder-Lehren nicht eben allein von den kleinen Kindern/ sondern auch von denen Er-

---

108 I, T: Gedruckt im Rothenburger Verlagshaus von Johann Ludwig von Millenau. Unmittelbarer Vorläufer dieser für das reichsstädtische Landterritorium (Landwehr) bestimmten Ordnung war die zwei Jahre zuvor „*Erneuerte Policey=Ordnung Deß Heil*[igen] *Ro*e*m*[ischen] *Reichs Statt Rotenburg ob der Tauber, Anno MDCCXXI.*“. Vgl. SLUB Dresden, Hist.urb.Germ.1004.m,14. Zeitgemäße Aktualisierungen wurden im Rothenburgischen „*Policey=Edict*“ am 31.10.1763 vorgenommen. Vgl. SLUB Dresden, Hist.urb. Germ.1004.m,16.

109 I: Vgl. hierzu auch die Erstedition in: Wolfgang Wüst (Hg.), Policey, Bd. 2, S. 198–206.

110 T: Die zweite Seite blieb gänzlich unbedruckt.

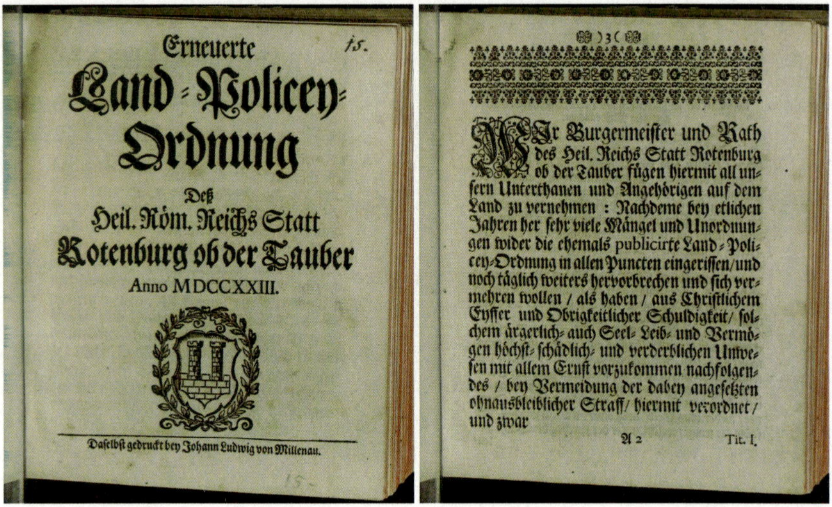
Erneuerte
Land=Policey=
Ordnung
Deß
Heil. Röm. Reichs Statt
Rotenburg ob der Tauber
Anno MDCCXXIII.
Daselbst gedruckt bey Johann Ludwig von Millenau.

Wir Burgermeister und Rath
des Heil. Reichs Statt Rotenburg
ob der Tauber fügen hiermit all un=
sern Unterthanen und Angehörigen auf dem
Land zu vernehmen : Nachdeme bey etlichen
Jahren her sehr viele Mängel und Unordnun=
gen wider die ehemals publicirte Land=Poli=
cey=Ordnung in allen Puncten eingerissen/ und
noch täglich weiters hervorbrechen und sich ver=
mehren wollen / als haben / aus Christlichem
Eyffer und Obrigkeitlicher Schuldigkeit/ sol=
chem ärgerlich= auch Seel= Leib= und Vermö=
gen höchst= schädlich= und verderblichen Unwe=
sen mit allem Ernst vorzukommen nachfolgen=
des / bey Vermeidung der dabey angesetzten
ohnausbleiblicher Straff/ hiermit verordnet /
und zwar
A 2 Tit. I.

Abb. 12a und 12b: „Erneuerte Land=Policey=Ordnung" der Stadt Rothenburg ob der Tauber von 1723 [Actum & decretum in Senatu, Freytags den 5. Nov. 1723], Titelblatt und erste Textseite. Bildnachweis: SLUB Dresden, Hist.urb. Germ.1004.m,15; VD 18, 11364092.

wachsenen/ wie auch deren Eltern/ Knechten und Maͤgden fleissig- und andaͤchtiger/ als bißhero layder! Geschehen/ besuchen/ und unter waͤhrendem Gottesdienst sich Maͤnniglich des Plauderns und Schlaffens/ vornemlich aber die Baurenknecht auf der Porkirchen des Drengens und Stossens bey 2. Reichsthaler Straff sich enthalten. So dann wird

2. denen saͤmtlichen Wirthen/ Wein- und Bierschenckern/ Krafft diß/ alles Ernstes und bey Straff 4. Reichsthaler verbotten/ Niemanden (ausser denen reisenden Personen und Krancken) wer der auch seyn mag/ an Sonn- Fest- oder Feyertaͤgen sowohl zu fruͤh/ als Nachmittag/ unter waͤhrendem Gottesdienst einig Getraͤnck oder Quartier/ weder ums Geld/ noch ohne Geld/ herzugeben/ und sollen die jenige/ welche unter der Kirchen die Wacht hal- // [5] ten/ darauff fleissige Obsicht

tragen/ und da dergleichen geschehete/ es ie eher bey unserm verordneten Reichs-Richter-Amt[111] in geheim anzeigen; Ingleichen soll

3. alles Sonn- und hohen Festtags-Tantzen und Spielleut halten durchaus- bey 2. Reichsthaler Straff verbotten seyn/ welche Straff auch auf die jenige zu verstehen/ die an Sonn- oder Fesstta^eg auf frembde und auswa^ertige Ta^entz zu lauffen/ sich unterfangen. Ingleichen soll das Pferd- oder Ochsen Austreiben nicht ehender als nach der Kinder-Lehr geschehen/ es seye dann daß eine tu^echtige Mannsperson hierzu bestellt werde/ welchenfalls auch erlaubt seyn soll/ den Anspan/ gleichwie das u^ebrige Rindvieh/ fru^eh vor der Kirchen austreiben zu do^erffen. Nicht weniger hat

4. jederma^enniglich an Sonn- und Festta^egen bey Straff 2. Reichsthaler des Heu- und Getraid-Einfu^ehrens sich zu enthalten/ wegen des Grasmehens aber vor das Vieh/ soll im Nothfall/ jedoch nicht anderst als auf den Abend es erlaubt- hingegen ein jeder Christlicher Hauß-Vatter von selbsten besorgt und bedacht seyn/ des Tags vorhero die Nothdurfft vor sein Vieh sich anzuschaffen/ damit der Sonn- und Hohe Festtag nicht entheiliget werde/ auch an solchen Sonn- und Festta^egen keine Wein-Getraid- oder andere Fuhren u^eber Land vorzunehmen/ noch vielweniger einiger Handel weder von Christen noch Juden bey Straff 4. Reichsthaler an solchen Ta^egen vorgenommen werden soll. Ebenermassen auch

5. die Mu^ellere in solcher Zeit das Mahlen/ es wa^ere // [6] dan[n] daß dieselbe von unserm verordneten Reichs-Richter-Amt im Nothfall hierzu besondere Erlaubnus bekommen/ wie auch das abholen des Getraids und wieder wegfu^ehren des Mehls/ bey erst angesetzter Straff einstellen/ und sich so ein- als des andern enthalten. Nicht minder

6. die Metzger an Sonn- und Festta^egen weder groß noch klein Vieh in die Dorffschafften einfu^ehren / oder hetzen/ weniger das Fleisch an denen La^eden offentlich heraus ha^engen sollen/ bey Straff 1. Reichsthaler. Und weilen

7. das meiste/ zu einem wahren Christentum zu gelangen/ auf ein Christliche Erziehung der Kinder und Gesind mit gutem Exempel vorzugehen und die Herrn Geistliche sie dazu aufzumuntern haben/ aufs fleissigste und dergestalt anbefohlen/ das sie ihre Kinder/ so bald sie das 6.te Jahr zurück gelegt/ in die Schul/ von Michaelis biß Ostern fleissig schicken/ dem Schulmeister sein Quartal-Geld ohne Abzug/ wann etwan ein oder etlich Ta^eg in der Schul versa^eumt werden sollten/ richtig

[111] I: Gemeint ist hier nicht die in den Quellen ebenfalls so bezeichnete Funktion des Kaisers als oberster Reichsrichter, sondern das reichsstädtische Gericht zu Rothenburg.

abtragen/ und die Kinder biß nach Ablegung des 13.ten Jahrs nicht heraus thun sollen/ bey Straff 2. Reichsthaler.

Tit[ulus] II: Von denen Gottesla^e^stern/ Fluchern/ Zaubern/ Teuffelsbannern/ Seegensprechern/ Siebdrehern/ Spiegelbesehern, und andern dergleichen Ha^e^ndeln, wie auch Ma^i^yneydigen und falschen Angelobern. // [7]

SOlche bo^e^se Leut und Unchristen sollen/ auf Betretten/ mit dem Thurn/ Pranger/ Staupbesen und ewiger Lands-Verweisung/ die jenige aber/ welche zu wieder Beybringung gestohlener Wahren ihres Teufflischen Wesens sich bedienen/ oder sich zum Gebrauch Aberglaub- und Zauberischen Sachen verleiten lassen/ mit 4. Reichsthaler/ nicht weniger die Gottesvergessene Flucher und Schwo^e^rer alt und jung/ wie dann so gar die kleine Kinder solch von ihren Eltern und Gesind ho^e^rendes Fluchen und Schwo^e^ren/ zu eines jeden Christlichen Gemu^e^ths Abscheu/ von sich vernehmen lassen/ mit dergleichen Geld-Straff/ Thurn/ oder auch nach Befinden/ mit der offentlichen Kirchen-Buß ohnverschonlich andern zum Exempel/ angesehen werden sollen.

Tit[ulus] III: Von Übermaß in Kleidung.

SOll ein jedes/ es seye jung oder alt der zu nichts taugenden- vielmehr lauter Schaden und Verderben nach sich ziehenden Hoffart abstehen/ hingegen der Gottgefa^e^lligen Erbarkeit sich befleissigen/ dahero dann ma^e^nniglich/ so Mann- als Weiblichen-Geschlechts von denen nun sehr in Schwang gehenden gu^e^ldenen und silbernen breiten Borten an Hu^e^ten mit Schnallen/ Brustflecken und Miedern/ wann sie auch schon nut falsch sind/ wie auch allen kostbahren Banden/ Spitzen und sammeten Stirnbindlein abzustehen/ hiermit und bey Straff 2. Reichsthaler erinnert wird. // [8]

Tit[ulus] IV: Von den Hochzeiten.

1. SOll vor allen Dingen in *Proclamationen* und Verku^e^ndigungen von denen Herren Geistlichen alle Behutsamkeit gebraucht/ und nicht jedermann auf sein bloses Anmelden/ verku^e^ndet- sondern vorhero bey dem Land- oder Dorff-Schultheißen/ absonderlich bey dem Reichs-Richter-Amt beeder Zustands wegen/ und ob sie sich

zu ernaehren vermoegen/ Erkundigung eingezogen werden. Bey denen Heyraths-Abredungen aber

2. soll nicht minder der zeitlichen Gueter und etwa der von voriger Ehe verhandenen Kinder Vaetter- oder Muetterlichen Vorauses willen/ bey allhiesigem Vormund-Amt alles in Richtigkeit gesetzet- und bekraefftiget- auch/ ehe dieses geschehen/ die Verlobte nicht copulirt werden. Nach Bewerckstellung dessen/ sollen

3. bey Heyraths-Taegen die dazu bittende Personen in mehr nicht/ dann in 6. Personen/ bey Straff 2. Reichsthaler/ jedoch ohn miteingerechnet der Verlbenden/ wie auch beederseits Eltern und Geschwistrigen/ bestehen/ und wegen des Speisens moeglichste Maessigung gebraucht werden. Bey denen Hochzeiten hingegen ist

4. dem Schultheißen und einem beguterten Bauersmann mehr nicht als 36. einem Koebler aber und Haußgenossen 24. Personen (jedoch Vatter und Mutter/ Kinder und Geschwistrige ohngerechnet/) zu Tisch zu setzen erlaubt bey Straff 2. Reichsthaler/ welche Braut und // [9] Braeutigam von einer ieden uebermaessigen Person unserm Reichs-Richter-Amt ohnnachlaessig entrichten sollen/ es waere dann/ daß von dem selben aus besondern Ursachen ein mehrers erlaubt wuerde. Insonderheit aber muessen

5. die Hochzeiten dergestalt einzulaeuten seyn/ daß laengstens um 10. biß 11. Uhr die Hochzeit-Leut in dem Hochzeit-Hauß beysammen seyn/ und in die Kirch/ ohne auf ein oder den andern zu warten/ gehen koennen/ dabey aber die gewoehnliche Wein-Suppen und Zechen vor dem Kirchgang/ als wordurch solcher nicht wenig verzoegert wird/ noch malen bey 2. Reichsthaler Straff/ in welche ein jeder/ der dawider handlen wird/ darunter auch der Wirth/ so er etwas aufgetragen und hergegeben/ begriffen ist/ verfallen seyn solle/ gaentzlich aufgehoben und abgestellt wissen wollen/ es waeren dann Personen von 1. oder 2. Meilen hergereist/ denen alleins eine warme Suppen und ein Glas Wein mit einem Stuck Brod mag abgefolgt werden.

Ingleichen sollen

6. die Hochzeiten sich nicht ueber ein Tag erstrecken/ und zwar Nachts biß 10. Uhr waehren/ bey Straff 4. Reichsthaler/ iedoch bleibt

7. in dem andern Tag die naechste Anverwandte und frembdte Personen/ auch das junge Gesind zu bewuerthen unverwehret/ nach solchen 2. Taegen aber sollen die Spielleut bey gleicher Straff/ nicht weiters aufspielen/ und damit das End der Hochzeit machen; darbey dann absonderlich das junge Gesind/ Knecht und Maegd treulich erinnert werden/ sich alles viehischen Schreyens/ Broellens und // [10] Jauch-

zens zu enthalten/ bey Straff 2. Reichsthaler/ oder des Thurns/ welche sich darwider betretten lassen werden. Ferners und

8. ist das etlichen Orten aufgebrachte na^e^chtliche Ansingen vor des Bra^e^utigams Hauß oder Kammer/ worbey allerhand U^e^ppigkeit veru^e^bt wird/ bey Straff 2. Reichsthaler verbotten. Bey denen Mahlzeiten soll

9. all mo^e^gliche Ma^e^ssigung gebraucht werden/ hingegen auch ein Manns-Person mehr nicht/ dann 30. oder ho^e^chstens 45. Kr[euzer] Rh[einisch] und ein Weibsbild 30. biß 37 ½. Kr. Rh. zur Zech zu geben/ schuldig seyn.

10. Werden die Schultheissen/ oder in deren Ermanglung/ die Baurenmeister hiermit ernstlich befehlicht/ gleich nach 10. Uhr Nachts denen Hochzeit-Ga^e^sten den Frieden und ein Ende zu machen/ anzuku^e^nden/ und wer sich u^e^ber eine halbe Stund la^e^nger betretten la^e^st/ der soll mit 2. Reichsthaler Straff angesehen werden/ dergleichen Befehl auch bey andern/ als Gemeind-Zehend-Ruch- und u^e^brigen Zechen/ unter gleichma^e^ssiger Straff/ aufs fleissigste beobachtet werden soll.

11. Sollen sich keine andere als Hochzeit-Ga^e^ste sowol bey Tag- als Nacht-Zeiten/ es wa^e^ren dann Reisende/ im Wirthshauß/ wo die Hochzeit gehalten wird/ antreffen lassen/ bey Straff 2. Reichsthaler.

Tit[ulus] V: Von denen Kindtauffen und Gevatterschafften.

1. SOll hinfu^e^hro dem vermo^e^glichsten Bauers- // [11] mann wann er oder sein Weib zu Gevatter stehen/ aufs ho^e^chste 1. Gulden 30. Kr. Rh. denen von mittelma^e^ssigen Vermo^e^gen aber aufs ho^e^chste 1. Gulden Rh. und denen u^e^brigen/ worunter auch die Ehehalten zu verstehen/ einen halben Thaler einzubinden erlaubt- sonsten aber denen Dothen/ ausser einem Hembdlein und Ha^e^ublein/ an Kleidern und andern Wahren etwas zu geben/ bey 1. Reichsthaler Straff verbotten seyn. Nicht weniger soll

2. das Mitbringen vor die Kindbetterin (ausser da man leiblichen Kindern/ Geschwistrigten/ Blutsfreunden/ oder Haußarmen Leuten etwas verehren wollte/ so unverwehrt ist/) und da man salbige in denen 6. Wochen besuchet/ bey Straff 2. Reichsthaler abgeschafft seyn/ hingegen soll auch keiner/ wer der auch seyn mag/ Reich oder Arm/ Geist- oder Weltlich/ von *dato* an bey Kindtauffen denen Weibern/ welche das Kind in die Kirch begleiten/ einige Mahlzeiten anzurichten/ oder Wein/ Bier/ oder Brod vorzustellen/ ferner befugt seyn/ sondern ein ieder bey Straff 2. Reichsthaler sich dessen ga^e^ntzlich enthalten; Es wa^e^re dann/ daß man denen

auswaͤrtigen Gevattern oder naͤchsten Befreunden etwas weniges an Essen und Trincken reichen wolte.

Tit[ulus] VI: Von Neuen-Jahrs-Verehrungen.

SOll hinkuͤnfftig Niemand seine Kinder in ihrer Dothen oder anderer Befreunden Hauͤser des Neu-Jahr-Geschenk abzuholen schicken/ oder durch andere // [12] abholen- noch weniger aber die Dothen selbsten etwas bringen/ oder durch andere uͤbersenden lassen/ bey Straff 1. Reichsthaler.

Tit[ulus] VII: Von Leichgegaͤngnussen.

1. SOllen die sogenannte Leichtruͤnck (ausgenom[m]en/ wo frembde Personen vorhanden/ bey denen aber nur die allernaͤchste Blutsfreund seyn moͤgen/) gaͤntzlich bey 2. Reichsthaler Straff abgeschafft- und nicht weniger
2. bey Absterben lediger Personen und kleinen Kindern/ weder vom Tauffdothen/ noch Befreunden bey Straff 1. Reichsthaler einiger Krantz/ Creutzlein/ Engel/ oder sonst was mehr/ sowol in- als ausser der Truhen geschickt werden. Wol aber
3. ein ieder Ort daran seyn soll/ damit 2. Kraͤnntz zum Vorrath von der Gemeind angeschafft werden/ um sich dessen bey Begraͤbnissen lediger Personen bedienen/ und auf das Paartuch iedoch nicht mehr/ als Einen anhefften lassen zu koͤnnen/ welche Kraͤntz iedes Orts Schultheiß oder Baurenmeister in Verwahrung nehmen/ und von einem jeden Abholenden 1. Kr. Rh. sich geben lassen solle/ um von solchem Geld nach der hand/ bey Abgehung der alten/ wieder neue anschaffen zu koͤnnen. Insgemein aber und
4. sollen in Zukunfft alle Leich-Abdanckungen sowol bey Alten als Jungen/ Reich und Armen/ ohne Unterschied/ gaͤntzlich eingestellt/ und kein Todtengraͤber/ ohne Vorwissen und *Consens* eines jeden Orts Herrn Geistlichen eine unzeitige Geburt in den Kirchhof zu begraben/ befugt seyn/ bey Straff 1. Thaler. // [13]

Tit[ulus] VIII: Vom verschwendischen/ liederlichen Haußhalten/ tag- und naͤchtlichen Zechen/ Spielen und andern Unordnungen und derer Abstellung.

1. WOllen wir iedermaͤnniglich vor Schwelgen/ Fressen/ Sauffen und Spielen es mag in Wirths- oder andern Haͤusern- auch an Son[n]- Fest- Feyer- oder Werck-Ta-

gen geschehen/ alles Ernstes und dergestalt gewarnet haben/ daß die jenige/ welche durch dergleichen gottloses Schwelgen/ Panquetiren/ und ansonderlich durch das verderbliche und durch verschiedene *Edicten* hochverbottene Spielen mit Karten/ Wu^e^rffeln und andern in Armuth/ oder durch Mu^e^ssiggang/ Hoffarth in Kleidungen und anderes Wohlleben/ auch un[n]o^e^thig- und ohnabmeidliche Kriegs-Anlagen ohnbezahlt anstehen lassen/ ohn einige Gnad aus dem Land geschafft/ oder da sie vor ihrem Absterben/ ihre Schatzung und Monat-Gelder nicht abtragen- noch zu deren Entrichtung etwas hinterlassen haben/ ohne Gesang und Klang begraben werden sollen. Wie dann auch

2. Niemand weder Alt noch Jung/ Mann- und Weiblichen Geschlechts zu Nachts u^e^ber 10. Uhr in denen Wein- Bier- und andern Ha^e^usern/ oder sonsten auf den Gassen im Do^e^rff oder Weylern bey Straff 2. Reichsthaler oder des Thurns sich betretten- weniger sich des Schreyens // [14] oder Blo^e^ckens gelusten lassen sollen/ wo aber ein oder anderer wider dieses Verbott/ u^e^ber die Zeit iemand beherbergen wird/ der soll in eben diese Straff verfallen seyn. Allergestalten dann

3. das noch immer im schwang gehende sogenan[n]te Fenstern und na^e^chtliche Zusam[m]enkunfften in die Rockenstuben/ worinnen von denen ledigen Ma^e^gden und Knechten/ ja manchmal gar verheuratheten Personen nicht allein allerley unnu^e^tzes Geschwa^e^tz/ Bu^e^berey und Verkleinerung des Nebenmenschen/ sondern auch/ wie es bißhero die leydige Erfahrung nur zur Gnu^e^ge erwiesen/ leichtfertige Unzucht/ verdammte Hurerey/ Ehebruch und allerhand Unfla^e^terey ohne Scham und Scheu begangen werden/ hiermit nochmalen bey 4. Reichsthaler Straff sowohl- als auch/ da nun fast ein iede Dirne oder Kerl seinen sogenannten Gassen- oder Tantz-Heurath hat/ ga^e^ntzlich und bey eben solcher Straff verbotten haben wollen. Insonderheit aber soll

4. das in vielen Orten aufgekommene- und zu nichts dienende Braut Einholen- oder Begleitung/ da iemand aus dem Dorff- oder Weyler sich wech verheurathete/ worbey aller Muthwillen/ sonderlich mit schiessen/ veru^e^bt zu werden pflegt und vorgehet/ fu^e^rohin ga^e^ntzlich abgestellt- und bey 2. Reichsthaler Straff vor iede Person verbotten seyn. Und weilen

5. die bißherige Erfahrung bewiesen/ daß die mehreste Schwa^e^ngerungen auf dem Land durch das Zusam[m]en-legen der Knecht und Ma^e^gd auf dem Boden/ ohne verschlossene Kammer/ hergekommen/ als wollen solches ebenfalls ernst- // [15] lich und bey Straff 2. Reichsthaler abgestellt wissen, und einem jeden Haußvatter und Haußmutter, daß sie, so viel mo^e^glich, all besorgender Unzucht vorseyn/ und bessere Sorg haben, alles Ernstes erinnert- dabenebenst aber und

6. das nun wieder sehr gemein werdende Tabackschmauchen in Staͤllen, Boͤden und Scheuren, wie auch im Kirch-gehen, da man oͤffters biß an die kirchthuͤr hin die Tabackspfeiffen schaͤndlich im Maul hat, bey Straff 1. Reichsthaler verbotten, und sich deßwillen auf das letzthin auf der Cantzel abgelesenes Raths-*Decret* bezogen haben will. Wie dann insgemein

7. ein ieder Haußwirth, bey diesen Holtz-klemmen Zeiten, auf das Feuer all moͤglichste Vorsorg, daß dadurch kein Ungluͤck geschehen moͤge, tragen, seine Schloͤt alljaͤhrlich zweymal fegen lassen, und bei Setzung so wohl der Back- und andern Oͤfen, als auch bei Anrichtung der Schloͤt der in der Land-Feuer-Ordnung[112] (welche auch in andern Stucken anhero wiederholet haben wollen,) vorgeschriebenen Vorsichtigkeit und Maßgebung aufs fleissigste, und bey Vermeidung 2. Reichsthaler Straff nachkom[m]en, und beobachten sollen

8. Wollen wir auch scharff gehalten wissen, daß die Tag- und Nacht-Wachten fleissig- und sorgfaͤltiger, als bißhero beschehen, bestellet, wie nicht weniger die vorhandene Bron[n]en und Weethen in gutem Stand erhalten, und wo es moͤglich dergleichen noch mehrere zugerichtet werden moͤgen, um in Feuers-Gefahr und bey duͤrren Zeiten sich zulaͤnglich und besser zu eines ieden Nutzen damit helffen zu koͤnnen.

Tit[ulus] IX: Von Ehehalten und Dienstbotten.

1. SOllen die ienige Knecht und Maͤgd/ so sich gegen ihre Bauren und Baͤurin[n]en nicht ehrlich und redlich bezeugen, oder sonsten ohne erhebliche Ursach aus dem Dienst lauffen, // [16] ihres verdienten Lohns verlustigt seyn, und noch dabey nach Beschaffenheit des Verbrechens, mit dem Thurn abgestrafft werden.

2. Seynd alle Haußvaͤtter und Haußmuͤtter zu erinnern, daß sie ihre eigene Soͤhn und Toͤchter, die sie nicht selbst noͤthig haben, zu andern Diensten anweisen, und sie damit vom Muͤssiggang und andern daher ruͤhrenden Unheil abhalten, oder auch die in Diensten stehen, nicht zum Ungehorsam, Untreu und Boͤsen verlaͤiten, verhitzen oder heimsen, sondern auch keine Ehehalten, die ohne Herren-Dienst, oder auch iemand anders, ohne der Landvoͤgtey Erlaubnuß, in ihren Haͤusern

[112] I: Die entsprechende „*Feuer-Ordnung des H. Reichs-Statt Rotenburg*" von 1687 erfuhr zu dieser Zeit eine Überarbeitung und Aktualisierung. Sie mündet 1725 in den Druck „*Deß Heil. Reichs Statt Rotenburg ob der Tauber neu aufgerichte Feuer-Ordnung auf dem Land*".

den geringsten Unterhalt geben, oder selbe zu Haußgenossen, es waͤre dann Sach, daß sie fuͤr 30. fl. Rh[einisch] Buͤrgschafft geleistet, auf- und annehmen bey straff 2. Reichsth[aler].

3. Wann der Weinkauff gegeben, und angenommen worden, soll man beyderseits, ohne erhebliche Ursach, nicht wieder aufsagen, sondern, bey Straff 2. Reichsthaler, bey der Abred verbleiben.

Wie nun unsere Unterthanen und Angehoͤrige auf dem land aus vorstehenden Puncten (welche alle Jahr auf der Cantzel, oder sonst herkom[m]licher massen abzulesen,) wie sie sich zu verhalten, zu ersehen und darnach zu richten haben, also werden unsere Landschultheissen, Landbereiter, Dorffschultheissen, Hauptleut und Baurenmeister hiermit ernstlich[113] befehlicht, auf diese wolgemeinte Christliche Ordnung, nach bestem Vermoͤgen, halten zu helffen, und wo sie einige Uͤbertrettung darwider gesehen, oder davon gehoͤrt, solche unserm Reichs-Richter-Amt pflicht-maͤssig anzeigen, auch, wann iemand anders einiges Verbrechen und Widerhandlung gewahr, und solche bey erstgedachtem Reichs-Richter-Amt in geheim mit Warheits-Grund eroͤffnen wuͤrde, derselbe wohl belohnt, und dessen Nahm verschwiegen bleiben solle. Wornach sich dann ein ieder Christlich- und Ehrliebender Unterthan und Angehoͤriger, samt denen Seinigen zu richten, seinen schuldigen Gehorsam zu erweisen, und vor schaden zu huͤten, wissen wird.

Actum & decretum in Senatu, Freytags den 5. Nov[ember] 1723.

---

[113] T: Verbessert aus: „*enstlich*".

Edikt eines Hoch-Edlen Magistrats der Reichsstadt Rothenburg vom 3. Dezember 1762

Edict[114] [vom 3.12.1762] **Eines Hoch-Edlen Magistrats dieser der Kays**[erlichen] **Freyen Reichs-Stadt Rothenburg ob der Tauber, Wider den unbesonnenen Auflauf junger Leute bey fremden Vorfallenheiten; wie ingleichen wider das immer mehrers einreissende schaᵉndliche Laster der Hurerey. Gedruckt und publicirt im Monath December 1762.** // [2 (Leerseite), 3]

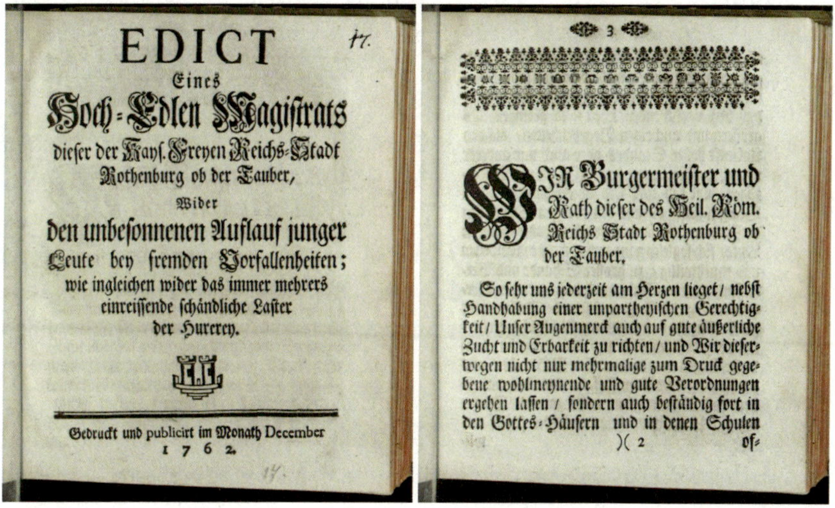
EDICT
Eines
Hoch-Edlen Magistrats
dieser der Kays. Freyen Reichs-Stadt
Rothenburg ob der Tauber,
Wider
den unbesonnenen Auflauf junger
Leute bey fremden Vorfallenheiten;
wie ingleichen wider das immer mehrers
einreissende schändliche Laster
der Hurerey.

Gedruckt und publicirt im Monath December
1762.

3

WJR Burgermeister und Rath dieser des Heil. Röm. Reichs Stadt Rothenburg ob der Tauber,

So sehr uns jederzeit am Herzen lieget / nebst Handhabung einer unpartheyischen Gerechtigkeit / Unser Augenmerck auch auf gute äußerliche Zucht und Erbarkeit zu richten / und Wir dieserwegen nicht nur mehrmalige zum Druck gegebene wohlmeynende und gute Verordnungen ergehen lassen / sondern auch beständig fort in den Gottes-Häusern und in denen Schulen

)(2 of-

Abb. 13a und 13b: Edikt der Reichsstadt Rothenburg „Wider den unbesonnenen Auflauf junger Leute“ vom 3. Dezember 1762, Titelblatt und erste Textseite. Bildnachweis: SLUB Dresden, Hist.urb.Germ.1004.m,17; VD 18, 10530444.

114 Das Druckexemplar der SLUB Dresden führte das Rothenburger Edikt ursprünglich als Nr. 17 unter der Registratur „38 Piecen Stadtordnungen von Rotenburg a/T.; Johann David Raab, 1799“.

Wir[115] Burgermeister und Rath dieser des Heil[igen] Roᵉm[ischen] Reichs Stadt Rothenburg ob der Tauber.

So sehr und jederzeit am Herzen lieget/ nebst Handhabung einer unpartheyischen Gerechtigkeit/ Unser Augenmerck auch auf gute aᵉußerliche Zucht und Erbarkeit zu richten/ und Wir dieserwegen nicht nur mehrmalige zum Druck gegebene wohlmeynende und gute Verordnungen ergehen lassen/ sondern auch bestaᵉndig fort in den Gottes-Haᵉusern und in denen Schulen // [4] offentlich und mit Ernst davon geprediget und gesaget wird; um so mehr dringet Uns zu Gemuᵉthe/ und gibt es auch die leydige Erfahrung daß bey vorfallenden jeden – so geringen als groᵉssern und wichtigen Begebenheiten/ als bey Ankunft hoher Standes- oder auch nur anderer vornehmer Personen/ bey Aufzuᵉgen und Durchzuᵉgen/ und bey aller Art sich ereignenden neuen Begegnuᵉssen/ die aus den voᵉlligen Schrancken der Zucht und Erbarkeit gerathene dahiesige junge Leute/ sich sogleich ganz unverschaᵉmt/ verwegen und muthwillig/ zu grosser Schande und Verruffung unserer Stadt/ und nicht geringer Verwunderung und Aᵉrgerniß fremder Personen/ in grosser Anzahl von beyderley Geschlecht herbey- und vorzudringen suchen; wie denn bey dem dieser Tagen von dem grossen Gott uᵉber uns verhaᵉngten betruᵉbten Zufall/ die Ausgelassenheit/ tolle Neugierigkeit/ und sogar mit Worten bezeigte Unverschaᵉmtheit der leyder so tief ver- // [5] wilderten Jugend/ die unsere Stadt ohnehin betroffene grosse Noth gar leichtlich haᵉtte vergroᵉssern und vermehren koᵉnnen; Als dringet unsere Obliegenheit/ Amt und Pflicht Uns dahin/ alle Eltern/ Pfleg-Eltern und Haus-Vaᵉttere auf das ernstlichste und nachdruᵉcklichste hiemit anzumahnen/ und auf das schaᵉrffeste zu verwarnen/ (zumalen das Straf-Exempel und der schauerige Zufall einer verwegenen Neugierde/ zu unserer grossen Leydmuᵉthigkeit/ am Tage lieget/) daß bey kuᵉnfftig sich ereignenden neuen Vorfallenheiten/ sie moᵉgen gleich ohne- oder mit einem Schrecken vergesellschafftet seyn/ wie dann bey diesen *calamito*sen Zeiten gar leichtlich noch mehrere und ernstlichere Auftritte (wann selbige nicht durch ein eiferiges Gebeth von dem lieben Gott abgebeten werden) sich ereignen koᵉnnen/ Jeder seine Kinder/ Pfleg-Anbefohlene und junges Gesind/ durch ernstliche Anwendung seiner vaᵉtterlichen Gewalt und Haus-Herrschafft da- // [6] heim behalten und nicht aus dem Hause gehen lassen solle/ indeme dergleichen Neugierde und oᵉffters dabey mit unterlauffende Verwegenheit/ Unverschaᵉmtheit/

115 T: Fettdruck indiziert hier eine in Größe und Form hervorgehobene Textstelle.

Respects-Vergessenheit/ oder gar Grobheit und Beleidigung fremder Personen/ gar leichtlich betru^e^bte Folgen nach sich ziehen ko^e^nnen. Gegen diejenige nun/ so dieser Obrigkeitlichen Verordnung/ deren Innhalt ohnehin in eines jeden Pflicht und Gewissen einschla^e^get/ nicht nachleben/ und in dieser no^e^thigen Haus-Zucht u^e^ber Kinder und Gesind sich saumseelig erweisen werden/ solle mit einer exemplarischen und wohlverdienenden Strafe fu^e^rgefahren. Hingegen die ungezogene unba^e^ndige Kinder und freches junges Gesinde beyderley Geschlechts in solche Ha^e^nde und unter solche Zucht gegeben werden/ daß die Schmach davon nicht sogleich soll abgewischet werden ko^e^nnen. // [7] Und da hierna^e^chst die leydige Erfahrung ohnla^e^ngst wieder besta^e^ttiget/ daß unter jungen Leuten Weiblichen Geschlechts eine nicht geringe Anzahl frecher/ Gottes- und aller Zucht vergessener Dirnen in Unserer Stadt sind/ die ganz schamlos fremden Kriegs-Leuten/ wo sie nur immer herkommen/ nicht nur auf denen Strassen/ sondern auch in Wirthsha^e^usern und ihren Quartieren/ nach- und zulauffen/ bey Ta^e^nzen sich einstellen und zudringen/ und mit einer Frechheit und Huren-Stirne gleichsam ihren gailen Leib feilbiethen/ davon man vielleicht bey Heyden nicht a^e^hnliche Beyspiele findet/ gleich ob wa^e^ren nicht ohnehin schon Su^e^nden mit Su^e^nden genug geha^e^uffet/ und als wollte man eilen, durch viehische Unzucht nicht nur sich selbst auf Lebenslang unglu^e^cklich/ Fluchs- und Abscheu-wu^e^rdig – sondern auch die go^e^ttliche Langmuth mu^e^de – und das Unglu^e^ck u^e^ber Stadt und Land recht groß zu machen. Als verbiethen wir hierdurch mit gescha^e^rftem Ernst anvorderist das verda^e^chtige Nachtstreinen[116] und Zusammentretten junger Leute/ beyderley Geschlechts/ als eine na^e^chste Gelegenheit zur Unreinigkeit und Hurerey-Su^e^nde/ hiemit auf das nachdru^e^cklichste/ und erinnern alle und jede Eltern und Haus-Herren/ daß/ weilen sie dem grossen GOTT wegen ihrer fu^e^hrenden Haus- und Kinder-Zucht dereinsten harte und schwere Rechenschafft zu geben haben/ sie ihre Kinder und Gesind des Abends und bey Nacht sorgfa^e^ltig zu Haus behalten/ ihnen fleißig nachsehen/ und denenselben die grosse Gefahr/ verfu^e^hret // [8] zu werden/ oder den Fluche/ andere zu verfu^e^hren/ auf das ernstlichste vorzustellen. Wie Wir denn auch besonders diejenigen/ so verda^e^chtige und der Unzucht und Hurerey ergebene Dirneb in die Haus-Miethe nehmen/ oder verda^e^chtige Zusammentritte junger Leute beyderley Geschlechts in ihren Ha^e^usern dulten/ den ohnehin ob ihnen schwebenden Zorn Gottes/ und/ wenn sie dergleichen

[116] T: Verbessert aus: „*Nachtstreineu*".

ueberfuehret werden/ auch Unsere – entweder empfindliche Leibes-Strafe oder schimpfliche Verweisung aus der Stadt und Land/ auf das gewisseste androhen/ und miteben dieser angedroheten Strafe auch alle Verfuehrer und Verfuehrte – und besonders solche Schand-Baelge/ die ueberwiesen werden/ daß sie sich mit jedermann gemein gemacht/ auf den pranger stellen lassen/ und mit schimpflicher ewiger Landes-Verweisung belegen wollen. Nach welchem wohlmeynenden Befehl und ernstlichen Anerinnerung sich maenniglich zu richten/ und fuer der angesetzten ohnausbleiblichen Strafe zu hueten wissen wird. Einmuethig bey versammeltem[117] Rathe beschlossen/ Rothenburg den 3. Dec[embris] 1762.

[117] T: Korrigiert aus: „*versammletem*".

Rothenburger Bettelordnung vom 13. November 1691

Bettelordnung,[118] Rothenburg 13.11.1691[119]

Wir bürgermeister und rath der R[eichs] Stadt Rotenburg ob d[er] Tauber, fügen hiemit allen unsern burgern, innwohnern und anverwandten zu wißen, demnach wir nicht ohne grossen mißfallen, und von tag zu tag mehrers wahrnehmen müßen, daß die vor einem jahr, wegen der allzusehr überhäufften bettelleuth, publicirte v[nd] mit austheilung gewieser zeichen gemachte verordnung, ihren zweck nicht allerdings erreichet, sondern sich unter diesen zumalen hier wohnhafften armen leuthen v[nd] deren kindern[120] noch vielerhandt üppichkeiten, mißbrauch der zeichen, und fast tägliches und unordentliches umbherlauffen fürzugehen pflege, daß wir deme allen durch andere zulänglichere mittel abzuhelffen, v[nd] auf eine mehrere gleichheit mit austheilung der allmosen bedacht zuseÿn, vor nöthig v[nd] solchem nächst vor guth angesehen, vor allen dingen und // [1r][121] wie bereits

---

[118] Die Edition dieser Ordnung stammt aus: Marina Heller (Bearb.), Bettelordnung, Rothenburg 13.11.1691, in: Wolfgang Wüst (Hg.)/Tobias Riedl/Regina Hindelang (Red.), Die *„gute"* Policey im Reichskreis. Zur frühmodernen Normensetzung in den Kernregionen des Alten Reiches, Bd. 5: Policeyordnungen in den Markgraftümern Ansbach und Kulmbach-Bayreuth. Ein Quellenwerk, Erlangen 2011, S. 587–589. Zum Quellennachweis: StadtA Nürnberg, D1 550 [Handschrift].

[119] T: Die Kopie einer Rothenburger Bettelordnung stammt aus dem Bestand Stadtalmosenamt der Reichsstadt Nürnberg im Nürnberger Stadtarchiv. Daneben sind mehrere Nürnberger Bettelordnungen (StadtA Nürnberg, D1 Nr. 541: *„Ordnung wie es mit Betteln und den Bettlern gehalten werden soll, am Eritag der zehentausent Martrers Tag. 1518"*; StadtA Nürnberg, D1 Nr. 546: Beratungen und Verlässe über die Veränderung der Almosen- und Bettlerordnung von 1624–1628; StadtA Nürnberg, D1 Nr. 547: Verhandlungen über die Verbesserung der Almosen- und Bettelordnung von 1631–1648) und Bettelrichterordnungen (StadtA Nürnberg, D1 Nr. 542 und 543: Bettelrichterordnung von 1536–1566 bzw. 1536–1568) überliefert sowie andere nicht-nürnbergische Mandate gegen Bettler (StadtA Nürnberg, D1 Nr. 549: Kaiserliches Mandat gegen die Bettler in Wien von 1693; *„Fürstl. Brandenburg-Kulmbachische Verordnung wegen des in- und ausländischen Bettelvolkes* […]" von 1716 und acht weitere nicht-nürnbergische Mandate und Verordnungen).

[120] T: *„deren kindern"* ist im Original unterstrichen.

[121] T: Die Seitenzählung folgt der Paginierung im Original, welche dort später mit Bleistift hinzugefügt wurde.

würcklich geschehen, die anzahl der hießigen haußarmen v[nd] mangelhafften alt v[nd] jungen leuth vor allen dingen mit allem fleiß durchgehen, v[nd] diejenige, so deß allmosens würdt: v[nd] dürfftig seÿn, beschreiben v[nd] aufzeichnen zulaßen, vor gut angesehen;

Und gleichwie 2. einige dieser haußarmen personen bißhero alleinig beÿ denen ordentlichen sonn= v[nd] donnerstägig ausgaben, der heren allmoßenplfegern verblieben, v[nd] sich deß umbhergehens vor denen thüren enthalten; also hätte es beÿ deren hierzu beschriebenen anzahl sein ferneres bewenden.

Dargegen 3. derjenigen wegen, so sich mit ersterwehnten gemeinen allmosen nicht zubetragen vermögen, diese erneuerte verfügung geschehen, daß sie sambt und sonders eltern v[nd] kinder alle sonn= v[nd] donnerstäg dem Gottes=dienst, insonderheit aber die kinder denen kinder=lehren und schulen fleißig beÿwohnen, nach dessen endigung aber, sich anfangs // [1v] beÿ dem gewöhnlichen orth deß gemeinen allmoßens austheilung versamblen, von dar v[nd] nachempfangenen einen allmoßen, sie mit dem bettelvogt in einem hauffen sonn= v[nd] donnerstags zu gewiesen abgetheilten hauß=thüren gehen, daselbst etliche, im nahmen aller, das Vatter Unser andächtig v[nd] deutlich bethen, und mit danck erwarten sollen, was jeder christlicher haußvatter entweder am geld oder brod dem bettelvogt, in eine besondere büchsen, reichen und einlegen wird, wie dann diesem freÿgestellt, und jedes, zu bezeugung derleÿ liebthaten v[nd] allmoßen, obliegende gebühr v[nd] christlicher schuldigkeit überlassen ist, solch allmosen nach seinem von Gott gegönnten vermögen, standt, gewerb und beruff, entweder an geld, oder halb= ganzem= und mehr laib broden mit zutheilen.

Nach welcher einsamblung 4. d[er] gesamb= // [2r] te hauffen vor das also genannte seel=hauß geführet, und das erbettene brod nach möglicher gleichheit ausgetheilet, die verschlossene büchsen aber dem hierzu verordenten inspectori überbracht, und von diesem nachmaln so ausgetheilt werden solle, wie jedes gebrechlichkeit, alter, anzahl der kinder, und deren dörfftigkeit, nach beschaffenheit des eingelegten gelds, und der vorher gangenen leuth genugsamer erkundigung, mehr oder weniger erfordern thut, und zwar 5. mit diesem fernern anfang, daß wann ein oder das andere dahierzu eingezeichnet v[nd] für würdig erkanndter bettler den Gottes=dienst ohne noth und muthwillig hindan setzen v[nd] versaumen würde, dieser deß selbigen tags fallenden allmoßens verlustigt, v[nd] seine portion deme, so es angezeigt, zuzulegen seÿn solle, wie dann absonderlich und 6. hier beÿ, zu männiglichs nachricht, ohnverhalten bleibt, daß wann ein oder anderer solcher hauß // [2v] armen leuth sich umb den billichen lohn, in denen heu= v[nd] getraid=erndte=zeiten, zu arbeiten, oder in krankheit v[nd] anderen zufällen, zuwarten, oder beÿzustehen waigern wollten, der jenige burgers sogleich beÿ unseren r[eichs] richterambt anzuzeigen, dasselbe aber, aus hiermit übertragenen gewalt, dergleichen person alsobald aus der zahl der allmoßen würdigen leuth zusezen, solche auch nach beschaffenheit in der statt gar nicht mehr zudulten hätte.

Dafern auch 7. alte weiber nach ihrem todt entweder erwachßene kinder, die sie noch zu erhalten v[nd] zuernehren schuldig gewesen, oder sonst keine kleine kinder, und so viel hinterließen, mit deme sie sich noch ohne allmoßen zubestehen vermögt, all solche ihre verlassenschafft der gemeinen allmosen plfeg heimgefallen seÿn solle. Und weilen 8. die anzahl und der anlauff der von dem laidigen krieg verarmten // [3r] oder durch die französische mordtbrennereÿ vertrieben v[nd] oputirende leuth sich täglich zuvermehren, plfeget, diese aber ebenso wenig kraft= v[nd] hüllfos zulassen seÿn; also haben die besondere verordnung gethan, daß diese nothleidende leuthe durch gewiß bestellte personen, ihres herkommens v[nd] erlittenen schadens halb, nothdürfftig examinirt, v[nd] wo sie mit glaubhafften attestatis von denen reichs=ständen, auch bekannten herrschaftlichen beambten und canzleÿen versehen, oder eines besonderen mitleÿdens würdig, anstatt deß bißhero vor denen thüren, mit vieler beschwerdten, selbsten gesambleten allmoßens, zwar von gemeiner allmoßen=pfleg, nach beschaffenheit, mit einer gewissen steur v[nd] zehrung versorget werden sollen.

Gleichwie nicht weniger 9. der arbeitlos= v[nd] armen handwercks=gesellen wegen, die ebenmässige anstalt gemacht, daß // [3v] beÿ selbigen alles umbhergehen vor denen thüren unterbleiben, jeder hingegen sich an dem bißherigen orth gebührend anmelden und daselbst nach beschaffenheit mit einer nothdürfftigen weeg oder nacht zehrung, fortgeholfen werden solle, zu welchem ende die wirth= und handwercks leuthe, wo sie sich aufzuhalten, oder erstens anzugeben pflegen, es ihnen alsobald zueröffnen, und sie vor der, auf das umbherlauffen beÿ denen thüren, verordneten straff, abzuwarnen haben.

Weilen dahingegen 10. von dem bisherigen allzugrossen überlauff, erstge d[ien]-l[icher] pfleg, eüßerst erschöpffet ist, dahero die nothdurfft umb so mehrers erheischet, daß christliche gemüther wochentlich in die herumb zutragen veranstaltete büchsen ein deß zu reichlicher steuer einzulegen bedacht seÿn.

Also wollen hiermit alle unsere bürger v[nd] angehörige, hiermit getreulich v[nd] wohlmeinend erinnert haben, daß sie sich, dem A= // [4r] lerhöchsten zu ehren, und heÿl[igen] wohlgefallen, und denen arm= v[nd] nothleidenden zum trost, sich mit auf= v[nd] austheilung solcher allmoßen, dergestalt gutthätig v[nd] liebreich erweisen, damit der getreue Gott, nach seiner gewißen v[nd] ohne fehlbaren verheißung, jeder männiglich in andere weege zutragen, v[nd] für noth, armuth v[nd] anderen mangel, gnädigl[ich] zubehüten, umb so mehrers bewogen werden möge;

Actum et decretum in senatu den 13. Novemb[e]r. a[nn]o 1691.
Copia der bettel=ordnung zu Rotenburg.

C. Die Markgrafen-Policey: Brandenburg-Ansbach und Brandenburg-Bayreuth

I. Policey und Region

Die *„gute"* Policey war keine markgräfliche Erfindung. Kulmbach, Bayreuth und Ansbach schlossen sich dem frühmodernen Trend an, gaben aber auch Modelle vor. Policey war auch in den fränkischen Markgraftümern ein vorrangiges Herrschafts-, Wirtschafts-, Denk- und Kulturmodell, das sich funktionsfähiger Kanzleien bediente. Kanzleien spielten in der Politik fränkischer Hohenzollern bereits eine wichtige Rolle, als wir von Quellenbelegen für die Policey noch weit entfernt waren. Eine Schreibbehörde ist bereits unter dem Nürnberger Burggraf Konrad I. (1218–1261) mehrmals nachgewiesen, wenngleich die markgräfliche Kanzleibildung erst um 1330 zu einem Abschluss kommt.[1] Es bildete sich in Folge eine eigene *„cantzley hand-schrifft"* heraus, wie sie uns in der „neuen" Feuerordnung vom 20. November 1651 *expressis verbis* begegnet.[2] Aus der Zeit, als sich im fränkischen Oberland der Hohenzollern die Policey längst eingebürgert und nachdem sich ein Geheimes Kollegium zur Fürstenberatung herausgebildet hatte, stammte dann die *„New verfaste Cantzleÿ Ordnung"*. Sie ist datiert vom 1. Juni 1617; 1651 und 1653 wurde sie

---

1 Otto Spälter, Frühe Etappen der Zollern auf dem Weg zur Territorialherrschaft in Franken. Die allmähliche Entwicklung der Schriftlichkeit und der Landesorganisation bei den Burggrafen von Nürnberg zwischen 1235 und 1332 (Veröffentlichungen der GffG IX/48), Münsterschwarzach 2005, S. 50 f.; Friedrich Wagner, Kanzlei- und Archivwesen der fränkischen Hohenzollern von der Mitte des 15. bis zur Mitte des 16. Jahrhunderts, in: AZ 10 (1885), S. 18–53.

2 Wolfgang Wüst (Hg.), Policey, Bd. 5, Quelle Nr. 7.

erneuert.[3] Die Ordnung besaß Gültigkeit für das Land um Kulmbach, Bayreuth, Hof und Wunsiedel und in der mit dem Teilungsvertrag vom Juli 1541 eingetretenen Erweiterung im Unterland der Hohenzollern um die Städte Neustadt an der Aisch und Erlangen, dem sogenannten „*obergebirgischen*" Unterland.[4] Dort hieß es: „*Nachdem wier vnnßere fu*ͤ*rst*[liche] *hofstadt aus gewisen vrsachen von Culmbach anhero nach Baÿrreuth transferirt, so soll hinfu*ͤ*ro vnnßere regierung vnd regiment biß vf anderweit vnnßere vera*ͤ*nderung dieser ortten angestellet sein vnnd derhalben alle vnd jede vnnßere canzleÿ-verwandten, sie seÿen gleich zu der geheimben iustici-cammerrathstueben, consistorio oder dem ehegericht bestellet, sich anhero begeben, vf ihren aigenen costen alhier niederlassen, heußlich wohnen vnd jedeweder an seinem ort das jhenige verrichten, was diese vnnßere ordnung weitter disponirt.*"[5] Die „*gute*" Policey stand dabei, wie auch die „*Canzleÿ*", ganz allgemein für das Regierungszentrum. Dort setzte man entsprechende Landesnormen auf, wobei sich für eine bestimmte Zeit ein sozialdiszipliniertes Epochenfenster öffnete.

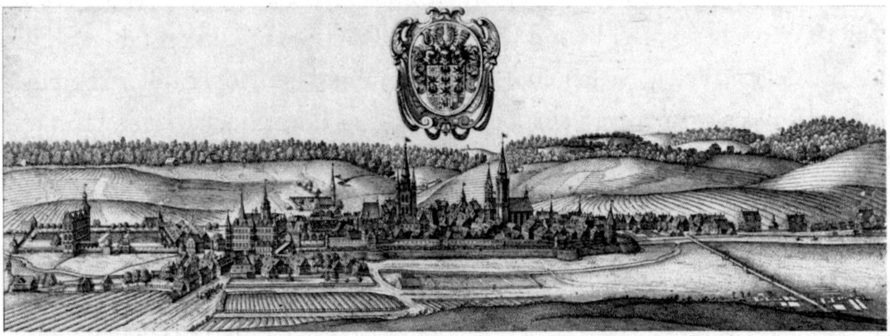

Abb. 14: Ansbacher Stadtansicht, Kupferstich von Wenzel Hollar (1607–1677), 1642. Bildnachweis: StadtA Ansbach, Karten- und Plansammlung.

3 Richard WINKLER, Bayreuth. Stadt und Landkreis (HAB, Franken I/30), München 1999, S. 198 f. Für die Behördenorganisation im Unterland auch: Manfred JEHLE, Ansbach. Die markgräflichen Oberämter Ansbach, Colberg-Leutershausen, Windsbach, das Nürnberger Pfegamt Lichtenau und das Deutschordensamt (Wolframs-)Eschenbach (HAB, Franken I/35), 2 Teilbde., München 2009, Bd. 2, S. 644–743.

4 Vgl. zur Territorialität der Markgraftümer im Überblick: Rudolf ENDRES, § 61: Die Markgraftümer; § 62: Die preußische Ära in Franken (1791–1806), in: Andreas KRAUS (Hg.), Handbuch der bayerischen Geschichte, begr. v. Max SPINDLER, Bd. 3/1: Geschichte Frankens bis zum Ausgang des 18. Jahrhunderts, München [3]1997, S. 756–772; S. 772–783, hier: S. 759.

5 Wolfgang WÜST (Hg.), Policey, Bd. 5, Quelle Nr. 6.

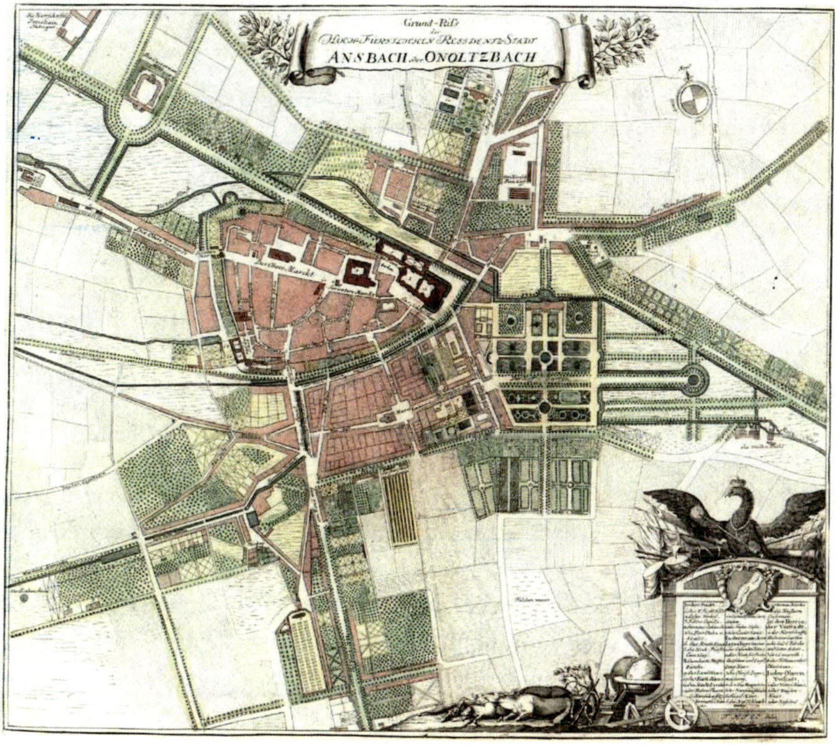

Abb. 15: „Grund-Riss der Hoch-Fürstlichen Residentz-Stadt Ansbach oder Onoltzbach", Kartenzeichnung des 18. Jahrhunderts. Bildnachweis: StadtA Ansbach, Karten- und Plansammlung.

Doch gehen wir zunächst für Ansbach, Bayreuth und die Markgraftümer zu den Ursprüngen zurück. Als Gesetzesbegriff lässt sich Policey, wie sich zeigte, seit dem 14. Jahrhundert in Frankreich nachweisen. Im markgräflichen Franken finden sich Wortbelege für policeyliches Handeln seit dem 16. Jahrhundert. Diese waren zunächst eng verknüpft mit der Gesetzgebung im Alten Reich. Karl V. markierte am 21. Januar 1530 während des Reichstags zu Augsburg den Anfang, als er mit den Reichsständen zusammentrat, um – neben der Türkengefahr und der Religionsproblematik – vor allem *„gute ainigkait und frid, auch sunst gute muntz pollicey und wolfahrt des hailigen Reichs allenthalben in disen und andern* *desselben obligenden sachen: zu beschliessen: zumachen: aufzurichten und zuvnderhalten*".[6] Das wichtige Ergebnis dieser Reichsversammlung war dann die erst später so bezeichnete Reichspoliceyordnung. Sie wurde 1548 und 1577 erneuert und ergänzt. Der Ansbacher Markgraf Georg Friedrich I. von Brandenburg-Ansbach (1543–1603)[7] – er regierte seit 1557 auch im „*obergebirgischen*" Landesteil – richtete sich nach diesen Vorgaben. Fast wortgleich ließ er im Vorspann zu den Landesordnungen der Jahre 1549 und 1566 erläutern: „*Polliceyordnung etlicher punct vnnd artickel, in welchen vermög des Heiligen Römischen Reichs, verschinen* [15]*48. jars, vff deme dazumal zu Augspurg gehaltenem reichstag, vffgerichten vnd publicirten ordnung vnd reformation guter pollicey, einer jeden obrigkeit, selbsten fürsehung zuthun beuolhen, wie die in des durchleuchtigen hochgebornen fürsten vnd herrn, herrn Georgen Friderichen marggraffens zu Brandenburg, etc. auch in Schlesien zu Jegerndorff, etc. hertzogen, fürstenthumb, jetzo widerumb, von newem vbersehen vnnd außgangen. Anno 1566.*"[8] Bei der Ausführung einzelner Bestimmungen verwies der Landesherr zu Bayreuth und Ansbach auf die Legitimation durch die Reichsorgane und den kaiserlichen Auftrag, Reichsgesetze territorial fortzuschreiben. So schob die markgräfliche Kanzlei[9] vor dem Absatz über die Hochzeiten ein: Es „*volgen hernach die artickel, darinn die römische kayserliche mayestat* [et]*c. vnser aller gnedigster herr, den obrigkeiten, selbst ordnungen fürzunemen, beuelch gethan hat*". 1549 zitierte die Kanzlei blattweise nach der auf dem Geharnischten Reichstag von 1548 beschlossenen Reichspoliceyordnung: „*Vnd wo jemandt darüber sölche der kaÿserlichen maÿestat vermanung vnd gebot verbrechen, vnd vberfarn würde, dieselben, bei der gesatzten peen vnd straf, wie die kaÿserlich reformation vnd ordnung ausweiset, zustraffen. Vnd aber die römisch kaÿserlich maÿestat, vnser allergnedigster herr, am vierzehenden plat jrer kaÿserlichen maÿestat pollicej vnd reformation, einen artickel (darjnn den obrigkeiten ordnungen fürzunemen beuolhen würdet) begreiffen vnd stellen lassen hat.*"[10] Schließlich berief sich noch die 1672 und 1747 für das Oberland um Bayreuth ausgestellte

6 Zitiert nach: Karl Härter, Entwicklung und Funktion der Policeygesetzgebung, S. 61.

7 Friedrich Wilhelm Gravenhorst (Hg.), Markgraf Georg Friedrich 1557–1603 – Der Staatsmann – Der Erneuerer des zerstörten Kulmbach, Kulmbach 1966.

8 Wolfgang Wüst (Hg.), Policey, Bd. 2, S. 550–574 (Ordnung von 1566), hier: S. 550.

9 Zur mittelalterlichen Kanzleientwicklung in den Markgraftümern insbesondere: Otto Spälter, Frühe Etappen der Zollern auf dem Weg zur Territorialherrschaft.

10 Wolfgang Wüst (Hg.), Policey, Bd. 2, S. 523–549 (Ordnung von 1549), hier: S. 524.

Ordnung auf die Beschlüsse der Reichstage im 16. Jahrhundert. Das traf vor allem Regelungen gegen Wucherer, die „*sich der armen leute sauern schweisse faulenzend bereichern*“ und Schulden machten. „*Wann aber diese und dergleichen wucherliche, unchristliche und gefaͤhrliche contracte, dadurch land- und leuten merklicher schaden zugefuͤget wird, in goͤttlichen und weltlichen rechten, auch des Heil*[igen] *Roͤm*[ischen] *Reichs constitutionen und abschieden, hoͤchlich verboten, und daneben heilsamlich versehen, daß die gerichte, wann dergleichen contracte und handlungen vor sie gebracht, dieselbe nichtig, kraftlos und unbuͤndig erklaͤren, und declariren, auf dieselbe keine execution oder vollziehung thun oder helfen.*“[11] In der Hohenzollern-Policey verwies man zusätzlich auf die Rechtssprechung im Fränkischen Reichskreis.[12] Der Beschluss des Nürnberger Kreistags vom 15. Mai 1732 musste jedenfalls zusätzlich in den Ämtern der beiden Markgraftümer publik gemacht werden. Die Kreisstände waren schließlich „*bey letzt vorgewesenen convent*“ zusammengekommen, um „*wegen austreib- und bestraffung der ihren landen unterthanen und leuten zur last und hoͤchst-schaͤdlich fallenden landstreuner, jauner, ziegeuner und andern herrenlosen gesinds, dann wegen versorgung der einheimischen armen*“ zu beraten und zu beschließen.[13]

Vielfach zeichneten sich territoriale Mandate und Dekrete weniger durch ihre Anschlussfähigkeit an die für das Alte Reich insgesamt geltenden Policeyordnungen des 16. Jahrhunderts aus, als durch regionale und örtliche Bezugsquellen. Das galt vor allem für das ausgehende 17. und 18. Jahrhundert. Die unter Markgraf Ernst Christian (1655–1712) entstandenen Verfügungen im Oberland gegen Landstreicher und Bettler rezipierten nicht mehr die einschlägigen Artikel der Reichspoliceyordnungen[14] von 1530, 1548 und 1577, sondern schilderten konkrete Fälle aus den Strafakten der Oberämter. Zur Rechtfertigung der Ge-

---

11 Wolfgang Wüst (Hg.), Policey, Bd. 5, Quelle Nr. 10.

12 Nicola Schümann, Der Fränkische Kreiskonvent im Winter 1790/91: Ein Verfassungsorgan an der Schwelle zur Moderne, in: JfL 62 (2002), S. 231–258; Nicola Humphreys, Der Fränkische Kreistag 1650–1740 in kommunikationsgeschichtlicher Perspektive (Veröffentlichungen der GffG II/3), Neustadt an der Aisch 2011. Vgl. außerdem: Gerhard Rechter, Der fränkische Reichskreis, in: Andrea M. Kluxen/Julia Hecht (Hg.), Tag der Franken. Geschichte – Anspruch – Wirklichkeit (Geschichte und Kultur in Mittelfranken 1), Würzburg 2010, S. 17–30; Wolfgang Wüst (Hg.), Reichskreis und Territorium.

13 Wolfgang Wüst (Hg.), Policey, Bd. 5, Quelle Nr. 25.

14 Matthias Weber, Die Reichspolizeiordnungen von 1530, 1548 und 1577; Ders., Ständische Disziplinierungsbestrebungen.

Abb. 16: Die Residenzstadt Bayreuth um 1900, Postkartenmotiv. Bildnachweis: StadtA Bayreuth, Fotosammlung.

setze hieß es bezeichnend: „*Demnach die ta^e^gliche erfahrung, ja erst neubegebene grausame that, welche von einigen gantz verteuffelten bo^e^sewichtern, theils an Johann Georg Drechseln zu Klingensporn bey Nayla, dessen eheweib, kindern und gesinde bereits ausgeu^e^bet, theils auch an dem wirth zu Neusta^e^dtlein am Forst und andern mehr attentiret worden, am Tage liget, wie daß in unserm land und fu^e^rstenthum hin und wieder und fast an allen orten sich solche bo^e^se leuthe, so manns- als weibs-personen, als mo^e^rder finden, auch unter dem vorwandt vertriebener exulanten, das liebe almosen vor denen thu^e^ren suchen, welche nicht allein die reisende, sondern auch andere auf dem lande wohnhafte und ihrer nahrung nachgehende leuthe auf denen strassen anzufallen, ihnen das ihrige gewaldtha^e^tig abzunehmen und sie zu bescha^e^digen, u^e^ber dieses brand- und schatzungs-brieffe auszustreuen und sonsten allerley plackereyen vorzunehmen, sich unterstehen.*“[15]

[15] Wolfgang Wüst (Hg.), Policey, Bd. 5, Quelle Nr. 13.

Die Notwendigkeit des Handelns gründete hier nicht in überregionalen Vorlagen, sondern in der Sicherung des Landfriedens. Die Friedenssicherung wurde begleitet durch die Fahndungslisten nach Räubern und Dieben,[16] für die der Fränkische Reichskreis wieder eine geeignete Plattform bot. Daneben verwies die Ordnung gegen Landstreicher, Gauner, Diebe und Bettler um 1700 darauf, konkret aber auf das benachbarte Hochstift Bamberg,[17] dessen Bischöfe zugleich als kreisausschreibende Direktoren im Reichskreis fungierten. Nachbarschaftshilfe war willkommen: „*Inmassen auch allenthalben gehoeriger orten publiciren zu lassen – gleich an seithen Bamberg ebenfalls beschehen –, daß do jemand von dem rauberischen gesind einen entdecken wuerde, wenn er auch ein complex davon waere, derselbe voelligen perdon haben.*“[18]

---

16 Mit zahlreichen Belegen zur fränkischen Entwicklung: Ernst SCHUBERT, Arme Leute, Bettler und Gauner im Franken des 18. Jahrhunderts (Veröffentlichungen der GffG IX/26), Würzburg 1983; Marina HELLER, Unterschichtenkriminalität und Hochgericht in der reichsritterschaftlichen Herrschaft Sugenheim im Kanton Steigerwald zu Beginn des 18. Jahrhunderts. Prozess und Hinrichtung des Vaganten Johann Jacob Schreiber 1722, Magisterarbeit, Erlangen 2004; Vgl. in Auswahl außerdem: Gerhard FRITZ, Räuberbanden und Polizeistreifen: Der Kampf zwischen Kriminalität und Staatsgewalt im Südwesten des Alten Reiches zwischen 1648 und 1806 (Historegio 5), Remshalden 2003; Wolfgang SEIDENSPINNER, Offensive der Ausgegrenzten? Jauner und Räuberbanden in der frühen Neuzeit, in: Otto BORST (Hg.), Minderheiten in der Geschichte Südwestdeutschlands (Stuttgarter Symposion 3), Tübingen 1996, S. 73–90; Wolfgang WÜST, Überterritoriale Werte- und Vertrauensbildung: Geheimnisse, Gesetze, Ordnungen und Satzungen im Austausch, in: DERS. (Hg.), Frankens Städte und Territorien als Kulturdrehscheibe. Kommunikation in der Mitte Deutschlands. Interdisziplinäre Tagung vom 29. bis 30. September 2006 in Weißenburg in Bayern (Mittelfränkische Studien 19), Ansbach 2008, S. 161–186; Andreas BLAUERT/ Eva WIEBEL, Gauner- und Diebslisten. Registrieren, Identifizieren und Fahnden im 18. Jahrhundert. Mit einem Repertorium gedruckter südwestdeutscher, schweizerischer und österreichischer Listen sowie einem Faksimile der Schäffer'schen oder Sulzer Liste von 1784 (Studien zu Policey und Policeywissenschaft), Frankfurt am Main 2001.

17 Dieter J. WEISS, Reform und Modernisierung. Die Verwaltung des Bistums Bamberg in der Frühen Neuzeit, in: BHVB 134 (1998), S. 165–187; Wolfgang WÜST, Das Hochstift Bamberg als regionale frühmoderne Territorialmacht. Charakteristika eines geistlichen Staates in Franken, in: BHVB 143 (2007), S. 281–308.

18 Wolfgang WÜST (Hg.), Policey, Bd. 5, Quelle Nr. 13.

Abb. 17: „Culmbach mit der Plassenburg". Die ehemalige markgräfliche Residenzstadt Kulmbach um 1850. Stahlstich aus der „Kunstanstalt des Bibliographischen Instituts" in Hildburghausen. Bildnachweis: privat.

II. Im Land der fränkischen Hohenzollern

Das oft zitierte Mirakel in Sachen Herrschaftsausbau und Regierungseffizienz unter den Hohenzollern fand nicht nur in der Mark Brandenburg statt. In Franken staunten die Nachbarn ebenfalls nicht nur einmal. Weit über die territorialen Grenzen hinaus wirkte die Territorialisierung als Leitmotiv, ganz unabhängig von der Frage, ob die Nachbarn in Konkurrenz oder in Kooperation zueinander standen. Leitmotivisch an der Politik in Franken war die konsequente Nutzung von Herrschaftsmitteln inklusive der Geleitrechte.[19] Energisch baute man die Struktur der Gerichte und Ämter aus. Die Halsgerichtsordnung von 1516 – sie ging ihrerseits auf die „*Constitutio Criminalis Bambergensis*" zurück – trägt der Ver-

---

19 Rudolf Endres, Ein Verzeichnis der Geleitstraßen der Burggrafen von Nürnberg, in: JfL 23 (1963), S. 107–138.

waltungsleistung Rechnung, obwohl seitens der regierenden Markgrafen Kasimir (1515–1527) und Georg (1527–1543) in der Vorrede wiederum eine verbesserte Rechtsreform versprochen wurde. Man hätte zur Legitimierung eigenen Handelns vernommen, „*wie bißher an den halßgerichten vnser fu*ͤ*rstenthumben vnter vnd oberhalb des Gebu*ͤ*rgs vn*[d] *in sachen denselbigen anhengig, durch vbersehen vn*[d] *vnwissen heyt vil vnd mancherley u*ͤ*bung, mißbrauch vn*[d] *gewonheyt eingewachssen, die dem rechten nit gemeß*" gewesen sei.[20] Es verwundert keineswegs, dass sich die Forschung dieser Erfolgskapitel in besonderer Weise annahm.[21] Die Landesgeschichte fand früh Interesse an dem Faszinosum brandenburgischer Erwerbspolitik.[22] Die modellhaften Phasen dieses Erfolgs sind zu Beginn und am Ende des Alten Reichs zu suchen.

Zum einen fand ein nur knapp zwei Jahrhunderte andauernder, furioser Aufstieg der zunächst Franken fernstehenden Zollern statt. Sie begannen als kaiserliche Amtsträger auf der Nürnberger Burg[23] – dort waren sie um 1190 von Kaiser Heinrich VI. wahrscheinlich wegen ihrer noch fehlenden Hausmacht zu Nachfolgern der Herren von Raabs ernannt worden – und stiegen bald zu Kurfürsten des Reiches sowie mächtigen Territorialherren in Franken auf. Die Markgrafen standen im Ansehen den Bischöfen von Würzburg, Bamberg und Eichstätt nicht nach. Das brandenburgische Modell zählt zu den bemerkenswertesten dynastischen Aufstiegen im spätmittelalterlichen Reich insgesamt. Im 14. Jahrhundert belegten Chronisten einzelne Markgrafen bereits mit sprechenden Namen, wie Johann (II., 1334–1357) „den Erwerber". Zum anderen wurden die brandenburgischen Lande in Franken, nach dem dynastischen Rückfall an die Königslinie der Zollern in Preußen unter

---

20 Wolfgang Wüst (Hg.), Policey, Bd. 5, Quellen Nr. 1 und 19.

21 Zusammenfassend: Rudolf Endres, Auf- und Ausbau des Bayreuther Territoriums, in: Archiv für Geschichte von Oberfranken 74 (1994), S. 55–71; Ders., Die Staatlichkeit in Franken, in: Andreas Kraus (Hg.), Handbuch der bayerischen Geschichte, begr. v. Max Spindler, Bd. 3/1: Geschichte Frankens bis zum Ausgang des 18. Jahrhunderts, München ³1997, S. 702–707.

22 Adolf Schwammberger, Die Erwerbspolitik der Burggrafen von Nürnberg in Franken bis 1361 (Erlanger Abhandlungen zur mittleren und neueren Geschichte 16), Erlangen 1932.

23 Vgl. hierzu: Gerhard Pfeiffer (Hg.), Nürnberg – Geschichte einer europäischen Stadt, München 1971, S. 20; Werner Goez, Nürnberg – Kaiser und Reich, in: Günther Schuhmann (Hg.), Nürnberg – Kaiser und Reich (Ausstellungskataloge der Staatlichen Archive Bayerns 20), Neustadt an der Aisch 1986, S. 11–31.

den Ministern Hardenberg und Montgelas,[24] in einem wahren Reformstrudel stark verändert.[25] Mancher glaubte, erst jetzt sei für Franken die mittelalterliche Staatlichkeit beendet worden. Reformpolitik in Franken wurde vielfach geradezu zum Markenzeichen der Markgraftümer von Bayreuth und Ansbach.[26] Im Bayreuther Landesteil, wo man am Ende des Alten Reiches über 243 000 Einwohner auf einer Fläche von annähernd 61 deutschen Quadratmeilen zählte, gab es allerdings in den Jahren 1807 bis 1810 ein französisches Zwischenspiel, bei dem man im „*pays reservé*" zwar steuerlich ausblutete, aber sich auf eine Rechts- und Verwaltungskontinuität einstellen konnte. Verantwortlich war zu dieser Zeit der ambitionierte Zivilgouverneur Baron Camille de Tournon (1778–1833).[27]

Die gut untersuchte Ära unter dem „*Dirigierenden Minister*" Karl August Freiherr von Hardenberg nach dem Übergang der fränkischen Stammlande an Preußen und die Reformjahre nach den Pariser Verträgen 1810 lassen wir im Policeybericht außer Betracht.[28] Vielmehr wollen wir uns der Landesentwicklung für die Zeit zuwenden, als die frühmoderne Gesetzgebung aktiv war. Somit steht die ältere Zeit

---

24 Rudolf Endres, Zum neuen Staat – die Reformen der Minister Hardenberg und Montgelas, in: Johannes Erichson/Evamaria Brockhoff (Hg.), Bayern & Preußen & Bayerns Preußen. Schlaglichter auf eine historische Beziehung (Veröffentlichungen zur bayerischen Geschichte und Kultur 41/99), Augsburg 1999, S. 53–62; Ders., Die preußische Ära in Franken, S. 772–783.

25 Rudolf Endres, Zum neuen Staat, S. 53–62; Ders., Die preußische Ära in Franken, S. 772–783. Zum Übergang an Bayern: Gerhard Rechter/Andreas Jakob, Der Übergang der Fürstentümer Brandenburg-Ansbach und Brandenburg-Bayreuth an das Königreich Bayern, in: Michael Diefenbacher/Gerhard Rechter (Hg.), Vom Adler zum Löwen. Die Region Nürnberg wird bayerisch, 1775–1835. Begleitband zu den Ausstellungen des Stadtarchivs und Staatsarchivs Nürnberg, der Stadtbibliothek Nürnberg, des Stadtarchivs Erlangen, des Universitätsarchivs und der Universitätsbibliothek Erlangen-Nürnberg sowie des Stadtarchivs Schwabach (Ausstellungskatalog des Stadtarchivs Nürnberg 17), Neustadt an der Aisch 2006, S. 261–279.

26 Rudolf Endres, Reformpolitik im 18. Jahrhundert. Die Markgraftümer Ansbach und Bayreuth, in: JfL 58 (1998), S. 279–298.

27 Historischer Verein für Oberfranken (Hg.), Statistik der Provinz Bayreuth, zusammengestellt von Baron Camille de Tournon – ehem. Zivilgouverneur der Provinz, Präfekt von Rom 1809, mit einem Nachwort von Karl Müssel, Neustadt an der Aisch 2002, S. 23–27. Dort finden sich auch die genannten Vergleichszahlen zur Einwohnerzahl, zur Landesgröße und zur Bevölkerungsdichte.

28 Rudolf Endres, Zum neuen Staat, S. 53–62; Ders., Die „Ära Hardenberg" in Franken, in: Roderich Schmidt (Hg.), Bayreuth und die Hohenzollern vom ausgehenden Mittelalter bis zum Ende des Alten Reiches, Ebsdorfergrund 1992, S. 177–200.

im Brennpunkt des Geschehens, obgleich die Gesetzesmaschine der Hohenzollern zu dieser Zeit nicht wöchentlich tätig blieb. So regelte die Kanzleiordnung 1617 beispielsweise die Ferien- und Ruhezeiten in den Ratsstuben. Sie beinhalteten mindestens eine, meist aber bis zu zwei Wochen Ruhe an Weihnachten, um die Fastnacht, an Ostern und Pfingsten. Für die heißen „Hundstage" im Sommer galt ferner folgende Arbeitsregelung: „*Vom 6. Julÿ biß vff den 16. Augustj in den hundtstagen, jedoch nur nachmittag vnnd alles solchergestalt, woferrn nicht etwann eÿllende sachen vorfallen, so keinen verzueg leiden.*"[29] Wenden wir uns nun der schriftlichen Tradition im Kontext des Staatsausbaus zu.

III. Die Überlieferung

Die stärkere Gewichtung der Policey im „untergebirgischen" Teil der Markgraftümer ist zum Teil ein Ergebnis unterschiedlicher Konfessionspolitik während des 16. Jahrhunderts in Ansbach und Kulmbach gewesen. Während im Oberland der religiös indifferente Albrecht Alcibiades (1541–1557)[30] an der strikten Opposition evangelischer Geistlichkeit scheiterte, führte in Ansbach das Zusammenwirken der Vormundschaftsregierung unter Markgraf Georg Friedrich I. (1543–1603 in Ansbach, 1557–1603 in Bayreuth) und beratender Hoftheologen im „*Auctuarium*" zum Erfolg. Es beinhaltete eine zukunftsweisende Kompromissformel für die Gestaltung der Gottesdienste. Gleichzeitig initiierte die Ansbacher Regierung die Bildung von Mittelinstanzen (Oberämter), die sich aus den älteren Fraisch-Ämtern entwickelten. Sie hatten feste Grenzen, da sie aus Gerichtssprengeln erwuchsen. Ihre endgültige Formierung war dann für beide Landesteile, Ansbach und Kulmbach-Bayreuth, erst im 17. Jahrhundert abgeschlossen. Am Ende des 18. Jahrhunderts, zum Zeitpunkt des Thronverzichts zugunsten Preußens, bestanden in beiden Markgraftümern 15 beziehungsweise 11 Oberämter[31] für das Unter- und das

---

29 Wolfgang Wüst (Hg.), Policey, Bd. 5, Quelle Nr. 7.

30 Bernhard Sicken, Albrecht Alcibiades. Markgraf von Brandenburg-Kulmbach (1522–1557), in: Fränkische Lebensbilder 6 (1975), S. 130–160.

31 „*Unter dem Gebirge*" (15) zählten dazu: Ansbach, Burgthann, Cadolzburg, Colmberg-Leutershausen, Crailsheim, Creglingen, Feuchtwangen, Gunzenhausen, Hohentrüdingen, Roth, Schwabach, Stauf und Landeck, Uffenheim, Wassertrüdingen und Windsbach. – „*Auf dem Gebirge*" (11) waren dies: Baiersdorf, Creussen, Eschenau, Gefrees,

Oberland. Sie hatten Kompetenzen für Verwaltung, Justiz und Ökonomie. Den Oberämtern waren alleine im Ansbacher Landesteil circa sechzig Vogt-, Schultheißen-, Stifts-, Kasten- und Richterämter, Stadtvogteien und andere Verwaltungsbehörden nach- und zugeordnet.[32] Zum Programm der Konfessionsbildung und der administrativen Verdichtung in beiden Landesteilen – 1582 wurde beispielsweise eine Landesbeschreibung („*Fraischbüchlein*") in Auftrag gegeben – zählte sicher das „*gute*" Policeywesen. Es entstand eine eindrucksvolle Reihe an Ordnungen, wie wir sie in quantitativer sowie qualitativer Ausführung allenfalls aus Reichsstädten[33] kennen. Für Flächenstaaten ist ein dichtes frühes policeyliches Korpus die Ausnahme geblieben; die fränkischen Hochstifte standen dem deutlich nach. Rat, Kammer und Konsistorium sorgten als Organe der Zentralverwaltung (1549: „*vnsers gnedigen herrn verordnete regenten vnd rethe jm hauß zu Onnoltzbach*") im Auftrag der Markgrafen für eine seit dem 15. Jahrhundert sich formierende gesetzgeberische Kontinuität, die dann seit der Mitte des 18. Jahrhunderts in die aufwendig gedruckten Gesetzessammlungen des Hauses Brandenburg mündeten. Das dreibändige, 1746–1748 gedruckte „*Corpvs Constitvtionvm Brandenbvrgico-Cvlmbacensivm, Oder Vollständige Sammlung Der Vornehmsten so wohl allgemeinen als besondern in dem Marggarfthume Brandenburg-Culmbach in Ecclesiasticis und Politicis Theils einzeln gedruckten, Theils noch nicht gedruckten Landes-Ordnungen und Gesetze*"[34] ist für die Region ein solches Werk, das bald für andere Kreisstände zum Orientierungs- und Fixpunkt wurde.

Hoheneck bei Ipsheim, Lichtenberg, Neuhof an der Zenn, Neustadt am Kulm, Pegnitz, Osternohe und Schauenstein.

32 Günther SCHUHMANN, Die Markgrafen von Brandenburg-Ansbach. Eine Bilddokumentation zur Geschichte der Hohenzollern in Franken (Jahrbuch des Historischen Vereins für Mittelfranken 90), Ansbach 1980, S. 345–351; Johann Bernhard FISCHER, Statistische und topographische Beschreibung des Burggraftums Nürnberg unterhalb des Gebürgs oder des Fürstentums Brandenburg-Anspach, 2 Teile, Ansbach [1]1787, [2]1790. Diese bis heute zutreffende Landesbeschreibung wurde vom Verein der Freunde Triesdorf und Umgebung e.V. mit einer Einleitung von Georg Seiderer („Einführung. Ansbachische Landeskunde in der Spätaufklärung", S. III–XXIV, Ansbach 2008) neu herausgegeben.

33 Vgl. hier zuletzt: Gunter MAHLERWEIN/Thomas RÖLLE/Sigrid SCHIEBER (Hg.), Speyer, Wetzlar, Worms.

34 Landeskirchliches Archiv Nürnberg, HB XI 25[2]. Als Herausgeber zeichneten Johann Caspar Brunner und Philipp Andreas Ellrod.

Die Herausgeber und Förderer des in Bayreuth und Nürnberg[35] veröffentlichten „*Corpvs Constitvtionvm Brandenbvrgico-Cvlmbachensivm*" verfolgten im Auftrag des Markgrafen und seines Ministers, dem Regierungspräsidenten Johann von Rothkirch, ein anderes Ziel.[36] Den beiden Herausgebern, Kommerzienrat Johann Caspar Brunner und Regierungsrat Philipp Andreas Ellrod – er war zugleich Kulmbachs Gesandter beim Fränkischen Kreiskonvent[37] –, ging es ausschließlich um territoriale Anliegen. Als Vorbild dienten die Klassiker wie die „Justinianische Sammlung" zum Römischen Staatsrecht, zudem hatte bereits Markgraf Friedrichs Vater, Georg Friedrich Karl, zwei Hofräte mit einer ersten Materialsichtung zum Landrecht beauftragt. Im Vorwort bekannten sich 1746 die Editoren zu ihren Motiven: „*das Wohl dessen Lande und Unterthanen kra*ᵉ*ftigst zu befo*ᵉ*rdern*" und „*seine gro*ᵉ*ste Zierde*" zu erlangen. Dazu edierten sie „*nicht aus Gewinnsucht, sondern aus untertha*ᵉ*nigst-submissester Devotion*" ihnen zugängliche geistliche und weltliche Ordnungen – „*in ecclesiasticis et in politicis*" – aus den letzten zwei Jahrhunderten. Sie hofften ein Werk zu erstellen, das „*den Ruhm der durchlauchtigsten Beherrscher dieses Marggrafthums noch mehr verewigt*".[38] Praktischer Nutzen war für viele zu erwarten, insbesondere aber für Richter, denen es trotz akademischem „*schul-witz*" an Erfahrung im Landesrecht mangelte, für Geistliche und Prediger, die in Sachen Kirchen-, Schul- und Eherecht künftig präziser urteilen konnten, und für die praktische Arbeit an den Lehrstühlen und Fakultäten der „*in diesen hochfu*ᵉ*rstlichen Lan-*

---

35 Philipp Andreas Ellrod befand sich 1746 zur Zeit der Herausgabe als Gesandter auf dem Nürnberger Kreiskonvent.

36 Das Werk erschien im Verlag des brandenburgischen „*Zeitungs-Comtoirs*" in Bayreuth in zwei Hauptbänden, die wiederum in Teile gegliedert waren. Band 1 („*Erster Theil*", 1746): 600 Seiten mit umfangreichen Registern; Band 2, Teil 1 („*Zweyter Theil, erster Band*", 1747): 1344 Seiten; Band 2, Teil 2 („*Zweyter Theil, zweyter Band*", 1748): 1010 (808 und 202) Seiten mit umfangreichen Registern. Die Seitenangaben beziehen sich auf die Exemplare im Kulmbacher Stadtarchiv, Signatur: Nr. 2321, 2322 und 2323. Vgl. dazu auch: Detlef Kühl, Policey-Ordnung des Markgrafentums Bayreuth von 1746. Ediert, interpretiert und kommentiert, Privatdruck, Ködnitz 2020.

37 Gerhard Rechter, Der fränkische Reichskreis, S. 17–30; Rudolf Endres, Der Fränkische Reichskreis (Hefte zur Bayerischen Geschichte und Kultur 29), Augsburg 2003; Wolfgang Wüst, Wege ins Nirgendwo? Die Frage nach den herrschaftlichen Koordinaten in der Landesgeschichte vor 1800. Das Beispiel Franken, in: Blätter für deutsche Landesgeschichte 136 (2000), S. 253–281.

38 Corpvs Constitvtionvm Brandenbvrgico-Cvlmbacensivm, Bd. 1, Bayreuth 1746, Widmung.

den blu^e^henden Friedrichs-Universita^e^t".[39] Auch Markgraf Friedrich erkannte den Nutzen dieser einzigartigen Gesetzessammlung, sodass er im Oktober 1746 in der Vorrede zum zweiten Teil des „*Corpvs*" die fünf Landes- und Hauptmannschaften in Bayreuth, Erlangen (seit 1708), Kulmbach, Hof, Wunsiedel und Neustadt an der Aisch, alle elf Oberämter[40] auf dem Gebirge und im zugehörigen „*gebirgischen*" Unterland um Neustadt an der Aisch, die Beamten und Bürgermeister, die Märkte und Städte zur Unterstützung aufrief. Er wies sie an, „*mehrbemelten Commercien-rathe* [Johann Caspar] *Brunner*" – er hatte für die Finanzierung gesorgt – „*und seinen Erben auf jedesmahls beschehende Requisition mit der erforderlichen nachdru^e^cklichen Handhabung dieses* [Druck-]*privilegii und der darinnen anbefohlenen Confiscation* [von Nachdrucken] *prom*[p]*t und willig zu statten zu kommen*".[41] Dieser Gesetzessammlung, die für die Zeit Standards setzte, wurden in neueren Policeyeditionen ebenfalls einzelne Ordnungen entnommen.[42]

Seit 1756 folgte für alle Landesteile an der königlich-preußischen Akademie der Wissenschaften in Berlin ein „*Novum Corpus Constitutionum Prussico-Brandenburgensium Praecipue Marchicarum*". Im Untertitel stand: „*Neue Sammlung Königl. Preuß. und Churfürstl. Brandenburgischer, sonderlich in der Chur- und Marck-Brandenburg, Wie auch andern Provintzien, publicirten und ergangenen Ordnungen, Edicten, Mandaten, Rescripten &c.*". Ihre Folgebände wurden erst 1822 abgeschlossen. Eine jüngere Edition in Sachen Policeymaterie, der von Thomas Simon herausgegebene erste Teilband „Brandenburg/Preußen mit Nebenterritorien", ließ die fränkischen „Mutterlande" trotz guter Quellenlage unberücksichtigt.[43] In Franken wurde aber über die aus Nürnbergs Burggraftum und den Ansbacher und Bayreuther Landesteilen stammende Überlieferung zunächst das Policeyreglement für die Mark Brandenburg festgeschrieben.

---

39 Ebd., Vorrede.

40 Baiersdorf, Creussen, Eschenau, Gefrees, Hoheneck bei Ipsheim, Lichtenberg, Neuhof an der Zenn, Neustadt am Kulm, Pegnitz, Osternohe und Schauenstein.

41 Corpvs Constitvtionvm Brandenbvrgico-Cvlmbacensivm, Bd. 2, Teil 1, Bayreuth 1747, Widmung.

42 Wolfgang Wüst (Hg.), Policey, Bd. 5, Quellen Nr. 10 und 29.

43 Thomas Simon (Hg.), Brandenburg/Preußen mit Nebenterritorien (Kleve-Mark, Magdeburg und Halberstadt), 1. Halbbd. (Jus Commune, Sonderheft 111), Frankfurt am Main 1998.

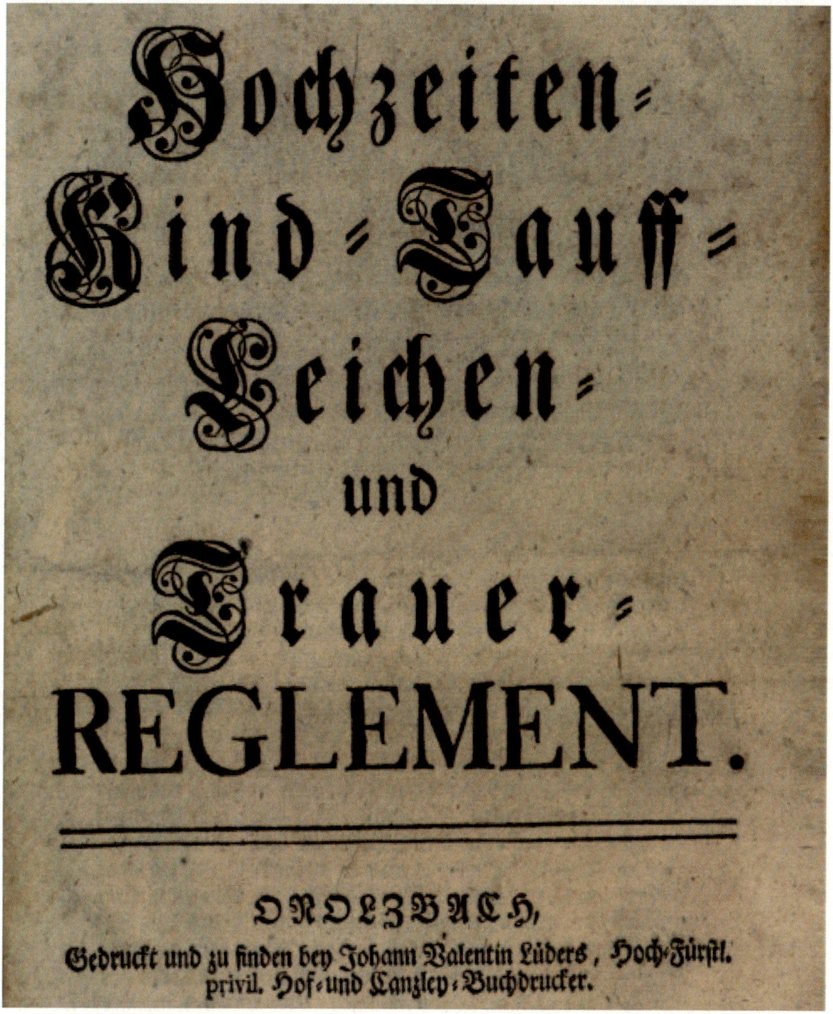

Hochzeiten=
Kind= Tauff=
Leichen=
und
Trauer=
REGLEMENT.

ONOLZBACH,
Gedruckt und zu finden bey Johann Valentin Lüders, Hoch=Fürstl.
privil. Hof= und Canzley=Buchdrucker.

Abb. 18: „Hochzeiten= Kind= Tauff= Leichen= und Trauer=Reglement.“, Ansbach (Hof- und Kanzleidrucker Johann Valentin Lüder) [27. November] 1733. Bildnachweis: BSB, Franconica 6#Beibd.7; VD 18, 14667177.

Wo lagen die Vorbilder für die markgräflichen Ordnungen? Noch 1549 verwies Markgraf Georg Friedrich I. noch auf keine eigene Landesverordnung, sondern schloss sich der Reichspolicey von 1548 an: „[...] *vnd vff jrer kaiserlichen maÿestat jüngsten, jm achtundviertzigsten jar abermals zu Augspurg gehalltnem reichstage weiter geratschlagt vnnd erwegen.*“[44] Das heißt wiederum nicht, dass es keinerlei Vorbilder aus dem eigenen Landesarchiv gegeben hätte. Die Bestandsübersichten im Nürnberger Staatsarchiv weisen für den Ansbacher Landesteil[45] eine Fülle an Verordnungen aus, die in Teilen das Regelwerk des 16. bis 18. Jahrhunderts vorwegnahmen. Dazu zählten die „*Ordnungen für das Markgraftum ober- und unterhalb des Gebirgs, insbesondere für Kastner, Arzt, Richter und Rentmeister*“ (20. Februar 1469, 10. März 1473), die Policeymandate „*wider das ärgerliche fluchen, zauberei, hexerei, wahrsagerei, etc.*“ von 1495, Gerichtsordnungen der Jahre 1516, 1528 und 1532, die zwischen 1527 und 1543 aufgezeichneten Gutachten der markgräflichen Räte über die Verfassung der Policey oder schließlich ein 1532 ausgesprochenes Verbot des Zutrinkens und Gotteslästerns.[46] Die Ansbacher Landesverordnung von 1566 knüpfte dann *expressis verbis* an ältere brandenburgische Policeyrechte an, wie etwa auf die genannte Ordnung von 1549. Markgraf Georg Friedrich I. ließ es so formulieren: „*zu schuldiger volge sollichs höchstgedachter Röm. Kay. May. christlicher hochlöblichster gedechtnus, aller gnedigsten beuelchs, von vnsern gewesenen regenten vnd rethen, im verschinen 49. jar, gemelter punct, artickel vnd mengel halben, eine pollicey ordnu[n]g gemacht, in druck gegeben vnd furter öffentlich verkündet worden.*“[47] Die Ansbacher Policeyordnung von 1616 aus der Kanzlei des Markgrafen Joachim Ernst (1603–1625)[48] gründete wiederum auf dem Stand der Jahre 1566 und 1549. Sie trug den Titel „*Wessen man sich* [...] *bei kindtaufen, gevatterschaften, heiratsberedung, hochzeiten, kirchweihen, gastereien und etlichen anderer, guter polizei*

44 Wolfgang Wüst (Hg.), Policey, Bd. 2, S. 524; Ders., Die „gute“ Policey in süddeutschen Reichskreisen. Ein Editionsprojekt zu frühmodernen Normen, in: Helmut Neuhaus (Hg.), Erlanger Editionen. Grundlagenforschung durch Quelleneditionen. Berichte und Studien (Erlanger Studien zur Geschichte 8), Erlangen 2009, S. 391–408.

45 StA Nürnberg, Rep. 103 IaI: „*Ansbachische Ordnungen*“, Rep. 116 III: „*Ansbach'sche Mandatensammlung*“ und Rep. 116 IV: „*Ansbach'sche Verordnungen*“.

46 Quellennachweise alle über das StA Nürnberg, Rep. 116 III: „*Ansbach'sche Mandatensammlung*“.

47 Wolfgang Wüst (Hg.), Policey, Bd. 2, S. 550.

48 Hans-Jörg Herold, Markgraf Joachim Ernst von Brandenburg-Ansbach als Reichsfürst (Schriftenreihe der Historischen Kommission bei der Bayerischen Akademie der Wissenschaften 10), Göttingen 1973.

anhangenden punkten zu verhalten".[49] Bestimmungen aus dieser Ordnung finden sich in erneuerter Form wieder in einem Reglement von 1733. Es ging um die Tauf-, Hochzeits- und Trauerfeierlichkeiten im Ansbacher Unterland der Hohenzollern.

In Bayreuth folgte man dem bewährten Ansbacher Muster in der Bestimmung von 1672. Der dortige Landesherr Christian Ernst (1644–1712) fügte in die Arenga einen Verweis zum Jahr 1622 ein: „*als haben wir hochselig ernant unsers herrn gros-vaters gnaden den 3. Nov. 1622. ausgegangene policey-ordnung durch unsere verordnete canzler und raͤthe mit fleisse revidiren, und in etlichen punkten nach jetzigem zustande und laͤuften einrichten und verbessern, dabeneben mit unterschiedenen nothwendigen artickeln vermehren* [lassen], *uns auch die fortpflanzung reiner unverfaͤlschter lehre, wie die bisher in unserm fuͤrstenthume und landen vermoͤge des geoffenbarten worts Gottes und augspurgischer ungeaͤnderten confession durch des Allerhoͤchsten sonderbare gnade und beystand oͤffentlich geprediget und erhalten worden* […], *angelegen seyn lassen.*"[50] Und die in der Bayreuther Offizin von Johann Gebhardt gedruckte Policeyordnung von 1672, die bereits auf dem Landtag im März 1662 beschlossene Sache war, zeitigte ihrerseits direkte Folgen. So ließ der Landesherr den Titel XXXI („*Von feuers-gefahr*") für Bayreuth zu einer umfänglich revidierten Feuerordnung ausbauen, die „*aus andern zusammen getragen*" und speziell „*auf die stad Bayreuth gerichtet*" war. Sie erschien abermals im Bayreuther Druckhaus und im selben Jahr 1672.[51] Die allgemeine Vorsorge der Policey wurde dabei konkret in die Häuser der Hauptstadt des Oberlandes getragen, wohin bereits 1542 Markgraf Albrecht Alcibiades die Fürstenkanzlei hatte verlegen lassen.[52] „*Ein jeder sorgfaͤltiger hauß-vater soll, neben dem lieben gebete zu Gott, vor allen dingen und zum treulichsten abends und morgens selbst auf seine feuer-staͤte feuer und liecht in haͤusern, kammern und staͤllen zusehen und nicht gestatten mit brennenden liechtern, ohne latern oder auch mit schleissen,*[53] *spaͤnen und kuͤhn auf den boͤden und*

49 StA Nürnberg, Rep. 116 III: „*Ansbach'sche Mandatensammlung*".

50 Wolfgang Wüst (Hg.), Policey, Bd. 5, Quelle Nr. 10.

51 Nachweise über: StadtA Bayreuth, I,23; StA Bamberg, GAB, Nr. 5012; UB Würzburg, 50/Rp XIII, 483.

52 Vgl. zum Verwaltungsaufbau im Oberland der Hohenzollern: Richard Winkler, Bayreuth, S. 138–215; Gerd Zimmermann, Territoriale Staatlichkeit und politisches Verhalten, in: Elisabeth Roth (Hg.), Oberfranken in der Neuzeit bis zum Ende des Alten Reiches, Bamberg 1984, S. 19–31, 77, hier: S. 22.

53 Holzspäne zum Anzünden.

in den staͤllen umzugehen.“[54] Die revidierte Feuerordnung für Bayreuth bezog in notwendiger Ergänzung zur allgemein postulierten Schadensprävention der zeitgleichen Policeyordnung auch das Handwerk und Gewerbe in die Überlegungen des Gesetzgebers mit ein. So sollten beispielsweise die Sailer „*keine wagenschmier in der stad in ihren haeusern*“ lagern. Stattdessen sollten sie „*außerhalb derselben an einem bequemen orte, da sich niemand zu beschweren, sieden und ausmachen, bey tage auch sonsten nicht viel oel, pech, flachs und hanff in ihren haeusern haben oder bey der nacht mit liecht oder feuer umgehen, bey unnachlaessiger geld- oder leibesstraffe*“.[55]

Die nächste Policeyordnung von 1746 aus der Regierungszeit von Markgraf Friedrich III. (1735–1763) nahm dann zwar in der Einleitung keinen direkten Bezug auf ältere Ordnungen, doch lehnte sie sich in Form und Inhalt penibel an die Vorlage des Jahres 1672 an. Die Überschriften der einzelnen Policey-Tituli stimmten im Wortlaut weitgehend überein. Eine Auswahl der ersten drei Kapitel zeigt dies deutlich: „*Tit*[ulus] *I: Von der gottesfurcht, besuchung der kirchen und anhoerrung des goettlichen worts*“ (1672) – „*Von der gottesfurcht, heiligung des sontags, besuchung der kirchen und anhoerung des goettlichen worts*“ (1746); „*Tit*[ulus] *II: Von den gymnasiis, auch stadt- und trivial-schulen*“ (1672) – „*Von den gymnasten, auch stadt- und andern schulen*“ (1746); und schließlich „*Tit*[ulus] *III: Von inspection der superintendenten und decanen, auch der geistlichen synodal-zusammenkuenften und visitationen*“ (1672) – „*Von der den superintendenten und andern obliegenden inspection, auch der geistlichen synodal-zusammenkuenften und visitationen*“.[56] Und ein Reglement für die Stadt Bayreuth und das benachbarte St. Georgen am See orientierte sich nochmals ganz generell am Normenschatz früherer Landesordnungen. Ihre Erneuerung und Implementierung vor Ort waren schlichtweg vorgeschrieben. „*Nachdeme wir bißanhero wahrnehmen muessen, daß unser bey der anordnung eines policey-directorii in unserer residenz-stadt und zu S. Georgen am See, vorgesezter endzweck gute ordnung einzufuehren und denen dem publico so nachtheiligen mißbraeuchen zu steuern, nicht zu erreichen gewesen, sondern von denen profeßionisten, handwerkern und andern einiges gewerb treibenden burgern und innwohnern das gewicht*

54 Wolfgang Wüst (Hg.), Policey, Bd. 5, Quelle Nr. 9.

55 Ebd.

56 Vgl. hierzu: Wolfgang Wüst, Ordnung, Recht und Wohlfahrt in Brandenburg-Bayreuth im Spiegel „guter“ Policey, in: Georg Seiderer/Clemens Wachter (Hg.), Markgraf Friedrich von Brandenburg-Bayreuth 1711–1763 (Franconia 5. Beihefte zum JfL), Erlangen 2012, S. 103–124.

und maas eigenmaechtig veringert und bey denen nothwendigsten lebensbeduerfnissen und waaren, nicht nur allerley verfaelschung und betrug vorgenommen sondern auch der preiß dererselben nach eigenem gutduenken gesteigert worden", hielt es der Markgraf für angebracht, das „*policey-reglement*" vom 31. Dezember 1759 zu verfassen.[57]

IV. Memoria und Tradition

Heute wie gestern muss politisches Handeln in der Vergangenheit verankert sein, wenn es Bestand haben soll. Und die Memoria hat wieder Konjunktur; ja sie ist immer ein Spiegel der aktuellen Einschätzung einer jeweiligen Gesellschaft gewesen. Im Mittelalter hatten dabei Klöster und Stifte dank ihrer früh entwickelten Schreibschulen Standortvorteile, die weltlich geführte Kanzleien erst allmählich auszugleichen vermochten. So war es gang und gäbe, dass sich Landesherren in der Region noch bis ins späte Mittelalter fallweise Schreiber aus benachbarten Dom- und Klosterschulen entliehen. Für die frühe Zeit des Regiments der Hohenzollern in der Burggrafschaft Nürnberg zeigte dies Otto Spälter. Noch unter Burggraf Konrad II. (1260–1297) war festzuhalten: „Obwohl er kein eigenes, stets dienstbereites Schreibpersonal besaß, hatte er also immer eine kleine Gruppe von meist geistlichen Herren in der Nähe, die bei notwendig werdenden Schreibarbeiten einsprangen. Anscheinend suchte er aus ihr je nach dem Gegenstand der Beurkundung und dem Empfänger der Urkunde mit besonderem Bedacht einen sachlich Kompetenten und Vertrauenswürdigen aus und nahm keineswegs einen beliebig Verfügbaren, wenn er gerade Bedarf [anmeldete]."[58] Neben einer Heilsbronner Tradition waren bei den burggräflichen Schreibkräften vor allem Einflüsse der Bamberger und Eichstätter, aber auch der Würzburger Bischofskirche auszumachen. Im Zeitalter der Policey setzten die Hohenzollern ganz bewusst auf die memorierende Einbeziehung älteren Rechts, um einerseits zusätzliche Rechtssicherheit zu gewinnen und um andererseits gesetzgeberische Reformen und Weiterführungen zu betonen. Deutlich wurde

---

57 Wolfgang Wüst (Hg.), Policey, Bd. 5, Quelle Nr. 32.

58 Otto Spälter, Frühe Etappen der Zollern auf dem Weg zur Territorialherrschaft, S. 318; Wolfgang Wüst, Régner par l'évocation du passé. Culture mémorielle dans les communautés monastiques et coloniales de l'Allemagne du Sud, in: Andreas Sohn (Hg.), Memoria: Kultur – Stadt – Museum / Mémoire: Culture – Ville – Musée (Herausforderungen 18), Bochum 2006, S. 93–123.

dies bei vielen Normen. Exemplarisch wählen wir drei Gesetze aus und beginnen mit der Ansbacher Gerichtsordnung vom 24. Juni 1720, die sich auf die brandenburgische Halsgerichtsordnung von 1516 und auf die „*Carolina*" von 1532 rückbezog. In der Arenga lesen wir: „*Nachdeme die weyland durchleuchtigste fu*ᵉ*rsten, unsere la*ᵉ*ngst seeligst in GOtt ruhende geehrte und geliebte herren vettern, auch vorfahrere an der regierung, herr Casimir* [1515–1527] *und herr Georg* [1527–1543] *als die a*ᵉ*lteste regierende gebru*ᵉ*dere, marggrafen zu Brandenburg, zu Stettin, Pommern, der Cassuben und Wenden herzogen, burggrafen zu Nu*ᵉ*rnberg und fu*ᵉ*rsten zu Ru*ᵉ*gen, aus christ-fu*ᵉ*rstlichem antrieb und gerechtem eyfer, das ubel zu verhindern und zu straffen, sowohl als auch aus la*ᵉ*ngst-zuvor hergebracht-alt fu*ᵉ*rstlich-burggra*ᵉ*flicher befugnuß und in kraft der ihro alt-va*ᵉ*tterlichen landen und gebiet anklebenden landes-fu*ᵉ*rstlichen hoheit- und herrlichkeiten, allbereit im jahr Christi ein tausend fu*ᵉ*nff hundert und sechzehen* [1516] *eine Peinliche Landes- und Halß- Gerichts-Ordnung verfasset, publicirt und eingefu*ᵉ*hret: Nachgehends auch in deren meist damit wo*ᵉ*rtlich u*ᵉ*bereinstimmenden inhalt des weyland allerdurchleuchtigsten, großma*ᵉ*chtigsten und unu*ᵉ*berwindlichsten kaysers, herrn Carl des Fu*ᵉ*nfften majesta*ᵉ*t, allerglorwu*ᵉ*rdigsten andenckens und des Heil*[igen] *Ro*ᵉ*m*[ischen] *Reichs Peinliche Gerichts-Ordnung auf denen reichs-ta*ᵉ*gen zu Augspurg und Regenspurg in denen ein tausend fu*ᵉ*nff hundert dreyßig- und zwey und dreyßigsten jahren* [1532] *eingerichtet, beschlossen und dahin publiciret worden.*"[59] Deutlicher konnte policeyliche Traditionsbildung kaum ausfallen, wenn man für Gerichtsreformen im 18. Jahrhundert im Archiv über zwei Jahrhunderte zurückblättern ließ.

Daneben spielte im Bereich landesrelevanter Forst-, Wald- und Jagdangelegenheiten,[60] die in der Forschung als policeyliche Für- und Vorsorge meist vergessen werden, das lange Gedächtnis eine wichtige Rolle.[61] Die Memoria sicherte fürstliche Jagdprivilegien und sorgte für Kontinuitäten bei der Waldnutzung für Brenn-, Bau- und Zimmerholz mit allen forstlichen Steuer- und Abgabemaßnahmen. Die Kanzlei der Hohenzollern stützte sich bei der Weiterführung oder Aktualisierung entsprechender Mandate auf Vorläufer, die dem hohen Regelungs- und Gestaltungsbedarf Rechnung trugen. Kaum war ein Jagd- oder Forstdekret erlassen, folgte

59 Wolfgang Wüst (Hg.), Policey, Bd. 5, Quelle Nr. 18.

60 Ebd., Nr. 2.

61 Wolfgang Wüst, Jagen unter den Markgrafen von Brandenburg-Ansbach: Höfisches Spektakel, ökonomischer Vorteil oder herrschaftliches Kalkül?, in: JfL 68 (2008), S. 93–113.

das nächste. Die Perspektive der *longue durée* durfte man nicht aus dem Auge verlieren. Daran hatten in Übergangszeiten selbst Vormundschaftsregierungen ihren Anteil. Im Frühjahr 1692 erneuerten die für das Haus „*Onolzbach*" als Vormünder eingesetzten Geheimen Räte dem Land jedenfalls die alte Jagdordnung. Dabei sah man in der Registratur weit zurück. Handlungsbedarf bestand, obwohl „*die weiland durchleuchtigste fürsten und herren, herr Georg* [reg. in Ansbach 1527–1543], *herr Georg Friderich* [1543–1603], *Herr Joachim Ernst* [1603–1625], *herr Albrecht* [1634–1667] *und herr Johann Friderich* [1667–1686], *marggraffen zu Brandenburg, zu Magdeburg, in Preusen, Stetin, Pommern, der Cassuben und Wenden, auch in Schlesien* […] *etc. alle christ-lobseeligsten angedenckens von vielen jahren her verschiedene nothwendige*[62] *und nützliche verordnungen, mandata, gebot und befehl, wie es uf deroselben wildfuhren in jagens und waidwercks-sachen und denen dem wildbahn anhängigen rechten und gerechtigkeiten gehalten werden solle, ausgehen: auch zu männiglichs wissenschafft offentlich verkünden und publiciren lassen, welche* […] *anno 1687 erneuert und zu deren pflichtmässigen beobachtung alle ober- und beampte, neben denen wildmeistern und jagd-bedienten, dabey ernstlich angewiesen worden.*"[63] Mit einer in weltlichen Fürstenkanzleien keineswegs selbstverständlich ausgeprägten Memoria folgten weitere Jagddetails. In Ansbach verboten Geheime Räte den Landjägern, bei Wildfuhren „*das wildpret ohne unterscheid weg*[zu]*pürschen*", weil wir – so die Vormünder des Jahres 1692 – „*aus denen einkommenden berichten warnehmen und erfahren, daß ohnerachtet derer in annis 1550, 1563, 1567, 1581, 1589, 1593, 1605, 1607, 1609, 1636 und 1640 ergangener und in anno 1680 und 1688 erneuerter mandaten, verbot und befehl, die wildpret-schützen uf denen wildfuhren sich häuffig verspühren lassen*".[64]

Das kollektive Gedächtnis, das nicht nur dem Wald und der Jagd bei der Identitätsfindung im Fürstenstaat einen hohen Stellenwert zuwies, musste „dicht" umschrieben und schriftlich fundiert sein. Das galt zudem für die dem Wissensfeld medizinischer Policey zuzuordnende Hebammenordnung vom 3. September 1711.

---

62 Verschrieben als „*nohtwendige*".

63 StA Nürnberg, Fürstentum Ansbach (Rep. 116 II), Ansbacher Ausschreiben, Nr. 26, Tit. XVIII, Mandat vom 30.3.1692.

64 Ebd., §. 12. Vgl. Wolfgang Wüst, Ein frühmodernes Land im Jagdfieber – Das „ius venandi" der Markgrafen von Brandenburg-Ansbach, in: Ders./Juliane Scheffold (Bearb.), Die Jagd der Markgrafen von Brandenburg-Ansbach in der Frühmoderne (Triesdorfer Hefte 9), Triesdorf 2010, S. 4–35.

Sie wurde von Markgraf Wilhelm Friedrich (1703–1723)[65] für Brandenburg-Ansbach erlassen, rezipierte aber ältere Standards. Es hatte „*die unumgaͤngliche nothdurfft erfordert, unsere anno 1680. in druck ergangene hebammen-ordnung durch unsern stadt- und land-physicum, D. Andream Rosa, durchgehen und mit seinem rath erneuern, dann selbige dem gemeinen wesen zum besten vermehren. Auch allem besorgenden unheil und gefaͤhrlichkeiten moͤglichster dinge vorkommen, nicht minder sothane in nachfolgende 43. Puncta verfassen. Deßgleichen wie es mit examinir- und verpflichtung der hebammen, auch andern sonderlichen der lehr-toͤchter oder maͤgde zu halten*“ sei.[66]

V. Themenvielfalt und Forschungsfragen

Das Interesse[67] an Normgebung und -durchsetzung im Allgemeinen und an der Policeymaterie im Besonderen deckt sich vielfach mit Fragestellungen anhand derer man die Entstehung frühmoderner Staatlichkeit zu erklären suchte. Die Diskurse um die Konfessionalisierung sowie Bürokratisierung im Sinne herrschaftlich-administrativer Verdichtung in der Region und Sozialdisziplinierung inklusive des weiten Felds der Implementierung legislativer Autorität (die Mandate, Dekrete, Urteile, Gebote und Ordnungen) spielten eine besondere Rolle. Die Fluktuation der Normen – sie ist eng verbunden mit grenzüberschreitender Kommunikationsgeschichte[68] – wäre eine weitere tragfähige Fragestellung, um Policeyordnungen quer zu lesen. Das „Neue Kanzleireglement“ zu Ansbach vom 12. März 1720 sah die Bürokratisierung der Region jedenfalls im europäischen Kontext der Zeit. Zwar wurden die Schreiber angewiesen, „*so viel moͤglich, und wohl lautet, teutsch*“ wie-

65 Günther Schuhmann, Die Markgrafen von Brandenburg-Ansbach, S. 184–190.

66 Wolfgang Wüst (Hg.), Policey, Bd. 5, Quelle Nr. 14.

67 Als Beispiel sei hier nochmals der „Arbeitskreis Policey/Polizei im vormodernen Europa“ (https://www.univie.ac.at/policey-ak/) genannt.

68 Wolfgang Wüst (Hg.), Frankens Städte und Territorien als Kulturdrehscheibe. Kommunikation in der Mitte Deutschlands. Interdisziplinäre Tagung vom 29. bis 30. September 2006 in Weißenburg in Bayern (Mittelfränkische Studien 19), Ansbach 2008; Wolfgang Wüst/Georg Kreuzer/David Petry (Hg.), Grenzüberschreitungen. Die Außenbeziehungen Schwabens in Mittelalter und Neuzeit. Interdisziplinäres und internationales Symposion, Irsee, 22.–24. November 2007 (ZHVS 100), Augsburg 2008.

derzugeben, „*doch wo es auf beruehrung- und ausfuehrungen einiger rechts-stellen ankommet, sind die lateinische expressiones und phrases in regierungs- und nachbarlichen correspondenz-sachen, ja auch die franzoesische erlaubt, zumalen in der teutschen sprache so viele fremde worte bereits angenommen und naturalisirt worden, die manchmal besser als die neue teutsche woerter und umschreibungen eine sache vernemlich machen. Folglich koennen dergleichen nach dem wohl-laut in briefen, extrajudicial-deductionen, vorstellungen und ausschreiben, in gleichfoermigkeit der reichs- und craiß- auch bey denen hoechsten gerichten gebraeuchlichen schreib-art, oder auch wie der stylus an unserer canzley selbst von alters her zu jedermanns verstaendnus im lande schon ueblich, ferner gebrauchet*“ werden.[69] Blicken wir nun auf den Zusammenhang von Konfessionsbildung und außerkirchlicher Normierung.

1. Konfessionalisierung

Konfessionalisierung konnte nur dann von Erfolg gekrönt sein, wenn es den Kirchen- und Landesherren und ihren Räten gelang, eine planmäßige „Propaganda“ in Gang zu setzen. Sie begann mit standardisierter Theologie[70] und endete mit der alltäglichen Einflussnahme durch Predigt,[71] Bilder, Katechismus, Lieder, Gerichtsprozesse und durch die mediale Flut an Gesetzen, Ordnungen und Mandaten, die stets auch Kirchengebote zum Kanon herrschaftlichen Handelns erhoben.[72] Nichtkonformes Wort-, Bild- und Liedgut galt es auszugrenzen. Policey und Konfession bildeten in dieser Entwicklung eine Einheit. Dort, wo keine Religion ist, „*da lebet man wie das unvernünfftige Viehe, da ist auch keine bestendige Policey*“,[73] formulierte

[69] Wolfgang Wüst (Hg.), Policey, Bd. 5, Quelle Nr. 19.

[70] Exemplarisch für das Herzogtum Württemberg: Martin Brecht, Die Ordnung der Württembergischen Kirche im Zeitalter der Reformation, in: Ders., Kirchenordnung und Kirchenzucht in Württemberg vom 16. bis zum 18. Jahrhundert (Quellen und Forschungen zur württembergischen Kirchengeschichte 1), Stuttgart 1967, S. 1–52.

[71] Vgl. zum Kontext weltlich-städtischer Policey und kirchlicher Dogmatik: Monika Hagenmaier, Predigt und Policey. Der gesellschaftliche Diskurs zwischen Kirche und Obrigkeit in Ulm 1614–1639 (Nomos Universitätsschriften, Geschichte 1), Baden-Baden 1989.

[72] Belegt mit Beispielen aus Ansbach: Edward Wilson, Policy in practice: The role of local officials in enforcing religious conformity in the Holy Roman Empire, in: Journal of the Holy Roman Empire 1 (2006), S. 2–18.

[73] Dieterich Reinkingk, Biblische Policey, S. 11.

bereits Dieterich Reinkingk (1590–1664). Der konfessionelle Kurs der Politik und die als Folge einer „Zweiten Reformation“ mit reformierter Variante nicht immer unumstrittene Ausrichtung des markgräflichen Kirchenregiments an der *Confessio Augustana* von 1530 und der protestantischen „*Norma doctrinae*“ von 1573 wurde nirgends deutlicher dokumentiert als im Landeskonsistorium. Nach württembergischem Vorbild[74] wurden gleichermaßen Juristen und Theologen berufen, um das fürstliche Kirchenregiment zu unterstützen. Markgraf Georg Friedrich I. erließ im Januar 1594 zum Abschluss seiner Reformen[75] in beiden Landesteilen eine Konsistorialordnung, die den Bezug zur reinen lutherischen Lehre klar herausstellte: Da „*inn der christlichenn kirchenn, reine vnuerfaͤlschte lehr gottlichs worts, nach innhalt prophetischer vnndt apostolischer schrifften, beneben auch christliche einigkeit, unter denn lehrern, vnnd guete disciplin, zucht vnndt erbarkheit beÿ lehrern vnndt zuehoͤrern die hochstenn kleinoter vnnd gabenn seinn, zu welcher erhaltung vnnd fortpflantzung, christliche wolangeordtnete consistoria zu allenn zeitenn, sonderlich aber inn dießenn schwachenn, vndt gebrechlichen alter der weldt* [...] *fuͤrnemblich hoch vonnoͤten seinn. So habenn wir* [...] *auß christlichem gemuethe vnndt eÿffer zu der rainenn evangelischenn lehr Augspurgischer Confession gnedigst dahinn gedacht, wie inn vnnßernn landt vnndt fuͤrstenthumb vnter vnnd oberhalb des gebuͤrgs einn christlich consistorium* [...], *so der rainen evangelischenn lehr Augspurgischer Confession verwandt vnndt zuͤgethann, bestendiglich*“ eingerichtet werden könne.[76] In klassischer Form kam der Wille zur Konfessionalisierung in der 1672 von Markgraf Christian Ernst (1655–1712) für die Oberlande erlassenen Ordnung zum Aus-

---

[74] Hermann EHMER, Die Geschichte der Evangelischen Kirche in Württemberg (Regionalgeschichte – fundiert und kompakt), Leinfelden-Echterdingen 2008; DERS., Landeskirchliche Identität und regionale Identitäten dargestellt am Beispiel Württembergs, in: Hans OTTE/Michael BEYER/Christian WINTER (Hg.), Landeskirchengeschichte: Konzepte und Konkretionen. Tagung des Arbeitskreises Deutsche Landeskirchengeschichte im Kloster Amelungsborn vom 29. bis 31. März 2006 (Herbergen der Christenheit, Sonderband 14 – Studien zur deutschen Landeskirchengeschichte 7), Leipzig 2008, S. 95–104; DERS., Das württembergische Konsistorium 1780–1795, in: Michael FRANZ (Hg.), „... an der Galeere der Theologie“? Hölderlins, Hegels und Schellings Theologiestudium an der Universität Tübingen (Schriften der Hölderlin-Gesellschaft 23/3 – Materialien zum bildungsgeschichtlichen Hintergrund von Hölderlin, Hegel und Schelling 3), Tübingen 2007, S. 263–283.

[75] Günther SCHUHMANN, Die Markgrafen von Brandenburg-Ansbach, S. 102 f.

[76] Wolfgang WÜST (Hg.), Policey, Bd. 5, Quelle Nr. 4.

druck. Der Landes- und Kirchenherr zu Kulmbach und Bayreuth appellierte an die Tugenden der Reformatoren, nach der „*die gottesfurcht* [eine] *zeitliche und ewige verheissung*“ hatte. So „*wollen wir alle und jede unsere unterthanen und eingepfarrten zufoͤrderst zu derselben, so lieb ihnen ist Gottes und unsere hulden, dieser lande aufnahme, auch eines Jeden selbst eigene wohlfart, dann zeitlicher und ewiger strafe entgehen, treulich ermahnet, auch hiermit allen unsern superintendenten, dechanten, pfarrern, diaconis und substituten samt und sonders anbefohlen, und dieselbe erinnert haben, daß sie ihr amt und anvertraute seelen-sorge treulich und fleissig in acht nehmen* [und] *das volk zur gottesfurcht, gebet, busfertigem leben und christlichem wandel emsiglichen*“ anmahnen.[77] In der Policeyordnung der Bayreuther Regierung unter Markgraf Georg Wilhelm (1712–1726) spielte das Konfessionsthema eine vorrangige Rolle. Deshalb war an erster Stelle zu lesen: „*I.) von der heiligung der hohen fest- und sonntaͤge, besuchung der kirchen und anhoͤrung des goͤttlichen worts.*“[78] Die für das Oberland revidierte und verbesserte Norm von 1746 sah sich ebenfalls in dieser Kirchentradition. Markgraf Friedrich III. (1735–1763)[79] bestätigte die immerwährende Konfessionalisierung, indem er die einschlägigen Textpassagen von 1672 einfach übernahm. Er wollte alle seine Kirchen- und Fürstendiener „*erinnert haben, daß sie ihr amt und anvertraute seelen-sorge treulich und fleissig in acht nehmen, das volk zur gottesfurcht, lesung der heiligen schrift, zu einem andaͤchtigen gebete, busfertigem leben, christlich- und exemplarischen wandel eifrig anmahnen, und sich allenthalben beydes in der lehre und wandel also erzeigen, wie Gottes wort, unser befehl, ihr eigen gewissen, beruf und geleistete pflicht mit sich bringen und erfordern.*“[80]

Interessant sind ferner Policeygesetze, denen man auf den ersten Blick keine Konfessionsrolle zuschreiben würde. So schärft sich das theologische und konfessionelle Landesprofil in Ab- und Ausgrenzung der zahlreichen jüdischen Gemeinden,

---

77 Ebd., Nr. 10.

78 Ebd., Nr. 15.

79 Seine Lebensdaten: 10. Mai 1711 (in Weferlingen)–26. Februar 1763 (in Bayreuth). An neueren biografischen Forschungen, die bereits 1835 einsetzten, liegen vor: Karl Müssel, Markgraf Friedrich von Brandenburg-Bayreuth 1711–1763. Ein Fürstenbild des aufgeklärten Absolutismus in Franken, Teil 1: Die Jugendjahre (1711–1731) (Wissenschaftliche Beilage zum Jahresbericht 1953/54 des Gymnasiums Christian-Ernestinum Bayreuth), Bayreuth 1954; Teil 2: Von der Verlobung bis zum Regierungsantritt (1731–1735) (Wissenschaftliche Beilage zum Jahresbericht 1955/56 des Gymnasiums Christian-Ernestinum Bayreuth), Bayreuth 1956.

80 Wolfgang Wüst (Hg.), Policey, Bd. 5, Quelle Nr. 29.

mit denen man andererseits rechtlich – im Ansbacher Justiz- und Regierungsrat gab es Ende des 18. Jahrhunderts ein eigenes Department für Judenrezeptionssachen[81] –, fiskalisch und handelspolitisch eng verbunden war. Der christlich-jüdische Religionsstreit ist jedenfalls stets untermauert mit wirtschaftsschädigenden und antisemitischen Vorgaben. 1672 führte die Policeyordnung für den Bayreuther Landesteil aus: „*Man hat aus den geschichts-buͤchern und sonsten abgemerket, daß die juͤden einem christlichen lande und fuͤrstenthume mehr schaͤd- als nuͤtzlich seyn, indem sie den aus ihrem eigenen stamme entsprossenen allgemeinen Heiland der welt hassen und laͤstern, die christliche religion verschimpfen und der christen tod-feinde sind, auch ihr einig dichten und trachten dahin zielet, daß sie sich des schindens, schacherns und heimlichen betrugs wider die christen gebrauchen, ja es noch dazu ihnen zugelassen achten, durch allerley fuͤnde, weise und wege die christen zu berucken, und, indem die meisten gemeiniglich keine rechte handelschaft treiben, sondern einen unzulaͤssigen gewinn suchen, auch nur auf allerley liste und gelegenheit, wie sie den christen das ihrige vermittelst ihres wuchers abschweissen moͤgen, gedenken.*“[82] Die Ab- und Ausgrenzung religiöser Lebensformen jenseits der eigenen Landeskirche, die in den großformatigen Bekenntnisbildern[83] fränkischer Pfarrkirchen des 16. bis 18. Jahrhunderts visuell umgesetzt wurde, hieß nicht, den Status anerkannter Reichskonfessionen ordnungspolitisch in Frage zu stellen. Die Resultate des Augsburger Religionsfriedens und des Westfälischen Friedens waren zu respektieren.[84] Die „*Kriegs-Articuli*“ der Ansbacher Regierung von 1731 empfahlen Offizieren und gemeinen Soldaten gleichermaßen: „*Ein jeder* [soll] *in seiner in des Heil*[igen] *Roͤm*[ischen] *Reichs ordnungen und schluͤssen zugelassenen religion sich christlich und friedfertig erweisen, und keiner den andern in glaubens-sachen anfechten oder veraͤchtlich halten, noch durch unnuͤtzes disputiren zu streit und widerwillen oder*

---

81 Günther SCHUHMANN, Die Markgrafen von Brandenburg-Ansbach, S. 336.

82 Wolfgang WÜST (Hg.), Policey, Bd. 5, Quelle Nr. 10.

83 Wolfgang BRÜCKNER, Lutherische Bekenntnisgemälde des 16. bis 18. Jahrhunderts. Die illustrierte Confessio Augustana (Adiaphora. Schriften zur Kunst und Kultur im Protestantismus), Regensburg 2007.

84 Wolfgang WÜST, Zur Rezeption des Augsburger Religionsfriedens in der Frühmoderne. Diskurse in Franken, Schwaben und Bayern, in: Gerhard GRAF/Günther WARTENBERG/Christian WINTER (Hg.), Der Augsburger Religionsfrieden. Seine Rezeption in den Territorien des Reiches (Herbergen der Christenheit. Jahrbuch für deutsche Kirchengeschichte, Sonderband 11), Leipzig 2006, S. 147–163.

daraus entstehenden ungelegenheiten, bey vermeidung ernstlichen einsehens, anlaß und ursache geben.“[85]

Konfessionalisierung war aber spätestens dann ein Handlungs- und Herrschaftsmuster, wenn man göttliche Strafgerichte als Konsequenz sündhaften Lebens interpretierte. So zeigte beispielsweise die Erfahrung mit Kriegsberichten, dass in der Kirche und quer durch alle drei Reichskonfessionen ein Krisenbild vorherrschte, das man bis in die Zeit des Ersten Weltkriegs als Strafgericht[86] Gottes deuten konnte.[87] Im Bereich der Seuchen- und Feuerpolicey lassen sich ähnliche Diskurse feststellen. 1715 lesen wir in einer Ansbacher Feuerordnung, wie es „*nach geendigtem oder geloͤschtem brand es gehalten werden solle mit der vorausgesetzten wohlmeinenden ermahnung, daß durch uͤppige laster, und zumal mit suͤndlicher leyder! im schwang gehender entheiligung deß sabbaths, die goͤttliche gerechte gerichte und schwere feuer- und andere straffen sich zuzuziehen, jedermaͤnniglich sich selbst huͤten und hingegen durch ein christliches bußfertiges leben und herz-eyferiges gebet zu GOtt als gegen seine zorn-flammen uͤber alle menschliche veranstaltungen das beste und staͤrckste mittel voraus fleißig vorzukehren beflissen seyn.*“[88] Der Zorn Gottes war gleichsam der implementierende Impetus in dieser und anderer Policeymaterie, die das Ober- und Unterland der Hohenzollern überzog.

2. Bürokratie

Die Anfänge bürokratisch verfasster Rechtsstaatlichkeit wurden von der Forschung in erster Linie im 17. und 18. Jahrhundert verortet. Die Gründe dafür suchte man einerseits in „absolutistischen“ Verwaltungsstrukturen, die zu einer Zentralisierung

85 Wolfgang Wüst (Hg.), Policey, Bd. 5, Quelle Nr. 21.

86 Matthias Asche/Anton Schindling (Hg.), Das Strafgericht Gottes. Kriegserfahrungen und Religion im Heiligen Römischen Reich Deutscher Nation im Zeitalter des Dreißigjährigen Krieges. Beiträge aus dem Tübinger Sonderforschungsbereich „Kriegserfahrungen – Krieg und Gesellschaft in der Neuzeit“, Münster ^{2}2002. Darin insbesondere: Christian Schulz, Strafgericht Gottes oder menschliches Versagen?, S. 219–290.

87 Wolfgang Wüst, Krieg, Krisen und Katastrophen geistlich kommentiert … Tagebücher und Korrespondenz aus süddeutschen Klöstern und Pfarreien um 1800, in: Franz Brendle/Anton Schindling (Hg.), Geistliche im Krieg, Münster 2009, S. 203–224.

88 Wolfgang Wüst (Hg.), Policey, Bd. 5, Quelle Nr. 16.

und Verdichtung im Umfeld der fürstlichen Macht führten. Andererseits verortete man Bürokratie in der Rationalität der Aufklärungszeit, die bei der Berufung von Staats- und Fürstendienern Fachkompetenz einforderte und ältere Auswahlkriterien überlagerte. Diese richteten sich nach Tradition, nach Netzwerk- und Familienbeziehungen sowie nach hergebrachten Erb- und Standesprivilegien. Der Soziologe, Jurist und Nationalökonom Max Weber (1864–1920), der sich zeitlebens mit religionssoziologischen Fragen beschäftigte, sah – übrigens ganz nahe an den Inhalten frühmoderner Policey – rationale oder legale Herrschaftsformen „auf dem Glauben an die Legalität gesatzter Ordnungen und des Anweisungsrechts der durch sie zur Ausübung der Herrschaft Berufenen"[89] ruhen. Von der rationalen Herrschaft hoben sich die traditionellen, an „die Heiligkeit von jeher geltenden Traditionen" gebundenen Regierungsformen und die charismatische Herrschaft ab, wobei letztere sich in der „Hingabe an die Heiligkeit oder die Heldenkraft oder die Vorbildlichkeit einer Person"[90] erschöpfte. Keine Frage, die Zukunft lag in der rational-legal begründeten Herrschaft. Sie war berechenbar und führte zu Wohlstand. Für sie wurde nun eine leistungsfähige Bürokratie – ihre Ursprünge gingen auf byzantinische Vorbilder zurück, die über den römischen Kaiser Justinian I. (527–565) in den „Okzident" kamen[91] – zum Hoffnungsträger. Das galt auch im Land der fränkischen Hohenzollern, obwohl es stets ein spannungsgeladenes Verhältnis zwischen neuen wie älteren Fachbehörden – in den Markgraftümern zählten hierzu der Geheime Rat („*Ministerium*"), der Hof-, Regierungs- und Justizrat, die Hofkammer, das Konsistorium, das Landschaftskollegium, der Lehenhof, das Hofgericht, das burggräfliche Ratskollegium und das kaiserliche Landgericht Burggraftum Nürnberg[92] – und der Fürstenautorität gab. Die Policey spiegelte die Bürokratie des Landes minutiös

89 Max WEBER, Wirtschaft und Gesellschaft. Grundriß der verstehenden Soziologie, 5. revidierte Aufl., besorgt von Johannes WINCKELMANN, Tübingen 2002, S. 159; zitiert nach: Claus LEGGEWIE, Artikel: „Herrschaft", in: Dieter NOHLEN/Rainer-Olaf SCHULTZE (Hg.), Lexikon der Politik, Bd. 1: Politische Theorien, München 1995, S. 180–190.

90 Max WEBER, Wirtschaft und Gesellschaft, S. 159, 569 f.

91 Max Weber, Wirtschaftsgeschichte. Abriß der universalen Sozial- und Wirtschaftsgeschichte, Berlin [5]1991, S. 289–293.

92 Vgl. hierzu die Exemplare der brandenburgischen Adress- und Schreibkalender, hier: UB Erlangen, „*Hoch-Fürstlich-Brandenburg-Culmbachischer Address- und Schreib-Calender auf das Jahr Christi 1739*", Bayreuth (Buchhandlung des Waisenhauses) 1739/40, S. 60–69. Außerdem: Regina HINDELANG, Die Amts- und Hofkalender von Ansbach und Bayreuth. Mediale Staatsbeschreibung von 1737–1791, Magisterarbeit, Erlangen 2010.

wider, konkret benannte sie im neuen „*Canzley-Reglement*“ die Reform des Ansbacher Hof-, Regierungs- und Justizrats von 1730 mit der die Kammer bis 1752 in zwei Kollegien aufgeteilt wurde. „*Unsern fuͤrstl*[ichen] *hof-rath, nach seinen je- und allezeit gehabten zwey haupt-respecten, in zwey distincte collegia zu vertheilen, und das eine unter dem fortwuͤhrigen namen deß fuͤrstl*[ichen] *hof-raths zu einem solchen consilio principis zu declariren, welches mit vorbehalt deß dem geheimden-rath gebührenden vorzugs die landes-fuͤrstl*[iche] *jura und andere hohe regalia, quoad interna, in seiner besorgung haben solle, das andere aber den fuͤrstl*[ichen] *justiz-rath zu benennen, und als ein formales judicium, so der privat-partheyen klag-sachen resp*[ektive] *in prima und secunda instantia tractiren und eroͤrtern, wie auch die cognition in allen malefiz- und peinlichen an das leben und scharffe leibes-straff ausgehenden faͤllen, zu besorgen haben solle, wie dieses alles in vorstehenden zwey unterschiedenen und abgesonderten hof- und justiz-raths-ordnungen ihres ausfuͤhrlichen innhalts deutlich enthalten; So haben wir auch unsere bisherige hof-raths-canzley auf beede jetzo distinguirte und separirte collegia*“ verteilt.[93] Die Kanzleiordnung überließ den Räten im Verwaltungsgang wenig schöpferischen Entscheidungsspielraum, da sie unter anderem Kleinigkeiten regelte. Hierzu zählte beispielsweise die formelle Beschreibung der Gegenzeichnung, des „*contre-signirens*“. 1730 hieß es: „*Da auch bey vielen teutschen fuͤrstl*[ichen] *hoͤfen in fuͤrstl*[ichen] *unterschreibungen das contre-signiren theils von alters schon uͤblich gewesen, theils je laͤnger je mehr in gang kommet, so wollen wir solches hiermit gleichfalls eingefuͤhret haben, und verordnen demnach, daß in unsern schreiben an chur- und fuͤrsten, auch grafen und andere staͤnde, unser anwesender aͤltester geheimder-rath, wann vorhero das concept in der expedirenden canzley collationiret worden, contra signiren, bey denen aus unserm hof-rath abgehenden schreiben aber ein hof-raths-secretarius, unter der gleich in fine literarum zu letzenden general-subscription deß hof-raths, seinen namen und amt tiefer herab ad latus sinistrum schreiben und bemercken*“ solle.[94]

Die Policey regelte ferner die Zuständigkeit der Räte und Fürstendiener, der Stadt- und Landrichter, der örtlichen Vögte, Schultheißen und Am(t)männer im Alltag des Ordnungsvollzugs. Jede „*Sanctio*“ nannte sie beim Namen. In einer Brand- und Feuerordnung für Ansbach ließ der Markgraf 1715 bezeichnenderweise wissen, dass auch „*hierauff gnaͤdigst und ernstlich*“ verfügt sei, „ *allen unsern raths-collegiis*

93 Wolfgang Wüst (Hg.), Policey, Bd. 5, Quelle Nr. 19.

94 Ebd.

und balleyen, ingleichen allen unsern ober- und beamten, verwaͤlthern, caͤstnern, voͤgten, richtern und schultheißen, burgermeistern und rath allhier und in andern staͤdten und maͤrckten, auch gerichten unserer lande und fuͤrstenthums" in Erinnerung zu rufen, „*bey denen pflichten, wormit er uns verwandt, zu dem allgemeinen und seinem eigenen besten in landes-fuͤrstl*[icher] *wohlmeinung, allen deme, so in obbeschriebener feuer-ordnung vorgeschrieben und geordnet ist, getreulich, fleißig und punctlich nachzukommen. Darwider in keine wege zu thun oder zu handeln, sondern daruͤber aller orten unabweichig zu halten; jedoch mit unserm landes-fuͤrstl*[ichen] *vorbehalt, diese ordnung nach gelegenheit der zeit und umstaͤnde zu mindern, zu mehren und zu verbessern*".[95]

3. Sozialdisziplinierung

Neben Fragen zu Kirche, Konfession und Religion ist der Diskurs um die Sozialdisziplinierung hilfreich, um gesellschaftliche Auswirkungen frühmoderner Ordnungsvorgaben zu beschreiben. Bei der Suche nach Antworten zu Zielvorstellungen und Praxis frühneuzeitlicher Herrschaftsausübung hatte Gerhard Oestreich eine Grundlage geschaffen, als er das methodische Instrumentarium Max Webers für die Herrschaft und damit für Policeyordnungen umsetzte.[96] Beispiele für Kontrolle und Disziplinierung der Untertanen seitens der markgräflichen Herrschaft finden sich zu Genüge. Vieles war dabei durchaus rational begründet wie etwa die regelmäßige Feuerbeschau der Häuser. Feuer- und Hausvisitationen waren nicht zu trennen. Kommissionen konnten die Grenze zwischen öffentlichem und privatem Raum überschreiten, wie das zuvor die Bücher- und Zensuraufsicht mit Hausdurchsuchungen des 16. und 17. Jahrhunderts vorexerzierten. Dabei konfiszierten sie verbotene Bücher und Pamphlete, die die Herrschaft und Kirche kritisierten. 1715 sah eine Feuerordnung in Ansbach Visitationen auch für die Häuser der Hof- und Staatsdiener vor, „*damit man versichert seyn koͤnne, daß in allen haͤußern die*

---

[95] Ebd., Nr. 16.

[96] Gerhard Oestreich, Strukturprobleme des europäischen Absolutismus, S. 343, urteilte über die frühneuzeitliche Entwicklung: „Der Mensch wurde in seinem Wollen und seiner Äußerung diszipliniert […]. Der soziale Prozeß fand in den Stadt-, Landes- und Reichspolizeiordnungen seinen Niederschlag. […] Diese Landes- und Polizeiordnungen sind uns ein Mittel zum Verständnis des Disziplinierungswillens."

erforderliche vorsichtigkeit mit dem feuer gebrauchet werde". Es erging „*gnädigster*" Befehl, „*ratione der eximirten, geistlichen und hoff-bedienten aber als hiermit beschiehet, die perpetuirliche commission mithin ohne praejudiz der jenigen, so sonsten nicht der stadt jurisdiction unterworffen, daß in allen ha*^{e}*ußern der stadt und vor-sta*^{e}*dte ohne ausnahm und unterschied deß jahrs zwey mahl eine genaue besichtigung und augenschein der schlo*^{e}*the, schorsteine und camine, heerd- und feuer-sta*^{e}*tte, beckenprau- und wasch-ha*^{e}*ußer, getraidt-do*^{e}*rren, becken und ha*^{e}*ffner-schmid, auch gemeiner stuben- und sonderlich der wind- und neu-erfundener kunst-o*^{e}*ffen, ingleichen der sta*^{e}*lle, holtz, fu*^{e}*tter- und strohe-legen, und zwar ein mahl vor winters vierzehen tage vor Michaelis und noch einmahl nach dem Neuen Jahr, mit aller ersinnlichen sorgfalt vorgenommen*" werde.[97] Vor dem Hintergrund der Feuerprävention kam es in den Markgraftümern zur verstärkten Kontrolle des Nachtlebens. In Ansbach[98] sah man das 1715 – ganz ähnlich wie in Kulmbach und Bayreuth – pragmatisch, ohne freilich behördliche Übergriffe ausschließen zu können. Die „*stadt-wacht solle von der haupt-wacht aus bey der nacht alle stund durch ein paar mann in der stadt, sonderlich in abgelegenen und engen gassen, sowol um deß feuers: als auch der dieb- und nachtschwa*^{e}*rmerey willen patrouilliren; nichtweniger sollen die nacht- und insonderheit auch die stadt-mauren-wa*^{e}*chter zu beho*^{e}*riger vigilanz und beobachtung* [...] *offtmal erinnert und angewiesen*" werden.[99]

Eine ähnliche Vorsorge beinhaltete die Aufsicht über die Spital- und Armenfonds, die seit der Reformation säkularisiert, kommunalisiert und schließlich territorialisiert wurden. Auch in den Markgraftümern kannte man seit dem frühen 16. Jahrhundert die Almosenämter[100] mit ihren, wie 1741 geschehen, wiederholt erneuerten Almosenordnungen. Über sie sollten nur „*die wahre und des*

---

97 Wolfgang Wüst (Hg.), Policey, Bd. 5, Quelle Nr. 16.

98 Manfred Jehle, Ansbach, S. 222–226, 674–678; Wolfgang Wüst/Nicola Schümann/Ulla Schuh, Policey im regionalen Kontext: Rechtssetzung im Alten Reich, im Reichskreis und im Territorium. Beispiele aus Franken, in: Hans-Joachim Hecker/Reinhard Heydenreuter/Hans Schlosser (Hg.), Rechtssetzung und Rechtswirklichkeit in der bayerischen Geschichte (ZBLG, Beiheft 30), München 2006, S. 175–214, hier insbesondere: S. 207–214.

99 Wolfgang Wüst (Hg.), Policey, Bd. 5, Quelle Nr. 16.

100 Frank Präger, Almosenvergabe in einer Landschaft des Fürstentums Ansbach im 18. Jahrhundert, in: Artur Dirmeier (Hg.), Organisierte Barmherzigkeit: Armenfürsorge und Hospitalwesen in Mittelalter und Früher Neuzeit (Studien zur Geschichte des Spital-, Wohlfahrts- und Gesundheitswesens 1), Regensburg 2010, S. 101–109.

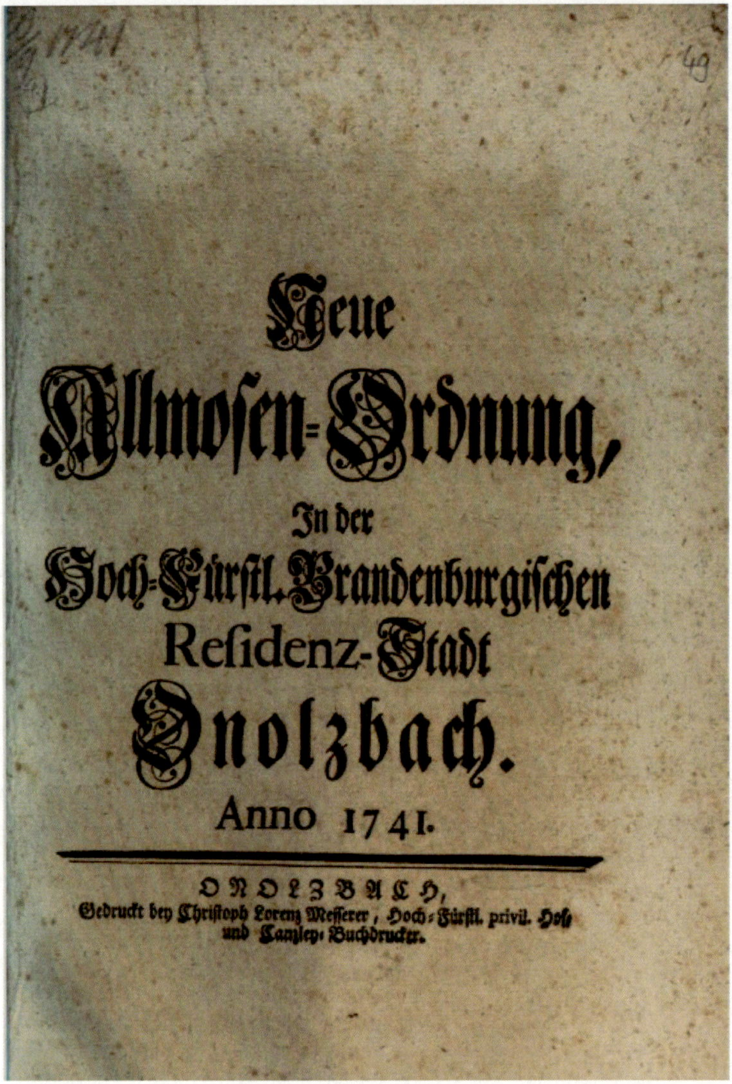

1741

49

Neue
Allmosen=Ordnung,
In der
Hoch=Fürstl. Brandenburgischen
Reſidenz=Stadt
Onolzbach.
Anno 1741.

ONOLZBACH,
Gedruckt bey Christoph Lorenz Messerer, Hoch=Fürstl. privil. Hof= und Canzley=Buchdrucker.

Abb. 19: „Neue Allmosen=Ordnung, In der Hoch=Fu^{e}rstl[ich] Brandenburgischen Residenz-Stadt Onolzbach.", Ansbach [20. September] 1741. Veröffentlicht von dem „Hof= und Canzley=Buchdrucker" Christoph Lorenz Messerer. Bildnachweis: StA Nürnberg, Ansbacher Druckschriften, Verzeichnis III, Bd. III.

allmosens wuͤrdige arme nach nothdurfft verpfleget und unterhalten werden". Probleme lagen im Sozialmissbrauch seitens der zahlenmäßig zunehmenden Vaganten.[101] Eine mit den Mitteln policeylicher Arbeitsstrafe[102] kaum lösbare Aufgabe beschäftigte die Verantwortlichen im 18. Jahrhundert, da trotz der „*nicht nur in des Heil*[igen] *Roͤmischen Reichs-Policey-Ordnung, sondern auch in denen alt- und neuen landes-fuͤrstlichen und vielen aus unserer regierung ergangenen verordnungen*" das „*betteln auf denen gassen und strassen, vor- und in denen haͤussern in unserm gantzen fuͤrstenthum Burggrafthums Nuͤrnberg, unterhalb* [und oberhalb] *Gebuͤrgs*" keineswegs abgestellt werden konnte. Die Sorgen in der Verordnung von 1720, „*wie es wegen der inn- und auslaͤndischen armen und sonderlich frembden bettel-volcks und herren-losen gesinds etc. ins kuͤnfftig zu halten sey*", waren sicher berechtigt. Dort las man, dass „*viele unverschaͤmte alt- und junge bettler in gedachtes unser fuͤrstenthum, dessen staͤdte, maͤrckte und doͤrffer, ja auch sogar in unsere fuͤrstliche residenz-stadt* [Ansbach] *selbst sich taͤglich einschleichen und unter den falschen schein, daß sie anderwerts vertrieben, abgebrandt oder ohne ihr verschulden ins verderben gerathen, mit ihren weibern und kindern denen innwohnern, sonderlich aber dem armen land-mann beschwerlich und mit erpressung grosser gaben, unter bedrohung brandts- und raubs, gantz unertraͤglich fallen*".[103] Im Oberland wurde die Situation spätestens in den 1730er Jahren prekär. In der Bettelordnung für Bayreuth stellte man fest, dass „*das betteln und anlauffen in denen haͤusern, auf gassen und strassen, in, bey und um gedachte unsere residenz-stadt Bayreuth dergestalt uͤberhand genommen*" habe. Die Bürger seien in Konsequenz „*fast nirgend*[s] *sicher und ungehindert, ohne von jungen erwachsenen und alten*

---

[101] Frank PRÄGER, Grenzüberschreitende Wanderungen von Vaganten nach Franken im 18. Jahrhundert, in: Rainald BECKER u. a. (Hg.), Akteure – Beziehungen – Ideen. Bayerische Geschichte im interterritorialen Zusammenhang. Festgabe für Alois Schmid zum 65. Geburtstag, Kallmünz 2010, S. 235–245; Ernst SCHUBERT, Arme Leute, Bettler und Gauner.

[102] Rudolf ENDRES, Das „Straf-Arbeitshaus" St. Georgen bei Bayreuth, in: Christoph SACHSSE/Florian TENNSTEDT (Hg.), Geschichte und Geschichten (Jahrbuch der Sozialarbeit 4), Reinbek bei Hamburg 1981, S. 89–128; DERS., Das Armenproblem im Zeitalter des Absolutismus, in: JfL 34/35 (1975), S. 1003–1020; Gerhard SCHUCK, Arbeit als Policeystrafe: Policey und Strafjustiz, in: Karl HÄRTER (Hg.), Policey und frühneuzeitliche Gesellschaft (Ius Commune, Sonderheft 129), Frankfurt am Main 2000, S. 611–625.

[103] Wolfgang WÜST (Hg.), Policey, Bd. 5, Quelle Nr. 17.

bettlern auf allen seiten mit ungestuͤmm angelauffen und verfolget“ zu werden.[104] Das erinnert sehr an eine horizontal, von „Face to Face“ verlaufende Beobachtung und Überwachung wie sie uns heute aus totalitären Staaten geläufig ist.

Disziplinierend wirkten weiter etliche Maßnahmen, die der policeylichen Für- und Vorsorge zuzurechnen waren. Dazu zählten beispielsweise auch Toreinlassregelungen in ummauerten Märkten und Städten der beiden Markgraftümer. Die Einlassregelungen beschränkten die Handwerker, die nach alter Tradition ihre Lehr- und Wanderjahre[105] im Ausland oder in anderen Landesteilen zubrachten. In Ansbach argumentierte man dabei so: „*Damit auch das taͤgliche herum lauffen frembder hand-wercks-pursche, so nicht der arbeit, sondern dem bettel faulenzend nachgehen, in unserer fuͤrstlichen residenz, in deren vor-staͤdten, auch in andern staͤdten, maͤrckten und sonst aller orten gaͤntzlich unterbleibe, so sollen zwar die reisende hand-werks-pursche, die in die staͤdt und maͤrckte zu gehen begehren, auf des handwercks verlangen hinein gelassen, unter dem thor aber ihr namen und handwerck aufgeschrieben. Und ihnen gesagt werden, daß sie in ihre zunfft-herberge gehen und aus der handwercks-laden oder von denen handwercks-genossen selbst ihre zehrung geniessen, keineswegs aber betteln sollen.*“[106]

---

[104] Ebd., Nr. 21.

[105] Vgl. für das Ries als Nachbarregion: Gerhard Hetzer (Bearb.), Wanderstab und Meisterbrief. Rieser Handwerk im Wandel der Zeit, 1700–1850. Ausstellung des Staatsarchivs Neuburg an der Donau in Harburg (Schwaben), 20. April–17. Mai 1986, Nördlingen 1986.

[106] Wolfgang Wüst (Hg.), Policey, Bd. 5, Quelle Nr. 17.

Marggreuische Waldtordnung In jrer Fürstlichen gnaden Furstenthumb vnterhalb des Gebürgs vom 30. Juni 1531

Marggreuische Waldtordnung In jrer Fürstlichen gnaden Furstenthumb vnterhalb des Gebürgs [vom 30.6.1531][107]

Von Gottes gnaden Wir Georg[108] Marggraue zu Brandenburg/ zu Stettin/ Pomern/ der Cassuben vnd Wenden/ auch in Schlesien zu Jhegerndorff etc. hertzog/ Burggraue zu Nu^{e}rmberg und Fu^{e}rst zu Rugen fur vns selbst vn[d] als Vormund vnsers lieben iungen vettern vnd pflegsons Marggraff Albrechts[109] etc.

Als bißher in vnsern Fu^{e}rstenthumben vnd Landen durch allerley vnordnung vnd vnfleiß alle Welde/ Forste vnd Ho^{e}ltzer dermassen in o^{e}sigung kommen/ das wir auß getrungner noth vnsern vndterthonen vnd verwanten zu nutz vn[d] gut verursacht worde[n] sind/ ein Waldts ordnung auffrichte[n] vnd begreiffen zulassen. Damit hinfuro die Weld nit wie bißher ero^{e}sigt/ Sonder dieselben/ souil immer mo^{e}glich/ widerumb gehegt vnd gepflantzt/ vnd dannocht den vnsern zur notturfft

---

[107] UB Bayreuth, Handschriften des Historischen Vereins für Oberfranken, 47/Ms. 37. Weitere Quellennachweise: StA Nürnberg, Fürstentum Ansbach, Generalakten, Nr. 283 und StA Nürnberg, Ansbacher Druckschriften, Verzeichnis III, Bd. I. Die dazu korrelierende handschriftliche Überlieferung findet sich in: StA Nürnberg, Fürstentum Ansbach, Generalakten, Nr. 23. Für die Edition wurde die Version aus dem Bestand der „Ansbacher Druckschriften" herangezogen. Sie besteht ohne zeitgenössische Paginierung aus 18 Seiten, die nicht durchgängig mit römischen Blattnummern versehen waren. Der Druck wurde später durch handschriftliche Inhaltsbetreffe am Rand ergänzt. Diese sind nicht Bestandteil dieser Edition. Bibliografische Nachweise: Die markgräfliche Waldordnung von 1531 findet sich in Auszügen als nicht kommentierter Abdruck in: Stephan Behlen (Hg.), Archiv der Forst- und Jagd-Gesetzgebung der deutschen Bundesstaaten, Bd. 6, Freiburg im Breisgau 1839, S. 131–144.

[108] Markgraf Georg „der Fromme" (1484–1543) regierte in Ansbach und in Kulmbach-Bayreuth von 1527 bis 1541/43. Er war in erster Ehe mit Beatrix von Frangepani († 1524), in zweiter Ehe mit Hedwig von Muensterberg († 1531) und in dritter Ehe mit Emilie von Sachsen (1516–1591) verheiratet.

[109] Markgraf Albrecht II. Alcibiades (1522–1557), der in Kulmbach-Bayreuth 1541–1557 regierte, stand bis zu seiner Volljährigkeit mit 18 Jahren unter der Vormundschaft seines Onkels Georg „des Frommen". Der regierende Markgraf Georg, der 1539 mit Georg Friedrich (1539–1603) selbst einen ersehnten leiblichen Erben bekam, versuchte danach die Mündigkeit Albrechts (letztlich vergeblich) bis zum 24. Lebensjahr zu verschieben.

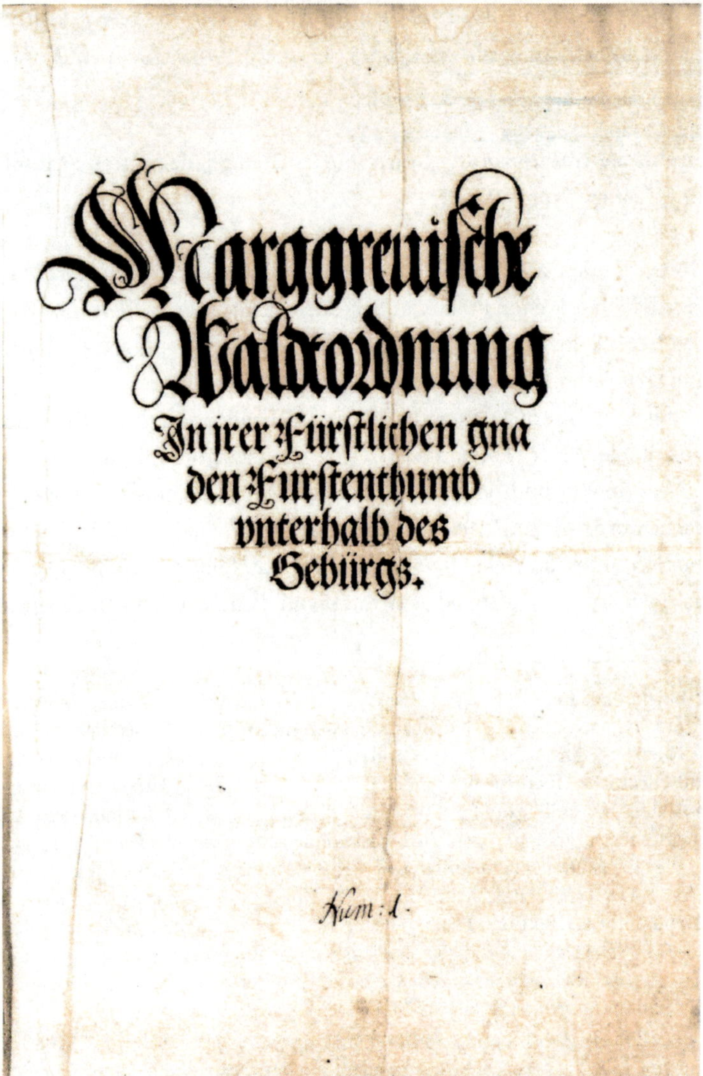

Marggreuische
Waldtordnung
In irer Fürstlichen gna
den Furstenthumb
vnterhalb des
Gebürgs.

Num: 1.

Abb. 20: „Marggreuische Waldtordnung In irer Fürstlichen gnaden Furstenthumb vnterhalb des Gebürgs.", Ansbach, 30. Juni 1531, Titelseite. Auftraggeber: Markgraf Georg „der Fromme" von Brandenburg-Ansbach. Bildnachweis: StA Nürnberg, Ansbacher Druckschriften, Verzeichnis III, Bd. I; UB Bayreuth, Handschriften des Historischen Vereins für Oberfranken, 47/Ms. 37.

zimlich paw- vnd prenn holtz gegebe[n] werde. Bekennen vnd thun kunt offenlich mit disem Brieue/ Das wir demnach/ wie es hinfuͤro/ inn vnserm vnd vnsers iungen vettern vn[d] pflegsons Fuͤrstenthumb vnterhalb des Gebirgs gehalten werden sol/ ein Walds ordnung begriffen haben/ wie hernach volgt.

Erstlich ist beschlossen/ das nun hinfuro niemand kein paw/ pren[n]- oder ander holtz gegebe[n] sol werde[n]/ dan[n] denjhenen/ die on mittel der herrschafft sind.

Nemlich vnsern paurn einem der zinßbar/ steurbar/ raißbar vnd hindter vns on mittel gesessen ist. Er hette dann des Briefflich genugsan vrkund/ oder were sonst wissentlich vnd mit alter herkomen/ das man jne zubehuͤltzen schuldig were/ jr einem acht klafftern[110] Bren[n]holtz des iars/ das sollen sie scheiten/ Vnd fuͤrter die affterschleg/ hinters/ forders/ vnd alles Reysach[111] mit aufflesen/ das vngeuerlich als guͦt als zwo oder drey Clafftern macht. //

Vnd einem Kobler[112] fuͤnff Clafftern gescheit/ auch mitsampt den affterschlegen/ hindters/ vorders/ vn[d] allem reysach. Es were dan[n]/ das sie Reys oder leßholtz/[113] mit wissen der Vorster oder irer knecht/ auch aufflesen. Vn[d] sol das meß der Clafftern nach einer yeden Statt maß/ zu nachst gelegen gemacht vnd geacht werden/ wie hoch vnd prait ein Claffter/ auch wie lang ein scheit sein sol.

Doch sol sollich verweisen/ das Bren[n]holtz durch den Vorstmaister vnd vorstknecht geschehen/ an dürr/ knorret stend oder ligend holtz/ vnd wo es gesein kann/ nit an guͦt zymer[114] oder pau holtz/ sonder im selben nach dem vortail außgezogen werden/ der ende/ do es dem Wald vnd hoͤltzern am wenigsten schaden bringt/ vn[d] sonderlich das des iungen holtz verschonet wird.

Item hinfuͤro soll kein Vorstmaister oder Vorstknecht keinen affterschlag oder windtfall mer haben. Sonder was also (vber das/ das den armen leute[n]/ wie obge-

110 Holzmaß.

111 Reisig.

112 Kleinbauer.

113 Sammelholz.

114 Zimmermannsholz.

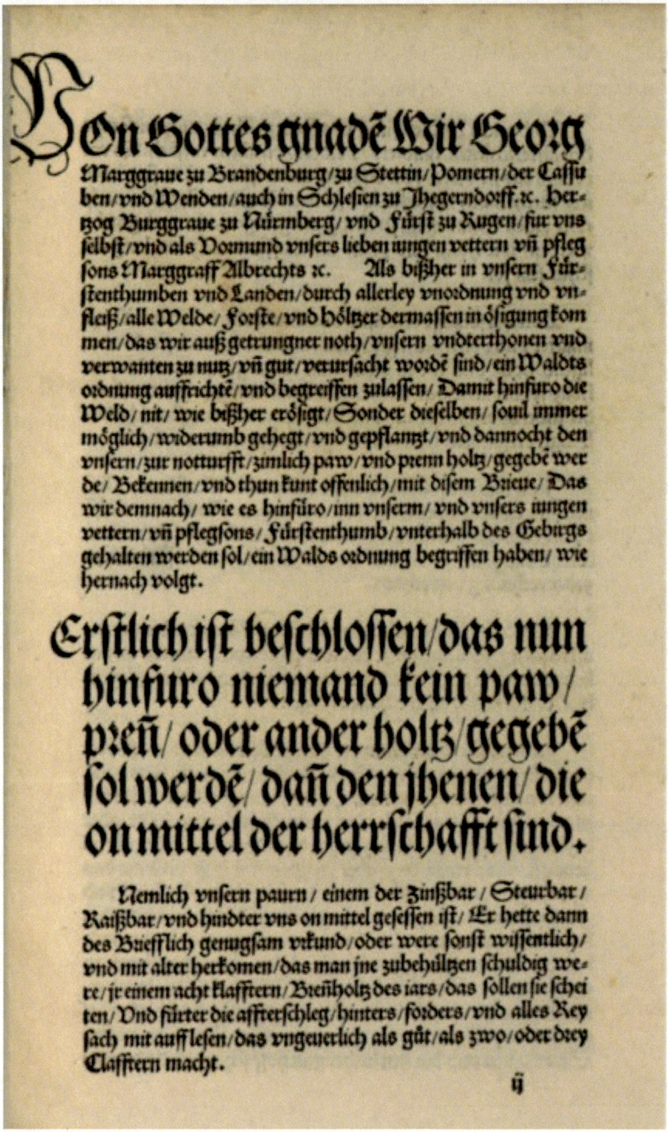

Von Gottes gnadē Wir Georg Marggraue zu Brandenburg/zu Stettin/Pomern/der Cassuben/vnd Wenden/auch in Schlesien zu Jhegerndorff.rc. Hertzog Burggraue zu Nürmberg/ vnd Fürst zu Rugen/für vns selbst/vnd als Vormund vnsers lieben iungen vettern vñ pflegsons Marggraff Albrechts rc. Als bißher in vnsern Fürstenthumben vnd Landen/durch allerley vnordnung vnd vnfleiß/alle Welde/Forste/vnd höltzer dermassen in ösigung kommen/das wir auß getrungner noth/vnsern vndterthonen vnd verwanten zu nutz/vñ gut/verursacht wordē sind/ein Waldts ordnung auffrichtē/vnd begreiffen zulassen/ Damit hinfuro die Weld/nit/ wie bißher erösigt/Sonder dieselben/ souil immer möglich/widerumb gehegt/vnd gepflantzt/vnd dannocht den vnsern/zur notturfft/zimlich paw/vnd prenn holtz/gegebē werde/Bekennen/vnd thun kunt offenlich/mit disem Brieue/Das wir demnach/ wie es hinfüro/inn vnserm/ vnd vnsers iungen vettern/vñ pflegsons/Fürstenthumb/vnterhalb des Gebürgs gehalten werden sol/ein Walds ordnung begriffen haben/ wie hernach volgt.

Erstlich ist beschlossen/das nun hinfuro niemand kein paw/ preñ/ oder ander holtz/gegebē sol werdē/ dañ den jhenen/die on mittel der herrschafft sind.

Nemlich vnsern paurn/ einem der Zinßbar/Steurbar/ Raißbar/vnd hindter vns on mittel gesessen ist/ Er hette dann des Brieflich genugsam vrkund/oder were sonst wissentlich/ vnd mit alter herkomen/das man jne zubehültzen schuldig were/jr einem acht klafftern/Breñholtz des iars/das sollen sie scheiten/Vnd fürter die affterschleg/hinters/forders/vnd alles Reysach mit auff lesen/das vngeuerlich als gůt/als zwo/oder drey Clafftern macht.

ij

Abb. 21: „Marggreuische Waldtordnung In irer Fürstlichen gnaden Furstenthumb vnterhalb des Gebürgs.", Ansbach, 30. Juni 1531, S. 2. Bildnachweis: StA Nürnberg, Ansbacher Druckschriften, Verzeichnis III, Bd. I.

melt/ gebu^{e}rt)/ vorhanden ist/ das sollen sie der herrschafft zu gu^{o}t verkauffen vnd zu yeder rechnung verrechnen.

Aber dabey ist bedacht/ das den Vorstknechten/ die vor die affterschleg zum tail fu^{e}r jr besoldung gehapt/ dannocht ein zimlichs dauon sol gegeben werde[n]/ nach eins yeden knechts gelegenheit/ damit sie sich auch erhalten mo^{e}gen.

Item hinfu^{e}ro soll keinem der herrschafft vnderthonen kein pauholtz gegeben werden. Es hab dan[n] die notturft seins paus zum wenigste[n] der Amptman/ Castner oder Forstmaister/ war zu er das gebrauchen wo^{e}ll/ oder notturfftig sey/ besichtigt oder besichtigen lassen/ vnd so sich findet/ das er des notturfftig ist/ vn[d] bedo^{e}rfft einen/ zwen/ drey/ oder vier paum etc./ ongeuerd an das were zu gewonlichem Flickwerd/ des soll sich der Castner vnd Forstmaister hinzugeben mechtige[n]. Doch das sie sollichs ordenlich auffschreiben/ wicuil vnd wem/ ob es aus gnade[n] oder nach laut der Waldordnung gegeben sey. Was aber new gebew zu gantzen heusern vnd stedeln war/ das soll der Castner durch einen Baumaister besichtigen/ vnd auffs genaist vberschlagen lassen/ vnd dieselbig notturft/ vns oder vnsers abwesens/ vnsern Statthalten vnd Rethen hieher gein hoff schreiben/ do dannen // aus sollen alßdann zettel gegeben/ vnd bey einem yeden Castner inn einem sonderlichen Register registriert/ vn[d] inn seiner jar rechnung vor vnsern Rechnungs Rethen/ auffgelegt werden. Dergestalt/ das zu yeder rechnu[n]g der Castner holtzregister/ vn[d] was also der Castner vnd Forstmaister selbs gegeben haben/ vor der hand sey/ vnd da gegen die holtz zetteln vbersehen vnd vbergeben werden/ damit sich eins mit dem anderm ob der rechnung vergleich. Vnd kein Forstmaister one befelch aus vnser Cantzley/ hinwideru[m]b kein knecht/ on beuelch des Forstmaisters/ wie ob gemelt/ holtz hingeben/ der verweisen sollen ausserhalb der armen leuth pren[n]holtz. Das sollen Forstmaister vnd knecht mit einander/ wie die Ordnung hernach außweist/ verweisen.

Ite[m] der Castner/ die Forstmaister/ Forst- vnd Landtknecht sollen also bey jren pflichten mit fleiß achtung darauff haben/ das sollich hingegeben holtz ordenlich vn[d] aigentlich verpaut/ sonst anderßwohin nit gegeben oder verprendt werde. Sie sollen auch den armen leuten also ein zeyt setzen/ das gegeben holtz zuuerpawen/ damit sie es inn den ho^{e}uen nit erfaulen lassen. Wo es nit geschehe/ soll der paur darumb gestrafft werden.

Item zu keinem geschroten paw soll kein zimerholtz gegebe[n] werde[n]/ sonder die Amptleut/ Castner/ Forstmaister vn[d] knecht sollen die armen leuth/ souil mo^{e}glich/ mit fleiß vnnd ernst dahin weisen/ das sie die sto^{e}ck oder fues maurn vnd darauff zimern. Es were dan[n] sach/ das es an ettlichen orten zeugs/ steins/ oder anders halbe[n]/ den armen leuten nit moͤglich were. So soll man jnen zu den stuben mit Dielen oder gespalten baumen/ vn[d] sonst zustuͤcken vnd zuklaiben/ helffen nach gelegenheit auffs werhafftigst/ vnd genaist als es sein kann.

Item hinfuͤro soll niemandts/ der sey wer der woͤll/ kein segbaum/ schlaißbaum/[115] zimerholtz oder puttenbaum[116] gegebe[n] werden/ ausserhalb Zetteln auß der Cantzley wie vorgemelt.

Vnd wiewol man den Burgern inn Stetten/[117] das pauholtz aus gnaden zu geben nit schuldig ist/ yedoch damit die Stet vnd Flecken destbaß gebant werden/ vnd vnser vnterthonen/ inn dem wie in anderm/ vnsern genedigen willen spuͤrn. So woͤl // len wir an den enden vnd orten/ do wir das holtz wol gehaben vnd geben moͤgen/ allen Buͤrgern/ die an jren heusern zum wenigsten das vndter gaden[118] stainin machen/ auf vorgeend besichtigung vnser Amptleut vnd Werckleut/ aus gnade[n] zimlich notturfftig pawholtz geben. Welche aber an jren heusern den ersten gaden mit stamm machten/ das doch wie vorgemelt nit vnterlassen/ dem oder demselbe[n] sol von vnsern wegen nit mer dan[n] der halbtail/ zimlichs notturfftigs bawholtz auß gnaden gegeben/ vnd der andertail bezalt genomen werden.

Ob dann yemandt von grund auff nit new zupawen hett/ oder bedoͤrfft/ vnd allein ettlicher hoͤltzer zu pesserung vnd Flickwerck alter hewser notturfftig were/ so soll dem oder denselben doch auch auff vorgeendt besichtigung vnser Ampt/ vnd verstendiger werckleut/ zimlich notturfftig pawholtz/ auch halb/ aus gnaden/ vnnd das ander halbtail auff gebuͤrlich bezalung geraicht werden.

Doch welche vnser Stette/ sonderlich Buͤrger oder ander inwoner/ aigne pauhoͤltzer hetten/ den soll nit mer dann der viert taul von der herrschafft aus gnaden gegeben werden/ vnd sie das vberig aus jren selbst aignen hoͤltzern nemen.
Ales biß auff vnser/ vnsers lieben iungen vettern/ oder vnser erben/ weitern willen vnd wolgefallen.

---

115 Meist Buchen-, Eichen- oder Birkenholz, das gespalten wurde. Man fertigte daraus oft gut und lang brennende Zünd- und Leuchtspäne. Die Bäume wurden regional unterschiedlich auch als „*Schleiß-*“ oder „*Schleiszebäume*“ bezeichnet.

116 Gute Holzqualität, die sich für Büttnerarbeiten eignet.

117 Gemeint sind hier die Städte im Ansbacher Markgraftum.

118 Erd- und Grundgeschoss der Häuser.

Item Es soll hinfuero keiner in keinem der herrschafft Wald oder forst on sonder vorwissen vnd willen vnser Amptleut vnd Castner/ koln[119] prennen/ noch yemandt on geschehene besichtigu[n]g vnser Amptleuth vnd Castner zu prennen gestatt werden.

Item den handtwerckern in den Stetten/ als Schreynern/ Puettnern/ Wagnern/ Pildschnitzern vnd andern/ den soll man zimlich/ vmb gebuerlich gelt/ mit geret holtz helffenn/ nach gelegenheit der hoeltzer vnd eins yeden hanntwercks notturfft/ nach dem die herrschafft der handtwerck nit geraten koennen.

Item hinfuero soll kein Forstmaister oder forstknecht/ niemand kein hopff stangen geben/ on beuelch zettel auß vnser Cantzelley/ wie vorgemelt/ vnd ob des beuelch zetteln auß der Can // tzelley komen. So sollen dannocht die hopfstangen dermassen außgezogen werden/ das es den hoeltzern vnschedlich sey vnd mit allem vortail. Darauff es auch die knecht verweisen/ vnnd jr achtung haben sollen.

Item welche paurn oder arme leuth zu jren guetern holtz haben/ den soll nit gestatt werden/ dasselbig abzuhawen oder zu verkauffen on sonders wissen vnd willen eins Castners oder Forstmaisters/ dann souil sie zu jren guetern paw oder prennholtz notturfftig sind. Vnd durch die alten ist nachgelassen ein zimlichs als vngeuerlich ein bad- oder schuchgelt/[120] doch keins wegs geschlacht zimerholtz vnd dergleichen groß peum in die Stett zufuern oder sonst zuuerkauffen. Dan[n] so man jnen das nachgeb/ so triben sie ire hoeltzer ab und plieben letzlichen der herrschafft die gueter oed ligend. Darauff sollen Forstmaister vnd knecht sonderlich achtung haben. Welche paurn oder arme leuth aber aigne hoeltzer hetten vnd aus gedungner noth zu bezalung jrer zinß vnd gueldt von sollichen jren aignen hoeltzern etwas verkauffen mueste[n]/ das soll yedes mals mit wissen vnser Amptleut/ Castner vnd Forster geschehen/ die alßdann den pawrn ein maß geben vnd setzen sollen/ was vnd wieuil ein yeder also auß seinem aigen holtz verkauffen oder hingeben sol.

Item der Forstmaister vnd die knecht sollen bey jren pflichten mit ernst darob sein/ daß in den angezeigten verpottnen hoeltzern kein rindten geschelt oder zu pech gelocht werde.

---

[119] Holzkohle.

[120] „*Bad- und Schuchgelt*" ist ursprünglich ein Holzdeputat für ärmere Dorfbewohner gewesen, das nach Werkschuhen gemessen wurde. Es konnte wahrscheinlich als altes Ehaftsrecht auch zum Unterhalt der Badstube verwenden werden.

Item sich hat befunden/ das vor der zeit die Forstmaister vnnd zum tail die knecht jren arbaitern mit vnserm holtz abgelont haben. Das sol jnen hiemit bey jren pflichten vnd bey leibs straff verpotten sein. Wo jr einer das mer vberfarn wuͤrdet/ der sol vnnachlessig an leib vnd guͦt gestrafft werden.

Item welchem hinfuͤro paw-/ zimmer- oder prennholtz gegebe[n] wuͤrdet/ der sol sollich sein verwisen holtz/ vngeuerlich eins halben oder gantzen schuchs/[121] nach gelegenheit des holtz von der erden hoch abhawen vnnd nit dermassen so lang stoͤck stehen lassen. Darob auch Forstmaister vnd knecht mit ernst vnd fleiß sein sollen. // Vnd sol hinfuͤro niemands gestatt werden zu strew est[122] abzuhawen oder zu schnaiten/ sonderlich an guͦten paumen/ die zu zimer oder anderm tuͤglich weren. Es geschehe dan[n] on schaden vnd mit anweisung des Forstmaisters vnd der knecht an alten untuͤgenlichen paumen/ die do zu zimer oder andern nit zu nutz wern.

Item nach dem bißher ettliche jr zimmer- oder pawholtz/ so jnen vff jr ansuchen gegeben ist/ hawen vnd alßdann im wald erfauln haben lassen/ deßgleichen das prennholtz ein halb jar vnd zu zeiten lenger inn welden vnd hoͤltzern haben stehen lassen/ welches den welden vnd hoͤltzern an anfligung des holtz vnd in ander weg schedlich/ ist beschlossenn/ welcher zimmerholtz hawt vnnd dasselbig inn zweyen monaten darnach auß dem wald oder holtz nit fuͤren lest/ so sollen die Forstmaister vnd forstknecht sollich zimerholtz vns vnd der herrschafft zu gut verkauffen oder vnsern vnd der herrschafft armen leuthen zu pesserung jrer guͤter geuolgen vnd demselben hinfuͤro inn einem jar kein zimerholtz gegeben werden.

Vnnd nach dem der Forstmaister oder knecht yedesmals vmb den fruͤling den armen leuten/ nach gelegenheit jrer arbait auff dem veld/ jr prennholtz/ so man jnen zugeben schuldig ist/ verweisen. Wo dann das anweisen auff einen tag nit alles gescheen mag/ sollen jnen Forstmaister vnnd knecht ein/ zwey/ drey oder mer tag darzu nehmen/ nach gelegenheit der armen leuth. Vnd den Statthafften/ die es an der fuͦr vermoͤge[n]/ aufs weitest/ Aber die armen/ so es nit vermoͤgen/ auffs nechst anweisen vn[d] den armen leute[n] ansage[n]/ jr pren[n]holtz von Pfingsten vnd auffs lengst vor der hailigen Triveltigkeit tag/[123] bey verliesung desselben

[121] Die Länge des Werkschuhs variierte unter den fränkischen Territorien.

[122] Äste.

[123] Trinitatis oder Dreifaltigkeitstag fällt im Kirchenjahr jeweils auf den Sonntag nach Pfingsten. Im Jahr 1531 war dies der 4. Juni.

seins holtz/ auß dem wald fuͤr. Damit sich ein yeder darnach wiß zurichten vnd sol yedesmals der Forstmaister vnnd knecht bey dem abmessen des Prennholtz sein/ es sey den Amptleuten/ Castnern/ dienern oder armen leuten auff das recht damit vmbgegangen werd. //

Item so zu vnser notturfft oder vnser vnterthonen gepewen latten gegeben muß werden/ das sol anderst nit dann also geschehen. Es sol einem ein segplocl gegeben werde[n]/ darauß er die latten an einer Segmuͤl schneiden lassen mag. Wann aber sonst kein latten holtz in den hoͤltzern oder fronschlegen vorhande[n] were vnd so dick stuͤnde/ das es gewuchs halbe[n] mer schaden brecht dann nutz vnd also nach dem vortail außzuzihen were/ das sol auch geschehen. Darinnen wissen sich Forstmaister vnd knecht vns vnd der herrschafft zu gut/ on schaden der hoͤltzer jren pflichten nach zu halten.

Item ain yeder Castner/ Forstmaister/ Wildmaister/ Forst- vnd Landtknechte/ kainer außgenomen/ die sollen bey jren pflichten vleissig auffsehen vnnd erfarung haben bey den armen leuten/ das sie jre guͤter/ die sie von vns vnd der herrschafft haben/ nit zerfallen lassen. Vnd wo sie sehen/ das einer zimerholtz oder zeungerten notturfftig were/ das dan[n] jnen das zu yeder zeit/ wie vorgemelt/ gegeben vnnd also mit einem stam[m] fuͤrkomen werd/ da man letzlich zehen hingeben muͤst.

Item die Landtknecht sollen zu einer yeden zeit/ so die armen leuth fronholtz fuͤren oder hawen woͤllen/ sollichs den Forstknechten ansagen/ daß sie bey dem hawen des holtz seyn/ damit das auff das niderst abgehawen vnnd sonst ordenlich damit vmbgangen wird.

Item zu auffgesatzten planckzeunen sol hinfuͤro kein holtz gegeben werden. Dann welcher zeunen will/ der sol das mit gerten vnd esten thun/ damit das gut holtz nit verwuͤst werd.

Item ein yeglicher Forstmaister vnd forstknecht sol bey seinen pflichten verbunde[n] sein/ das kein Amptman/ Castner/ Vogt oder einiger ander Amptknecht/ den man von vnsern oder der herrschafft wegen holtz zu geben schuldig ist/ mer holtz hawen laß dann souil man yedem nach innhalt seiner bestallung zu geben schuldig ist. Ob aber einiger Amptman/ Castner/ Vogt oder ein ander Amptknecht/ dem man/ wie obgemelt/ holtz zu geben schuldig ist/ sollichs vberfarn vnd vber jr bestallung mer holtz hawen lassen wuͤrden/ das sol ein yeder Forstmaister/ forster oder forstknecht bey seinen pflichten gein hoff an vns oder // vnsers abwesens an vnser Statthalter vnd Reth mit gnugsamer vnterricht gelangen lassen vnd beschaidts gewarten.

Item man sol niemandt gestatten/ fuͤrter an den hoͤltzern zu reuten. Dann wo das geschicht/ so wuͤrdet das holtz abgetribe[n] vn[d] so die reuth nit feuchtigkeit haben als zu eiten sich an den bergenn begibt vnnd gereuth wurdet. So pleiben die Reuth alß dann vngepawet vnnd kompt die herrschafft vmb den zinß vnd vmb das holtz/ wie dann derselben zum tail algereit ettlich ligendt pleiben.

Vnd sonderlich wo Marckpeum oder sonst alte stoͤck vnnd peum an den hoͤltzern stehen/ die des holtz weitschafft anzeigung geben moͤchtenn/ obgleich die selben nit nuͤtz oder zuuerzimern dienstlich/ so sollen sie doch nit abgetriben oder hingeben werden. Dann sie sind zum vordersten zuerhaltung der hoͤltzer vnd fuͤr das reuten nuͤtz vnd guͦt.

Item was alter Reutwiesen vnd Reutecker sind/ die vnbezinst oder vnabgemessen weren/ die sollen durch den Castner/ Forstmaister vnd knecht an yedem orth zum fuͤrderlichsten abgemessen vnnd auffs hochst/ als es gebuͤrlich ist vnnd erleiden mag/ bezinst/ vermarckt/[124] verraint[125] vnd verstammt werden. Auch alßdann derselben vermarckung beruͤrter reuth Ecker oder wissen verzaichnus inn jrer der Castner Castenbuch registriern/ deßgleichen vnserm Camerschreiber ein abschrifft gen hof vberschicken/ Damit sollichs inn die Landtbuͤcher auch verzeichent vnnd registriert moͤg werden. Vnnd dieselben so die Reuth also gemacht vnd jnen bezinst worden sind/ sollen die fuͤrter inn der Cantzley empfahen/ vnd wo sie die verkauffen vns dauon den zehenden pfennig zu handtlon geben/ Weiter auch nit schurpffen oder reuten bey der straff fuͤnff gulden. Anderst dann wie jnen die abgemessen verraint vnd verstaint ist.

Hetten aber ettliche vom Adel Reuth inn vnser herrschafft hoͤltzern gemacht vnd woͤlten dauon den zinß nit geben (weder abmessen/ verrainen oder verstainen lassen)/ so solle[n] dieselbe[n] reuten zu vnser vnd der herrschafft handen genomen/ andern verliehen vnd darob von vnsern wegen durch vns oder vnser Rethe handthabung gethon werde[n]. Damit man sehe/ das wir vn[d] // die herrschafft jnen nit gern nehmen/ auch einem yeden daß sein lassen woͤllen.

Item niemand sol hinfuͤro kein gereume oder reuthen prennen noch anzünden on wissen des Forstmaisters vnd der forstknecht/ bey der straff zehen guldenn/ da pey es verbotten soll werden.

---

124 Die einzelnen Wald- und Flurstücke werden mit Grenzsteinen und Grenzzeichen gekennzeichnet.

125 Abgrenzen. Etymologisch von „Rain“ bzw. „anrainen“ abgeleitet.

Item nach dem den jhenen/ die reuth Ecker oder wiesen inn vnd neben den hoeltzern haben/ auch welchen zugegeben vn[d] zugelassen ist/ jre Feldungen vor dem Wildtpreth zuuerschrancken/[126] jerlich schranckholtz[127] gegeben wuerdet/ welches mer werdt ist dann der zinß/ den sie von den Reuthen geben. Ist beschlossen/ das man denselben nun hinfuero inn vier jarn nit mer dann ein mal schranckholtz auß gnaden geben sol. Welcher aber der nit geraten kann/ dem soll man die nach lauth der Waldtordnung geben/ dann alle jar verprennen oder verkauffen sie die schrencken vnnd mueß jnen die herrschafft mer an schrancken geben dann sie zu zins geben.

Item so die Reuth abgemessen werden/ so sol zwoelff gerten inn die leng vnnd sechs gerten inn die brait/ fuer einen acker abgemessen werden vnd thut ein gerten vierzehen werckschuch.

Vnd dieweil die schlege bey fuenff gulden verpotte[n] sind/ das niemandts mit den schafen inn vier jarn/ vn[d] mit dem horn vich vnter siben jarn/ darein treiben. Soll es nochmals bey dem selben verpott pleiben vnd durch Forstmaister oder knecht fleissig achtung darauff gehabt werde[n]/ damit die Schleg wider vbersich komen moechten.

Item nachdem in den Schlegen zu zeiten vil heg reiser[128] vnd ettliche paum auffgezogen werden/ die doch nichts nuetz sind/ al // lein die schleg dempffen vnd das jung holtz verderben/ so sollen hinfuero in einem yeden newen schlag zu Same vnd hegreisen auff einem yeglichen Morgen zehene stehen lassen. Wo aber alte hegreiser[129] gelassen/ die nit inn die hoehe gewachsen wern/ sonder sich nur außbraiten vn[d] das ander holtz vertruckten/ die soll man herauß hawen. Sie zeigten dan[n] marckung an/ wie vorgemelt ist.

Item die forstknecht sollen niemandts in die Weld/ heg oder schleg treiben lassen/ weder mit pferden/ küen/ schafen/ gaissen noch anderm viech/ das schaden thun mag/ bey der vorangezeigten pues fuenff gulden. Wo aber vnsere oder anderer herrschafft arm leuth/ den Welden oder foersten/ so nahendt gesessen weren/ das

126 Mit Wildzäunen zu schützen.

127 Zaun- und Gatterhölzer.

128 Gestrüpp, Hecken und Sträucher in den Rodungsflächen. Etymologisch von „Hag“ (Einfriedung), „Gehag“ bzw. „verhagen“ abgeleitet.

129 Buschige Haggewächse.

sie der mit jrem viech nit empern[130] oder meiden koennten/ auch vor alter darein zutreiben gerechtigkeit gehapt hetten oder noch haben/ den sol dannocht nit gestatt werde[n]/ durch aus an alle ort zu treiben/ wo es anderst schaden fuegt. Sonder der forstknecht vnd jr yeder sol nach gestalt vnnd gelegenheit der Weld/ den armen leuten sonderlich orth anzeige[n]/ do sie dannocht jres viechs gehueten vnnd das erneeren moegen/ doch inn keinen schlag oder heg/ wie vorgemelt.

Darzu so befindet sich/ das inen zu zeiten ettliche forstknecht vnd vileicht die Forstmaister jrem selbst viech inn den Welden vnd hoeltzern/ sonderlich heg machen/ darein darff jn kein arm man treiben lassen. Das sollen sie bey jren pflichten vnd bey sonderlicher straff nit thun. Sonder so dermassen schleg oder heg vbersich komen/ darein man mit dem viech/ wie vorgemelt/ on schaden komen mag/ sol der Forstknecht keinen vortail vor den armen leuten haben. Sonder die Triebe in den hoeltzern ein yeder/ der des gerechtigkait vormals gehapt hat/ besonder vnnser vnnd der herrschafft arme leut frey sein. Deßgleichen sol es auch gegen den Amptleuten gehalten werden/ Nach dem die armen leuth/ als wol vnser vnd der herrschafft sind/ vnd an jnen gelege[n] ist/ als an den knechten.

Vnd nach dem an etlichen orthen vnsern Amptleuten vnd dienern jr prennholtz inn den Schlegen gegebe[n] wuerdet/ an welchem ort dasselbig ist/ des orts sol man einen Schlag fuernemen vnd denselben ordenlich hinweg vnd auffhawen. Vnd also das // inn einem jar ein Schlag/ souil man des bedarff/ im frueling hinweg gehawen/ fleissigklich zusamen gelesen vnd im holtz auffgeraumpt werde/ vn[d] so derselbig Schlag ein end hat. Fuerter das ander jar darneben oder an einem orth angefangen/ damit komen die Schleg/ die man dann/ wie vorgemelt/ heegen sol/ wider vbersich. So der gestalt mit ordnung gehawen vnd nit also zipffels weiß in den hoeltzern vnd Schlegen on ordnu[n]g gehawen wuerdet. Vnnd sol inn sollichem sonderlich des tueglichen pawholtz verschont vnnd dasselbig nit zu prennholtz gehawen werden.

Item die Forstmaister vnnd knecht sollen sich zu stund an nach der Pfandtrechnung/ die yedesmals acht oder viertzehen tag vor Weyhenachten gehalten/ alßdann mit jrer forstrechnu[n]g geschickt machen/ der gestalt/ das der Forstmaister [vnd] der knecht [die] rechnung zuuor besichtig vnd mit fleiß vbersehe/ das die selben ordenlich gerchnet vnd gemacht sein/ damit nichts dahinden gelassen oder verschwigen bleib. Das auch die Forstknecht jr forstgelt einpringen vnnd inn sonderheit der Forstmaister die knecht mit ernst dahin halt. Das dasselbig geschehe/ damit

130 Entbehren. Etymologisch von „entbern“ abgeleitet.

an d[er] Rechnung vnd der bezalung kein mangel erschein/ dann on das sol jr keiner von statten gelassen werden. Darnach soll sich ein yeder wissen zu richten/ vnd er mag so lessig gehandelt haben/ so soll er darzu gestrafft werden.

Item der Forstmaister oder forstknecht sollen von keinem vnserm vnd der herrschafft armen man oder vnterthonen/ welcher kein new oder gantz zimer hawet/ kein weißgelt nehmen/ was vnter fuͤnff stemmen ist. Welchem aber ein gantz zimmer oder vber die obgemelten fuͤnff stemm verweist wuͤrdet/ derselbig sol dem Forstmaister vierzehen pfennig vnnd den knechten siben pfennig zu weißgelt geben. Von prennholtz dem Forstmaister siben pfennig vnd den knechten neun pfennig.

Item so segbaum oder ploͤcker/[131] desgleichen alle andere gattung/ wie das namen hat/ verwisen werden/ soll dem Forstmaister siben pfenning vnnd den knechten neun pfenning gegeben werden. //

Item der Forstknecht sol keiner außziehen oder hinweg geen/ do er zween oder drey tag oder villeicht lenger aussen pleiben moͤcht. Es geschehe dann mit erlauptnus vnnd mit wissen des Forstmaisters oder Castners/ doch das er inn seinem abwesen sein huet besteel/ das sie nit vnbehuͦet pleib.

Item kein Forstknecht sol vndterknecht haben on vnser oder vnser Statthalter vnd Rethe sondere erlauptnus. Vnnd zum vordersten on vnser bewilligung vn[d] sie selbst destmer fleiß fürwenden/ das recht zugesehen werde.

Item der Forstmaister vnd forstknecht sollen zum wenigsten in einem viertail jars/ eins mals vngewarnter ding/ die segmuͤln vmb jre hoͤltzer ligend besichtigen. Vn[d] was sie segploͤcker finden/ die sollen sie bey jren pflichten aigentlich beschreiben lassen/ wes sie sein oder weme sie zusteen/ das auch ein yeder Muͤllner glauplich ansagen soll. Vnnd wo der Muͤller das nit thun wurd/ alßdan[n] sol jme ein zeitlang die schneidmuͤl verpotten werden. Vnd was alßdan[n] ploͤcker an der Muͤll gefunden/ die nit angesagt weren/ die sollen durch die knecht zu vnsern handen genommen werden. Vnnd was die forstknecht zu yeder zeit an Muͤlen finden/ das sollen sie dem Forstmaister anzeigen/ der sich alßdan[n] ersehen sol/ wem vnd wie es gegeben sey worden. Damit findet sich/ was rechtgeschaffen hingegeben oder gestolen ist worde[n] vnd wie es fuͤrter gestrafft sol werden.

Item das stelen vnd haimlich hinwegfuͤrn des holtz/ dieln vnd anders zuuerkomen vn[d] das sollichs auß vnser herrschafft nit gefuͤrt werden/ sollen nun hinfuͤro die Forstknecht yetzlicher ettlich tag in der wochen auff den strassen darauff se-

131 Sägeholz, abgeleitet von Sägeblock.

hen vnd achtung haben. Vnnd so offt einer betretten wu^e^rdet/ der sol on gnad von eine[n] fuder holtz/ dieln oder anderm die straff geben/ wie hernach volgt/ vn[d] dem knecht/ der einen also betritt/ dauon ein halber gulden gegeben werden.

Item Zeidel paum[132] sollen mit nichte abgehawen werdenn bey der peen[133] fu^e^nff gulden.

Item keinem Forstknecht sol nun hinfu^e^ro von vnserm vnd der herrschafft armen leuten kein fron geschehe[n]/ es geschehe dan[n] mit erlauptnus zu hoff. //

Item ein yeder forstknecht sol zu einer yeden zeit dem Forstmaister anbringen/ war innen vnd nutz oder schaden entsteen mo^e^g/ das auch alßdann der Forstmaister gen hof anlangen vn[d] inn schrifften vbergeben sol/ ferners beschaidts gewarten.

Item ob etlich arme leuth vnser/ der vom Adel oder anderer wern/ die der hu^e^t nit empern[134] oder gerate[n] ko^e^nnen/ gleichwol nit gerechtigkeit inn die ho^e^ltzer zu treiben hetten/ vnd man ko^e^nnt dieselben an etlichen orten on schaden wol hu^e^ten vnd treiben lassen/ habe[n] wir beschlossen/ das man dieselben vmb einen gewonlichen zimlichen hu^e^tzins vns vn[d] der herrschafft auffs ho^e^chst als man es bringen kann treiben soll lassen. Doch wie obgemelt/ wo es on schaden sein kann/ vnd yedesmals auff vnser oder der herrschafft widerru^e^ffenn/ das auch weder Forstmaister oder knecht der gestalt niemandt einnemen sollen/ es geschehe dann auff vnsern oder auß vnser Cantzley sondern schrifftlichen beuelch. Welches auch fu^e^rter von einem yden Castner in sein rechnung geschriben vnnd alßdann in der Rentmaistrey registriert werden sol. Dann es vns der herrschafft vnd den ho^e^ltzern nu^e^tzer ist/ wo man die hu^o^t weid on schade[n] geniessen mag/ das man es abhu^e^ten/ dann vergebenlich erfaulen laß.

Item ob sach were/ das der vom Adel oder anderer armen leuth der behu^e^ltzung auß vnsern Welden vnnd ho^e^ltzern nit geraten ko^e^nten/ sie oder jre arme leuth des orts kein holtz hetten/ damit sie sich beho^e^ltzen mo^e^chten vnd man sie aus vnsern ho^e^ltzern on vero^e^sigung oder on schade[n] zimlicher weiß beholtze[n] mo^e^cht. So sol es auch/ wie in nechstem artickel der hu^o^t halben gesatzt ist/ gahalte[n] werde[n]/ doch yedesmals auff vnser oder der herrschafft widerruffen vnd on vnsern oder vnserer Statthalter vnd Rethe sondern beuelch nit. //

132 Bäume mit Bienenstöcken.

133 Poen, Strafe.

134 Entbehren.

[…][135]// Dem allem nach vn[d] damit dan[n] also durch diese vnser Wald ordnung vnsere Weld vn[d] hoͤltzer/ souil der noch ettlicher massen in zimlichen wesen stehen/ darinnen erhalten/ nit weiter veroͤsigt vnd die so bißher durch vnordnung vnd vnfleiß in abfal vnd veroͤsigung pracht vnd komen sind/ nit allein vns vn[d] vnser herrschafft/ sonder allen den vnsern zu nutz/ gnaden vnd gutem widerumb gehoͤgt vnd gepflantzt werden moͤgen. So ist an alle vnd yegliche vnsere Hauptleut/ Amptleut/ Castner/ Voͤgt/ Richter/ Schuldthaissen/ Buͤrgermaister/ Rethe/ Buͤrger/ Gemainden/ Forstmaister vnd knecht/ auch alle andere vnsere vnterthonen vn[d] verwanten/ vnser ernstlicher beuelch vnd mainung/ Das sie alle vnd jr/ yeder samptlich vn[d] sonderlich/ ob sollicher vnserer Waldt ordnu[n]g biß auff yedes mals vnser verenderu[n]g vn[d] weitern beschaid mit bestem ernst vnd fleiß halten/ die getrewlich handthaben vnd inn kainen weg da wider handeln noch thun. Noch auch yemandts desselbe[n] gestatten/ sonder der inn allen iren stuͤcken/ puncten vnd artickeln embsiglich volgen vnd nachkomen/ alles bey iren vnd jr yedes pflichten vnd ayden/ damit sie vns vnd vnserer herrschafftt zugethon vnd verwandt sind. Darzu auch vnser sonderliche vngnad vnd ernstliche straf zuuermeiden.

Zu vrkund mit vnserm zu Ruck auffgedruckten Secret versecretiert vnd Geben zu Onoltzbach am Freitag nach sant Peters vnd Pauls der hailigen zwoͤlffpotten tag[136] Nach Christi vnsers lieben herrn geburt/ Tausent fuͤnffhundert vnd in dem einunddreissigisten jare.

[135] Gekürzt wurde der Text um die beiden Passagen „*Ordnung ob der pfandtrechnung, wie es gehalten soll werden*“ und „*Hernach volgt, wie vngeuerlich die pues soll genomen werden*“.

[136] Der Tag fiel auf den 30. Juni 1531.

D. Die Adelspolicey

I. Die Reichsritterschaft

Quellenorientierte Darstellungen sind für die Analyse frühmoderner Ordnungssysteme zwar unverzichtbar, doch standen sie als zeitaufwändige Grundlagenforschung lange im Schatten kurzlebiger Diskurse. Das führte zu einem editorischen Nachholbedarf in der fränkischen Adelslandschaft[1] seit dem Spätmittelalter. Insbesondere fehlen Arbeiten für den Bereich der weniger bekannten Familien im Freiherren- und Reichsritterstand – sie stehen hier zwischen den städtischen Patrizier- und den ländlichen Grafengeschlechtern im Mittelpunkt[2] –, während die Forschung für bekanntere Adelshäuser, speziell für die europäischen Fürstendynastien, dichter ausfiel. Fehlende Kenntnisse mögen ferner damit zusammenhängen, dass die Reichsritterschaft, soweit diese sich in Ritterkreisen und -kantonen organisierte, kein Mitglied des Reichskreises[3] war und ihre Policey[4] nicht unbedingt korporativ

---

1 Wolfgang WÜST unter Mitarbeit von Lisa BAUEREISEN (Hg.), Bayerns Adel – Mikro- und Makrokosmos aristokratischer Lebensformen. Referate der internationalen und interdisziplinären Tagung. Kloster Banz, Bad Staffelstein, 26.–29. Mai 2016, Frankfurt am Main u. a. 2017.

2 Wolfgang WÜST (Hg.), Policey, Bd. 8. Die hier edierten Adelsquellen stammten in der Regel aus der Zeit vor der jeweiligen Grafenerhebung.

3 In Auswahl: Winfried DOTZAUER, Die deutschen Reichskreise (1383–1806). Geschichte und Aktenedition, Stuttgart 1998; Wolfgang WÜST (Hg.), Reichskreis und Territorium; Wolfgang WÜST/Michael MÜLLER (Hg.), Reichskreise und Regionen im frühmodernen Europa; Bernhard SICKEN, Der Fränkische Kreis im Zeitalter der Aufklärung – Institution des Reichs oder staatenbündischer Zusammenschluß?, in: Peter Claus HARTMANN (Hg.), Regionen in der Frühen Neuzeit, Berlin 1994, S. 61–77; Bernhard SICKEN, Der Fränkische Reichskreis. Seine Ämter und Einrichtungen im 18. Jahrhundert (Veröffentlichungen der GffG, Fotodruckreihe 1), Würzburg 1970; Rudolf ENDRES, Zur Geschichte des fränkischen Reichskreises, in: Würzburger Diözesangeschichtsblätter 29 (1967), S. 168–183.

4 Volker PRESS, „Korporative" oder individuelle Landesherrschaft der Reichsritter?, in: Erwin RIEDENAUER (Hg.), Landeshoheit. Beiträge zur Entstehung, Ausformung und Typologie eines Verfassungselements des Römisch-Deutschen Reiches (Schriften zur

ausrichtete. So gingen wichtige Kommunikationsstränge verloren. Zusammen mit dem schwäbischen und dem rheinischen Adel bildete der Fränkische Ritterkreis aber das regionale Zentrum vieler inkorporierter Reichsritter[5] des Heiligen Römischen Reichs Deutscher Nation. Franken wies im 18. Jahrhundert etwa 700 Rittergüter mit etwa 150 Familien auf.

Abb. 22: Die Kantone der fränkischen Reichsritter: „Des heiligen Römischen Reichs ohnmittelbahr= Freyer Ritterschafft Der Sechs Ort in Francken/ erneuert= vermehrt= und confirmirte Ordnungen […]“, Gestochenes Frontispiz, Nürnberg (?) 1720. Bildnachweis: privat.

bayerischen Verfassungs- und Sozialgeschichte 16), München 1994, S. 93–112; Dietmar Willoweit, Rechtsgrundlagen der Territorialgewalt. Landesobrigkeit, Herrschaftsrechte und Territorium in der Rechtswissenschaft der Neuzeit, Köln 1975, S. 307–347.

5 Volker Press, Die Reichsritterschaft im Reich der frühen Neuzeit, in: Nassauische Annalen 87 (1976), S. 101–122.

Franken gliederte sich in die sechs Ritterkantone Odenwald, Gebirg/Gebürg, Rhön-Werra, Steigerwald, Altmühl und Baunach.[6] Die Reichsritter zählten zwar nicht zu den privilegierten Reichsständen, jedoch waren sie als reichsfreie Adelige diesen fast gleichgestellt und hoben sich von der großen Masse landsässiger Adelsgüter ab.[7] Reichsritter lagen mit ihren Gütern meist in und zwischen kleineren weltlichen oder geistlichen Herrschaften. Die Ritterfamilien konnten sich von der landesherrlichen Obrigkeit der umliegenden Stände freihalten und sich *de jure* direkt dem Schutz des Kaisers unterstellen.[8]

Policeyordnungen waren in diesem Kontext geeignet, neben zivil- und strafrechtlichen Regelungen, darüber hinaus die ständestaatlich-zeremonielle Stellung des Adels zu dokumentieren. Während der repräsentative Schlossbau[9] über seine Architekturformen nach außen wirkte, sorgten die Ordnungen in Pergament- oder Papierform für entsprechende Impulse. Die Freiherren von Seckendorff[10] leiteten jedenfalls im Vorspann zu einer Judenordnung für den evangelischen Schloss- und Residenzort Obernzenn 1752 „*pleno titulo*" ein: „*Ich Christoph Ludwig Freyherr von Seckendorff*[-Aberdar],[11] *Herr zu Obernzenn, Empel, Urphertshofen, Gay Ermetzhofen, Sundheim dann auff M*[arkt] *Sugenheim, Unternzenn, Egenhausen, Ober- und Unteraltenbernheim deß Sct. Joh. Maltheser Ordens Ritter, und Designirter Commandeur zu Liezen ihro Röm. Kayserl. May. und des Heil. Röm. Reichs würcklicher Reichs Hof Rath, hochfürstl. brandenburg-onolzbachscher Geheimer Ministre, Praesident des zur Graffschaft Sayn verordneten Administrations Raths-Collegii, Obervogt zu Ans-*

---

6 Wolfgang von Stetten, Die Rechtsstellung der unmittelbaren freien Reichsritterschaft, ihre Mediatisierung und ihre Stellung in den neuen Landen. Dargestellt am fränkischen Kanton Odenwald (Forschungen aus Württembergisch Franken 8), Schwäbisch Hall 1973, S. 29.

7 Heinrich Müller, Der letzte Kampf der Reichsritterschaft um ihre Selbständigkeit (1790–1815) (Historische Studien LXXVII), Berlin 1910, S. 15.

8 Erwin Riedenauer, Die fränkische Reichsritterschaft, in: Alfred Wendehorst (Hg.), Erwin Riedenauer. Fränkische Landesgeschichte und Historische Landeskunde. Grundsätzliches – Methodisches – Exemplarisches (Schriftenreihe zur bayerischen Landesgeschichte 134), München 2001, S. 135–140, hier: S. 137 f.

9 Volker Rössner, Schlossbau des 18. Jahrhunderts im Ritterkanton Baunach (Veröffentlichungen der GffG VIII/12), Neustadt an der Aisch 2000.

10 Gerhard Rechter, Die Seckendorff. Quellen und Studien zur Genealogie und Besitzgeschichte, Bd. III: Die Linien Aberdar und Hörauf. Teil 1 (Veröffentlichungen der GffG IX/36), Neustadt an der Aisch 1997.

11 Ebd., S. 218–223.

bach, und Oberamtmann derer beiden Stifft und Kästen – dann anderer incorporirten Ämters etc. auch einer Reichs befreyten Ritterschafft Landes zu Francken, Orts an der Altmühl, erbettener Ritter Rath und Truhenmeister etc."[12]

Abb. 23: Kaiserliche Gnadenzeichen für Ritterräte und -hauptleute. Darüber stehen die sechs Wappen der genannten fränkischen Ritterkantone in der erneuerten Ritterordnung von 1720. Bildnachweis: StA Bamberg, Amtsbücherei 19[8] (Oktavformat).

[12] Wolfgang Wüst (Hg.), Policey, Bd. 8, Quelle Nr. 35.

Abb. 24: Das Wappen der Familie von Seckendorff im Scheibler'schen Wappenbuch. Bildnachweis: BSB, Cod.icon. 312 c, 347.

Die Ritterkorporationen, wie sie sich im 16. Jahrhundert ausbildeten, können als eine Parallelorganisation zu den Reichskreisen gesehen werden. So bestanden Ähnlichkeiten in der jeweiligen Organisation und in den Aufgaben. Zum Verwaltungsbereich der Ritterkreise gehörten unter anderem die Wahrung des inneren Landfriedens, die Münzaufsicht, das Abstellen von Missständen im Handwerk, die Sicherheit sowie der Ausbau des Wege-, Fluss- und Straßennetzes. Die Beziehungen des Reichskreises zur Ritterschaft waren dabei schwierig.[13] Nicht wenige Kreisstände stritten mit dem Adel um verschiedene Hoheitsrechte, wie die hohe Gerichtsbarkeit[14] oder die hohe Jagd.[15] Für die Reichsritterschaft war entscheidend, dass ihr das Kriterium der Landeshoheit zuerkannt wurde, denn eine gewisse Art von Landesherrlichkeit besaßen zudem Landsässige. Vom Reichshofrat ist die Landeshoheit wiederholt der freien Reichsritterschaft zugesprochen worden, welche in Franken vielschichtig war und sich aus der Grund- und Vogteiherrschaft begründete.[16] Für den Untertanen des Reichsritters selbst war der Faktor Herrschaft entscheidend, „als eine Instanz, die Maßstäbe setzt, Entscheidungen trifft, Anordnungen ergehen lässt und deren Befolgung erzwingt".[17] Hochgericht, Vogtei, Grundrechte, Steuer und Dorfherrschaft stehen daher im Rahmen des umfassenden Begriffs von Herr-

---

13 Robert SCHUH, Das vertraglich geregelte Herrschaftsgemenge. Die territorialstaatlichen Verhältnisse in Franken im 18. Jahrhundert im Lichte von Verträgen des Fürstentums Brandenburg-Ansbach mit Benachbarten, in: JfL 55 (1995), S. 137–170; DERS., Anspruch und Inhalt des Prädikats „hoch" in der politischen und Verwaltungssprache des Absolutismus, in: Erwin RIEDENAUER (Hg.), Landeshoheit. Beiträge zur Entstehung, Ausformung und Typologie eines Verfassungselements des Römisch-Deutschen Reiches (Studien zur bayerischen Verfassungs- und Sozialgeschichte 16), München 1994, S. 11–38.

14 Wolfgang WÜST, Das inszenierte Hochgericht. Staatsführung und blutiges Herrschaftszeremoniell in Bayern, Franken und Schwaben, in: Konrad ACKERMANN/Alois SCHMID/Wilhelm VOLKERT (Hg.), Bayern. Vom Stamm zum Staat. Festschrift für Andreas Kraus zum 80. Geburtstag, Bd. 1 (Schriftenreihe zur bayerischen Landesgeschichte 140), München 2000, S. 282 f.

15 Wolfgang WÜST, Jagd, Falknerei und höfische Repräsentation, in: Georg SEIDERER (Hg.), Carl Wilhelm Friedrich von Brandenburg-Ansbach (1712–1757) – der „wilde Markgraf" (Jahrbuch des Historischen Vereins für Mittelfranken 103), Ansbach 2015, S. 63–76; DERS., Ein frühmodernes Land im Jagdfieber, S. 4–35.

16 Wolfgang VON STETTEN, Kanton Odenwald, S. 47–53; Hanns Hubert HOFMANN, Adelige Herrschaft und souveräner Staat. Studien über Staat und Gesellschaft in Franken und Bayern im 18. und 19. Jahrhundert, München 1962, S. 60.

17 Erwin RIEDENAUER, Gestaltung der Landschaft durch die Herrschaft. Begriffe, Modelle, Probleme, in: ZBLG 57/3 (1994), S. 585–600, hier: S. 588.

schaft.[18] In diesem Zusammenhang erließen die Reichsritter als Territorialherren Gesetzestexte, Verbote und Gebote in Form von Policey-, Dorf-, Gemeinde- und Gerichtsordnungen sowie Mandate und Edikte, welche – stets im Kontext „*guter*“ Policey – für Ordnung in der Gemeinde und im Land – besser sprechen wir vom Ländchen – sorgten. Policeyordnungen, die als Vorlage für weitere Gesetze dienten, sind innerhalb der süddeutschen Adelslandschaft aber selten in Druck gegangen. Meist wurde unser Policey-Genre unter anderem Namen in Umlauf gebracht.

Eine Handwerkerordnung des Freiherrn Bernhard Friedrich von Hutten (1675–1728) – Herr auf Frankenberg, zu Reusch, Menzenheim und Geckenheim – aus dem Jahr 1726 fasste den indirekten Bezug zur Policey so: „*Gleich wie eine unstreitige Vernünfftige Warheit bleibet, daß die ordnung einer Gottgefälligen und jedem stand, und, privat-sorgen ersprießliche gute sache seye, woraus gute verfaß- und vereinigung, sambt viel andern nuzen entspringet, welches nicht nur in Gottes wort sondern auch in der natur seinen bahren unumbstößlichen grund hat, denn aus trieb des Heiligen Geistes giebet der hocherleuchtete-ordnung-liebender Apostel Paulus die Ermahnung: Laßet alles ordentlich und ehrlich zugehen.*“[19] Eine interessante Ausnahme bildete hier nur die mit 80 Seiten überbordende Policeyordnung von 1759 aus der Domänenkanzlei der Freiherren von Hutten. Sie liegt im zweiten Teil dieses Kapitels als Edition vor. Dieser Druck blieb ein zentrales Referenzwerk, auf das sich beispielsweise auch die Taubenordnung zu Frankenberg aus dem Jahr 1781 bezog. „*Man hat von seiten des amtes sehr mißfällig wahrnehmen müßen, daß verschiedene unterthanen sich nicht scheuen, gegen die policeÿordnung* [von 1759] *durch haltung einer viel größern anzahl tauben, als erlaubt ist, sich zu vergehen. Da nun dieses zum großen schaden der felder gereichet, und dergl*[eichen] *unordnung und sträflichen übertrettung nicht nachgesehen werden kan; Als wird den schultheißen befohlen sämtl*[iche] *ortseinwohnern öfentlich zu publiciren, daß diejnige, welche mehr tauben, als zu gelaßen ist, halten solche in zeit 8. tagen wegschaffen* […].“[20]

Bei der Bewertung frühmoderner Staatsbildung stand die Reichsritterschaft mit ihren zahlreichen kleinen Rittergütern bisher im Schatten größerer Territorien. Um

---

[18] Erwin Riedenauer, Zur Einführung, in: Ders. (Hg.), Landeshoheit. Beiträge zur Entstehung, Ausformung und Typologie eines Verfassungselements des Römisch-Deutschen Reiches (Studien zur bayerischen Verfassungs- und Sozialgeschichte 16), München 1994, S. 4.

[19] Wolfgang Wüst (Hg.), Policey, Bd. 8, Quelle Nr. 20.

[20] Ebd., Nr. 21.

dieses Manko zu korrigieren, ist es notwendig, sich in ritterschaftlicher Perspektive mit der Gesetzgebung intensiv zu befassen. Es gilt die Policey als Lese- und Editionstexte zu fassen und in die Zeitläufe einzuordnen, um den Stellenwert der Familien und Schlossherrschaften vor der Mediatisierung zu analysieren.

In Anlehnung an die allgemeine ältere Reichsreformdiskussion[21] entstanden für die Adelsgüter Vorbilder, die regionalen Policeyreglements zugutekamen. In Franken finden sich meist frühe Belege in der Überlieferung zugehöriger Dorf-, Ehafts-, Gemeinde- und Gerichtsordnungen. Für das 16. Jahrhundert zählen dazu die mittel- und oberfränkischen Dorfordnungen von Trappstadt 1524,[22] zu Uettingen 1557,[23] zu Castell 1563,[24] zu Ermershausen 1569,[25] zu Gräfenneuses 1573,[26] die Gemeindeordnung zu Hornberg 1591,[27] die Gerichtsordnung zu Küps aus dem 16. Jahrhundert[28] und die zu Burggrumbach von 1592[29] sowie schließlich die Policeyordnungen zu Scheinfeld in der Adelsherrschaft Schwarzenberg aus dem Jahr 1594[30] und die von Werner Herdegen edierte Version zu Egloffstein aus den Jahren 1560/1650.[31]

Im Vergleich zur europaweit agierenden Handels- und Reichsstadt Nürnberg sind diese Belege aus der Reichsritterschaft zeitlich später verfasst. Der zunächst in den genannten Dorf- und Gerichtsordnungen umschriebene Begriff setzte sich *expressis verbis* als Policey erst im 17. Jahrhundert durch. In einer Gerichtsordnung zu Neuhaus und Biengarten verfügte der Schloss- und Gutsherr Wolff Bernhard von Crailsheim (1595–1652) beispielsweise 1628: „*Disem vnnd allen andern dardurch zuuorderst Gottes ehr, die gerechtigkeit, billichkeiit, zucht, erbarkeit, guete policeÿ, vnndt sitten, gefürdert vnnd erhalten würde, will ich das meine*

---

21 Franz-Ludwig KNEMEYER, Polizeibegriffe, S. 154–181; Dietmar WILLOWEIT, Gesetzgebung und Recht, S. 123–146.

22 Wolfgang WÜST (Hg.), Policey, Bd. 8, Quelle Nr. 24.

23 Ebd., Nr. 51.

24 Ebd., Nr. 6.

25 Ebd., Nr. 30.

26 Ebd., Nr. 5.

27 Ebd., Nr. 10.

28 Ebd., Nr. 41.

29 Ebd., Nr. 23.

30 Ebd., Nr. 43.

31 Ebd., Nr. 16.

vnderthanen, beÿ jren trewen ehren vnnd glauben, treülich vnd fleissig nachkommen, wider dasselbe mit nichten thun […].“[32] Policeybelege im Sinne der Kontrolle über die in den Ordnungen dargelegten Normen sind in fränkischer Adelshand nicht vor dem 18. Jahrhundert zu verorten. In der genannten „*Freyherrlich=Huttenische Policey= Gericht= und Dorffs= Ordnung*“ vom 3. April 1759 hieß es entsprechend: „*Es wird auch hiemit ernstlich verordnet, daß Sommer= und Winters=Zeiten biß Nachts um 10. Uhr, die Wuͤrths= und Hecken=Wuͤrthshaͤußer von denen Orts Jnnwohnern quittiret werden sollen: Es waͤre dann, daß bey den oͤffentlichen Froͤlichkeiten diese Policey=Stund erweitert wird. Welcher Dorffs=Gast, oder Wuͤrth hierwider handelt, solle jeder um 36. Kr*[euzer] *Fraͤnckisch ohnnachlaͤßig gestrafft werden.*“[33]

Inhaltlich befasste sich die Gesetzgebung zunächst nach städtischen Vorbildern mit Maßnahmen gegen das schuldenfördernde „Fressen“ und „Saufen“ in Gasthäusern sowie bei Dorf- und Familienfesten. Man kontrollierte die Konsum- und Kleidergebote; man ging gegen die sich auf dem Land verbreitete Spielleidenschaft, gegen Ehebrecher und Gotteslästerer vor. Die Policey im Adelsland war ferner bestrebt, Seuchengefahr zu bannen, Naturkatastrophen zu heilen und Krisen abzuwenden. Um die Kontrolle über Alkohol und Spielsucht zu wahren sowie Renitenz am Stammtisch zu unterbinden, verwundert es nicht, dass reichsritterschaftliche Gassen-, Schank-, Brau- und Wirtshausreglements allgegenwärtig waren. Die Casteller Weinordnung warnte im 17. Jahrhundert vor „*sauf und spiel gesellschaften*“ im „*stüblein*“ der Kelterei des Weinguts.[34] Die Freiherrlich von Hutten'sche Policeyordnung nahm 1759 in einem eigenen Abschnitt „*das Nachtschwaͤrmen und Gassen=Streunen*“, das „*Wuͤrthshauß=Sitzen*“ und die nächtlichen Aufenthalte der Dorfjugend in den „*Rocken=Stuben*“ unter die Lupe ihrer ordnenden Hand. Erfahrung und ständige Klagen bezeugten für den Markt Ippesheim[35] und die heute nach Weigenheim eingemeindeten Ortsteile Reusch und Geckenheim, „*daß theils ungezogene ledige junge Pursche, Nachtszeiten, besonders am Sonnabend, Sonn= und Feyertaͤgen, auf der Gasse herum lauffen, schwaͤrmen, fenstern und uͤppige Haͤndel ausuͤben, und allerhand Unordnung anrichten; So*

---

32 Ebd., Nr. 11.

33 Ebd., Nr. 20.

34 Ebd., Nr. 7; Wolfgang Wüst (Hg.), Bacchus küsst Franken.

35 Landkreis Neustadt an der Aisch-Bad Windsheim.

wird ein solches hiermit auf das schaͤrffeste verbotten: Und solle im Fall, kuͤnfftighin, sich ein dergleichen Nachtschwaͤrmer im Sommer nach 9. und im Winter nach 8. Uhr auf der Gasse blicken liesse, der Nachtwaͤchter, Fluhrer oder wer solchen sonst ertappen koͤnnte, [soll] *denselben auffangen* [und] *zu dem Schultheissen fuͤhren.*“ Für die Sonn- und Feiertage galt dort mit Blick auf die Wirtshäuser Folgendes: „*Nach geendigtem Vor= und Nachmittaͤgigem Gottesdienst bleibt zwar denen Jnnwohnern unverwehret, an Sonn= und Feyertaͤgen, im Wuͤrthshauß ein Glaß Wein zu trincken: Jedoch wird hierdurch das uͤbermaͤßige Sauffen und Spielen an solchen Taͤgen ernstlich verbotten.*“[36] In der Dorfordnung von Küps verfügte Ortsherr Karl Sigmund Philipp von Redwitz – er war 1742 Ritterhauptmann des Kantons Gebirg („*Gebürg*“[37]) – im Jahr 1724 die Einschränkung aller Wirtshausbesuche. Es bestand die Gefahr, dass ansonsten der ausgelassene Untertan „*sonderlich die sonn- und feÿertäg noch die gantze nacht üppig zubringet, sich doll und voll sauffet, woraus nochmahls mehrmahln leibes und seel verderblichet unheÿl entstehet.*“[38] In die erneuerte Dorfordnung von Wetzhausen[39] ließen die Truchsessen Veit Ulrich (1600–1657) und Wilhelm Heinrich (1605–1667) von und zu Wetzhausen im Jahr 1654 einen eigenen Paragraphen – es war der dreizehnte – mit folgendem Wortlaut aufnehmen: „*Vollsauffen, juchzen und fluchen bei nechtlicher weÿl*“. Sofern sich „*ein jnwohner alhier im wirthshauß vollgesoffen, und sich bei der nacht oder sonsten auf der gaßen mit schweren, Gottes lästern und andern schme- und scheltwortten vnnüz machen würde, soll er erstlich von denn wächtern in der güte abgewisen werden, da aber ein solches nicht helffen wolte, soll daß also balten der obrigkeit angezeigt werden, vnd er alsdann deroselben straffe gewertig seÿn; da auch die wächter oder ein nachtbar solches hörete, und nicht anzeigeten, die sollen von der herschafft, unter der ein ieder geseßen, am leibe vnnachläßig gestrafft werden, vnd soll himit beÿ der nacht daß juchzen denn vollsäuffern beÿ straffe eines halben gülden genzlich verbotten seÿn.*“[40]

[36] Wolfgang Wüst (Hg.), Policey, Bd. 8, Quelle Nr. 20.

[37] Gemeint war hier die Höhenkette in der Fränkischen Schweiz.

[38] Wolfgang Wüst (Hg.), Policey, Bd. 8, Quelle Nr. 42.

[39] Landkreis Neustadt an der Aisch-Bad Windsheim.

[40] Wolfgang Wüst (Hg.), Policey, Bd. 8, Quelle Nr. 52.

Abb. 25: Epitaph des am Montag nach Christi Himmelfahrt (30. Mai) verstorbenen Veit Ulrich d. Ä. Truchsess von Wetzhausen (1543–1577) und seiner Gemahlin Anna (1551–1604). Bildnachweis: Martinskirche im unterfränkischen Wetzhausen, 2019.

Die Seuchen- und Katastrophenvorsorge manifestierte sich ebenfalls im Ordnungsschema des Adels. In der medizinischen Policey[41] argumentierte man lange eher religiös-gottesfürchtig als naturwissenschaftlich aufgeklärt. In den ländlichen Kleinterritorien der Reichsritter galt das Policey-Interesse vor allem einem gesunden Viehbestand. Dazu fügte die Kanzlei des Freiherrn Johann Philipp Friedrich von Hutten (1711–1783) in die Policeyordnung[42] vom April 1759 sogar ein eigenes Kapitel „*Von Viehe=Seuchen*“ ein. Die einzelnen Kapitel führte man dabei als „*Tituli*“: „*§. 1. Daferne sich in einem Orte Anzeigen von einer Seuche unter dem Viehe ergeben= oder Nachricht einlauffen wuͤrde, daß dergleichen anderswo in hiesiger Gegend grassire, so ein= als andern Falls, solle also gleich die Anzeige davon bey Amt gethan werden, damit man das noͤthige verordnen= und mit GOttes Huͤlffe, darwider dienliche Mittel schaffen koͤnne. §. 2. Bey einer in der Nachbarschafft seyenden Viehe=Seuch aber ist kein fremdes Viehe in das Ort vielweniger unter die Heerde zu lassen, wann nicht ein glaubwuͤrdiges gerichtliches Attestat vorher bey Amt produciret worden, daß das Viehe von einem gesunden Ort herkomme, bey 2. Reichsthaler Straff. §. 3. Der oder diejenige aber, welche ein wissentlich von infiscirten Orten hergebrachtes Viehe einschleichen werden; sollen allen hieraus entstehenden Schaden ersetzen= und annebst noch mit einer empfindlichen Geld= auch allenfalls Leibes=Straffe beleget werden. §. 4. So bald man an einem Viehe im Ort etwas ungesund und verdaͤchtiges vermercket, ist solches sogleich vom Viehe hinweg= à part zu stellen, auch nicht ehender zu Wasser und Wayd zu lassen, biß alles wieder voͤllig hergestellt. §. 5. Bey GOtt verhuͤtenden Viehe=Seuchen, muͤssen sogleich bey Tag und Nacht inn= und ausser dem Ort Wachen angestellt und darff kein Viehe passirt= sondern muß vor der Hand abgewiesen werden* [...].“[43] Im Strafrecht ginge es bei der Abwehr von Krankheiten und Verletzungen ferner um die Unversehrtheit von Leib und Leben. In der Dorfordnung zu Gräfenneuses, das grund- und gerichtsherrlich zur Hälfte im Casteller Adels- und Weinland lag, kam 1573 der Begriff der „Gesundheit“ ins Spiel. „*Würffe aber einer, es wäre jnwohner oder fremder, nach jemand mit bleykugeln, reyz-dolchen*

[41] Martin Dinges, Medicinische Policey, S. 263–295; Caren Möller, Medizinalpolizei; Torsten Grumbach, Kurmainzer Medicinalpolicey 1650–1803. Eine Darstellung entlang der landesherrlichen Verordnungen (Studien zu Policey und Policeywissenschaft), Frankfurt am Main 2006.

[42] StA Nürnberg, Adel-Archivalien, Nr. 9397.

[43] Wolfgang Wüst (Hg.), Policey, Bd. 8, Quelle Nr. 20.

oder wurffbardten und treffe, sofern es dem beschädigten an gesundheit und leben nicht schadet, solle er um 10., fellt er aber, um 20. der herrschaft bußfällig seyn.“[44]

In der Policey trug man Sorge um die Natur und die Umwelt. Man setzte Prioritäten, um periodisch wiederkehrende Überschwemmungen zu bändigen und die Verunreinigung des Trinkwassers mittels der sogenannten Wasser-Policey[45] zu begrenzen. Über Gewässerverschmutzung klagte man ebenso in Dorf-, Gemeinde-, Fluss-, Fischerei- und Mühlenordnungen. Hierfür stehen beispielsweise die Flussordnung von 1735 aus der Grafschaft Pappenheim oder die Fischerordnung zu Marktbreit von 1615 für die Herrschaft der Schwarzenberg.[46] Die Dorfordnung von Gräfenneuses 1573 in der Grafschaft Castell sprach folgende Empfehlungen aus: „*Nachdeme man auch vor alters zu Graffen-Neüsses gänß und enten zu halten nicht gepflogen, dann was kurze jahren hero sich etliche unterfangen und durch solche der gemeinbronnen und tränktröge, daraus man trinkwasser schöpft und in dem trog das vieh zu tränken pflegt, vor koth- und federn, so leüthen und vieh zu schaden gelanget verunreiniget, so solle nun hinführo ein jeder jnnwohner zu Graffen-Neüßes enten und gänß zu halten bey 20.* [Pfennige] *verbothen seyn der gemein.*“ Neben der Wasser- sorgte die Feuerpolicey in einem anderen Feld für Abhilfe bei Haus-, Brand-, Orts- und Naturkatastrophen. Eine aussagekräftige Feuerordnung von 1764 in der von Eyb'schen Adelsherrschaft[47] zu Neuendettelsau steht exemplarisch für ähnliche Reglements. Die Herren von Eyb, die als Mitglieder in der fränkischen Reichsritterschaft bis zur Mediatisierung aktiv waren und zusätzlich im Fürstendienst[48] der

44 Ebd., Nr. 5.

45 Wolfgang Wüst, Städte unter Wasser – Der Umgang mit Hochwasser im Spiegel frühmoderner kommunaler Medien, in: Bulletin der Polnischen Historischen Mission / Biuletyn Polskiej Misji Historycznej 14 (2019), S. 251–283.

46 Wolfgang Wüst (Hg.), Policey, Bd. 8, Quellen Nr. 40 und 44.

47 Fee Freifrau von Eyb/Eugen Schöler, Eyb, Adelsfamilie, publiziert am 18.7.2011, in: Historisches Lexikon Bayerns, URL: http://www.historisches-lexikon-bayerns.de/Lexikon/Eyb,_Adelsfamilie (Zugriff: 28.5.2021); Matthias Thumser (Bearb.), Ludwig von Eyb der Ältere (1417–1502). Schriften: Denkwürdigkeiten – Gültbuch – Briefe an Kurfürst Albrecht Achilles 1473/74 – Mein Buch (Veröffentlichungen der GffG I/6), Neustadt an der Aisch 2002.

48 Eugen Schöler/Hans Rössler, Die Reichsritter von Eyb – freie Herren in fürstlichen Diensten. Ein Beitrag zur Geschichte des Markgrafentums Brandenburg-Ansbach (Triesdorfer Hefte 6), Triesdorf 1995.

Markgrafen von Brandenburg-Ansbach und der Bischöfe von Eichstätt standen, versuchten Probleme in der Gemeinde zu regeln.

Abb. 26: Schloss Neuendettelsau im 18. Jahrhundert. Bildnachweis: Familienarchiv von Eyb.

Offenbar gab es bereits entsprechende Impulse aus der 1298 erstmals erwähnten Dorf- und Rittergutsgemeinschaft, mit der die von Eyb seit 1518 belehnt wurden. 1764 hieß es jedenfalls: „*Nachdeme man sich nicht so wohl aus liebe und vorsorge gegen den unterthanen von herrschaffts wegen bewogen und veranlaßet gesehen, sondern auch von hiesigen gemeinds wegen selbsten, bey der – den 31.ⁿ Maÿ 1763. gehaltenen ehehafft unterthänig angebracht und gebetten worden, daß eine feuerordnung zu stande gebracht werden möge.*“ Eines der vorrangigen Ziele des neuen Feuerschutzes war die Abschaffung der noch verbreiteten brandgefährlichen und nur bedingt witterungsbeständigen Stroh- und Lehmdächer. „*Die strohedächer werden hiermit gänzlichen abgestellt und verbotten. Da aber dießes gleichwohlen eine sache, welche manchem besonders aber armen unterthanen, wann man solche über das knie abbrechen wolte, vieles unstatten verursachen* […] *so ist denen vermöglichern zu deren abthuung ein gewißer termin gemacht – beÿ denen ärmern hingegen solches bis zu erfolgendem verkauff eines solchen mit strohe gedeckten hauses, ausgesetzet wor-*

den. Es sind aber, wie dem unterthanen selbsten am besten bekandt, der strohedächer zweÿerleÿ, als heerddächer[49] *und handvolldächer,*[50] *letztere sind gar gefährlich, und werden also so bald als nur immer möglich abgestellt.*"[51]

Dem ökonomischen Aspekt war dagegen die Münz-, Maß-, Gewichts- und Geld-Policey zuzuordnen, bei der gerade seit dem 16. Jahrhundert die Reichskreise[52] in übergreifenden Assoziationen aktiv blieben. Mit dem Geldumlauf, für dessen Richtig- und Wertigkeit in erster Linie überterritoriale Institutionen firmierten, setzten sich zahlreiche Handels- und Zollbestimmungen auseinander. Zur Überprüfung der Maßeinheiten kam es in den Adelsländern beispielsweise bei der Aufsicht über Mühlen. Policey-Visitatoren hatten 1777 zu Egloffstein folgenden Auftrag: „*Mehr sollen, um auch eine besondere gleichheit in rücksicht der steine beÿzubehalten, die mühl=visitatores einen besondern zoll stab einer spannen lang, den untern zoll mit 4eckigten eisen beschlagen, beÿ sich führen, mit welchem man den laufer und bodenstein zu bemeßen im stande ist.*"[53] Mit dem Geld- und Münzumlauf beschäftigte man sich dementsprechend bei der Rechnungslegung in Adelsdörfern. 1685 verfügten die Fuchs von Bimbach[54] für die Gemeinde Neuses am Raueneck: „*Alle buß und straffen sollen beÿ der gemeindt rechnung (die in triplo*[55] *verfertiget, und jeder herrschafft zur approbation ein exemplar zu gestellet werden solle) auf Andreæ*[56] *gefallen u*[nd] *erlegt werden, u*[nd] *im fall/ sich ener weigert, idoch nottürfftig bewiesen were, und in der güte sich nicht ein stellen wolte, dem sollen über dreÿmahliges verwarnen die dorffs meister ins haus gehen, daraus, oder auf der gaß ein pfand nehmen, und sich da von bezahlet machen* [...]."[57]

49 Es handelt sich um Lehm- und Strohdächer.

50 Reine Strohdächer.

51 Wolfgang Wüst (Hg.), Policey, Bd. 8, Quelle Nr. 32.

52 Konrad Schneider, Reichskreise und europäisierter Geldumlauf, S. 283–301; Frank Göttmann, Über Münz- und Währungsprobleme im Bodenseeraum, S. 195–220.

53 Wolfgang Wüst (Hg.), Policey, Bd. 8, Quelle Nr. 18.

54 Andreas Flurschütz da Cruz, Zwischen Füchsen und Wölfen. Konfession, Klientel und Konflikte in der fränkischen Reichsritterschaft nach dem Westfälischen Frieden (Konflikte und Kultur – Historische Perspektiven 29), Konstanz 2015.

55 Dreifach.

56 9. Mai.

57 Wolfgang Wüst (Hg.), Policey, Bd. 8, Quelle Nr. 3.

Abb. 27: Wappen der Familie von Eyb, das in dieser Form seit dem frühen 15. Jahrhundert nachweisbar ist. Bildnachweis: BSB, Cod.icon. 312 c, 202.

Policey-, Bettler- und Armenordnungen wirkten präventiv gegen die zunehmenden Bettlerströme, die vor den Toren der Adelsschlösser nicht Halt machten. Neben verdienstvollen Untersuchungen zu diesen Quellen, wie sie etwa zur frühen Nürnberger Armenordnung[58] des Jahres 1522, zu einer entsprechenden Vorgabe für Dortmund von 1596[59] oder zur Sozialgesetzgebung in Schleswig-Holstein von 1736[60] vorliegen, legten die am Erlanger Lehrstuhl für Bayerische und Fränkische Landesgeschichte entstandenen Editionen Grundsteine trotz immenser Überlieferung. Für die fränkische Reichsritterschaft fehlt trotz der frühen materialreichen Darstellung des 2006 in Hannover verstorbenen Historikers Ernst Schubert zum Thema „Arme Leute, Bettler und Gauner im Franken des 18. Jahrhunderts" nach wie vor eine Gesamtanalyse.[61] Betteln war in erster Linie im kleinräumigen deutschen Südwesten beliebt, da die nächste Grenze bei Ausweisungen meist nicht weit entfernt lag. Außerdem lockten steuerbenachteiligte Schlossherrschaften im Rahmen ihrer Armen- und Ansiedlungspolitik[62] nach 1648 vermehrt kinderreiche Vermögenslose in ihre Grund- und Gerichtsherrschaft. Man setzte auf – modern gesprochen – die Manpower und hoffte auf bessere Zeiten. Hassenberg bei Sonneberg war so ein Fall altfränkischer „Peuplierung". Unter wechselnden Gutsherrschaften explodierte die Häuserzahl förmlich. Von sieben Wohnhäusern neben Schloss, Ziegelhütte und Brauhaus im Jahr 1724 stieg die Zahl der Anwesen bis 1783 auf 13 Wohnhäuser, in

58 Wolfgang Wischmeyer, „Die Werck der Lieb sind Gezeugnis des Glaubens". Die Nürnberger Armenordnung von 1522 im Zusammenhang städtischer Sozialgeschichte, Humanismus und „Ratsreformation", in: Österreichisches Archiv für Kirchenrecht 45 1/2 (1998), S. 112–130.

59 Beate Sophie Gros, Eine Dortmunder Armenordnung aus dem Jahre 1596. Edition und Kommentar, in: Beiträge zur Geschichte Dortmunds und der Grafschaft Mark 88 (1997), S. 111–137.

60 Kai Detlev Sievers, Absolutistische Sozialgesetzgebung im ordnungspolitischen Horizont. Das Beispiel der schleswig-holsteinischen Armenordnung von 1736, in: Werner Paravicini (Hg.), Mare Balticum. Beiträge zur Geschichte des Ostseeraumes in Mittelalter und Neuzeit. Festschrift zum 65. Geburtstag von Erich Hoffmann (Kieler Historische Studien 36), Sigmaringen 1992, S. 279–289.

61 Ernst Schubert, Arme Leute, Bettler und Gauner, S. 257–259; Carsten Küther, Menschen auf der Straße. Vagierende Unterschichten in Bayern, Franken und Schwaben in der zweiten Hälfte des 18. Jahrhunderts (Kritische Studien zur Geschichtswissenschaft 56), Göttingen 1983, S. 8–10, 61–67.

62 Hartmut Heller, Die Peuplierungspolitik der Reichsritterschaft als sozialgeographischer Faktor im Steigerwald (Erlanger geographische Arbeiten 30), Erlangen 1971.

den 67 Einwohner lebten. Als Folge später Siedlungspolitik verdoppelte der Ort bis 1807 seine Größe. Man zählte jetzt 131 Einwohner und 26 Häuser. 1856 lebten in Hassenberg am Ende der Patrimonial- und Gutsherrlichkeit dank vieler neu erbauter „Tropf-" oder Gnadenhäuser 260 Personen in 47 Häusern.[63] Unsere Texte greifen den Komplex kontrolliert-einheimischer und unkontrolliert-fremder Betteleien wieder und wieder auf. Die Ordnung zu Frankenberg von 1759 beinhaltete dazu ein ausführliches Kapitel: „*Von Bettlern auch Beherbergung liederlichen Gesinds.*" Die Herren von Hutten untersagten zum wiederholten Mal „*allen und jeden Unterthanen hierdurch alles Ernstes* [...] *einige fremde Persohnen, maͤnnlich oder weiblichen Geschlechts, vielweniger arme Leute, dann Herrenloses liederliches Gesind zu beherbergen, oder demselben sonsten einen Unterschleiff zu geben*". In Verdachtsfällen standen „*schleunige Haußsuchung ohne Unterschied und Partheylichkeit*" an. Ferner war es keinem „*auswaͤrtigen Bettler oder Collectanten, es seye auch wer er wolle,*" erlaubt, „*in dem Ort herum zu gehen, und vor denen Haͤußern zu sammeln, wann er nicht hierzu vom Amt die ausdruͤckliche Erlaubnus schrifftlich erhalten und auszuweisen hat. Denen armen im Ort aber ist eine desto reichere Gabe mitzutheilen.*"[64] Neben den Adelsherrschaften schotteten sich die Landzünfte gegen den Zugang sozialer Unterschichten ab. Das ehrbare Handwerk der Zinngießer in der Grafschaft Schwarzenberg versuchte es 1666 auf diese Weise: „*Zum zehenden, eß soll auch kein pfuscher oder freder,*[65] *welcher auff der gassen sitz vnd flicken tuht vndt vnß daß brod fon dem maull ab nimbt, diese gesellen nicht sollen gebassirt werden, wo aber solliche jn der Graffschafft* [Schwarzenberg] *gefunden werden, soll zu solliches alleß waß die beÿßig*[66] *haben; alleß soll genomen werden.*"[67]

---

[63] Thomas Gunzelmann, Hassenberg – ein Beispiel ritterschaftlicher Peuplierung im Coburger Land, in: Jahrbuch der Coburger Landesstiftung 35 (1990), S. 279–314, hier: S. 279 f.; Wolfgang Wüst, Paradiesische Zustände? Steuer- und Religionsfreiheit als ein herrschaftliches Lockmittel für Um- und Neusiedler in früher Neuzeit und Moderne / Blissful conditions? Tax and religious freedom as enticement of the monarchs given to immigrants and settlers at the dawn of the early modern period / Rajkie warunki? Wolność podatkowa I religijna jako przynęta władców dla przesiedleńców i osadników w epoce wczesnonowożytnej i u progu nowoczesności, in: Bulletin der Polnischen Historischen Mission / Biuletyn Polskiej Misji Historycznej 13 (2018), S. 55–86.

[64] Wolfgang Wüst (Hg.), Policey, Bd. 8, Quelle Nr. 20.

[65] Fretter ist ein Synonym für übel arbeitende Pfuscher und Stümper.

[66] Bei sich.

[67] Wolfgang Wüst (Hg.), Policey, Bd. 8, Quelle Nr. 47.

Zum Kanon der Adelspolicey zählten gewiss auch christliche Orientierungswerte. Es ging um die Autorität der Ortskirche, an der nicht selten die Grablege der Adelsfamilie zu finden war. Die Policeyordnung der Herrschaft Pappenheim legt jedenfalls für das oftmals bereits als aufgeklärt bezeichnete 18. Jahrhundert unmissverständlich fest: „*Erstlich dieweil man Gottes Reich zum allerersten suchen, die ehre Gottes fürdern und aus seinem heilsamen wort die speiß der seelen gewarten solle. So ordtnen und setzen wir, daß alle unsere burger, unterthanen und männiglich in unser stadt und herrschaft Pappenheim, das Heilig Gottes Wort und die predig alle sonntag und feÿertage unverhinderlich besuchen, und in sonderheit sollen alle hauß-väter und mütter ihre kinder, knecht und mägd samt andern haußgenoßen an obgemelten tagen die predig und catechismum zu hören anhalten.*“[68] Nach dem ersten Abschnitt „*Von Zuhoerung Gottes Wort*“ folgten anschließend Erläuterungen über das „*Gottslaestern und fluchen*“ und die Spielsucht. Auch die Freiherren von Hutten stellten 1759 das Kapitel „*Von der Gottesfurcht, Heiligung des Sabbaths, und wie sich bey Besuchung des Gottesdienst zu verhalten*“ an den Anfang ihrer Ausführungen. Dort hieß es: „*An denen zum Dienste GOttes gesetzten Fest= Sonn= auch Feyertaegen solle sich jedermann der gewoehnlichen Arbeit enthalten, und solche Tage (Tage der Ruhe) nach GOttes Ordnung sich seyn lassen; damit jedes seine Andacht gebuehrend verrichten moege. Auch wird hiermit das Thurniren und Plaudern in der Kirche, welches viele= besonders ledige junge Pursche in Gewohnheit haben, ernstlich verbotten, und wer sich unterstehen wird, darwider zu handeln, der solle durch den Fluhrer,*[69] *deme hierauf zu sehen, ausdruecklich anbefohlen wird, also gleich andern zum Exempel, oeffentlich durch Schlaege bestraffet werden. Waehrenden Gottesdienstes, solle niemand in die Wuerths= oder andere dergleichen Haeußer sitzen, um zu zechen, auch kein Gast= oder andere Wuerth bey empfindlich Herrschafftlicher Straffe, sich unterstehen waehrend der Zeit zu schencken.*“[70] Und Johann Graf zu Schwarzenberg (um 1525–1588) ließ in seiner Policey- und Gerichtsordnung 1570 festhalten, dass „*die schröckliche verachtung göttlichs worts, daß greuliche gotslestern, fluchen, vnnd schwerenn, vnnd dann das abscheuliche, vberflüssige, vnnd mehr dann viehische vollsauffenn, nebenn allen anderenn sünden vnnd lasterenn je lenger je mehr, allenthalbenn beÿ mann, vnnd weiberenn, jung*

[68] StA Nürnberg, Herrschaft Pappenheim, Akten 4646.

[69] Flurmeister.

[70] Wolfgang Wüst (Hg.), Policey, Bd. 8, Quelle Nr. 20.

vnnd alt" verbreitet sei. So sei es nicht verwunderlich, wenn „*Gott der allmechtig seinenn grimmigen zorn vnndt ernster strafenn lenger nicht wird hinderhalltenn*". Die Herrschaft Schwarzenberg müsse alles tun und „*mit vleiß zu gemüth zu fhürenn, auch vnnsere gedancken dahin zurichten, wie sollichem vnheil zubegegnenn, der göttliche zorn, vnnd strafenn, wo nicht gar abzuwendenn, doch zumilterenn sein möchtenn*".[71] Entsprechend der Hospitalordnung[72] von Obernzenn galt es unter den Freiherren von Seckendorff gottesfürchtig zu leben, regelmäßig zu beten und in der Kirche stets präsent zu sein. Wie „*ihre Christen Pflicht ohnehin erfordert, und ihnen auch hiemit eingescha^e^rfet wird, sich angelegen seyn lassen, GOtt fleißig zu dienen. Und haben sie also den o^e^ffentlichen Gottesdienst bey gesunden Tagen, und wenn sie das Vermo^e^gen haben, jedesmahl zu besuchen, auch im Haus mit GOttes Wort umzugehen, und anda^e^chtig zu beten, damit sie go^e^ttlichen Segen u^e^ber diese Anstalt und sich selbsten bringen. Jnsonderheit sollen sie sich morgens und abends im demu^e^thigen Gebet mit einander vereinigen, wie sie dazu na^e^here Anweisung bekommen werden.*"[73]

Policey war ein Garant für die innere und äußere Sicherheit.[74] Die frühmodernen Gesetzgeber blieben bemüht, den Vollzug der Ordnungen anzusprechen und umzusetzen. Adelsdiener, Vögte, Pfleger, Visitatoren und reichsritterschaftliche „Beamte", oftmals in Koordination mit der Gemeinde, sorgten für den Vollzug. In einer Rüglander Siebnerordnung hieß es 1728: „*Und weilen zw verhütung aller hand irrung und strittigkeien nöthig ist, daß die gräntzen und marckungen in guter richtigkeit gehalten werden: so solle die siebnereÿ alljahrlich zweÿ mahl und zwar jedes mals den tag nach Walburgis*[75] *oder wenn es ein sonntag wäre, den nachsten monntag hernach, und dann den tag nach Michaelis,*[76] *einen allgemeinen umbgang in gegenwart des oder derer herrschaftt*[lichen von Eyb'schen] *beamten halten alle steine und marckungen zw dorf und feld fleißig visitiren und die abgängigen set-*

[71] Ebd., Nr. 43.

[72] StA Nürnberg, Adel-Archivalien, Nr. 8969.

[73] Wolfgang Wüst (Hg.), Policey, Bd. 8, Quelle Nr. 36.

[74] Alf Lüdtke, Zurück zur „Policey"?, S. 12–29; Hans Kirsch, Sicherheit und Ordnung; Manfred Biernath, Die bayerische Polizei; Ernst Rudolf Hubert, Zur Geschichte der politischen Polizei im 19. Jahrhundert, S. 144–167.

[75] 1. Mai 1728.

[76] 29. September 1728.

zen.“[77] In Neuendettelsau hatten die Diener der Adelsfamilie die Aufsicht und Regie im Katastrophenfall. 1764 las man im Abschnitt „Feuer“ dazu: „*Sobald nun dergleichen anschlagen an die glocken, oder sturmläuten vernommen wird, so solle jedermann sich aufmachen, und sich an den ort des brandes, oder im dorf zu dem im in brande stehenden gebäudte begeben, und der von dem beamten, oder andern vorgesetzten ertheilt werdenden ordre, gehorsammen und willigst nachkommen, und nicht im geringsten sich widersetzen.*“ Auch waren die Nachtwächter zu Neuendettelsau zur Wachsamkeit aufgerufen. „*Der nachtwächter soll, wie sich von selbsten verstehet, sogleich, nach dem die uhr ausgeschlagen, mit ausruffen der stunde anfangen, und, wann dieses geschehen, so dann nicht dem wirths- brandenwein – oder einem andern – und seinem eigenen hauß geraden wegs zulauffen, /und sich volltrinken/, oder wohl gar schlaffen legen, sondern so lange einer die wache hat, ohnausgesetzt fleißig wachen und hüten.*“[78] In die Spitalsordnung der von Seckendorff'schen Herrschaft in Obernzenn nahm man 1754 sogar einen Passus zu den „*Vorgesetzten*“ auf, um die lokale Autorität auch namentlich zu prägen. „*Die hiesige Pfarr= und Vogt=Aᵉmter fleißig aufzusehen, und der jedesmahlige Richter hieselbst, der zum Hospital=Verwalter bestellet ist, hat mit Huᵉlfe und Beystand des einen hiesigen Heiligen=Pflegers massen diese alle Jahr in diesem Dienst abwechseln sollen, dahin zu sehen, daß alles in seiner Ordnung, der Stiftung gemaᵉß, gehandhabet werde. Wie sie denn nach dem Inventario zu sehen, und es jaᵉhrlich zu stuᵉrzen, auch die Rechnung abzulegen haben.*“[79]

---

77 Wolfgang Wüst (Hg.), Policey, Bd. 8, Quelle Nr. 31.

78 Ebd., Nr. 32.

79 Ebd., Nr. 36.

Abb. 28: Blaues und Rotes Schoss der Freiherren von Seckendorff zu Obernzenn im mittelfränkischen Landkreis Neustadt an der Aisch-Bad Windsheim. Das Blaue Schloss beherbergt im Bildersaal die Familienporträts des 17. und 18. Jahrhunderts. Im Roten Schloss befindet sich eine museumspädagogische Werkstatt. Bildnachweis: Wikipedia 2010 (gemeinfrei).

II. Altes Reich in Adelshand

Überprüfen wir in diesem Abschnitt die Orientierungslinien der Policey. In der süddeutschen Adelslandschaft nahmen Kanzleien[80] Diskurse auf, die zuvor in über-

80 Erwin RIEDENAUER, Fränkische Reichsritterschaft und römisch-deutsches Reich. Elemente einer politischen Symbiose, in: Erich SCHNEIDER (Hg.), Nachdenken über fränkische Geschichte, Neustadt an der Aisch 2005, S. 155–278; Berthold SUTTER, Kaisertreue oder rationale Überlebensstrategie? Die Reichsritterschaft als habsburgische Klientel im Reich, in: Heinz DUCHHARDT/Matthias SCHNETTGER (Hg.), Reichsständische Li-

regionalen Ordnungen des Alten Reiches und der Reichskreise[81] bereits vorformuliert und angesprochen wurden. Für den Ritterkanton an der Altmühl[82] hieß es dazu 1683: *„Wann dann hohe Fuͤrsten und Staͤnde des Reichs/ solches nicht nur sehr wohl erwegen/ und in Betrachtung dessen/ in dero Fuͤrstenthum und Landen hoͤchstruͤhmliche Verordnung ergehen/ sondern auch uns hievon Communication wiederfahren lassen/ und umb Haltung der Conformitaͤt gnaͤdigst Ansinnung gethan; Als sind wir umb so viel mehr bewogen worden/ solchen guten Anstalten nachzufolgen/ und dergleichen Verordnung an die saͤmptlich Adeliche Mitglieder und Incorporirte dieses Ritter=Orts zu ertheilen.*“[83] Der Ritterkanton Altmühl forderte – ähnlich wie die benachbarten Ritterkanzleien an der Baunach,[84] im Odenwald[85] sowie im Steigerwald[86] – Geld- und Truppenunterstützung bei der Türkenabwehr ein, getreu des

bertät und habsburgisches Kaisertum (Veröffentlichungen des Instituts für Europäische Geschichte Mainz, Beiheft 48), Mainz 1999, 257–307; Wolfgang Wüst, Normen als Grenzgänger. Policey und Wissenstransfer in Süddeutschland vor 1800, in: Konrad Ackermann/Alois Schmid (Hg.), Staat und Verwaltung in Bayern. Festschrift für Wilhelm Volkert zum 75. Geburtstag (Schriftenreihe zur bayerischen Landesgeschichte 139), München 2003, S. 287–306.

81 Wolfgang Wüst, Die „gute Policey“ im fränkischen Reichskreis, S. 177–199.

82 Cord Ulrichs, Vom Lehnhof zur Reichsritterschaft. Strukturen des fränkischen Niederadels am Übergang vom späten Mittelalter zur frühen Neuzeit (VSWG, Beihefte 134), Stuttgart 1997; Sven Rabeler, Reichsritterschaft, Kanton Altmühl, publiziert am 27.1.2020, in: Historisches Lexikon Bayerns, URL: http://www.historisches-lexikon-bayerns.de/Lexikon/Reichsritterschaft,_Kanton_Altmühl (Zugriff: 28.5.2021).

83 Wolfgang Wüst (Hg.), Policey, Bd. 8, Quelle Nr. 1.

84 Paul Sörgel, Der Ritterkanton an der Baunach in den Haßbergen, Hofheim in Unterfranken 1992.

85 Helmut Neumaier, „Daß wir kein anderes Haupt oder von Gott eingesetzte zeitliche Obrigkeit haben“. Ort Odenwald der fränkischen Reichsritterschaft von den Anfängen bis zum Dreißigjährigen Krieg (Veröffentlichungen der Kommission für geschichtliche Landeskunde in Baden-Württemberg B 161), Stuttgart 2005.

86 Michael Puchta, Mediatisierung „mit Haut und Haar, Leib und Leben“. Die Unterwerfung der Reichsritter durch Ansbach-Bayreuth (1792–1798) (Schriftenreihe der Historischen Kommission bei der Bayerischen Akademie der Wissenschaften 85), Göttingen 2012; Ders., Reichsritterschaft, Kanton Steigerwald, publiziert am 29.5.2015, in: Historisches Lexikon Bayerns, URL: http://www.historisches-lexikon-bayerns.de/Lexikon/Reichsritterschaft,_Kanton_Steigerwald (Zugriff: 28.5.2021); Erwin Riedenauer, Kontinuität und Fluktuation im Mitgliederstand der fränkischen Reichsritterschaft. Eine Grundlegung zum Problem der Adelsstruktur in Franken, in: Richard van Dülmen (Hg.), Gesellschaft und Herrschaft. Forschungen zu sozial- und landesgeschichtlichen

Reichsbegehrens zur Verteidigung Wiens. Die Reichsritter bildeten nach Ausweis policeylicher Aufrufe den Kern der Reichsarmee.[87] Angehörige des ritterschaftlichen Adels führten dabei als Offiziere ganze Regimenter; Christoph Wilhelm von Aufseß (1650–1704)[88] beispielsweise von 1691 bis zu seinem Tod das Regiment der fränkischen Kreis-Dragoner. So rief man über die Policey zur Solidarität unter Waffen auf: „*Welcher gestalt der Erb=Feind Christlichen Nahmens/ nicht allein das Königreich Ungarn/ sondern auch unser geliebtes Vatter=Land/ Teutscher Nation/ und sogar die Kaeiserl. Erb=Land und Residentz=Stadt Wien/ mit einer grausamen Macht allbereit wuercklich angegriffen/ und mit Rauben/ Morden/ Sengen/ Brennen/ und Hinwegfuehrung vieler tausend Christen in seine Dienstbarkeit/ dergestalten tyrannisch verfaehret/ daß ein jedes Christliches Hertz hierob billiges Erbarmen tragen/ und in sich gehen solle* […].“[89]

Adelsordnungen unterscheiden sich im Vergleich bei der Häufigkeit angesprochener Reichsbezüge deutlich von den Reichsstädten und den beiden Markgraftümern. Zur Veranschaulichung blicken wir nochmals nach Nürnberg. Reichs- und Stadtlektüre gingen dort Hand in Hand. Der reichsstädtische Rat bezog sich 1583 beim Verbot der Hoffart direkt auf die Reichsordnungen der Jahre 1530, 1548 und 1577. „*OBwol ein Erber Rathe dieser Statt Nuermberg/ hievor zu etlich malen/ sonderlich aber im jar 1568. auß allerhand guten beweglichen vrsachen/ der dazumals eingerissenen vbermessigen hoffart halben/ als ein Commun vn*[d] *Stand des heiligen Reichs/ den auff etlichen davor gehaltenen Reichstaegen beschlossenen vnd decretierten Reichspoliceyordnungen*[90] *gemeß/ auß schuldigem gehorsam/ sonder-*

Problemen vornehmlich in Bayern. Eine Festgabe für Karl Bosl zum 60. Geburtstag, München 1969, S. 87–152.

87 Helmut Neuhaus, Das Problem der militärischen Exekutive in der Spätphase des Alten Reiches, in: Johannes Kunisch/Barbara Stollberg-Rilinger (Hg.), Staatsverfassung und Heeresverfassung in der europäischen Geschichte der frühen Neuzeit (Historische Forschungen 28), Berlin 1986, S. 297–346; Bernhard Sicken, Das Wehrwesen des fränkischen Reichskreises (1681–1714), 2 Bde., Nürnberg 1957.

88 Florence Peyronnet-Dryden/Christof von Aufsess, Die Familie der Freiherren von und zu Aufseß. Eine 900-jährige Geschichte. Festschrift anlässlich des 900-jährigen Bestehens der Familie der Freiherren von und zu Aufseß 1114–2014, Aufseß 2014. Noch immer informativ: Otto Freiherr von und zu Aufsess, Geschichte des uradelichen Auffseß'schen Geschlechts in Franken, Berlin 1888.

89 Wolfgang Wüst (Hg.), Policey, Bd. 8, Quelle Nr. 1.

90 Matthias Weber, Die Reichspolizeiordnungen von 1530, 1548 und 1577.

Abb. 29: Das seit 1450/80 gültige Wappen der Herren von Aufseß aus dem Scheibler'schen Wappenbuch. Bildnachweis: BSB, Cod. icon. 312 c.

bare Statuta, Gesetz vnd Ordnungen verfassen/ vnd gemeiner burgerschafft allhie/ o^e^ffentlich publiciren lassen/ vnd sich gentzlich versehen/ es solte solchen Ordnungen durchauß/ wie billich/ gehorsamlich nachgesetzt worden sein.“[91] In der Nürnberger „*Mercantil= und BANCO=Gerichts Ordnung*“ von 1697, um ein weiteres Beispiel für die Rezeption von Reichsrecht zu illustrieren, legte der Innere Rat seinen Bezugsrahmen fest. Es sei „*alles das zu thun und zu verrichten, was nach Anleitung der Ka^e^iserl*[ichen] *Cammer= Gerichts= und Unserer Gerichts= Ordnung, der Nu^e^rnbergischen Reformation und Satzungen, insonderheit des Reichs Abschiedes zu Regenspurg de Anno 1654 in Process=Sachen, in anderen Unseren Gerichten und sonsten, eingefu^e^hret worden und u^e^blichen Herkommens, auch von Uns ferner vor gut angesehen und verordnet*“ worden war.[92] Der Vergleich mit Nürnberg – andere Reichsstädte ergäben ähnliche Ergebnisse – stärkte die Sicht auf die Eigengesetzlichkeit im Adelsgebiet. Fränkische Ritterkantone und ihre Mitglieder bewahrten jedenfalls bei aller Kooperation im Reichskreis,[93] soweit der Chaussee- und Straßenbau[94] sowie andere infrastrukturelle Aufgaben betroffen waren, ihre Selbstständigkeit. Konkret ging es um das oft hart erkämpfte Monopol, eigene Gesetze zu erlassen und fremde Reglements nur im Einklang mit der Ortsherrschaft zu dulden.

---

91 Wolfgang Wüst (Hg.), Policey, Bd. 7, S. 475.

92 Ebd., S. 929.

93 Wolfgang Wüst, Ritterkreis und Reichskreis – Kooperationen für Franken, in: Ders. unter Mitarbeit von Lisa Bauereisen (Hg.), Adelslandschaften – Korporationen, Kommunikation und aristokratischer Konsens in Mittelalter, Früher Neuzeit und Moderne. Tagung in Kloster Ettal vom 16. bis 18. Februar 2017, Frankfurt am Main 2018, S. 97–126.

94 Wolfgang Wüst, Chausseen in Franken, S. 22–24.

Freyherrlich=Huttenische Policey=Gericht= und Dorffs=Ordnung vom 3. April 1759

Freyherrlich=Huttenische Policey=Gericht= und Dorffs=Ordnung, zu[95] [3. April 1759] // [3]

NAchdeme es eine ohnstreitig= ausgemachte Sache ist, daß die Beobacht= und Haltung guter **Policey**= und **Dorffs=Ordnung** aller Orten ho^e^chstno^e^thig und nu^e^tzlich seye; Hierinn aber, der erlangten Kundschafft nach, in dem dem Hochfreyherrlichen Hauße von Hutten zu Franckenberg, mit aller hohen und niedern–geist– und weltlichen Gerichtbarkeit unterworffenen Flecken **zu** [Markt Ippesheim, Reusch und Geckenheim][96] **sich** verschiedenerley Unordnungen und Gebrechen ergeben, deren Abstellung zu des Orts Besten no^e^thig: Als hat man von Herrschaffts wegen aus eigener Bewegung, auch vorgekommen unterthä^e^niger Ansuchung der Orts Vorstehere, dann Gemeinde, ihnen eine neue vermehrte und verbesserte **Policey=Gerichts**= und **Dorffs=Ordnung** auf folgende Titul, Puncten, und Artickul ertheilet, u^e^ber welche Schultheissen, Burgermeister, Gericht, auch die ganze Gemeind, geistlich und weltlich, niemand ausgenommen, vor sich und ihre Nachkommen mit allem Eyffer unverbru^e^chlich halten, und in keinem Stuck darwider handeln sollen, bey Vermeydung Herrschafftlicher Ungnade= und nachfolgender Straff.

Tit*[ulus] *I.
Von der Gottesfurcht, Heiligung des Sabbaths, und wie sich bey Besuchung des Gottesdienst zu verhalten.

[95] T: StA Nürnberg, Adel-Archivalien, Nr. 9397. Die Herrschaft umfasste zur Zeit der Gesetzgebung die Ortschaften (Markt) Ippesheim (Landkreis Neustadt an der Aisch-Bad Windsheim), Reusch und Geckenheim (beide Gemeinde Weigenheim). Diese Ordnung von 1759 ist Teil des Frankenberger Familienarchivs, das sich als Depositum im Staatsarchiv Nürnberg befindet.

[96] T: Hier ist im Originaldruck Platz für den handschriftlichen Eintrag der jeweiligen Ortschaft.

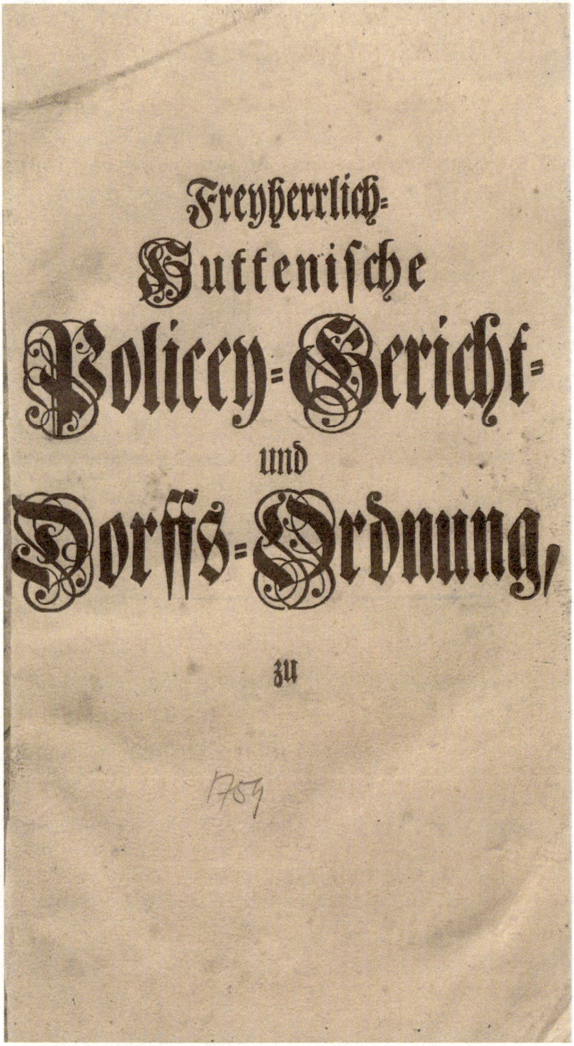

Freyherrlich-
Huttenische
Policey-Gericht-
und
Dorffs-Ordnung,
zu

1759

Abb. 30: Die von Hutten'sche Policeyordnung vom 3. April 1759, Titelseite. Bildnachweis: StA Nürnberg, Adel-Archivalien, Nr. 9397.

Da die Gottesfurcht der Ursprung und Quelle ist, woraus alles Gute herfliesset; So wird hiermit jedermann ermahnet, sich einer wahren Froͤmmigkeit zu befleißigen, sein // [4][97] Leben und Wandel Christlich, erbar und dergstelten einzurichten, und zu fu^e^hren, wie es vor GOtt und der Welt zu verantworten stehet, damit man sich go^e^ttlichen Seegen und Gedeyhens zu seinem Thun und Lassen zu getro^e^sten.

§. 1. Vorderist solle ein jedes, sowohl alt als jung, die angeordnete Sonn= Fest= und Feyerta^e^ge ohne Verrichtung werckta^e^giger Arbeit, anda^e^chtig, nu^e^chtern und ma^e^ßig feyern und begehen.

§. 2. Den o^e^ffentlichen Gottesdienst in der Kirche Vor= und Nachmittags, auch die Wochen=Predigten und Bet=Stunden ohne Noth nicht versa^e^umen, sondern fleißig besuchen, sich darzu jedesmal bey rechter Zeit, beym Zusammenschlagen gebu^e^hrend einfinden. Das Singen und Beten mit einer wahren Andacht verrichten. Die Predigt und Lehren des Wortes GOttes aufmercksam anho^e^ren: Nicht alleine aber solche bloß ho^e^ren, sondern auch darnach thun, damit das Wort Frucht bringe, und nicht wieder leer zuruck komme.

§. 3. Es hat auch jedes Kirchen=Mitglied sich o^e^ffter und wu^e^rdiglich zu dem Tisch des HErrn einzufinden.

§. 4. Bey Endigung des Gottesdienstes solle niemand vor gesprochenem Seegen aus der Kirche lauffen, sondern das Ende vo^e^llig abwarten.

§. 5. Bey Herumtragung des Klingelbeutels, wird jeder zur milden Gabe gegen das Gotteshauß, auch sonst gegen die Armuth vermahnet, welches GOtt zu belohnen verheissen hat.

Tit*[ulus] *II.

Wider die Entheiligung des Sabbaths, a^e^rgerlich= und su^e^ndlichen Wandel.

§. 1. **A**n denen zum Dienste GOttes gesetzten Fest= Sonn= auch Feyerta^e^gen solle sich jedermann der gewo^e^hnlichen Arbeit enthalten, und solche Tage (Tage der Ruhe) nach GOttes Ordnung sich seyn lassen; damit jedes seine Andacht gebu^e^hrend verrichten mo^e^ge. // [5]

§. 2. Auch wird hiermit das Thurniren und Plaudern in der Kirche, welches viele= besonders ledige junge Pursche in Gewohnheit haben, ernstlich verbotten, und wer sich unterstehen wird, darwider zu handeln, der solle durch den Fluhrer,[98] deme

[97] T: Im Original beginnt die Seitenzählung mit der vierten Seite.

[98] I: Flurmeister.

hierauf zu sehen, ausdru^e^cklich anbefohlen wird, also gleich andern zum Exempel, o^e^ffentlich durch Schla^e^ge bestraffet werden.

§. 3. Wa^e^hrenden Gottesdienstes, solle niemand in die Wu^e^rths= oder andere dergleichen Ha^e^ußer sitzen, um zu zechen, auch kein Gast= oder andere Wu^e^rth bey empfindlich Herrschafftlicher Straffe, sich unterstehen wa^e^hrend der Zeit zu schencken.

§. 4. Nach geendigtem Vor= und Nachmitta^e^gigem Gottesdienst bleibt zwar denen Jnnwohnern unverwehret, an Sonn= und Feyerta^e^gen, im Wu^e^rthshauß ein Glaß Wein zu trincken: Jedoch wird hierdurch das u^e^berma^e^ßige Sauffen und Spielen an solchen Ta^e^gen ernstlich verbotten; Und sollen die U^e^bertrettere obigen Verbots mit einer empfindlichen Geld= oder Leibes=Straffe beleget werden, wann die von welt= dann geistlichen Amts wegen vorher thuende gu^e^tliche Warnung nichts verfangen will.

§. 5. Solle kein Handwercks=Mann am Sonntag ausser dem ho^e^chsten Nothfall arbeiten= oder Arbeit austragen.

***Tit*[ulus] *III*.**

Wider das Nachtschwa^e^rmen und Gassen=Streunen, Wu^e^rthshauß=Sitzen und Rocken=Stuben.

§. 1. **D**a die Erfahrung und o^e^fftere Klagen bezeugen, daß theils ungezogene ledige junge Pursche, Nachtszeiten, besonders am Sonnabend, Sonn= und Feyerta^e^gen, auf der Gasse herum lauffen, schwa^e^rmen, fenstern und u^e^ppige Ha^e^ndel ausu^e^ben, und allerhand Unordnung anrichten; So wird ein solches hiermit auf das scha^e^rffeste verbotten: Und solle im Fall, ku^e^nfftighin, sich ein dergleichen Nachtschwa^e^rmer im Sommer nach 9. und im Winter nach 8. Uhr auf der Gasse blicken liesse, der Nachtwa^e^chter, Fluhrer oder wer solchen // [6] sonst ertappen ko^e^nnte, denselben auffangen, zu dem Schultheissen fu^e^hren, welcher ihne so fort, zur befindend ernstlichen Bestraffung mit Mousquetieren[99] zum Amt zu lieffern hat.

§. 2. Wie dann jedes Ort Schultheiß zum o^e^fftern mit Zuziehung einiger vom Ausschuß, bey der Nacht ohnvermerckt zu patrouilliren= und dergleichen Nacht=Streuner sogleich uffzuheben= und zu lieffern, wo aber solches nicht geschiehet, der Schultheiß selbst eine Straff zu gewarten hat.

---

99 I: Mit Soldaten oder Wächtern.

§. 3. Indessen sind hierunter diejenige nicht zu rechnen, welche etwa bey einem Nachbarn zugesprochen, und still= ohne einigen Lermen, den ordentlichen Weg zur gesetzten Zeit nacher Haußе gehen.

§. 4. Es wird auch hiemit ernstlich verordnet, daß Sommer= und Winters=Zeiten biß Nachts um 10. Uhr, die Wu^e^rths= und Hecken=Wu^e^rthsha^e^ußer von denen Orts Jnnwohnern quittiret werden sollen: Es wa^e^re dann, daß bey den o^e^ffentlichen Fro^e^lichkeiten diese Policey=Stund erweitert wird. Welcher Dorffs=Gast, oder Wu^e^rth hierwider handelt, solle jeder um 36. Kr[euzer] Fra^e^nckisch ohnnachla^e^ßig gestrafft werden.

§. 5. Zu dem Ende der Schultheiß und ein Gerichtsmann die Wu^e^rthsha^e^ußer ohnvermerckt zu *visiti*ren, die Ubertrettere uffzuschreiben und bey Amt anzuzeigen.

§. 6. Kein Wu^e^rth darf auch nach dieser Policey=Stund Getra^e^nck u^e^ber die Gassen schicken, bey 30. Kr[euzer] Straff.

§. 7. Fremde Ga^e^ste do^e^rffen zwar u^e^ber diese Zeit im Wu^e^rthshauß bleiben, sie mu^e^ssen sich aber ruhig und erbar verhalten; des Orts Jnnwohner aber, sollen *stricte* an ihre Policey=Stund gebunden seyn.

§. 8. Sodann werden hiermit alle unnu^e^tze Zusammenku^e^nffte, besonders die ha^e^uffige Versammlung des jungen Gesindes, in denen sogenannten Rocken=Stuben, nachdru^e^cklich verbotten, massen hiebey gemeiniglich nur a^e^rgerliche Ha^e^ndel getrieben, grobe Zoten und Possen geredet, und unno^e^thige Plaudereyen erreget werden.

§. 9. Wer solche Ungebu^e^hr in seinem Haußе gestattet, der solle deßhalb das erstemal um 1. Reichsthaler und so dann weiter bestraffet werden. Wie dann der Schultheiß zum o^e^fftern mit dem Fluhrer oder Nachtwa^e^chter zum *visi-* // [7] *ti*ren und zu forschen, von denen Ubertrettern aber also gleich bey Amt die gebu^e^hrende Anzeige zu thun.

§. 10. Es solle auch das sogenannte Neu=Jahr= und Braut=Anschiessen, jedes Ort ernstlich hierdurch verbotten seyn.

***Tit*[ulus] *IV*.**

Von der Obliegenheit der Hauß=Va^e^tter und Mu^e^tter, gegen ihre Kinder und Gesind, auch des Gesinds Schuldigkeit.

§. 1. **G**leich wie man sich versiehet, es werde ein jeder Hauß=Vatter oder Mutter sich eines erbarn GOtt gefa^e^lligen friedlichen Wandels u^e^berhaupts befleißigen; Also werden auch dieselbe sich angelegen seyn lassen, wie sie hierdurch darzu angewiesen werden, die ihnen von GOtt in der Ehe geschenckte Kinder in der Furcht des HErrn, zu allen Tugenden, dann guten Sitten aufzuziehen, und selbige, von Kindheit an, nicht nur zu Hauß, selbsten im Christenthum fleißig zu unterrichten, sondern auch bey Zeiten zu Kirchen und Schulen fleißig zu schicken, und nicht so bald, wie bißher geschehen, aus der Schul zu lassen, sondern wenigstens biß ins 13te Jahr damit fortzusetzen, damit in ihrem zarten Alter ihnen gute Lehren eingeflo^{e}sset werden, wovon ihnen der gro^{e}ste Nutzen zuwa^{e}chset.

§. 2. Diejenige Eltern aber, welche hierwider handeln, haben nicht nur go^{e}ttliche= sondern auch eine ernstliche Obrigkeitliche Straff zu erwarten.

§. 3. Deßgleichen sollen diejenige, welche zu Bestreitung ihrer Arbeiten Gesind halten mu^{e}ssen, solches zu allem Guten anmahnen und mit ihrem eigenen Exempel vorangehen. Dabey aber das Gesind mit nothdu^{e}rfftiger Kost hinla^{e}nglich versehen, und den gedingten Lohn ohnverweigerlich reichen, damit hierinne keine Klage vorwalten mo^{e}ge; indeme wie die Heil[ige] Schrifft meldet, der Arbeiter seines Lohns werth ist.

§. 4. Dahingegen sollen die Dienstbotten, ihren Herrschafften allen schuldigen Gehorsam und Treue beweisen, // [8] und alle ihnen auftragende Arbeiten willig und fleißig verrichten, unter dem Jahr nicht aus dem Dienst lauffen, ihre Truhen und Kleider sogleich mit in den Dienst bringen, na^{e}chtlicher Weil ohne Erlaubnus nicht u^{e}ber die Zeit aus dem Hauß gehen, sich ohne Erlaubnus des Dienstherrn nicht u^{e}ber Feld verreisen.

§. 5. Wer sich unterstehet eines andern Brod=Gesind[100] an sich zu locken, oder wohl gar zu verfu^{e}hren, solle 1. R[eichs]th[a]l[e]r Straff geben= und einen andern tu^{e}chtigen Dienstbotten verschaffen.

§. 6. Der Unterthanen= und Schutzverwandten=So^{e}hne, welche sich ohne vorherig Herrschafftliche Anfrage und Erlaubnus, in fremde Kriegsdienste begeben, solle ihr Vermo^{e}gen *confisci*rt werden.

Tit*[ulus] *V.

Wider das Fluchen, Schwo^{e}hren, Seegensprechen und Besuchen der Hexenmeister.

§. 1. **W**ird jederma^{e}nniglich hierdurch alles Ernstes uff die vorhandene go^{e}ttliche= und weltliche Gesetze, wegen des su^{e}ndlichen Schwo^{e}hren, Fluchen und Gottesla^{e}stern verwiesen, welchemnach

[100] I: Hausgesinde mit freier Kost und Logie.

§. 2. sich jedes Gemein=Mitglied dieses su^e^ndlichst= und scha^e^ndlichsten bey manchen zur Gewohnheit wordenen Lasters zu allen Zeiten bey allen Gelegenheiten um so mehrers zu enthalten, weilen

§. 3. wider einen dergleichen Frevler nach aller Strenge der Gesetze verfahren werden solle. Dahero

§. 4. jeder, der dergleichen Flu^e^che und Schwo^e^hren von jemand ho^e^rt oder erfa^e^hret, solches der Obrigkeit bey sonstig ebenma^e^ßiger Anthung so balden anzuzeigen hat.

§. 5. Wie dann auch sich vors ku^e^nfftige niemand unterstehen solle, zu denen vermeintlichen Hexenmeistern oder Seegensprechern, oder auch ohnerfahrnen A^e^rzten zu lauffen und sich dorten Raths zu erhohlen; er habe dann zuvor bey Amt die Anzeige davon gethan, und die Erlaubnus darzu erhalten, bey Vermeydung 5 fl[orentiner][101] Straffe. // [9]

§. 6. Weniger nicht, wird verbotten, andere abertheuerliche Mittel und Wege bey Kranckheiten oder sonstigen Vorfallenheiten zu gebrauchen.

Tit*[ulus] *VI.
Von Ehe=Verlo^e^bnissen.

§. 1. **W**ann zwey Personen zusammen zu heyrathen gedencken, und eines= oder beede= noch ledigen Standes wa^e^ren, sollen dieselbe zuvor derer Eltern= oder wo diese nicht mehr am Leben wa^e^ren, ihrer Vormundere *Consens* oder Einwilligung einhohlen, und auswu^e^rcken, bey sonstiger *Nulli*ta^e^t der *Sponsali*en.

§. 2. Jedoch sollen auch Eltern oder Vormundere, ihren *Consens*, wann sie darum gebu^e^hrend ersuchet werden, und wider die getroffene Wahl nicht erhebliches einzuwenden haben, aus unerlaubten Neben=Absichten nicht versagen; widrigenfalls dieser *Defect* auf geziemendes Ansuchen, von Amts wegen ersetzet werden wird.

§. 3. Diejenige hingegen, welche weder Eltern oder Vormu^e^nder haben, somit in ihrer eigenen Gewalt stehen, sollen zum wenigsten zwey= oder drey ehrliche Ma^e^nner, bey vorhabender Heyrath, als Zeugen zuziehen, um durch diese auf den Fall bedu^e^rffens, den Ehe=Verspruch beho^e^rig beweisen zu ko^e^nnen.

§. 4. Im u^e^brigen sollen nach bißheriger *Observanz* alle Heyraths=Abreden, von denen *Interessent*en bey Amt zur *Protocolli*rung und *Confirmation,* ohnverzu^e^glich bey Straff angezeiget= und von dem Pfarr=Amt niemand *proclami*ret= vielweniger

[101] I: Gulden.

*copuli*ret werden, es seye dann vorhero ein Amtliches *Attestat* hieruᵉber beygebracht worden.
§. 5. Wann eine Wittib, oder Wittwer, die Trauer=Zeit erstanden, und zur andern Ehe schreiten will, und aus erster Ehe Kinder vorhanden sind, muß das gesammte liegende und fahrende Vermoᵉgen mit Zuziehung derer Kinder erster Ehe Befreunden, von Amts wegen *inventi*rt= und denen, ein= dem Vermoᵉgen und denen Heyraths=*Pactis* gemaᵉßer Voraus, vor allen Dingen, ausgemachet werden. // [10]
§. 6. Ist aber der hinterbleibende Ehe=Gatt[e], Stieff=Vatter oder Stieff=Mutter, muß die *Inventur* gleich nach Absterben des rechten Vatter oder Mutter vorgenommen werden.
§. 7. Wegen Heyrathung in allzunaher Freund= und Schwaᵉgerschafft wird sich uff die vorhandene= von der Herrschaffts=wegen *recipi*rte Kirchen=Ordnung bezogen; Wornach sich, bey gesezter Ahndung, zu achten.
§. 8. Geringe= und Haᵉckers=Leute, sollen uᵉber Ein Reichsthaler, und vermoᵉgende Personen uᵉber Fuᵉnff Gulden Rheinisch, nicht zu Heyraths=Tags=Kosten, bey sonstiger Straff, verwenden, darff auch bey sothanem Heyraths=Tag nicht mehr, als einmal, angerichtet werden.

Tit*[ulus] *VII.
Von Hochzeiten auch Kirchweyhen.

§. 1. **D**ie *Proclamation* und *Copulation* ist von dem Orts Geistlichen, der Kirchen=Ordnung nach, zu verfuᵉgen.
§. 2. Darff die Hochzeit laᵉnger nicht, als einen= oder hoᵉchstens 2. Tage waᵉhren, am 3ten Tag aber, ausser denen fremden Gaᵉsten, weiter keine Mahlzeit gegeben werden.
§. 3. Vermoᵉgliche Leute sollen uᵉber 20. biß 24. Hochzeit=Gaᵉste nicht haben, und zu Mittag uff einen Tisch uᵉber 8. biß 10. Gericht=Abends aber uᵉber 6. biß 8. Gericht nicht gegeben werden.
§. 4. Geringe Handwerck= und Haᵉckers=Leute oder Tagloᵉhnere aber sollen uᵉber 12. biß 18. Persohnen nicht laden, Mittags 4. biß 6. dann Abends nur 4. Gericht geben.
§. 5. Die Fruᵉhe=Suppen, vor dem Kirchgang, oder des andern Tags vor der Mittags=Mahlzeit (ausser was denen Geistlichen und Fremden zur Nothdurfft gegeben wird) wird gaᵉnzlich verbotten.

§. 6. Muß das Hochzeit=Hauß von allen Ga^e^sten Nachts um 12. Uhr bey 3. fl[orentiner] Straff gera^e^umet werden, welche Straff halb der Hochzeiter und halb die Spielleute ohnnachla^e^ßig zu bezahlen. Schultheiß aber die Verbechere anzuzeigen hat. // [11]

§. 7. Die u^e^berma^e^ßige Hochzeit=Geschenk, wie auch das u^e^berma^e^ßige Heimschicken[102] der Hochzeit=Essen, wird hiemit verbotten.

§. 8. Wird alle Ubermaas und ohnno^e^thiger Aufwand an der Kirchweyh hiemit verbotten, jedes aber auf den ablesenden Kirchweyh=Frieden, bey darinn bemerckter Straffe, verwiesen.

Tit[ulus] *VIII.*
Von Kind=Tauffen und Gevatterschafften.

Nachdeme auch bißhero bey Kind=Tauffen von theils Unterthanen ohnno^e^thiger grosser Aufwand und Kosten gemachet worden, sowohl in Essen und Trincken, als beschencken derer Tauff=Pathen; Als wird solches hiermit verbotten, und

§. 1. sollen vermo^e^gliche Leute ausser denen Gevattern mehr nicht dann 8. bis 10. Weiber darzu bitten, und diesen zwar etwas warmes zu essen geben, ho^e^chstens aber nur 4. biß 6. Richten und das einmal, geben do^e^rffen.

§. 2. Die unvermo^e^gliche und Ha^e^ckersleute[103] aber sollen ausser Wein, Brod und Ka^e^ß nichts vorsetzen, bey Vermeidung ansonsten auf den Ubertrettungs=Fall zu gewarten habender Herrschafftlicher Straffe.

§. 3. Die Austheilung und Aufsetzung *Confect* wird hiermit bey den Kind=Tauffen=*Tractament*en abgestellet, ingleichen

§. 4. die Austheilung der Doten=Hembder, Doten=Kuchen und Gevatter=Weine.

§. 5. Gemeine Leute sollen 12. Batzen,[104] vermo^e^glichere aber Ein Reichsthaler einbinden do^e^rffen. Hingegen

---

102 I: Auch als „Karrenschicken" bezeichnet. Vgl. hierzu: Karl-Siegfried Kramer, Volksleben im Hochstift Bamberg und im Fürstentum Coburg, Würzburg 1967, S. 37, 128–130; Ders., Volksleben im Fürstentum Ansbach und seinen Nachbargebieten, Würzburg 1961, S. 206.

103 I: Synonym für arme Leute. Der Name geht auf die Gruppe schlecht verdienender, mit einer Hacke im Weinberg arbeitender Personen zurück.

104 I: Münzsorte.

§. 6. wird jedem Tauff=Pathen angepriesen, vor der Duerfftigen= oder in den Wayßen=Stand gerathenden Tauff=Doten geistlich und leibliche Wohlfarth, statt eines ohnnoethigen Aufwand zu sorgen. // [12]

Tit*[ulus] *IX.
Von Leichen.

§. 1. **S**ollen bey Leichen=Begaengnissen alle uebermaeßige Kosten erspahret und der Dote zwar sauber nach seinem Stande und Vermoegen, doch nicht allzu kostbar angekleidet und zu seiner Ruhe=Statt gebracht werden.
§. 2. Das ohnnoethige Ausgeben allerhand Trauer=Waaren als Hueth, Schleyer, Schuerztuch, Hauben, Leidbinden, an die Befreunde und andere Persohnen, solle gaenzlich unterlassen werden, bey Vermeydung sonstig ohnfehlbahrer Bestraffung.
§. 3. Vermoeglichen Leuten wird zwar, aber nicht in Ubermaas, gestattet, Brod, Kaeß und Trunck nach der Leich zu geben. Das warme Essen aber solle bey Straff unterbleiben. Auch wird das Austheilen derer Leichen=Wecke an arme Leute hierdurch gaenzlich abgestellet, somit bey 2. fl[orentiner] Straff verbotten.

Tit*[ulus] *X.
Von Gasthoefen und Wirthshaeußern, dann derer Wuerthe Obliegenheit.

§. 1. **U**berhaupt werden die *Tabern*- und Hecken=Wuerthe auf das hier und dar, in dieser Ordnung, ihrentwegen vorkommende, zur Nachgelebung, verwiesen, bey daselbst gesetzter Straff.
§. 2. Haben die *Tabern*-Wuerthe sich jederzeit mit guter Speiß und ohnverfaelschter Tranck=Nothdurfft, Haber, Heu, dann Strohe, vor Gaeste und Anspann, genueglich zu versehen.
§. 3. In ihren Haeußern alles, besonders Weiß=Zeuch, Betten, Geschirr, rein und sauber zu halten, ingleichen die Stallungen. // [13]
§. 4. Solle sich bey 5. fl[orentiner] Straff kein Wuerth unterstehen, seinem Gast vor das Genossene zu viel aufzurechnen und ihne zu uebernehmen, vielmehr muß dem Gast auf Verlangen eine schrifftliche Rechnung gegeben werden. Dann sollen sie denen Gaesten mit aller Hoeflichkeit und Bescheidenheit begegnen.
§. 5. Weder die Hecken=Wuerthe, noch sonst jemand, solle sich unterstehen, fremde Gaeste ueber Nachts zu beherbergen.

§. 6. Daferne denen Wuerthen ein Gast verdaechtig vorkommet, oder etwas verdaechtiges bey sich fuehret, solle der Wuerth, bey sonstiger Straff, es dem Schultheißen im Ort sogleich anzeigen, damit dieser die *Examination* vornehme.

§. 7. Die Hecken=Wuerthe muessen ihren Tranck, die Maas, jedesmal um 2. Pfenning wohlfeiler geben, als die *Tabern*-Wuerthe.

§. 8. Auch beruhen die Hecken=Wuerthschafften jedesmal, uff Herrschafftlichen Wiederruff.

§. 9. Ausser denen *Tabern*- und Hecken=Wuerthen, solle sich bey 3 fl[orentiner] Straff niemand im Ort unterstehen, Getraenck Maas= oder Kuebel voll weiß zu verkauffen.

§. 10. Solle der *Natural*ien= und *Victual*ien=*Tax,* alle viertel Jahr in denen Wuerthshaeußern angehefftet werden.

§. 11. Muessen die Wuerthe vor das ihnen, oder ihren Leuten, von denen Gaesten, in Verwahrung gebende stehen.

§. 12. Wann in einem *Tabern*- oder Hecken=Wuerthshauß sich jemand unterstehen wird, zu fluchen, zu schwoehren, zu zancken und streiten, oder aber zu schaenden und schmaehen, besonders aber letzteres gegen gnaedige Herrschafft, Dero Amt und Bediente, solle der Wuerth solches dem Schultheißen sogleich ohnvermerckt anzeigen, damit der Frevler in *Arrest* gebracht werden kann. Wo der Wuerth solches nicht thut, soll er 5. fl[orentiner] Straff geben, annebst vor alle Verantwortung stehen.

§. 13. An denen Maerckten, Kirchweyhen und Hochzeiten, dann bey andern erlaubten Froelichkeiten, sollen die Wuerthe und andere Persohnen, sich keiner andern *Musicant*en bedienen als dererjenigen, welchen die *Music* von Herr- // [14] schaffts=wegen in Pacht verliehen worden. Im Fall aber diese es nicht bestreiten koennten, oder wollten, solle zwar sodann denen Wuerthen erlaubet seyn, andere Spielleute anzunehmen, doch daß diese (wann sie keine Herrschafftliche Unterthanen sind) vorhero das geordnete Spiel=Geld à 12. Kr[euzer] Fraenckisch uff die aufspielende Persohn bey jedesmaliger Aufwartung bezahlen, ausserdeme der Wuerth sothanes Spiel=Geld bezahlen muß.

§. 14. Werden Wuerthe und Spielleute uff die Policey=Stund, dann Feyerabend=Bietung *sub Tit*[ulus] III. §. 2. *item Tit.* VII. § 6. verwiesen. Der Wuerth und Spielmann aber, der solches uebertritt, wird jeder um ein halben Reichsthaler gestraffet.

Tit[ulus] *XI.*
Vom Umgeld und schaetzen derer Weine, auch den Schroedern.[105]

§. 1. **M**uessen die Umgeldere die gewoehnliche Pflicht ablegen.
§. 2. Wann die Gast= oder Hecken=Wuerthe Getraenck von fremden Orten beyfuehren oder dergleichen im Ort erkauffen, sollen dieselbe schuldig und gehalten seyn, jedesmal, *NB.* ehe sie die Weine in den Keller schaffen, denen bestellten und hierauf verpflichteten Umgeldern und Schaetzern, davon die gebuehrende Anzeige zu thun, und diesen sofort erstern falls die ordentliche Lad=Zettul von denen Unterkaeuffern, oder wo dergleichen in einem Ort nicht waere, ein beglaubtes *Attestat* von des Orts Schultheißen, oder Vorstehern, nebst dem Zoll=Zettul vorzulegen, und damit das *Quantum* des Weins sowohl, als auch den Preiß, was solcher Ankauffs, gekostet, behoerig zu bescheinigen; Auf den letztern Fall aber die Leute, im Ort, denen sie Wein abgekauffet, zur muendlichen Vernehmung selbsten vorstellen, alles bey Straff zwey Reichsthaler, wovon ⅔tel der Herrschafft und ⅓tel denen Umgeldern, wann sie nemlich hievon die Anzeige thun, gebuehret.
§. 3. Sollen die Schaetzer, das ihnen vorzeigende Getraenck, der Umgelds=Erhebung halber, sogleich behoerig *an-* // [15] *noti*ren; Sodann haben sie was der Wein Ankauffs gekostet, Eicher= Schroeder= und Büttner=Lohn, Schroth=Wein, Zoelle und Fuhrlohn (wann der Wuerth mit fremden oder eigenen Anspann die Fuhr verrichtet haette, *passi*rt demselben jedoch, daferne der Wein von einem 8. Stund weit entlegenen Ort herbey gefuehrt worden, uff jeden Eymer 16. Kr[euzer] Fraenckisch vor Zehrung und Fuhrlohn, ausserdeme aber nichts) ordentlich zusammen zu rechnen, das hergebrachte Umgeld auch darzu zu rechnen, und wann sie vorhero den Wein ansehen und versuchet haben, hernach auszuschlagen, wie hoch die Maas komme, worzu sie noch auf jede Maas alten Wein 2. Kr[euzer] Fraenckisch und uff die Maas jungen Wein 1. Kr[euzer] Fraenckisch dem Wuerth, vor seinen erlaubten *Profit* hinzuzuthun und hierauf den Preiß, wie hoch die Maas ausgeschencket werden doerffe, zu ordnen und zu setzen.

---

105 I: Der Schröter/Schröder war zuständig, um im Wein- und Bierhandel die Fässer von Lagerkeller zu Keller, zum Schiff oder zu den Fuhrwerkern zu „*schroten*“ (schleifen, ziehen).

Abb. 31: Schröter bei der Arbeit mit Schrotbaum und Schrotleiter in den Nürnberger Hausbüchern, 1515. Bildnachweis: Stadtbibliothek Nürnberg.

§. 4. Das Bier=Umgeld und dessen *Taxation* betreffend, solle jeder Wuerth, der dergleichen praeuet, bey einem jedesmaligen Sud, denen verpflichteten Umgeldern die Anzeige thun, welche sodann die bereits abgeeichte Bier=Kuffen mit der *Visier*=Ruthen abeichen und den Betrag in das haltende Umgelds=Register eintragen.

§. 5. Welcher Würth nun diese Verordnung nicht befolgen und den gemachten *Tax*[106] ueberschreiten= mithin sein Getraenck theurer auszuschencken, sich unterfangen wuerde, solle deshalb von Herrschaffts wegen empfindlich bestraffet werden. Der vom Wein und Bier ausfallende pflichtmaessige *Tax*, ist in dem Wuerthshauß jedesmal ordentlich anzuhefften.

§. 6. Das Umgeld belangend, muessen die Wuerthe zu Jppesheim nach bißheriger *Observanz*, von jedem Eymer Getraenck vier Maas reichen und solche in dem Preiß bezahlen, als hoch sie das Getraenck dem *Tax* nach, auszaepffen. Die Reuscher= dann Geckenheimer Wuerthe geben von jedem Eymer[107] Wein 16. Kr[euzer] Fraenckisch und vom Eymer Bier 12. Kr[euzer] Fraenckisch Umgeld, welches Umgeld mit Verfluß des *Quartals* jedesmal von denen Wuerthen, richtig zur Behoerde zu bezahlen ist.

§. 7. Vor welche Bemuehung denen Umgeldern und Schaetzern von jedem Eymer Getraenck ½. Maas nach bißheriger Gewohnheit zu reichen ist, weiter aber nichts. // [16]

§. 8. Weilen die Umgeldere auch die Stelle der Schroeder mit zu versehen, so sollen sie, wie unten bemeldt, die Mass= und Eich=Geschirr, jedesmal in guter Verwahrung halten, und die ihnen obliegende *Visitation* pflichtmaeßig verrichten; Auch jedem die ohnpartheyische Eich geben.

Tit[ulus] _XII._
Von behoeriger Besichtigung des Viehes.

§.1 **E**s solle kein Metzger sich unterstehen, einig schlachtendes Stuck Viehe, es seye Ochs, Stier, Kuhe, Rind, Kalb, Schwein, Haemmel, oder Schaaf, an= viel weniger auszuhauen, er habe dann zuvor denen verpflichteten Viehe=Beschauern davon

106 Wolfgang Wüst, Eine Taxordnung für die Stadt Dillingen vom 3. Dezember 1790. „… nit mehr an gebühren zu fodern oder zu nehmen als hiedurch erlaubt wird.", in: Jahrbuch des Vereins für Augsburger Bistumsgeschichte 20 (1986), S. 264–288.

107 I: Der Eimer Wein fasste ca. 60 Maß.

die Anzeige gethan, und diese durchaus genau besichtiget und gut befunden, bey Straff Zwey Reichsthaler: welche jeder Metzger, so offt er darwider handelt, geben muß.

§. 2. Wu^e^rde nun ein geschlachtetes Viehe etc. verda^e^chtig, untu^e^chtig, oder unrein (wornach uffs genaueste zu sehen) befunden und erkannt, ist denen Metzgern nicht erlaubt, solches zu verkauffen, sondern die Viehe=Beschauer haben davon bey Amt die Anzeige zu thun und daru^e^ber sobalden Verordnung zu erwarten.

§. 3. Wornach sich auch die Juden (denen zwar erlaubet wird, das bey Unterthanen oder sonst stehen habende= oder erkauffte Viehe, gegen Zahlung des unten bemeldten *Accis,* zu schlachten, und Viertelweiß zu verkauffen) bey Vermeydung obgesetzter Straffe zu achten haben.

§. 4. Haben die Viehe=Schauere denen Metzgern jedesmalen das Fleisch pflichtma^e^ßig zu scha^e^tzen, nemlich nach dem Einkauff, der Jahreszeit und befindlichen Gu^e^te, oder Geringheit des Viehes, nach welchem ohnpartheyischem *Tax*, der auch im Wu^e^rthshauß anzuhefften, sich die Metzger bey 1. Reichsthaler Straff und *Confiscir*ung des Fleisches, jedesmal zu achten haben.

§. 5. Derer Scha^e^tzer Lohn solle seyn

Von einem Ochsen	6. Kr[euzer] Fra^e^nck[isch]
Von einer Kuhe	6. Kr[euzer] Fra^e^nck[isch]
Von einem Stier oder Rind	6. Kr[euzer] Fra^e^nck[isch] // [17]

Dann ⅓tel von denen durch ihre Anzeig eingehender Straffen.

Tit*[ulus] *XIII.

Von richtiger Maas, Ehlen und Gewicht, dann dem Brod=*Tax.*

Damit auch ein jedes vor sein Geld richtige Maas, Ehlen und Gewicht bekomme, und gewinnsu^e^chtigen bo^e^sen Leuten, (massen ein ehrlich und Christlicher Mann dergleichen ohnehin nicht thut) die Gelegenheit abgeschnitten werde, ihren Na^e^chsten zu vervortheilen: So sollen

§. 1. Zur Gemeinde richtige und gute Eich=Geschirr, nemlich ein Ganzer= ein Halber= dann ein Achtels=Eymer oder sogenannter Eich=Ku^e^bel (von gutem eichenen Holz gemachet, und mit eisernen Reiffen gebunden), ingleichen ein ganzer Ein Maas= Ein Halb=Maas= dann ein Viertel=Kopff, von gutem Kupffer, nach der

Groesse, wie solche von Alters her nach Tauber[108] Maas im Ort hergebracht, angeschaffet, von denen Schroedern sauber erhalten, auch dergestalt wohl verwahret werden, daß solche von niemand vorsetzlich verdorben werden koennen.

§. 2. Mit dem obigen Eich=Geschirr ist das im Ort er= und verkauffende Getranck jedesmal zu eichen, und so dann wieder das Geschirr an seine Behoerde zu lieffern.

§. 3. Mit denen Eich=Koepffen sollen die verpflichtete Umgeldere denen Wuerthen ihre gesammte Kannten, Kruege und Glaeser nicht nur an der Kirchweyhe und Jahrmaerckten, sondern auch das Jahr hindurch etlichemale unversehens (zumahlen an Tagen, da man viele Gaeste vermercket) ohne Ausnahm *visiti*ren und genau abeichen= so dann die zu klein befindende Schenck=Geschirr ohne Ausnahm hinweg nehmen und zum Amt lieffern, damit hierauf das weitere verfueget und nach Befinden des Betrugs die Straffe erkannt und an*dicti*ret werden koenne. Vor welche *Visitation* die Umgeldere, von jedem Wuerth und Bierpraeuer jaehrlich 16. Kr[euzer] Lohn= dann ⅓tel von der fallenden Straff bekommen sollen.

§. 4. Ist auch zur Gemeinde anzuschaffen, eine *accurate* Waag von Eisen mit einem eisernen Stengel, dann // [18] ein eingesetztes Nuernberger=Gewicht, welches jederzeit wohl zu verwahren.

§. 5. Mit solchem Gewicht haben die Schaetzere, derer ins Gewicht handlenden Jnnwohnere, (als Becken, Metzger, Craemer etc.) ihr Gewicht insgesammt, jedes Jahr etlichemale unversehens abzuziehen.

§. 6. Wo eines= oder des andern Gewicht unrichtig von ihnen befunden wuerde; ist selbigen zum erstenmal die Bedeutung zu thun, das unrichtige Gewicht alsbalden gut und richtig machen zu lassen; Daferne nun solches nicht beschehete, und es bey ein= oder dem andern, zum zweytenmal also gefunden wuerde, solle derselbe mit 1. R[eichs]th[a]l[e]r ohnnachlaeßiger Straffe und Abnehmung des Gewichts angesehen= auf den weitern Betrettungs=Fall aber vor einen oeffentlichen Betrueger geachtet= und mit einer, dergleichen Leuten gebuehrenden= ernstlichen Straffe gegen ihme verfahren werden.

§. 7. Vor welche *Visitation* denen Schaetzern jaehrlich zu zahlen, von einem Becken 12. Kr[euzer] Rheinl[ändisch] dann von einem Craemer 15. Kr[euzer] auch ihnen ⅓tel von der Straff zukommet.

§. 8. Nicht minder sollen die Brod=Schaetzere, denen Beckern, ohne Unterschied, ihre Weck, und Brod, so sie auswählen sollen, zum oefftern, in ihren Haeußern nach-

108 I: Bezieht sich auf die Fasstauben.

wiegen; Und wann die Weck oder das Brod auf ein ganz Gewicht, *i.e.* auf 7½. Pfund gerechnet, um 1. Vierling zu leicht gebacken waeren; solle solches zu leichte Gut hinweg genommen, und halb denen Schaetzern zu= die andere Helffte aber unter die Armen vertheilet werden.

§. 9. Wuerde aber selbiges noch leichter befunden; so sollen die Becker, nebst dem Verlust der Wecke, und des Brods (welches jedesmal auf obige Art zu vertheilen) jedesmal, so offt es geschiehet, um Zwey Reichsthaler gestraffet werden.

§. 10. Welches aus= und nachwiegen die Schaetzere auch zum oefftern mit denen, von denen Becken verkaufften einzeln Wecken, ausser derer Beckenhaeuser vorzunehmen befugt sind= und sie dazu ausdrueklich angewiesen werden; Auf den Fall, so selbige das richtige Gewicht nicht haetten, mit deren Hinwegnahm, wie oben schon, bemeldet, es gehalten wird. // [19]

§. 11. Vor diese *Visitation* haben die Schaetzere zu empfangen von jedem Becken, wie oben gemeldt jaehrlich 12. Kr[euzer] nebst ⅓tel der Straff.

§. 12. Werden die Schaetzer zu Folg ihrer Pflicht angewiesen, offtmal ein ernstliches Nachsehen zu haben, ob das Brod und Semmel gut und gar gebacken, ob das Waitzen= und Rocken=Brod lauter ohne einigen Zusatz von Gersten, Erbsen oder Wicken gebacken seyn, welches Befinden dem Amt zur Ahndung anzuzeigen.

§. 13. Muß denen Becken das weiß= und schwarze Brod alle vier Wochen von denen verpflichteten Schaetzern ordentlich geschaetzer werden, nemlich nach der **Marckbreiter=Brod=Raitung** und dem steigenden Getraid=Kauff, welcher *Tax* nebst andern im Wuerthshauß zu *affigiren.*

§. 14. Ferner sollen die Schaetzere zu Zeiten denen Metzgeren das Pfund=weiß ausser dem Hauß verkauffte Fleisch nachwiegen. Wann solches zu leicht befunden wuerde, haben sie solches hinweg zu nehmen, und vor ihre Muehe zu behalten. Wann aber ein oder der andere Metzger sich oefters also betretten liesse; ist von ihnen Schaetzern die Anzeige davon zum Amt zu thun, um hierauf das weitere gegen dergleichen Betrueger der Bestraffung halber zu verfuegen. Wobey zugleich verordnet wird, daß beym Schaaf=Viehe Kopf und Geluens[109] nicht zum Fleisch gewogen werden darff, sondern *apart* verkaufft werden muß.

§. 15. Daferne aber unter denen Schaetzern, dann Becken und Metzgern, des Gewichts halber Streit sich erheben wuerde und letztere denen erstern, wann sie beym nachwiegen etwas zu leicht befunden haetten, nicht nachgeben wollten: sind die zu

[109] I: Die Innereien inklusive der Lunge.

leicht befundenen Wecke, Brod und Fleisch zum Amt zu bringen, wo in Gegenwart beeder Theile die Auswiegung und nach Befinden, hierauf die Bestraffung halber, das weitere verfueget werden solle.

§. 16. Haben Becken, Metzger und Wuerthe denen Umgeldern, Schaetzern und Beschauern bey vornehmender *Visitation* alles was sie verlangen als Stuben, Cammern, Werckstatt, Behaelter oder Truhen jedesmal zu oeffnen, bey Zwey Reichsthaler Straff.

§. 17. Wuerden hingegen die Schaetzere einem oder dem andern Becken, Metzger oder Wuerth durch die Fin- // [20] ger sehen, somit ihre Pflicht und Obliegenheit ausser Augen setzen; sollen dieselbe wann die dessen ueberfuehret werden koennen, ebenfalls um Zwey Reichsthaler bestraffet werden.

§. 18. Wird eine eiserne Ehle[110] an gewoehnlichem Orte angeschlagen, wornach derer Craemere Ehlen zum oefftern zu *visiti*ren sind.

§. 19. Sind die Getraenck=Maas mit denen ordentlichen Numern zu versehen.

§. 20. Sollen jederzeit zwey richtige Gemeind=Metzen oder Getraid=Maas, zur glatten und rauhen Frucht, bey der Gemeinde gehalten, und von dem Burgermeister, der solche zu verwahren hat, jedem Jnnwohner, welcher bey Verkauffung oder Abgebung Getraids solche noethig hat, oder gebrauchen will, verabfolget werden: Dahingegen diese, die Metzen, wann sie solche gebrauchet, jedesmal dem Burgermeister sogleich wieder ins Hauß zu lieffern schuldig sind, bey 2. Pfund Gemeind=Buß, die jeder geben muß, der solche ueber Nacht bey sich behaelt.

Tit[ulus] *XIV.*
Von der Reinigkeit im Ort, auch *Repari*rung Straßen, Weg und Steeg.

§. 1. **J**eder Jnnwohner und Burger wird hierdurch nachdrueckglich dahin angewiesen, daß derselbe vor seinem Hauße, und so weit dessen Umfang gehet, die offene Strassen und Gassen nicht versperren oder Unflaethereyen davor anrichten= vielmehr solche rein halten und besonders bey einfallenden ueblen Wetter den Koth auf die Seite schaffen solle, damit jedermann die Gassen *passi*ren koenne.

§. 2. Deßgleichen sollen die oeffentliche Land=Strassen, die Wege, Bruecken und Steege bestaendig in gutem Stande erhalten werden, damit die Reisende auf ihrem Wege nicht anhalten werden moegen.

---

110 I: Maß-Elle.

§. 3. Zu welchem Ende dem Schultheißen und Gericht befohlen wird, von Zeit zu Zeit, alle Strassen, Wege // [21] und Steege zu *visiti*ren, und wann diese einer geringen Besserung noethig haetten, solche durch Fluhrer und Froehner sogleich selbst verfertigen zu lassen.
§. 4. Ausser deme aber, wann er durch solche die *Reparation* alleine nicht machen koennte: Sollen Schultheißen und Gericht nach voriger Anzeig bey Amt, und dort empfangener Verordnung, die Verfuegung thun, daß die Weege, Steege und Bruecken, mit Zuhuelffnehmung derer benoethigten Handwercks=Leute und Froehnere, von der Gemeinde ohngesaeumt, mit geschmeidigsten Koesten verfertiget und tuechtig hergestellet werden.
§. 5. Und werden die Handwercks=Leute aus dem Burgermeister=Amt bezahlet. Die Gemeinds=Leute aber, welche hiebey frohnen, muessen solches umsonst verrichten.
§. 6. An denen Orten, wo es Wasser=Runzeln[111] giebt, sind steinerne Mauren zu machen, damit solche nicht weiter um sich greiffen koennen.
§. 7. Jm Winter sind die Strassen und Wege zum oefftern vom Schnee auszufegen, damit man solche *passi*ren koenne.
§. 8. Wann Schultheißen und Gericht hierunter etwas verabsaeumen, sollen sie zur Straff und Verantwortung gezogen werden.

Tit*[ulus] *XV.
Von Erhaltung der Bronnen, Baeche und Graeben.

§. 1. **D**ie Gemeind=Bronnen sind jedesmalen in gutem Stand zu erhalten, behoerig zu *repari*ren alle 3. Jahr auszuputzen und zu salzen, damit der Ort rein= und gesundes Wasser habe.
§. 2. Wegen Fegung der Baeche und Graeben, hat es bey bißheriger *Observanz* sein Bewenden. Welche darinn bestehet:

---

111 I: Schnell wachsende Wasserpflanzen.

Zu Jppesheim.

§. 1. Den Graben rings um das Ort, so weit das Wasser reichet, ist die Gemeinde schuldig zu fegen und zu putzen: // [22] Worgegen dieselbe auch solchen Graben zu nutzen und zu gebrauchen Macht hat.

§. 2. Den Bach vom Gollhoeffer=Bruecklein an, so zwischen dem Schaefers=Waasen und untern Nacht=Waasen gehet, ist der Merckleins=Mueller schuldig zu putzen, biß fuerwarts in den Muehlbach, nachgehends vollends biß zum Steeg forne an der Schwemm, von der Schwemm an, biß zu dem untern Bruecklein ist die Gemeinde, so weit es dieselbe trifft, dann die Anstoessere auf beyden Seiten, schuldig, solchen zu fegen.

§. 3. Den Beybach im krummen Reueschlein und Nacht=Waasen,[112] so vor zur Docktors=Muehl gehet, ist die Gemeinde, so weit der gemeine Waasen reichet, schuldig zu putzen; nachgehends aber biß vor zur steinernen Bruecken, muessen solchen die Anstoessere, uff beyden Seiten fegen.

§. 4. Den Beybach vorne bey der steinernen Bruecken, und den ganzen Wießgrund hinab, biß an den Siebenbrunnen, laesset, nach altem Herkommen, die Gemeinde auf ihre Kosten putzen und fegen; Dahingegen alle Wiesen=Besitzere im ganzen Grund, biß zum Siebenbrunnen, schuldig sind, der Gemeinde einen Beytrag darzu zu thun, und zwar, von jedem Morgen,[113] so offt es geschiehet, 6. Kr[euzer] Fraenck[ische] Wehrung vom Siebenbrunnen an aber biß zur Bullnheimer=Marckung, muessen die Anstoesser uff beyden Seiten, auf ihre Kosten fegen lassen.

§. 5. Den Muehlbach von der obengemeldten Bruecken an, biß zur Bullnheimer=Marckung, sind die Drey=Muellere, so weit ihr Recht gehet, schuldig zu putzen und zu erhalten.

§. 6. Den Bach forne bey dem Thor, so zwischen dem sogenannten Dorffgraben und denen Haeußern fließet, biß hinab zur steinernen Bruecken, ingleichen den andern kleinen Graben neben dem Fuhrweg ist die Gemeinde alleine zu putzen schuldig.

---

[112] I: Die Nachtwiese, abgeleitet vom Wasen, als Flurname.

[113] I: Morgen Land.

Abb. 32: Das noch heute bestehende Schloss der Ippesheimer Herrschaft von 1753 – ein zweigeschossiger Bau mit Walmdach und geschwungener Freitreppe – wird seit 1900 als Rathaus genutzt. Es gab Vorgängerbauten. Unter den Herren von Hutten entstand bereits ein erstes Schloss mit der datierten Inschrift „Wer Gott vertraut, hat wol erbaut. 1595" und ihrem Herrschaftswappen, Aufnahme von 2007. Bildnachweis: Ippesheimer Denkmalsliste, Akt D-5-75-134-3.

Zu Reuͤsch.

§. 1. Den Bach ober dem Dorff beym Taubenloch anfangend, muͤssen die Muͤllere putzen lassen, biß zum Rothwaasen; von dort an, muß auf einer Seiten gegen dem Rothwaasen die Gemeinde, und auf der andern Seiten die Kraut=[114] Riet=[115] und sonstige Besitzere biß zur Brucken bey der Herrschaftl[ichen] See=Wießen, von dar an der Schloß=Muͤller biß zu seiner // [23] Muͤhl alleine fegen lassen muß; von der Schloß=Muͤhl an biß zur Craͤmers=Muͤhl muͤssen beede Muͤller den Bach

[114] I: Krautgärten.

[115] I: Ried.

reinigen lassen; unter der Craemers=Muehl bis zum Somerriether=Steig laesset die Gemeind alleine fegen, von dar aus, biß zu denen Zotten=Rietern, die Anstoessere zu beyden Seiten solchen erhalten muessen; von denen Zotten=Rietern an, biß zu dem Soelles=Muehl=Steeg auf einer Seiten die Gemeinde und auf der andern Seiten der Wießen=Besitzere; von dar an, biß zur Brucken an der Straßen, hat der Soelles=Mueller fegen zu lassen, und von der Brucken an, biß zum Lanzen=Muehl=Weg und Woehr, die Anstoessere auf beeden Seiten. Vom Woehr an biß zum Lanzen=Waasen, muß der Lanzen=Mueller putzen lassen; wo es sodann wieder die Gemeind wegen der Lanzen=Waesen trifft; von diesem Waasen an muessen die Anstoessere auf beeden Seiten vollends feegen lassen.
§. 2. Die Beybaeche in der Roehnbach, Stoeckig, und Schmieds=Waasen auch Endten=Waasen und in der Schmieg sind einer Seits von der Gemeind, so weit es selbige trifft, und sodann von Anstoessern fegen zu lassen.

Zu Geckenheim.
[§. 1.] Den Bach oben von der Weigenheimer=Marckung an, biß zum Dorff, hat, wo es die Gemeinde alleins trifft, solche= und wo es Anstoesser betrifft, dieselbe den Bach fegen zu lassen; durch das Dorff hindurch biß zu des Haasen=Muellers obern Eich, laesset die Gemeinde alleine fegen, behaelt dargegen aber auch die auswerffende Erden. Von der obern Eich an, biß zum Siebenbronnen muß der Mueller putzen lassen, und bleibt der Auswurff von der obern Eich an, biß zum Esels=Waasen jedesmal denen Anstoessern. Vom Siebenbronnen an, biß an die Gollhoeffer=Marckung laesset einer Seits die Gemeinde und auf der andern Seite die Anstoesser, fegen.
§. 2. Alle uebrige Beybaeche, werden, wo die Gemeinde anstoesset, von der Gemeinde, sodann aber von denen Anstoessern jedesmal geputzet und die Kosten bezahlet.
§. 3. Und hat ein zeitlicher Schultheiß und Burgermeister jedes Orts darauf zu sehen, daß alle diese Baeche und Graeben bestaendig geeyfert= von Zeit zu Zeit, wann es noethig, geputzet und gefeget, somit in gutem Stande erhalten werden, damit das Wasser seinen freyen Lauff und Fortgang habe, und durch dessen Stemmung oder // [24] Aufhaltung, besonders wann sich grosse Wasser=Guesse ergebeten, denen Wiesen=Besitzern oder sonsten kein Schaden beschehen moege.
§. 4. Widrigenfalls derjenige, welcher durch verzoegerte *Reparation* der Graeben (wann ihme zumal solche von dem Schultheißen vorhero anbefohlen worden) den Schaden *causi*ret hat, solchen auch nach pflichtmaeßiger *Taxation* zu ersetzen schuldig seyn solle.

§. 5. Vor die Graben=Feger wird folgender Lohn *reguli*rt, ausser welchem weiter nichts auch keine Zehrung in der Rechnung *passi*ret; Wann der Graben 1. Schuhe tieff und 2. Schuhe breit von der Gert[116] 2. Kr[euzer] Rheinl[ändisch,] wann der Graben 2. Schuhe tieff und 3. Schuhe breit von der Gert 3. Kr[euzer] Reinl[ändisch,] wann der Graben 3. Schuhe tieff und 6. Schuhe breit von der Gert 6. Kr[euzer] Rheinl[ändisch,] wann der Graben 4. Schuhe tieff und 8. Schuhe breit von der Gert 12. Kr[euzer] Fraͤnck[isch].

§. 6. Wollten nun die Graben=Feger im Ort es um diesen *Tax* nicht arbeiten, sind andere zu nehmen.

§. 7. Bey Fegung der Gemeind= und anderer Baͤche, sind die ausfangend grosse= und kleine Krebse auch Fische bey 2. Reichsthaler Straff, wieder in den nemlichen Bach, zu werffen.

§. 8. Muß jeder seinen Graben, wordurch dem Nachbarn Schaden und Uberschwemmung geschehen kan, vor Walburgi[117] fegen lassen, bey 2. Pfund Buß= dann der Schaden Ersetzung.

§. 9. Niemand solle in Teichen, Fischwasser und Fluͤssen, Hanff,[118] Flachs oder Garn waschen.

Tit*[ulus] *XVI.
Von dem Schultheißen, Dorff= und Siebner=Gericht.
[…] // [25, 26]

Tit*[ulus] *XVII.
Von Gemeind= und Gotteshauß=Gebaͤuden.
[…] // [27]

Tit*[ulus] *XVIII.
Von Gemeind=Guͤtern, Gemeind=Einkuͤnfften und deren Verwaltung.
[…] // [28, 29, 30]

---

116 I: Grabenmaß.

117 I: 30. April.

118 I: Hanf.

Tit[ulus] *XIX.*
Von denen Gemeind=Hoͤlzern auch denen Straffen hierunter, dann Grasen und Huͤthen in solchen.
[…] // [31, 32, 33, 34, 35]

Tit[ulus] *XX.*
Von Gemeind=Rechten und Gemeind=Beschwerden.
[…]

Tit[ulus] *XXI.*
Von der Schuldigkeit eines buͤrgerlichen Unterthanen gegen seine Herrschafft, gegen die Gemeinde und gegen sich selbst.
[…] // [36, 37, 38]

Tit[ulus] *XXII.*
Von Haußgenossen.
[…] // [39]

Tit[ulus] *XXIII.*
Von Gemeind=Zusammenkuͤnfften.

§. 1. **W**ann es die Nothdurfft erfordert, wegen vorfallender gemeiner=Angelegenheiten eine ganze Gemeinde zusammen zu beruffen; (wo jedoch nicht um aller Kleinigkeit willen die Gemeinde zusammen zu beruffen, sondern solches so viel thunlich zu unterlassen, und das noͤthige durch den Fluhrer herum zu sagen ist.)
§. 2. So solle auf Anordnung des Schultheißen, die Gemeind=Glocke angezogen oder solches durch den Fluhrer von Hauß zu Hauß umgesaget werden.
§. 3. Auf welches die Gemeinds=Leute sich ohngesaͤumt, an dem bestimmten Ort, allerseits gehorsamlich einzufinden haben.
§. 4. Welcher nun zu rechter Zeit, nemlich nach dem mit der Glocke gegebenen Zeichen oder von dem Fluhrer angedeuteten Zeit, aussen bleibet, ohne daß er genugsame erhebliche Ursache dessen, vorbringen und bescheinigen koͤnnte; Der solle zur Gemeinde 1. Pfund Buß ohnnachlaͤßig deßhalben bezahlen, und allen daraus entstehenden Schaden noch besonders gut thun.

§. 5. Wann aber einer= oder der andere Unterthan unpaß, nicht zu Hauß, sondern auf dem Felde, oder gar verreiset waͤre, daß er davon keine Nachricht haben koͤnnte; sollen dessen Weib oder Kinder, solches dem Schultheißen gebuͤhrend melden, und dessen Aussenbleiben entschuldigen; ansonsten er, dergleichen Verhinderung ohngeachtet, vorbemerckte Buß, halb zu erlegen hat. // [40]

§. 6. Zu dem Ende solle, bey denen Gemeind=Zusammenkuͤnfften, die Burger=Listen zum oͤfftern abgelesen= und die Abwesende auf*noti*ret, sodann gleichbald geruͤget werden.

§. 7. Wer sich aber an die Geld=Buß nicht kehret, solle in den Burger=Gehorsam 24. Stund eingesperret werden.

§. 8. Wann der Schultheiß verreiset oder kranck waͤre, und die Zusammenberuffung der Gemeinde dennoch noͤthig waͤre und keinen Aufschub lidte, solle sodann der Gericht=*Senior* solche *convoci*ren lassen.

§. 9. Ausser diesen aber sich niemand unterstehen, dergleichen oͤffentliche Zusammenkunfft zu veranlassen, bey Vermeydung ernstlicher Straffe.

§. 10. Noch weniger sollen die Gemeinds=Leute ohne dergleichen Beruffung, keineswegs vor sich selbst zusammen lauffen; widrigenfalls, zumahlen, wann es auf eine unanstaͤndige= oder gar auf Meuterey abzielende Art geschehen wuͤrde, ein jeder derselben, vornehmlich aber die Urheber, mit einer schwehren Straffe, nach Befinden der Umstaͤnde, angesehen und beleget werden sollen.

§. 11. Daferne nun, auf Eingangs benannte Art, eine Versammlung veranlasset= und die Gemeinde beysammen waͤre; solle sich ein Jeder dabey still und ehrbar verhalten, dasjenige was vorgetragen wird, geruhig anhoͤren, und niemand einen andern in der Rede unterbrechen: wer letzteres thun wuͤrde, solle um 1. Pfund gebuͤsset werden.

§. 12. Wer den andern in der Versammlung Luͤgen straffet, solle um 2. Pfund und wer mit Schaͤnd= oder Schmaͤhe=Worten einen Mit=Gemeinds=Mann antastet, um 3. Pfund, und wer den Schultheißen, Burgermeister oder Gerichts=Persohnen Luͤgen straffen, oder selbige schaͤnden und schmaͤhen wuͤrde, um 2. Reichsthaler ohnnachlaͤssig gestraffet= derjenige aber, welcher sich gar unterstehen wuͤrde, Thaͤtlichkeiten gegen Schultheißen, Gericht oder Burgermeister auszuuͤben mit empfindlicher Geld= oder Leibes=Straffe, nach Befinden des Verbrechens, beleget werden.

§. 13. Endlichen, wann Sachen vorfielen, welche von dem Schluß einer ganzen Gemeinde abhiengen, und doch ein einstimmiger Gemeind=Schluß nicht zu erlangen waere, // [41] vielmehr die Meynungen verschieden ausfielen, solle Schultheiß die Stimmen, Mann vor Mann, sammlen, und sonach, mit dem Gericht, den Schluß, nach Mehrheit der Stimmen, abfassen.

§. 14. Jedoch wann sich aeussern wuerde, daß die meisten aus der Gemeinde aus Eigennutz, zum Schaden des gemeinen Wesens, ein *Complott* unter sich gemachet haetten, bleibet dem Schultheißen und Gericht, unbenommen, ja vielmehr werden sie hierdurch darzu angewiesen, die Sache abzubrechen und bey Amt, zu weiterer Einsicht und Verordnung, anzuzeigen.

Tit*[ulus] *XXIV.
Von Gemeinden=Zehrungen.

§. 1. Zu Abschneidung derer bißherig theils ohnnoethigen und ueberflueßigen Gemeind=Zehrungen, wird hiemit verordnet: Daß statt derer Zehrungen, wie die Nahmen haben, aus dem Burgermeister=Amt, ein gewisses *Diæt-* oder *Deputat-*Geld bezahlet und verrechnet werden solle; nemlich

8. fl[orentiner] Rhein[isch] dem Orts Schultheißen zu Jppesheim jaehrlich statt aller Zehrungen, dann vor den halben Genuß des Strohe, Sued= und Aeffterig vom Gemeind=Getraid.

5. fl[orentiner] Rhein[isch] Einem zeitlich Reuescher Schultheißen vor dessen Zehrungen.

5. fl[orentiner] Rhein[isch] Vor dergleichen dem Schultheißen zu Geckenheim.

5. fl[orentiner] Rhein[isch] Vor Zehrungen dem Gericht zu Jppesheim ohne den habenden Neujahr=Trunck à 2. fl[orentiner] 24. Kr[euzer] Fraenck[isch] dann ohne die Gebuehr bey der Rechnungs=Abhoer à 4. fl[orentiner] 48. Kr[euzer] Fraenck[isch].

4. fl[orentiner] Rhein[isch] Vor Zehrungen dem Gericht zu Reuesch jaehrlich, und

4. fl[orentiner] Rhein[isch] jaehrlich dem Gericht zu Geckenheim.

3. fl[orentiner] Rhein[isch] Jaehrlich dem Gerichtsschreiber jedes Orts vor alle Zehrungen auch vor Schreib=Gebuehr bey *Accord*en, Abrechnungen, Quittungen und andern die Rechnungs=Fertigungs=Gebuehr ausgenommen. // [42]

Das Zehrungs=*Deputat* eines jedesmaligen Burgermeisters ist bereits oben mit angesetzet.

§. 2. Ausserdeme aber werden weder bey *Accord*en noch sonsten keine Zehrungen, ohne ausdrueckliche Amtliche Anschaffung *passir*t. Die Gemeind=Gueter und sonstige Aufstriche ausgenommen, welche Aufstriche jedoch so viel moeglich auf einmal zu verfuegen. Auch werden die Zehrungen bey Soldaten=Marsch und Einquartirungen, so weit solche noethig sind, noch à parte *passi*rt.

§. 3. Bey *Accorden* mit Handwercks=Leuten *passi*rt nach Beschaffenheit der Arbeit, auf jeden Meister nicht mehr als eine Maas, dann uff den Gesellen ½. Maas Most.

§. 4. Wann Schultheißen, Gericht oder sonst jemand gegen obiges *Reglement* handeln und mehr= oder andere Zehrungen in die Rechnungen bringen, sollen solche abgestrichen und von ihrem *Deputat* bezahlet, sie aber noch ueber das bestraffet werden.

§. 5. Obige Zehrungs=*Deputata* zu verdienen, solle alle 8. biß 14. Tag ein gewisser halber Tag, und zwar der Donnerstag Vormittag zu Besorg= und Uberlegung der Gemeind=Nothwendigkeiten angewendet werden, woran Schultheiß, Einer oder Zwey aus dem Gericht, nebst dem aeltern Burgermeister und Gerichtschreiber entweder in des Schultheißen= oder auf dem Gemeind=Hauß zusammen kommen, die vorgefallene gemeine Angelegenheiten vornehmen, ueberlegen und einen Schluß fassen sollen.

§. 6. Die Gerichts=Leute sollen wechselweise zu obigen Verrichtungen gezogen und darf in seiner Ordnung keiner uebergangen werden.

Tit*[ulus] *XXV.

Von Haltung des Hochgericht und Verlesung dieser Ordnung.

§. 1. Solle von Amts wegen alle Jahr oder nach Befinden alle 2. Jahr bald nach Walburgis in jedem Ort ein Hochgericht gehalten werden. // [43]

§. 2. Dieses Hochgericht solle 3. Tage zuvor jedermaenniglich im Orte angesaget werden, und muessen dabey alle Unterthanen, Wittweiber und Haußgenossen auch Gemeind=Diener in sauberer Kleidung erscheinen; wer ohne erhebliche Ursache und Entschuldigung nicht erscheinet, und bey Ablesung seines Nahmen nicht zugegen ist, solle 24. Stund lang in Gehorsam gesperret werden.

§. 3. Bey diesem Hochgericht ist folgendes zu beobachten;

a.) Diese Ordnung und die Siebner=Ordnung zu verlesen und das noethige sonst offentlich bey versammleter Gemeinde zu erinnern.

b.) Statt abgegangener Gerichts=Persohnen wieder neue zu erwaehlen, zu *confirmi*ren= und zu verpflichten.

c.) Neue Burgermeister und Gotteshauß=Meister, wann die Zeit herum ist, zu verpflichten.

d.) Ubrige Gemeind=Diener, Viertelmeister, Umgelder, Brod=Schaetzer, Fleisch=Schaetzer, Feuer=Schauer, Feuer=Lauffer, Schaaf=Meister und Holz=Foerster zu bestellen, die alten aber ihres Amts zu erinnern.

e.) Neue Unterthanen zu verplichten.

f.) Dem Gericht besonders zu ruegen befehlen.

g.) Alle Unterthanen mit Nahmen abgelesen und jedem, zu ruegen, befohlen.

h.) Die Geruegte zu bestraffen.

i.) Burgermeister= und Gotteshauß=Rechnungen abzunehmen und zu *justifici*ren.

k.) Die Restanten vorfordern und *exequi*ren zu lassen.

l.) Brod= Fleisch= und Getraenck=*Tax* zu untersuchen, auch Eichgeschirr, Maas und Ehlen zu besehen.

m.) Feuerleitern und andere Geraethschafften zu *visiti*ren.

§. 4. Alles was bey diesem Hochgericht und sonst jaehrlich in Gemeind=Sachen vorgehet, ist in das zu haltende Gemeind=Buch sobalden sauber und umstaendlich einzutragen.

§. 5. Die Amtliche und derer bey diesem Hochgericht noethigen Persohnen Zehrung ist mit geschmeidigsten Kosten einzurichten, jedem buergerlichen Jnnwohner aber wird aus // [44] der Gemeind zu verzehren gegeben: 1. Maas Most und 1. Weck.

Tit*[ulus] *XXVI.

Von denen Marckungs=Begehungen, Graenz= und Schied=Steinen, dann Vereinigung derer Felder und Graenzen.

[…] // [45]

Tit*[ulus] *XXVII.

Von Gemeind=Dienern deren Annahm und wieder Abschaffung.

§. 1. **N**achfolgende Gemeine=Diener werden von Schultheissen und Gericht unter Amtlicher *Ratfication* gedingt und angenommen und muessen sich jedes Jahr 14. Tage vor Endigung der *Termins* Jacobi, hinwieder melden und um ihre Dienste ansuchen, wie es, mit Alters, im Ort hergebracht ist, Gemeind=Schmid, Holz=Foerster, die Nachtwaechter, Kuehe= Schwein= und Gaenß=Hirthen, dann der Fluhrer.

§. 2. Wegen deren Wiederabschaffung aber wird es also gehalten; Wann einer oder der andere seinen Dienst nicht nach Pflichten verrichtet, ist deme, zur gewo^e^hnlichen Zeit, der Dienst aufzuku^e^nden, und wieder ein anderer an seine Stelle anzunehmen.

§. 3. Woferne aber unter dem *Termin* sich Strittigkeit zwischen der Gemeinde und deren Dienern ereigneten, um welcher willen selbige abgeschaffet werden wollten; sollen vorderist die Klagen und Beschwerden Amtlich untersuchet und hierunter nach Befinden erkannt werden.

§. 4. Wann zu obigen Gemeind=Diensten, ein Fremder ausser dem Ort angenommen werden will, muß derselbe zuvorderst bey Amt von seiner Herkunfft, Vermo^e^gen und andern Umsta^e^nden, die erforderliche Urkund genugsam beybringen. Und sollen vorbenannte Gemeind=Dienere ihre Obliegenheit nicht ausser Augen setzen, sondern der Gemeinde getreu und gehorsam seyn und Schaden verhu^e^ten.

Tit[ulus] _XXVIII._
Von denen Nacht= und Dorfs=Wachten.

§. 1. Jeder Nachtwa^e^chter muß Pflicht ablegen.

§. 2. Sind selbige darzu bestellet und gesetzet, die Nachtwach fleißig zu versehen, und an denen // [46] angewiesenen Orten die Stunden allezeit ordentlich auszuruffen: Und zwar

§. 3. Von Petri[119] biß Walburgis[120] gehen selbige um 9. Uhr auf die Wache und dancken um 3. Uhr wieder ab; von Walburgis biß Bartholoma^e^i[121] von 10. Uhr biß 2. Uhr. Von Bartholoma^e^i biß Martini[122] wieder von 9. biß 3. Uhr. Dann von Martini biß Petri von 8. Uhr biß Morgens um 4. Uhr. Welche Zeit sie genauest zu beobachten, hierna^e^chst aller Orten des Nachts jedesmal fleißig umzuschauen haben, daß durch Brand oder na^e^chtliche Einbru^e^che dem Ort kein Schaden zugehe. Und wo sie dergleichen etwas vermercken wu^e^rden, sollen dieselbe alsogleich Lermen machen, daß von denen Nachbarn Hu^e^lffe und Rettung geleistet werde.

---

[119] I: Petri Stuhlfeier fällt auf den 22. Februar.

[120] I: Walpurgis ist hier die Nacht zum 1. Mai.

[121] I: 24. August.

[122] I: Martin von Tour, 11. November.

§. 4. Welcher Nachtwa^e^chter die Stund an dem bestimmten Ort nicht ausruffet, solle mit 15. Kr[euzer] und wann er eine gar nicht ausruffet, um 30. Kr[euzer] verbu^e^sset werden. Woferne aber der Nachtwa^e^chter sich diese gelinde *Correction* nicht zur Warnung dienen lassen, und zum drittenmal darwider handeln wird, ist derselbe abzuschaffen und ein fleißigerer an seine Stelle anzunehmen.

§. 5. Muß Schultheiß und Gericht die Nachtwach zum o^e^fftern ohnvermerckt *visiti*ren und die Fehler, wie oben stehet, ru^e^gen.

§. 6. Der Nachtwa^e^chter=Lohn ja^e^hrlich bestehet in folgenden:

Zu Jppesheim

haben die 2. Nachtwa^e^chter ja^e^hrlich 22. fl[orentiner] Fra^e^nck[isch] an Geld, dann beede eine Holz=Maas miteinander, und einen Schober Strohe.

Zu Reu^e^sch

haben beede Nachtwa^e^chter 15. fl[orentiner] Fra^e^nck[isch] an Geld, 1. fl[orentiner] 12. Kr[euzer] Stiefel=Geld und jeder eine Fuhr Holz.

Zu Geckenheim

hat der dortige Nachtwa^e^chter ja^e^hrlich 6. fl[orentiner] 36. Kr[euzer] Fra^e^nck[isch] von denen Jnnwohnern, nemlich *quartaliter* 3. Kr[euzer] von jedem Jnnwohner, der ein Hauß hat.

§. 7. An denen Sonn= Fest= und Feyertagen solle, wie es bißhero u^e^blich gewesen, unter denen Kirchen, in- // [47] gleichen zur Erndte=Zeit, zur gemeinen Sicherheit des Ortes, Wacht gehalten und von einem jeden Burger und Jnnwohner wechselsweise versehen werden.

§. 8. Es do^e^rffen aber zu dieser Wache keine ledige Pursche unter 18. Jahren, viel weniger Weibs=Persohnen, geschicket werden, sondern es muß solche jeder Unterthan selbst verrichten, es seye dann, daß er bereits mannbare So^e^hne habe, welchenfalls er davon wohl einen zu solcher Wacht=Verrichtung abordnen mag.

§. 9. Dieser Wa^e^chter Amt aber ist, daß sie unter denen Kirchen und in der Erndte, da schon o^e^ffters bo^e^se Leute in denen Ha^e^usern gewaltsame diebische Einbru^e^che zu veru^e^ben, sich unterfangen, und von der Zeit, wo die meisten Leute ausser dem Hauß sind, zu *profiti*ren gesuchet haben; in dem ganzen Orte auf= und abgehen, und fleißig aufsehen, daß nicht etwa ein dergleichen diebischer Einbruch unternommen werde; Und wo sie dergleichen was vermercken wu^e^rden, sollen sie sogleich, an denen Ecken der Gassen, Lermen machen, no^e^thigen Falls auch die Sturm=Glock anziehen, damit die Nachbarn, zu erst, sodann auch die in der Kirchen oder auf dem Feld seyende Jnnwohnere eilends zu Hu^e^lffe kommen; wa^e^re es auch, daß bemeldte

Waͤchtere einen ausbrechenden Brand oder Feuer in einem Hauß oder andern Gebaͤude vermercketen, sollen sie ebenfalls alsogleich Lermen machen, auf dessen Rettung und Huͤlffe geschwind und ehe es uͤber Hand nimmet, bedacht seyn.

§. 10. Welcher Jnnwohner nun, wann er diese Wache zu besorgen hat, sich nachlaͤßig bezeugen und hierdurch verursachen wuͤrde, daß ein Schade einem oder mehrern Jnnwohnern beschehete, der solle deßhalb mit schwehrer Herrschaftlicher Straffe beleget werden.

§. 11. Bey unfriedlich= und unsichern Zeiten, muß die Nachtwach dergestalt vermehrt werden, daß mit dem *Ordinari*-Waͤchter alle Nacht 1. Mann aus dem Gericht und 2. Mann aus der Gemeinde, alle Stunden uͤber, mit Herumgehen und zu des Orts Sicherheit, so wie im vorstehenden verordnet, ihren moͤglichen Fleiß verwenden, bey scharffer Straff und Anthung gegen die so ihre Schuldigkeit nicht beobachten.

§. 12. Sollte sich, so der Hoͤchste verhuͤten wolle, Viehe=Seuche oder Menschen=Sterb ereignen, muß jeder Unter- // [48] than, sobald er etwas daran erfaͤhret, davon bey Amt die schleunigste Anzeige thun. Wo sodann uͤber das was unten in diesen *Punct*en vorkommet, die Landes=Herrschafftliche Vorsorge und Verordnung ergehen wird.

Tit*[ulus] *XXIX.
Von Hirthen und Fluhrern.
[…] // [49–51]

Tit*[ulus] *XXX.
Von Handwercks=Leuten und Tagloͤhnern, dann Feld=Bau=Leuten.

§. 1. **E**inem Handwercksmann, als Maurer, Zimmermann, Haͤffner, Steinhauer, Schreiner etc., wann sie Meister sind, gebuͤhret in langen Tagen von Morgens fruͤhe 4. Uhr an, biß Abends 6. Uhr, in welcher Zeit Feyerstunden verstattet werden, Vormittags von 7. biß 8. Uhr. Mittags von 11. bis 12½. Uhr, taͤglich 20. Kr[euzer] Fraͤnckisch und dauren diese lange Tage von Petri biß Gallen=Tag.[123] In kurzen Tagen von Gallen=Tag biß Petri bekommt der Meister taͤglich 16. Kr[euzer] Fraͤnck[isch].

[123] I: 16. Oktober.

Wo die Arbeit fru^ehe mit dem Tag sich anhebt und Abends biß Nacht dauert, ohne eine Feyerstund, ausser des Mittags.

§. 2. Der Gesell bekommt auf obige Art in langen Taegen 18. Kr[euzer] Fraenck[isch] und in kurzen Taegen 14. Kr[euzer] Fraenck[isch].

§. 3. Ein Lehr=Jung aber in langen Taegen 12. Kr[euzer] Fraenck[isch], dann in kurzen Taegen 14. Kr[euzer] Fraenck[isch].

§. 4. Wo die Arbeit ueberhaupt durch *Accord* bedungen, muß es bey dem *Accord* verbleiben und darf vor die sogenannte Nach=Arbeit nichts mehr nachgezahlt werden.

§. 5. Vor die Schmid und Wagner ist von Amts wegen alle 3. Jahr mit Zuziehung erfahrner Persohnen, eine // [52] *Tax*-Ordnung zu machen, um welchen Preiß sie jedes Stuck Arbeit fertigen muessen; Bey dessen Ubertrettung die Handwercks=Leute, nebst Verlust des Lohns, noch ernstlich zu bestraffen.

§. 6. Nachdeme die Tagloehner meistentheils die Gewohnheit haben, daß sie zu denen Zeiten, wann die Arbeit nothwendig wird, und es an Arbeitern mangeln will, die Leute im Lohn uebernehmen, welcher Unbilligkeit weiter nicht nachgesehen werden kan.

§. 7. So wird hiemit ihnen der Lohn folgender Gestalt *reguli*ret, und sollen einem Tagloehner bezahlet werden; Wann er keine Kost geniesset, in langen Taegen, von Walburgis biß Laurenti[124] taeglich 12. Kr[euzer] Fraenck[isch], in kurzen Taegen, von Laurenti biß Walburgis taeglich 10. Kr[euzer]. Wann er die Kost dabey geniesset, in langen Taegen taeglich 6. Kr[euzer] und in kurzen Tagen, taeglich 5. Kr[euzer]. Welcher nun sich unterstehen wird, ein mehreres an Lohn zu fordern oder zu nehmen, des solle jedesmal, so offt es beschiehet, um 12. Kr[euzer] Fraenckisch in die Gemeind verbuesset werden.

§. 8. Dargegen sollen auch diejenige, welche zu ihrer Arbeit Tagloehnere gebrauchen, diesen den geordneten Lohn willig ohne Abkuerzung bezahlen, bey gleichmaeßiger Straffe.

§. 9. Ansonsten aber sind die Tagloehner schuldig, den Sommer ueber, des Morgens um 4. Uhr an die Arbeit zu gehen und biß Abends um 8. Uhr daran zu verharren; doch daß sie unterdessen fruehe um 8. Uhr das Morgen= und Nachmittags um 4. Uhr das Mittags=Brod essen moegen, mit der Maase aber, daß sie deßhalb weder Vor= oder Nachmittags laenger als ½. Stunde feyren doerffen.

[124] I: 10. August.

Mittags hingegen haben sie eine Stunde von 11. biß 12. Uhr zu ihrer Ruhe und Essen.

§. 10. Im Winter oder kurzen Taͤgen aber, muͤssen Tagloͤhnere Morgens um 7. Uhr an die Arbeit gehen und biß Abends um 5. Uhr daran verharren, wo ihnen mehr nicht, dann eine Stunde von 11. biß 12. Uhr zum essen und feyren verstattet wird.

§. 11. Weilen theils Leute, die sich das ganze Jahr im Ort naͤhren, bloß zur noͤthigsten Arbeit=Zeit, wann man sie am nothwendigsten gebrauchet, aus dem Ort gewinnsuͤchtig hinweglauffen und es sodann an Arbeitern mangelt. // [53]

§. 12. Als wird hierdurch verordnet, daß um nachstehenden *Tax* jeder Tagloͤhner, wann er verlanget wird, arbeiten= oder wo er sich dessen weigert, er aus dem Ort wegziehen solle.

In der Heu=Erndte.

Vom Morgen[125] Wiesen zu maͤhen, 10. Kr[euzer] Fraͤnck[isch] und keine Kost. Vom Morgen zu heuen, 6. Kr[euzer] Fraͤnck[isch].

In der Winterbau=Erndte.

Vom Morgen Acker zu schneiden, 16. bis 18. Kr[euzer], dann 4. Pfund Brod. Vom Morgen zu sammeln, und zu binden, 6. Kr[euzer] Fraͤnck[isch]. Vom Morgen zu brachen, 24. Kr[euzer]. Vom Morgen zu zwybrachen, 24. Kr[euzer]. Vom Morgen in der Saat, nebst dem Egen,[126] 24. Kr[euzer] und muß derjenige der bauen laͤsset, die Saat selbst verrichten. Den Morgen aber das ganze Jahr durchaus zu bauen, *inclusive* des Dreyern,[127] 1. fl[orentiner] 20. Kr[euzer] Fraͤnck[isch].

In der Sommerbau=Erndte.

Vom Morgen zu schneiden, 12. Kr[euze] dann 4. Pfund Brod. Vom Morgen zu sammeln und zu binden, 6. Kr[euzer] Fraͤnck[isch]. Den Morgen im Sommerbau auszubauen nebst dem Egen, 24. Kr[euzer] Fraͤnck[isch] und muß der, so bauen laͤsset, die Saat selbst verrichten.

In der Gromath=[128]Erndte.

Vom Morgen zu maͤhen, 10. Kr[euzer] Fraͤnck[isch]. Zu heuen vom Morgen, 6. Kr[euzer] Fraͤnck[isch] und keine Kost.

---

125 I: Ein regional unterschiedliches Flächenmaß von meist bis zu 5000 Quadratmetern, das bis ins 19. Jahrhundert Verwendung fand.

126 I: Eckern.

127 I: Land, das im dreijährigen Rhythmus bebaut wurde.

128 I: Es handelt sich um die zweite Gras- und Heuernte im Erntejahr, meist im Spätsommer.

Weinbergs=Arbeit.

Vom Morgen Weinberg, das ganze Jahr hindurch, auszubauen, 6. fl[orentiner] Fra^e^nck[isch] und das abga^e^ngige Reben=Holz. Von jedem hundert Fexer[129] frisch einzuwenden, 36. Kr[euzer] Fra^e^nck[isch]. Dann im Taglohn nebst der Kost, des Tags 12. Kr[euzer] Fra^e^nck[isch]. Vom Tag zu hacken mit der Kost, 12. Kr[euzer] ohne die Kost, 18. Kr[euzer] Fra^e^nck[isch]. Vom Tag zu brachen, nebst der Kost, 10. Kr[euzer] ohne die Kost 16. Kr[euzer] Fra^e^nck[isch]. Vom Morgen zu brachen u^e^berhaupt, 48. Kr[euzer] Fra^e^nck[isch]. Vom Tag im schneiden und Pfa^e^hlschlagen nebst der Kost 8. Kr[euzer] Fra^e^nck[isch] und ohne Kost 16. Kr[euzer] Fra^e^nck[isch]. Jm stricken des Tags nebst der Kost, 6. Kr[euzer] ohne die Kost 12. Kr[euzer]. // [54]
§. 13. Jedoch ist dieser *Tax* nach Beschaffenheit Zeit und Umsta^e^nde alle 3. Jahr von Amts wegen zu mindern oder zu mehren.

Tit*[ulus] *XXXI.
Von Straffen und Rugen.

§. 1. **W**er seinen Nachbarn durch u^e^berackern, u^e^berschneiden und u^e^berma^e^hen, auch grasen, auf Feldern und Wiesen, eigenma^e^chtig ohne vorherige Klage bey Amt, oder denen Siebnern, Schaden zufu^e^get, solle jedesmal zur Buß bezahlen 2. Pfund nebst deme auch dem Eigenthu^e^mer den zugefu^e^gten Schaden, nach ohnpartheyischem *Tax* derer Siebnere, noch besonders ersetzen.
§. 2. Wer seinen Nachbarn u^e^berza^e^unet oder u^e^berbauet, solle deßhalb zur Buß erlegen 2. Pfund und nach vorherig von denen Siebnern eingenommenen Augenschein, und Erkanntnus alles sogleich wieder in vorigen Stand zu setzen, auch die ergehende Kosten zu bezahlen schuldig seyn.
§. 3. Und wann dergleichen Bussen anfallen sind davon vor gna^e^dige Herrschafft zur Verwaltung zu liefern, das u^e^brige […][130] aber bekommet das Siebner=Gericht.
§. 4. Es solle aber niemand von obiger Buß befreyet bleiben, wenn er auch gleich an des Nachbarn Gut einen Anspruch zu haben geda^e^chte. Vielmehr solle ein jeder auf diesen Fall seinen vermeintlichen Anspruch bey Amt klagen, und von dorten, wo keine gu^e^tliche Auskunfft Platz findet, des Richterlichen Entscheids in Ruhe gewarten.

[129] I: Wein-Fechser.
[130] T: Hier ist im Originaldruck Platz für einen handschriftlichen Eintrag.

§. 5. Wer durch grasen in fremden Feldern, Wiesen, Gaerten etc. auch auf denen Gemeind=Waesen, Schaden thut und darueber angetroffen wird, solle deßhalb jedesmal um 15. Kr[euzer] gerueget werden.
§. 6. Wer sich betretten laesset, daß er in fremden Gaerten, auf dem Felde, in denen Weinbergen oder Aeckern, Obst maußet,[131] solle, wann es bey Tag beschehen, 6. Pfund Rug bezahlen.
§. 7. Wer in Weinbergen ohne Erlaubnus des Eigenthums=Herrn, Trauben ausschneidet, oder abreiset, solle // [55] um 6. Pfund, wann es bey Tag geschehen, gerueget werden;
§. 8. Und dabey in allen vorbenannten Faellen, der Frevler, den beschaedigten Theil, den erweißlich zugefuegten Schaden, noch besonders zu ersetzen schuldig seyn.
§. 9. Wann aber jemand bey der Nacht betretten wuerde, ueber dem Obst maußen, Schaden hueten, oder im Trauben abschneiden, solle keine Rug erhoben, sondern die Anzeige davon bey Amt gethan werden, wo die Frevlere, nach Befinden mit empfindlicher Geld= oder Leibes=Straffe (wann es zum oefftern beschehete) angesehen auch darneben zu Ersetzung des Schadens, welcher durch verpflichtete Maenner sogleich zu *taxi*ren ist, angehalten werden sollen.
§. 10. Ingleichen haben Schultheiß und Gericht, wann ein grosser Schaden von jemanden bey Tage verursachet worden, und wegen dessen Ersatz Streit waere, solches bey Amt anzuzeigen und Beschaids darinnen zu erwarten.
§. 11. Vor Fruehe=Gebet=Laeuten darff kein Viehe auf die Waid hinaus= und nach dem Gebet=Laeuten, dasselbe Abends nicht ernst heimgetrieben werden, sondern vor dem Fruehe= und nach dem Abend=Gebet=Laeuten, darf kein Viehe mehr auf der Marckung, vielmehr muß alles im Dorf seyn, bey 2. Pfund ohnnachlaeßiger Buß von jedem Stuck und der Ersetzung alles Schaden.
§. 12. Ingleichen wird wegen bißheriger Unordnung und Unterschleiff vor und nach erstgedachter Fruehe= dann Abend=Gebet=Laeuten=Zeit bey 1. Reichstahler auch nach Befinden hoeherer Straff, verbotten, alles grasen, schneiden, sammeln, einfuehren, Obst schuetteln, Kraut=heimschaffen, dann alle andere Feld=Arbeiten, das maehen allein ausgenommen. Es muessen auch die Uebertrettere allen hierunter verursachenden Schaden noch à part zahlen. Dieses Fruehe= und Abend=Gebet= Laeuten aber solle von dem Schulmeister um folgende Zeit verrichtet werden, von Petri biß Johannis des Morgens um 3. Uhr, von Johannis biß Jacobi Morgens um

[131] I: Stiehlt.

2. Uhr, von Jacobi biß Michaelis um 3. Uhr Morgens, von Michaelis biß Petri um 4. Uhr Morgens, das Abend=La^e^uten aber jedesmal ½ Stund nach Sonnen Untergang zu verrichten. // [56]

§. 13. Wer des Mittags zwischen 11. und 12. Uhr uff dem Feld graset oder arbeitet, muß 2. Pfund Rug[132] zahlen.

§. 14. Wird das Hu^e^ten mit dem Zug=Viehe an Sonn= und Feyer=Tagen unter dem Gottesdienst, den Sommer und Herbst u^e^ber, bey 15. Kr[euzer] Straff von jedem Stuck Viehe, hierdurch jederma^e^nniglich verbotten, folglich ein jeder angewiesen, sein Anspann=Viehe vor der Kirchen wieder heim zu schaffen.

§. 15. Von dem Schaden gehenden Viehe muß folgende Rug zahlt werden:

Von einem Pferd, gespannt oder ledig, welches man bey Tag in Schaden ergreifft, – 15. Kr[euzer] Fra^e^nk[isch].

Von einem Schwein, so in einem Weingarten, Acker, Ruben oder Kraut oder sonsten an einem Schaden begriffen wird, – 6. Kr[euzer] Fra^e^nk[isch].

Von einem Ochsen, Kuhe, welche in Wiesen, Weingarten oder sonst im Schaden begriffen wird, vom Stuck – 15. Kr[euzer] Fra^e^nk[isch].

Von einem Schaaf, – 1. Kr[euzer] Fra^e^nk[isch].

Von einem Hund, der im Weinberg ertappt wird, – 20. Kr[euzer] Fra^e^nk[isch].

Von einer Ganß, so Schaden gehet, 2. Dreyer.

Von einer Huhn, ¼. Kr[euzer] Fra^e^nk[isch].

Das Gaiß=Ziefer muß unter das Schwein=Viehe mit ausgetrieben= und darf nicht à part, besonders nicht an die Hecken gehu^e^tet werden, bey 1. Pfund Buß vom Stuck. Und muß danebst auch bey allen Vorfallenheiten der verursachte Schaden ersetzet werden.

§. 16. Wer einen Weg u^e^ber das angesa^e^te Feld machet im Gehen, 1. Pfund Buß und im Reiten 1½. Pfund, dann Fahren 2. Pfund und ebenso viel, wer u^e^ber eine ohngema^e^hete Wiesen, oder Wasen gehet, reitet oder fa^e^hret. Wornechst des Fluhrers Pfand=Geld noch à part. Ein Fremder muß obige Rug doppelt geben.

§. 17. Der dem Fluhrer oder Gemeind=Knecht im Ort, oder uff der Marckung, wann solcher die Ubertrettere ru^e^get, nicht beystehet, muß 1. Reichsthaler geben. // [57]

§. 18. Wer auf fremden Gut einen jungen oder tragbaren geschlachten Obstbaum freventlich bescha^e^diget oder verderbet, muß nebst dem *taxi*rten Schaden, 6. Pfund

[132] I: Strafe.

Rug geben, wann es uff dem Feld geschehen, wo es aber im geheegten Garten geschehen doppelt so viel.

§. 19. Wer der Gemeind oder dem Nachbar freventlich Weyden abschneidet oder abhauet, muß den Schaden zahlen, und 4. Pfund Buß.

§. 20. Die nach obigen *Punct*en anfallende= sogleich heraus zu treiben seyende= Straff gehoͤret der Herrschafft, von der Rug und Buß aber ⅔tel der Gemeinde, dann ⅓tel dem Fluhrer zu Jppesheim, dann zu Reuͤsch und Geckenheim die Helffte der Gemeind und die Helffte dem Fluhrer.

§. 21. In all obigen Straff= und Rug=Faͤllen, muß jeder Unterthan vor die in seinem Brod seyende Kinder und seine Dienstbotten stehen, folglich die Straff oder Rug vor sie bezahlen.

§. 22. Die groͤssere Straffen, bey Vergewaltigungen, verwarten, schaͤnden, schmaͤhen etc. werden nach Befinden zur Herrschafftlichen *Decision* ausgesetzt.

§. 23. Bey haltender Wahl muß jeder anzeigen, was er rugbares gesehen und gehoͤret, oder wann er es nicht thut, die Rug zahlen.

Tit*[ulus] *XXXII.
Von verbottenen Treiben und Huͤten.

§. 1. Jn die Stupfel=Feldere[133] sollen weder die Bauern, Hirthen oder Schaͤfer mit ihrem Viehe ehender treiben, als biß die Aͤcker von dem Getraide und Garben, sowohl als denen Zehend=Garben voͤllig leer und frey ist; biß dorthin auch das Grasen gaͤnzlich verbotten wird.

§. 2. Wann einer oder der andere darwider handeln wuͤrde; Muß von jedem Stuck Viehe 1. Pfund vor Rug bezahlet und der verursachte Schaden denen Eigenthuͤmern oder dem Zehend=Herrn nach der *Taxation,* noch besonders gutgethan werden. // [58]

§. 3. Deßgleichen solle kein Unterthan sich unterstehen, sein Viehe von der Heerde wegzunehmen und in seine eigene Stupfel=Aͤcker zu treiben, bey Straff.

§. 4. Nach abgefuͤhrten allen Zehend= und Eigenthums=Garben, sollen die Bauern die neue Stupfel=Aͤcker mit ihrem Anspann=Viehe 3. Tag vorhero allein zu betreiben befugt seyn, ehe der Gemeinde Kuͤhe=Hirth darein treiben darf.

---

[133] I: Abgeerntete Felder und Äcker.

§. 5. Wegen des Aͤhren=lesen solle solches niemand erlaubt seyn biß der Acker vorhin leer ist, auch nur denen Kindern und alten Leuten, nicht aber solchen Persohnen, die sich mit anderer Arbeit fortbringen koͤnnen, wer hierwider handelt, solle 1. Stund eingesperret werden, denen Auswaͤrtigen aber wird das Aͤhren=lesen gaͤnzlich verbotten.

§. 6. Nachdeme bißhero, theils eigennuͤtzige Bauers=Leute die schaͤdliche Gewohnheit gehabt, daß sie ihre Ochsen in denen Wegen und an denen Reinen, zwischen dem Getraide, Weinbergen, Kraut=Aͤckern, und oͤden Egerten,[134] item inn= und zwischen denen Ruben=Aͤckern gehuͤtet, oder durch ihre Leute huͤten lassen, wo sodurch denen Eigenthuͤmern grosser Schaden verursachet worden.

§. 7. So wird hierdurch solches Ochsen=Huͤten an gedachten Orten gaͤnzlich verbotten und solle ein jeder, so offt darwider von ihme oder denen Seinen gehandelt wird, von jedem Stuck Viehe 2. Pfund Rug bezahlen und wann das Viehe zu Schaden gegangen gewesen, alsdann den ohnpartheyisch *taxi*rten Schaden noch besonders zu erstatten schuldig seyn.

§. 8. Hingegen sind sothane Wege und Reine jaͤhrlich von Gemeinds wegen uffzustreichen und zu verrechnen.

§. 9. Nach eingefuͤhrter Gewohnheit sollen Hirthen und Schaͤfer die zweymaͤdige Wiesen von Georgen=Tag[135] biß Michaelis[136] hegelich zu halten schuldig= und indessen jeder Besitzer befugt seyn, biß dahin seine Wiesen zu nutzen, wie es ihme beliebt auch sein gehoͤrntes Viehe nach dem abmaͤhen darauf zu waiden. Von dem Tage Michaelis an aber, sollen sie dessen bey 2. Pfund Buß von jedem Stuck muͤßig stehen, und sodann der Gemeind=Hirth und Schaͤfer alle Wiesen und Waͤsen behuͤten. // [59]

§. 10. Weinberge und Kraut=Aͤcker bleiben bestaͤndig heegbar.

§. 11. Jst keinem Jnnwohner erlaubt, seine Kuͤhe vom Gemeind=Hirthen hinweg= und etliche Tage uff seine Wiesen, sodann wieder zur Gemeind=Huth zu treiben, weil sodurch das Viehe stoͤßig[137] gemachet wird.

---

134 I: Egarten/Egert/Egerten: Grundstücke, die abwechselnd als Grünland und als Acker genutzt wurden.

135 I: 23. (24.) April.

136 I: 29. September.

137 I: Stößiges Vieh ist gegenüber Artgenossen und Menschen aggressiv und angriffslustig. Die Symptome können durch falsche Tierhaltung, Entzündungen, Hitze, Insektenstiche und ähnliche Ursachen entstehen.

§. 12. Die Stier biß solche 2. Jahr alt, mu^e^ssen unter dem Gemeind=Hirthen bleiben und do^e^rffen bey 2. Pfund Buß vom Stuck nicht zum Zug=Viehe getrieben werden.
§. 13. Wer mit Hin= und Wiedertreiben seines Viehes uff seine eigene Wiesen dem Nachbarn an seiner Wiesen Schaden thut, muß alle Scha^e^den und Kosten ersetzen.

Tit*[ulus] *XXXIII.
Von *Taxation*en und Augenscheinen.

Wenn auf Amtlichen Befehl, oder auf Verlangen derer Partheyen ein Augenschein auf dem Felde, und *Taxation* wegen verursachten Schaden vorzunehmen ist; sollen ein Schultheiß mit denen ihme zugehenden zweyen verpflichteten *Taxatoribus* vorsichtig zu Wercke gehen, alles genau betrachten, den geklagten Schaden nach besten Wissen erma^e^ßigen und sofort entweder erstern Falls, zum Amt den Befund schrifftlich u^e^bergeben oder letztern Falls, dem bescha^e^digten Theil zum Ersatz des erkandten Schadens alsogleich verhelffen. Und solle auf diesem Fall, dem Schultheißen 20. Kr[euzer] Rhein[isch], einem jeden *Taxatori* 15. Kr[euzer] Rhein[isch] vor ihre Gebu^e^hr gereichet und bezahlet werden.

Tit*[ulus] *XXXIV.
Von der Feuers=Gefahr und Anstalten darwider.

Nachdeme fast kein gro^e^sserer Schade und Jammer entstehen kan als durch Feuer und dessen Verwahrlosung; So wird hiermit von Herrschaffts wegen folgende Ordnung, wie sich dafu^e^r zu verwahren und bey entstehender Feuersbrunst zu verhalten seye vorgeschrieben; und sollen sich gesammte Unterthanen auch Schutz=Ver- // [60] wandte und sonst ma^e^nniglich im Ort darnach gehorsamst achten, bey Vermeidung der darauf gesetzten Herrschafftlichen Straffe.
§. 1. Sollen die Haußwu^e^rthe und Frauen nicht nur fu^e^r sich selbsten auf Feuer und Licht wohl Acht haben, sondern auch ihren Kindern und Gesinde solches besta^e^ndig einscha^e^rffen und diesen allenthalben fleißig nachsehen; Besonders Abends=Zeit, ehe sie schlaffen gehen, Feuer und Licht, recht auszulo^e^schen, Gestro^e^he und Ruß vor dem Ofen fleissig wegzukehren, Aschen und glimmende Funcken auszulo^e^schen, damit nicht irgendwo Feuer verwahrloset und Schaden dadurch angerichtet werde.

§. 2. Sollen besonders die Weiber, wann selbige backen, waschen oder Obst doerren, bey Tag und Nacht, bestaendige Sorge tragen, daß kein Feuer dardurch auskomme. Wie dann auch die Asche fleißig aus denen Oefen zu thun, und an verwahrte Oerter zu bringen, keineswegs aber uff bretterne Boden, in Koerbe oder Faeßer zu schuetten, bey 4. Pfund Buß.

§. 3. Solle bey der Nacht niemand mit blossem Licht und mit brennenden Spaehnen, ueber den Hof, in die Scheuern, Boeden und Staelle gehen, bey Straff viertaegiger Schanz=Arbeit[138] und das drittemal der Ausschaffung aus dem Ort.

§. 4. Solle niemand lebendige Kohlen oder Lunden, es seye in Gefaessen, Kohl=Pfannen, Tiegeln, Schauffeln oder auf Stuerzen etc. ueber die Hofraithe und Miststaette, vielweniger durch Orte, wo Strohe oder Holz liegt und verwahret wird, tragen bey dreytaegiger Schanz=Arbeit.

§. 5. Solle sich niemand unterstehen, mit brennenden Bech=[139] Wachs= oder Strohe=Fackeln auch Spaehnen, des Nachts ueber die Gassen oder durchs Ort zu gehen, bey 24. stuendiger Thurn=Straff das erstemal und das zweytemal bey 5. fl[orentiner] Straff, ingleichen darff auch, bey bemeldter Straff niemand mit angezuendeten Toback=Pfeiffen, in Scheuern, Staelle und Boeden gehen.

§. 6. Alle diese Straffen aber (bey welchen Straffen der Haußherr auch vor seine Kinder und Gesind stehen muß), nur auf den Fall, wann dardurch ein wuercklicher Schaden oder Brand noch nicht verursachet worden. // [61]

§. 7. Waere aber letzteres dardurch erfolget, solle der daran schuldige Theil mit einer noch haertern Geld= oder Leibes=Straffe von Herrschaffts wegen beleget werden und wo denen Nachbarn Schaden durch das Feuer zugefueget worden, solchen Schaden, so weit dessen Vermoegen zureichet, noch besonders zu ersetzen, angehalten werden.

§. 8. Solle niemand in denen Wohn=Stuben uff denen Kachel=Oefen fuerohin einigen Flachs doerren oder aber vor Tags und in der Nacht beym Licht brechen noch hecheln; Wollte aber der Flachs im Back=Ofen gedoerret werden, muß solcher vorher vom Feuer wohl rein= und nicht zu heiß seyn, alles bey 2. Reichsthaler Herrschafftlicher Straff.

§. 9. Uff die Wohnhauß=Boeden, noch weniger an die Schloethe darff kein Getraid, Strohe oder Heu geleget werden.

---

138 I: Zwangsarbeit im Festungsbau.

139 I: Pech.

§. 10. Wo es noch nicht geschehen, sollen aus gemeinen Mitteln zwey grosse Schleiffen mit grossen=starck von Eisen beschlagenen Eymern (die bestaͤndig mit Wasser angefuͤllet werden muͤssen) ingleichen zwey stracke Feuer=Leitern und zwey lange Feuer=Hacken, dann eine grosse und etliche kleine Feuer=Spritzen angeschaffet= von dem Burgermeister jederzeit an denen dazu bestimmten Orten wohl verwahret und bestaͤndig in gutem Stande erhalten werden. Damit aber solches desto gewisser geschehe, muͤssen aus der Gemeinde zu diesen Feuer=*Instrumenten* 8. Mann *deputi*ret werden, die solche alle viertel Jahr *probi*ren= und wo es noͤthig ausbessern lassen, damit bey, GOtt verhuͤte, entstehender Feuersbrunst, inn= und ausser dem Ort diese 8. Mann die gedachte *Instrumenta* behoͤrig *tracti*ren koͤnnen und sollen. Wobey zur Nachricht angefuͤget wird, daß die Wasser=Spritzen nicht hinter das Feuer, auch nicht gegen den Wind, sondern auf die Seiten, da die Lufft das Feuer uff die unversehrte Haͤußer zutreibet gerichtet werden muͤssen.

§. 11. Solle auch jeder neu angehender Burger und Unterthan, schuldig seyn, einen ledernen Feuer=Eymer anzuschaffen.

§. 12. Damit nun bey einem in dem Ort entstehenden Brand, das Feuer um so ehender gedaͤmpffet werden= und Rettung beschehen moͤge: So ist auf diesen Fall, welchen GOtt gnaͤdiglich verhuͤten wolle, mit allen Glocken anzu= // [62] schlagen und das Zeichen zu geben; Worauf gesammte Unterthanen und Jnnwohnere, jedes mit Gefaͤssen, so zum Wasser tragen und loͤschen dienlich, die Zimmer=Leute und Maurer aber mit ihren *Instrumenten* auf dem Brand=Platz sich einfinden und versammeln sollen; woselbsten von dem Schultheißen, Burgermeister und Gericht, ein jeder sogleich fort= und anzuweisen ist, wohin er sich begeben und helffen solle, damit durch unordentliches beylauffen, sie nicht alle auf einen Hauffen kommen und dadurch nur einer von dem andern behindert werde.

§. 13. Welcher Unterthan oder Jnnwohner auf das gegebene Zeichen (ohne aͤusserst erhebliche Ursache) aussenbleiben, und zum retten, sich nicht Gefaͤß oder *Instrument*en einfinden wird, solle mit einer Straffe von 2. Reichsthalern angesehen werden.

[…] // [63, 64]

§. 28. Zu desto genauerer Befolgung dieser uff das gemeine Beste abzielenden Verordnung aber sollen Schult= // [65] heißen und Gericht, Feuer=Schauer, Feuer=Lauffer, Schlothfeger, Nachtwaͤchter etc. ihren moͤglichen Fleiß durchaus verwenden; worgegen sie Lob und Danck, im andern Fall aber scharffe Herrschafftliche Anthung[140] zu gewarten haben.

Tit[ulus] _XXXV._
Von Bettlern auch Beherbergung liederlichen Gesinds.

§. 1. **W**ie schon oben verordnet, also wird wiederhohlend allen und jeden Unterthanen hierdurch alles Ernstes verbotten, daß sie sich nicht unterstehen sollen, einige fremde Persohnen, maͤnnlich oder weiblichen Geschlechts, vielweniger arme Leute, dann Herrenloses liederliches Gesind zu beherbergen, oder demselben sonsten einen Unterschleiff zu geben, bey Vermeydung 2. Reichsthaler ohnnachlaͤßig Herrschafftlicher Straffe; sondern dergleichen Leute sind gemachter Anordnung nach, ins Gemeinde Hirthen=Hauß zu verweisen.
§. 2. Hat Schultheiß zum oͤfftern hierunter *visiti*ren zu lassen durch den Fluhrer.
§. 3. Wann sich hierunter auch gegen sonst jemand im Ort ein Verdacht ergiebet, ist eine schleunige Haußsuchung ohne Unterschied und Partheylichkeit vorzunehmen.
§. 4. Hingegen solle dem Gemeind=Hirthen nicht erlaubet seyn, eine dergleichen Persohn mehr dann eine Nacht zu beherbergen, bey Straff Eines Reichsthalers.
§. 5. Wann arme, krancke und elende Persohnen auf der sogenannten Bettel=Fuhr[141] in das Ort gebracht werden, sollen solche mit einem Trunck Wein und etwas Essen erquicket und dieses aus der Gemeinde bezahlet werden.
§. 6. Die Bauern und Anspann=haltende Unterthanen aber, und zwar derjenige an deme die Ordnung ist, sollen diese krancke Persohnen, hinwieder auf die Art, wie solche angekommen, in das naͤchst=gelegene Ort ohnverweilt fortschaffen; Und welcher hierinnen widerstreben= und dardurch Ursache geben wuͤrde, daß die Nacht daruͤber einbraͤche, somit man selbige uͤber Nachts behalten muͤste, und andern // [66] Tages nicht mehr fortbringen koͤnnte, auch sonach eine solche Persohn im Ort verstuͤrbe; der solle wegen seiner Widerspenstigkeit und Ungehorsams zur Straff die Begraͤbnus=Kosten zu zahlen schuldig seyn.
§. 7. Keinem auswaͤrtigen Bettler oder *Collectant*en, es seye auch wer er wolle, solle erlaubet werden, in dem Ort herum zu gehen, und vor denen Haͤußern zu sam-

140 I: Ahndung.
141 I: Bettelzüge.

meln, wann er nicht hierzu vom Amt die ausdru^e^ckliche Erlaubnus schrifftlich erhalten und auszuweisen hat. Denen armen im Ort aber ist eine desto reichere Gabe mitzutheilen.

§. 8. Hingegen solle denen Armen, welche mit guten und glaubwu^e^rdigen *Attestatis* versehen sind, von dem Pfarr=Amt ein Allmosen verschrieben und aus dem Gotteshauß dann Gemeinde abgereichet werden.

§. 9. Welche Bettler sich nun unterstehen, ohne habende Erlaubnus, in dem Ort herum zu gehen, sollen von dem bestellten Bettel=Reuther, wann sie von ihme angetroffen werden, zuerst mit guten Worten sich fortzupacken angewiesen= wo sie aber deme nicht gutwillig folgen wollen, mit Ernst ausgeschaffet werden.

§. 10. Wird ein jedesmaliger Bettel=Reuther zu Verrichtung seiner Schuldigkeit und dahin alles Ernstes angewiesen, alle Tage ein biß zweymal zu vera^e^nderten Stunden in jedes Ort zu kommen.

Tit*[ulus] *XXXVI.
Von Pflanzung der Obstba^e^ume und Weyden=Koppen auch Eyfferung derer Gu^e^ter.

§. 1. **S**ollen sich die Unterthanen befleißigen, in denen A^e^ckern und Weinbergen, so viel es thunlich ist, an unscha^e^dlichen Orten, allerhand gute und nutzbare Obstba^e^ume zu pflanzen.

§. 2. Deßgleichen sollen an denen Ba^e^chen, Gra^e^ben und Gru^e^nden, Weyden= Sta^e^mme von denen Ansto^e^ssern gepflanzet werden. // [67]

§. 3. Es sollen auch die Unterthanen nach ihrer Pflicht zu ihrem eigenen Besten, ihre Gu^e^ter in guten Bau und Besserung erhalten, die zu Weingarten bereits angelegte Berge und Pla^e^tze durch ordentlichen Anbau= und Besserung eyffern, auch theils eingegangene Weingarten nach und nach, mit Amtlichen Vorbewust[142] wieder wenden und anlegen.

§. 4. Die Wiesen, welche zur Viehe=Zucht no^e^thig sind, sollen ebenfalls geeyfert= gebessert= von Hu^e^geln gereiniget= gedu^e^nget= und wo Gra^e^ben durch= oder vorbey lauffen, diese wohl verwahret werden, daß das Futter nicht u^e^berschwemmet und untu^e^chtig werde.

---

[142] I: Kenntnis.

§. 5. Die Baum= und Gras=Gaerten, wovon die Besitzere in denen Jahren, wo das Obst gerathet, die Nutzung reichlich abnehmen koennen, sind mit Zaeunen oder lebendigen Heegen, vor dem Anlauff des Viehes wohl zu verwahren und statt alter= nicht mehr tragender Baeume gute junge Baeume nachzupflanzen.
§. 6. Die Aeckere sind fluhrlich an= und im dritten Jahr ordentlich auszubauen, auch zu duengen; zu dem Ende ausser dem Ort keine Duengung zu verkauffen.
§. 7. Auch darff nichts in die Brach zu Hemmung der Huth gesaeet werden; Wie dann der an unheegbaren Orten befindliche Klee nicht geheeget wird.

Tit*[ulus] *XXXVII.
Von der Erndte und Wein=Lees.
[…] // [68]

Tit*[ulus] *XXXVIII.
Vom Bauen.

§. 1. **J**ngleichen hat auch jeder Unterthan seine Gebaeude in guten Bau= dann Besserung zu erhalten.
§. 2. Bey Auffuehrung neuer Gebaeude hat der Bauende vorher einen Riß und Uberschlag zum Amt zu uebergeben, damit ihme, mit Rath und That, an die Hand gegangen und wegen der Bau=Gnade (die von Haeußern gegeben wird) das noethige desto besser *resolvi*rt werden koenne.
§. 3. Jeder Bau ist gut= und dauerhafft zu vollfuehren, besonders sind die Schwellen 1½. Fuß von der Erden zu desto besserer Dauer jedesmal zu legen.
§. 4. Auch sind Zaeune= dann Thore um die Hofraith zu machen.

Tit*[ulus] *XXXIX.
Vom Einstand=Recht.
[…]

Tit*[ulus] *XL.
Vom Auszehenden und Zehend=Entrichtung.
[…] // [69]

Tit*[ulus] *XLI.

Von Ausrottung derer Sperling, Raupen und Maulwu^erffe.

§. 1. **U**m die scha^edliche Sperlinge auszurotten, solle jeder Bauer 6. Stuck, jeder Hecker 4. Stuck und jeder Haußgenoß 2. Stuck ohngerupffte Sperling=Ko^epff ja^ehrlich bey der Zinnß=Einnahm liefern, oder vor jedes abgehendes Stuck 1. Dreyer bezahlen; jedoch bleibt darbey das schiessen nach denen Sperlingen inn= und ausser dem Ort den Sommer u^eber ausdru^ecklich verbotten.

§. 2. Die Raupen aber zu vertreiben, solle jeder Unterthan schuldig seyn, bey Anfang des Fru^ehlings alle Ba^eume in Ga^erten und auf dem Felde, so viel immer mo^eglich, von denen Raupen=Nestern zu reinigen und zu sa^eubern: Wer nun deme nicht nachleben= sondern widerstreben wird, der solle auf die von dem Schultheißen beschehene Besichtigung, um 2. Pfund gebu^esset werden.

§. 3. Deßgleichen sollen die denen Wiesen und Ga^erten so scha^edliche Maulwu^erffe, sobalden dergleichen bey Aufwerffung frischer Hauffen wahrgenommen werden, zu fan- // [70] gen gesuchet und darnach aufgestellet oder sonst ausgerottet werden.

Tit*[ulus] *XLII.

Von Mu^ehlen.

[…]

Tit*[ulus] *XLIII.

Hunde sollen man nicht ausserhalb des Orts lauffen lassen.

Diejenige Unterthanen, welche zu Bewahrung ihrer Ha^eusser und Hofraithen, Hund halten, sollen solche an die Ketten legen und nicht lauffen lassen, viel weniger solche mit auf das Feld nehmen, widrigenfalls die betrettende Hunde, welche in dem Geheege an Haasen und Hu^enern grossen Schaden verursachen, von dem Ja^eger oder seinen Leuten alsogleich todt geschossen werden und der Herr des Hundes das *reguli*rte Schuß=Geld mit 12. Kr[euzer] Fra^enck[isch] zu bezahlen // [71] schuldig seyn= auch derselbe wegen Ubertrettung des Verbots, nach Befinden, noch besonders mit einer Herrschafftlichen Straffe beleget werden solle.

Tit[ulus] *XLIV.*
Von der Schaͤferey.

§. 1. **B**etreffend die Jppesheimer Schaͤfery; darf ein Bauer halten 10. Stuck, ein jeder Hecker aber 5. Stuck Schaaf=Viehe.

§. 2. Der Gemeind=Schaͤfer hat Lohn, vor sich, und die haltende Knechte 125. Stuck Schaaf=Viehe Haltung, nebst deme ihme der Schaͤfer von jeder Nacht, die er in dem Pferch mit dem Viehe bleibet, von dem Eigenthuͤmer des Guts, worauf der Pferch stehet, ½. Metzen[143] Korn und ¼. Metzen Duͤnckel[144] gereichet wird.

§. 3. Mit Austheilung des Pferchs, aber und damit ein jeder Unterthan solchen zu Besserung seiner Felder bekommen moͤge, wird es gehalten, wie folget: Erstlich wird der Pferch ausgespielet und verlooset wer damit den Anfang zu machen hat, und wie sonach ein jeder biß derselbe im ganzen Ort herumgegangen ist, solchen bekommen. Sodann ist die Ordnung, daß ein jeder Bauer solchen 8. Naͤchte= jeder Einspaͤninger 6. Naͤchte= und jeder Hecker 4. Naͤchte auf seine Felder stellen darff, gegen Reichung des oben bemerckten Pferch=Getraids.

§. 4. Welcher Jnnwohner aber seine Anzahl Schaaf=Viehe nicht vor voll haͤlt und auswintert; derselbe bekommet den Pferch so viel Naͤchte weniger als viel Stuck er zu wenig hat.

§. 5. Wann der Schaͤfer im Sommer unter Mittag mit dem Viehe ruhen will, solle derselbe unter einen Baum oder schattigte Oͤrter treiben, damit solches wuͤrcklich der Ruhe geniessen moͤge; Und solle er sich nicht unterstehen, wie bißhero oͤffter beschehen, bey grosser Hitze im freyen Fald damit zu halten und ein sogenanntes Ruhe=Geld von dem Herrn des Guts zu nehmen oder zu fordern; wordurch sonach unter dem Schaaf=Viehe leichtlich Seuchen und // [72] Kranckheiten einreissen koͤnnen. Wo es aber die Witterung erlaubet, mag er wohl das Viehe in den Pferch eintreiben und die Ruhe=Zeit dort halten; wovor ihme von dem Eigenthuͤmer des Felds auf jeden Tag ¼. Metzen Duͤnckel, nach der alten *Observanz* abzureichen ist.

§. 6. Damit aber auch es wegen dieser Schaͤferey ordentlich zugehen moͤge; werden aus der Gemeinde jaͤhrlich 2. Schaaf=Meister erwaͤhlet und verpflichtet, welche darauf zu sehen haben, daß lauter rein und sauberes Viehe eingeschlagen werde.

---

[143] I: Getreide-, Korn- und Salzhohlmaß.

[144] I: Dinkel.

§. 7. Wann sie nun befinden wu^e^rden, daß eines oder des andern Jnnwohners Viehe nicht rein wa^e^re, sollen sie verbieten, solches unter die Heerde zu treiben: Und wo es solchem Verbot zuwider dennoch beschehete, sollen die Ubertrettere jeder um Einen Reichsthaler bestraffet= u^e^berdiß auch, wann dardurch Schaden angerichtet wu^e^rde, solchen zu erstatten angehalten werden.
§. 8. Wer wissentlich ungesundes Schaaf=Viehe in das Ort bringet, muß allen Schaden ersetzen, und ist danebst noch in harter Herrschafftlicher Straff.
§. 9. Auch sollen sie Schaaf=Meister darauf sehen, daß niemand mehr Viehe als erlaubet ist, einschlage, bey 2. Pfund Buß von jedem Stuck; zu welchem Ende selbige zum o^e^fftern das Viehe in den Sta^e^llen und auf dem Felde unversehens nachzehlen sollen.
§. 10. Wer einen Stuben=Betzen halten will, darff solchen nicht mit uffs Feld nehmen, und muß die Pfru^e^nd davon geben.

Tit*[ulus] *XLV.
Von denen Tauben und Bienen.

§. 1. **N**achdeme bißhero wahrzunehmen gewesen, daß einige Unterthanen allzuviele Tauben gehalten, und angeschaffet, und selbigen mit Hintansetzung ihrer ordentlichen Beruffs=Arbeiten nachgegangen:
§. 2. So ist vor no^e^thig erachtet worden, hierinne ein *Regulativ* zu machen; Und wird dahero hiemit verordnet, // [73] daß ein Bauer mehr nicht dann 8. Paar= ein Handwercks= oder Heckersmann aber nur 5. Paar Tauben hinfu^e^hro halten solle; wer aber keine Felder hat solle gar keine Tauben halten.
§. 3. Und solle o^e^ffters eine *Visitation* in denen Schla^e^gen vorgenommen werden. Wer nun eine sta^e^rckere Anzahl als oben erlaubet worden, haben wird, deme sollen nicht nur die u^e^berma^e^ßige Stu^e^ck alsogleich weggenommen werden, sondern er auch von jedem zu viel gefundenen Stuck, 2. Kr[euzer] Straff bezahlen.
§. 4. Dahingegen solle sich niemand unterstehen, dem andern seine Tauben wegzufangen bey Straff 15. Kr[euzer] so offt einer darwider handeln wird.
§. 5. Wer aber eines andern Tauben todt= oder in solcher Absicht nur dardurch schiessen wird, der solle um 30. Kr[euzer] ohnnachla^e^ßig gestraffet werden.
§. 6. Ob zwar jedem Unterthanen frey stehet und erlaubt ist, so viel Bienen zu halten, als ihme beliebt und seine Gelegenheit zula^e^sset:

§. 7. So solle jedoch niemand wissentlich einen sogenannten Raub=Bienen halten oder auf seinen Stand stellen, bey Straff eines Reichsthalers; wo annebst die Raub=Bienen sogleich ab= und weggeschaffet werden muessen.
§. 8. Die im Feld oder Waldung vorfindende Bienen, von denen man nicht weiß, wem sie zugehoeren, sind weder denen Jaegern noch sonst jemand, sondern der Herrschafft zugehoerig.

Tit*[ulus] *XLVI.
Von *March-* und Einquartierungen, dann Abrechnungen.
[...] // [74]

Tit*[ulus] *XLVII.
Von Viehe=Seuchen.

§. 1. **D**aferne sich in einem Orte Anzeigen von einer Seuche unter dem Viehe ergeben= oder Nachricht einlauffen wuerde, daß dergleichen anderswo in hiesiger Gegend *grassi*re, so ein= als andern Falls, solle alsogleich die Anzeige davon bey Amt gethan werden, damit man das noethige verordnen= und mit GOttes Huelffe, darwider dienliche Mittel schaffen koenne.
§. 2. Bey einer in der Nachbarschafft seyenden Viehe=Seuch aber ist kein fremdes Viehe in das Ort vielweniger // [75] unter die Heerde zu lassen, wann nicht ein glaubwuerdiges gerichtliches *Attestat* vorher bey Amt *produci*ret worden, daß das Viehe von einem gesunden Ort herkomme, bey 2.Reichsthaler Straff.
§. 3. Der oder diejenige aber, welche ein wissentlich von *infisci*rten Orten hergebrachtes Viehe einschleichen werden; sollen allen hieraus entstehenden Schaden ersetzen= und annebst noch mit einer empfindlichen Geld= auch allenfalls Leibes=Straffe beleget werden.
§. 4. So bald man an einem Viehe im Ort etwas ungesund und verdaechtiges vermercket, ist solches sogleich vom Viehe hinweg= à part zu stellen, auch nicht ehender zu Wasser und Wayd zu lassen, biß alles wieder voellig hergestellt.
§. 5. Bey GOtt verhuetenden Viehe=Seuchen, muessen sogleich bey Tag und Nacht inn= und ausser dem Ort Wachen angestellt und darff kein Viehe *passi*rt= sondern muß vor der Hand abgewiesen werden, wann nicht dessen Eigenthuemer ein gerichtliches Zeugnus vor das Viehe beym Schultheißen *produci*ret hat. Keineswegs

aber ist bey diesen Gelegenheiten das durchtreibende Viehe zu gemeiner Wasser und Wayd zu lassen.

Tit*[ulus] *XLVIII.
Von Schwein=Schneidern.

§. 1. **W**er das Viehe= und Schweinschneiden im Ort verrichten will, muß hierzu eine schrifftliche Erlaubnus vom Amt haben, damit man Leute bekomme, uff die sich zu verlassen und die Stu^e^mpler abgetrieben werden.
§. 2. Wer einen andern Viehe=Schneider gebrauchet, solle von jedem Stuck Viehe – 15. Kr[euzer] Straff geben. // [76]
§. 3. Solle der Viehe=Schneider zu Lohn bekommen:

fl[orentiner]	Kr[euzer]	
–	30. Kr[euzer]	Von einem Ochsen,
–	6. Kr[euzer]	Von einem Jährling,
–	3. Kr[euzer]	Von einem Schwein,
–	1. Kr[euzer]	Von einem Saug=Schwein.

Daferne aber die Gewa^e^hrschafft von dem verschneidenden Viehe geleistet wird, ist von jedem Thaler so hoch das Viehe von dem Eigenthu^e^mer angeschlagen wird 1. Batzen Fra^e^nck[isch] zum Lohn zu bezahlen.
§. 4. Wu^e^rden aber die Viehe=Schneider dem Viehe Schaden aus Muthwillen oder Vorsatz zufu^e^gen, sollen sie nebst der Erstattung vor jedes verdorbene Stuck, mit einer willku^e^hrlichen Geld=Buß in Straff genommen und abgeschaffet werden.

Tit*[ulus] *XLIX.
Von denen Juden.

§. 1. **S**ollen die Unterthanen insgesammt sich vor vielen Handel und Wandel mit denen Juden hu^e^ten, als welches der Anfang und Grund vieler Unterthanen Verderben ist.
§. 2. Daferne aber ja ein oder der andere Unterthan im Ort zu Befo^e^rderung seines Nutzen von einem Juden Geld entlehnen wollte, muß der hierunter vorgehende *Contract* jedesmal bey Amt in 14. Tagen von beeden Theilen zugleich angezeigt und *confirm*iret werden, so offt die *Summa* des Vorlehens u^e^ber 16. fl[orentiner] Fra^e^nk[isch] betrifft.

§. 3. Darff sowohl ein ju^e^discher= als anderer Darleyher mehr nicht dann 5. ho^e^chstens 6. *pro Cent* Zinnß rechnen // [77] und nehmen. Jngleichen darff kein Zinnß zum *Capital* geschlagen= oder aber die Waaren=Schulden darzu gerechnet werden.

§. 4. Wenn einer oder der andere gegen diesen 2ten und 3ten *Punct* handelt, solle Unterthan und Jud jeder um 2. Reichsthaler gestraffet oder nach Befinden die Schuld welche u^e^ber 16. fl[orentiner] laufft, und nicht amtlich *confirmi*ret worden, gar *confisci*ret werden.

§. 5. Jst zwar denen Unterthanen erlaubt, von Juden Viehe an Ochsen, Ku^e^hen, Rindern etc. in Bestand zu nehmen, jedoch muß der Handel mit Vorwissen und *Approbation* des Amts geschehen und haben innerhalb 14. Tagen bey gleichma^e^ßiger 2. Reichsthaler Straff und Aufhebung des *Contract*, beede Theile sothane Anzeige bey Amt zu thun, wo alle Umsta^e^nde genau untersuchet und beschrieben, kein anderes dann gesund= gerecht= und nutzbares Viehe, nemlich der Ochs gut zum Zug= und die Ku^e^he zur Milch=Nutzung, zugelassen, auch nicht mehr als ho^e^chstens 6. *pro Cent Interesse passi*rt werden sollen.

§. 6. Die Waaren=Schulden betreffend, ist nicht erlaubt, mehr als vor 16. fl[orentiner] auf einmal an dergleichen zu erborgen, und do^e^rffen diese wie vorgedacht, nicht zum *Capital* noch zur Viehe=Schuld gerechnet werden; und muß, was u^e^ber 16. fl[orentiner] bey Amt beschrieben werden.

§. 7. Wird bey 4. fl[orentiner] Straff, halb dem Ka^e^uffer und halb dem Verka^e^uffer, verbotten, das uff dem Feld noch stehende Getraid und den am Wein=Stock noch befindlichen Most vor der Einerndtung und gemachten Preiß, an jemand zu verkauffen, unter was Nahmen es seyn mo^e^ge.

§. 8. Zu Beschreibung der Unterthanen mit Juden habenden Ha^e^ndel, ist sich jederzeit am Dienstag Vormittag beym Amt zu melden.

§. 9. Darf kein Jud an Sonn= und Feyertagen im Ort und uff der Marckung Handel und Wandel treiben, jedoch ist fremden Juden die Durch*passi*rung am Sonntag, gegen die Zoll=Entrichtung, erlaubt; und an Feyertagen werden die Juden zu o^e^ffentlichen Strichen zugelassen. // [78]

§. 10. Jeder auswa^e^rtiger Jud, der im Ort Viehe scha^e^chten will, solle an statt bißhero gewo^e^hnlich gewesener Zungen=Liefferung und Abgab, ku^e^nftig bezahlen:

Von einem Ochsen	1. fl[orentiner] Fra^e^nck[isch]
Von einem 3ja^e^hrigen Stier	1. fl[orentiner] Rhein[isch]
Von einem 2ja^e^hrigen Rind, wie auch von einer Kuhe	– 45. Kr[euzer] Rh[ei]n[isch]
Von einem ja^e^hrigen Rind	– 30. Kr[euzer] Rh[ei]n[isch]
Von denen Ka^e^lbern und Schaafen von jedem Stuck	– 8. Kr[euzer] Rh[ei]n[isch]
Von einer ja^e^hrigen Ziegen	– 6. Kr[euzer] Rh[ei]n[isch]
Von einem Lamm	– 3. Kr[euzer] Rh[ei]n[isch]

Und ehe dieser *Accis* bezahlet, darff das scha^e^chten bey Straff nicht vorgenommen= es darff auch hierunter mit Ausfu^e^hrung des Viehe kein Unterschleiff gebrauchet werden.
§. 11. Wann ein Jud A^e^cker oder Wiesen er= und wieder verkaufft, muß er von dem *Profit, i.e.* von deme, was er u^e^ber seinen Kauff=Schilling lo^e^ßet, Nachsteuer geben, und zwar von jedem Hundert, was der Jud u^e^ber den ersten Kauff=Schilling lo^e^ßet, Zehen per Cent.
§. 12. Jedoch erstrecken sich obige *Puncta* auf die zuku^e^nfftige= und nicht die vergangene Handlungen.

Tit*[ulus] *L.
Von dem Fallmeister.

§. 1. **W**ann einem Unterthanen ein Stuck Viehe zu Grunde gehet, solle zu dessen Ausschaffung derjenige Fallmeister gebrauchet und angenommen werden, welchem der Fall und das Abdecken in der Herrschafft verliehen worden. // [79]
§. 2. Und ist diesem folgender Lohn zu zahlen:

	fl[orentiner]	Kr[euzer]
Von einem Pferd	–	36. Kr[euzer]
Von einem Ochsen	–	36. Kr[euzer]
Von einem Stier	–	36. Kr[euzer]
Von einer Kuhe	–	36. Kr[euzer]
Von einer Kalben	–	36. Kr[euzer]
Von einem Ja^e^hrling	–	24. Kr[euzer]

Dahingegen der Fallmeister die Haut zuruck geben und lieffern muß.

§. 3. Was ausser diesem faͤllet, als Kaͤlber unter dem Jahr, Schweine, Hunde und Katzen, davon bekommt der Fallmeister weiter keinen Lohn, hingegen bleiben ihme die Fell und Haͤute.

[Drucklegung und Verteilung]

Wie nun vorstehende **Ordnung** zum Druck zu befoͤrdern, zu *publici*ren= und zu belieffern ist, ein *Exemplar* zum Pfarr=Amt, ein *Exemplar* in die Gemeind=Truhen, ein *Exemplar* dem Schultheißen, ein dito dem Gericht, auch ein dergleichen einem zeitlichen Burgermeister in dem Ort: Also hat das Amt uͤber gedachter Ordnung genauest zu halten, mithin die Vorfallenheiten nach solcher zu entscheiden. Jedoch bleibet gnaͤdiger Herrschafft deren Mehr= Minder= oder Abschaffung ohne das vorbehalten. // [80]

Urkundlich haben gnaͤdige Herrschafft sothane Ordnung durch Dero Unterschrifft und Sieglung *corrobori*ret.

Datum Franckenberg, den 3. *April* des Ein Tausend, Sieben Hundert, Neun und Funffzigsten Jahres.

Johann Philipp Friedrich von Hutten Fr[ei]h[err][145]

[Siegel].

[145] T: Die Unterschrift erfolgte handschriftlich.

E. Die Dorfpolicey

I. Policey und ländliches Recht

Die Landes- und Rechtsgeschichte[1] haben in ihrer Fächertradition den Blick von lokalen und dörflichen Aspekten in der Gesetzgebung zwar nie abgewendet, jedoch ihr Interesse wurde erst in jüngerer Zeit wieder aktiviert. Gemeinden und Dörfer wurden neben Territorien und Städten deshalb als ebenbürtige Untersuchungsfelder akzeptiert. Der ländliche Raum, dörfliche Genossenschaften, agrarische Gewerbeformen und zentralitätsfernes Handeln stehen gewissermaßen in einem erneuerten, zweifelsohne nicht uninteressanten Fokus. Der Schritt war überfällig, denn natürlich gab es auf lokaler Ebene Maßstäbe für Arbeit und Familie, für Frieden und Krieg, für Kirche und Wirtshaus, für Spiel und Ernst in vorindustrieller Lebensgemeinschaft. Manches gleicht sich in dörflichen wie territorialen Ordnungen auffällig. So gaben sich Konfessionsobrigkeiten da wie dort rigoros, wenn es um den Schutz der Gottesdienste, der Predigt, der Betstunden und der Kinderlehre, ja wie überhaupt der Sonn- und Feiertagsruhe ging. Dieser Punkt stand in den territorialen Policey-Statuten stets an vorderer Stelle. In den Gemeinde- und Dorfordnungen wurde er aus naheliegenden Gründen stärker an agrarischen Lebens- und Arbeitsbedingungen gemessen. Ländliche Ordnungen ergänzten entscheidend die Überlieferung süddeutscher Grundherrschaften um eine zivilisatorische Herrschaftskomponente, die sich aus streng wirtschafts- und sozialhistorisch ausgerich-

---

[1] Bernd SCHILDT, Die frühneuzeitliche Policey- und Landesgesetzgebung am Beispiel von Dorf- und Landesordnungen der Grafschaft Schwarzburg aus dem 16. Jahrhundert, in: Heiner LÜCK/Bernd SCHILDT (Hg.), Recht, Idee, Geschichte. Beiträge zur Rechts- und Ideengeschichte für Rolf Lieberwirth anläßlich seines 80. Geburtstages, Köln 2000, S. 229–248; André HOLENSTEIN u. a. (Hg.), Policey in lokalen Räumen. Ordnungskräfte und Sicherheitspersonal in Gemeinden und Territorien vom Spätmittelalter bis zum frühen 19. Jahrhundert (Studien zu Policey und Policeywissenschaft), Frankfurt am Main 2002; André HOLENSTEIN, „Gute Policey" und lokale Gesellschaft; Wolfgang WÜST/Nicola SCHÜMANN/Ulla SCHUH, Policey im regionalen Kontext, S. 175–214.

teten Quellen wie Urbaren,[2] Zins-, Abgabe- und Gültregistern[3] nicht sofort ergeben würde. Die Dorfpolicey strebte auf dem Land idealiter vergleichbare Herrschaftsmaßstäbe an, wie sie beispielsweise für die bäuerliche Gebäudearchitektur in einem Musterurbar des Jahres 1793 zeichnerisch fixiert wurde. Das abgebildete Musterurbar bezieht sich auf den fränkischen Raum, ist jedoch an keinem konkreten Ortskern festzuschreiben. Genormte Haustypen für Landwirte aus der zweiten Hälfte des 18. Jahrhunderts finden sich nach Entwürfen des Kupferzeller Pfarrers und Agraraufklärers Johann Friedrich Mayer (1719–1798)[4] aber bis heute im Hohenloher Freilandmuseum Wackershofen bei Schwäbisch Hall.

Die dörfliche Normenkontrolle, wie sie sich selbst in der Architektur abzeichnete, widmete sich zunächst vor allem der Religions- und Glaubenspraxis. Im lutherischen Elgersdorf, das seit 1361 landesherrlich mehrheitlich zum Markgraftum in Ansbach zählte, ermahnte die Dorfaufsicht 1740 bei hoher Strafe alle, sich „*eines gottlosen lebens*" zu entsagen und „*der sabbaths feyer zu befleißigen*". Im Detail führte die Gemeindeordnung aus, dass „*weder manns- oder weibsperson Gottes heiligsten namen verunehren, noch alles was Gott den herrn ein gräuel, zu begehen sich gelüsten lassen. Insonderheit soll ein jeder am heiligen sonntag und anderen gewöhnlichen fest- buß- und feyertagen, dem lieben Gott mit fleissiger besuchung der predigt und anhörung seines worts, und anderen christlichen wercken, seinen schuldigen dienst leisten, und daran mit keiner feldarbeit, es seye mit getreydt abschneiden, aufsammeln, einführen, heuen und mähen, noch mit flachs gespinst und anderer arbeit umgehen. Und da es ja des gewitters halber die höchste noth erforderte, besonders in der heu- und getreydt ernd, nichts unter wehrendem gottesdienst und der predigt vernehmen.*"[5]

Bilder wie diese und die Situation einer von Glaubensstrenge, Moral, kirchlicher und policeylicher Autorität tangierten dörflichen Welt sind uns über die viktorianische Schriftstellerin Mary Anne Evans (1819–1880) vertraut, die unter dem Pseu-

---

2 Für Franken zuletzt: Enno Bünz u. a. (Hg.), Fränkische Urbare.

3 Beispielsweise: Karl H. Lampe, Das Zins- und Gültregister der Deutschordenskommende Prozelten von 1379 (Veröffentlichungen der GffG X/6), Würzburg 1966.

4 Karl Schumm, Pfarrer Johann Friedrich Mayer und die hohenlohesche Landwirtschaft im 18. Jahrhundert, in: Württembergisch Franken (= Jahrbuch des Historischen Vereins für Württembergisch Franken) N.F. 30 (1955), S. 138–167.

5 Wolfgang Wüst (Hg.), Policey, Bd. 4, Quelle Nr. 30.

donym George Eliot Weltliteratur verfasste.[6] Im Roman „Adam Bede" wurde noch Mitte des 19. Jahrhunderts auf die Folgen der Missachtung von Sonntagsgeboten im agrarischen Milieu verwiesen. Gottesstrafen führten zur Vernichtung von Ernte und Existenz. Und auf entsprechende Normverstöße folgten selbstverständlich auch in fränkischen Ämtern Sanktionen. Im Rentamt Cadolzburg der Hohenzollern – und nicht nur dort – finden sich jedenfalls über die Strafrechnungen zahlreiche Belege. Im August des Jahres 1667 bezahlten vier örtliche Bauern *„außm ländl"* über drei Gulden Strafe dafür, *„daß sie sontags gemehet"*. Im März 1673 hinterlegten Hannß Zolles und Wilhelm Rüßbeck in Cadolzburg über einen Gulden Strafe, weil sie *„jhre knecht an sontag frü haben mehn laßen"*. Und noch im Winter des Jahres 1705 fahndete man nach Landarbeitern, die in den ortsnahen Tabakkulturen *„wegen besorgendem frost die toback blätter im feld ohne ansuchen und verlaub"* abbrachen, um so zuletzt *„auch den sonntag zu entheiligen"*.[7] Das Sonn- und Feiertagsgebot stand im ländlichen Raum zudem in einer besonderen, keineswegs konfliktfreien Beziehung zum meist kirchennahen Wirtshaus. Dort hatte man sich vor, während oder nach den Gottesdiensten nur allzu gerne wider die Herrschaft und Kirche versündigt. In einer Dorf- und Gerichtsordnung aus der oberfränkischen Adelsherrschaft Mitwitz war es deshalb 1793 Hausvätern und -müttern aufgetragen, *„sowohl für sich die sonn- fest- und feÿertäge genau* [zu] *halten, als auch ihre kinder und gesind fleisig zur kirche schicken,* [damit] *unter und wahrenden gottesdienst sich niemand auf dem felde, noch weniger aber in den wirthshaüsern beÿ karten und würfelspiel antreten lassen solle. Würde jemand hierin betretten, so solle nicht allein der übertretter, sondern auch der wirth, der solcherleÿ schwelger und leichtsinniges gesind aufnimmt, der herrschaft mit 1 reichsthaler unnachlässiger straf verfallen seÿn."*[8] Die zu Mitwitz angesprochene Spielleidenschaft gab werk- und sonntags Anlass zur Sorge, auch andernorts. Das Cadolzburger Amt verurteilte beispielsweise 1688 in Unterfarnbach Landarbeiter zu einer Turmstrafe, die *„in tobackh arbeit stehen übern kartten strittig worden, einander zu 2en mahlen geschlagen und mit gläßern blutig geworffen"*. Und

[6] Vgl. hierzu Eliots Biografie und Werkanalyse bei: Ewald Standop/Edgar Mertner, Englische Literaturgeschichte (Hochschulwissen in Einzeldarstellungen), Heidelberg ^{5}1992, hier (nach: ^{3}1976): S. 502–505.

[7] Zitate nach: Uwe Hitz, Schlagkräftige Vorfahren. Ausführliche Beschreibungen von Straftaten in den Cadolzburger Amtsrechnungen des 17. und 18. Jahrhunderts, in: Blätter für fränkische Familienkunde 30 (2007), S. 201–207, hier: S. 202 f., 205.

[8] Wolfgang Wüst (Hg.), Policey, Bd. 4, Quelle Nr. 35.

1699 spielte man im Nürnberger Land gegen ein dorfherrschaftliches Ruhegebot bis nach Mitternacht Karten, war *„darüber auch endlich uneins worden"*, und hatte *„einander herauß gefordert und geschlagen"*.[9] Auch in der überschaubaren Struktur vormoderner Dorfsiedlungen und ländlicher Lebensräume gab es also Handlungsbedarf im Sinne *„guter"* Policey. Manches dokumentierte sich umgangssprachlich im Dorfmilieu unmittelbarer als in der Kanzleisprache territorialer Regierungen und Oberämter. Die Verfasser einer Spalter Ehehaftsordnung jedenfalls kümmerten sich – als Franken verständlich – nicht allzu sehr um die richtige Stellung ihrer Plosivlaute: *„Item so* [hab]*en wir III ehafftgericht dass erst Burifacatio* [sic!], *daß ander Walburgen, daß dritt Mich*[aelis]*."*[10]

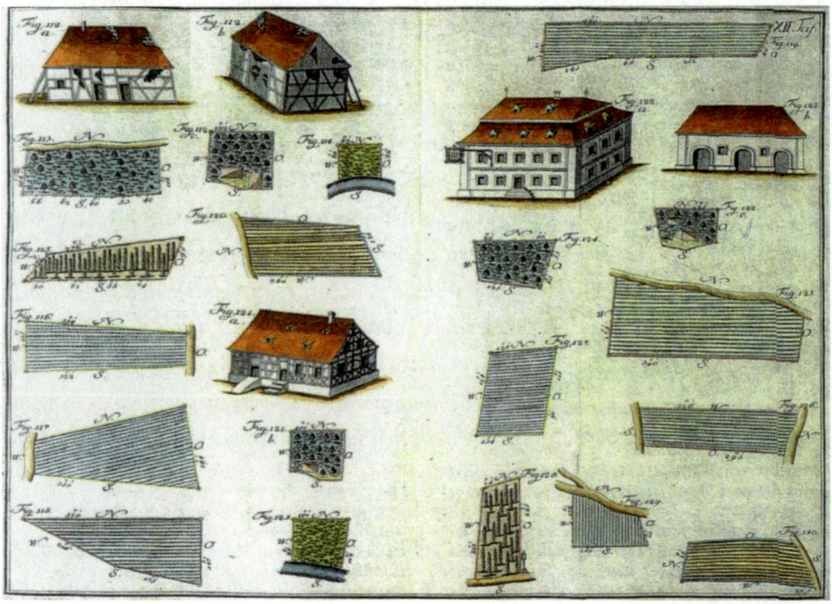

Abb. 33: „Practischer Entwurf" für ein ländliches Musterurbarium von P. Johann Baptist Roppelt OSB in Kloster Banz, 1793. Bildnachweis: StA Bamberg, RB.Oec.p.f.2 (Provenienz: Kloster Michelsberg in Bamberg).

9 Uwe Hɪᴛᴢ, Schlagkräftige Vorfahren, S. 204.

10 Wolfgang Wüsᴛ (Hg.), Policey, Bd. 4, Quelle Nr. 3.

Abb. 34: Der Aufklärer und Pfarrer Johann Friedrich Mayer (1719–1798) aus Kupferzell empfiehlt das 1794 erbaute, zweigeschossige Bauernhaus von Georg Schuhmacher in Elzhausen (Gemeinde Braunsbach) zur allgemeinen Nachahmung in Süddeutschland. Bildnachweis: privat.

Vor allem stand die Friedenspflicht als philanthropisch formuliertes Ziel landesherrlicher Policey im Fokus. Im mittelfränkischen Kirchdorf Rennhofen mit Bottenbach sah sich das Fürstentum Brandenburg-Bayreuth in der Pflicht. „*Zum ersten, sollen und wollen sie untereinander friedlich leben und keiner dem andern weder zu dorff noch feld schaden thun, oder von seinen gärthen- und feldfrüchten etwas bezwacken und wegnehmen, auch einander nicht zu schaden graßen, wodurch unter denen nachbarn alles unheyl angerichtet wird; solte es aber von einem und dem andern nicht gehalten, der soll deswegen beym amt verklaget und gebührend alda abgestraffet werden.*“[11] Die gebotene Friedenspflicht begegnet uns in zahlreichen Varianten. In Mitwitz formulierte man es 1793 ganz ähnlich: „*weil beÿ jeder gemeinde die einigkeit die gemeindlage ist, wodurch solche in unzerstöhrter ruhe erhalten werden kann, das die nachbarn eines jeden dorfs insgesamt unter einander friedlich leben, in allen vorfallenden nöthen einer dem andern hülfreiche hand leiste, mit schänd- und*

[11] Ebd., Nr. 26.

schmäh- worten zu unnöthigen und strafbahren zank und hader keinen anlaß geben [...].“[12] Nicht der übergeordnete und „ewige“ Landfriede im Heiligen Römischen Reich Deutscher Nation, im Reichskreis oder in betroffenen Territorien war gemeint, sondern die Herrschaft hatte die *„gute“* Ordnung im Blick. Haus, Flur und Nachbarschaft wurden so zu Brennpunkten im Policey-Geschehen. Gemeindeversammlungen unterlagen einer besonderen Friedenspflicht. Sie zu brechen, sanktionierte eine Dorfordnung aus Weingarten im Jahr 1610: *„Niemands soll kein gewöhr, meßer, beuhel, scherhamer, weidner oder waß es vor wöhr sein möchten, weder heimblich noch offentlich zu versamblung der gemein tragen oder bey sich haben, es werde ihme dann mit einer wöhr zuerscheinen gebotte, welcher solches verbringt, der soll von einer gemein umb ein halb orth gestrafft werden.“*[13] In Gemeinde und Gericht bedurfte es einer fundierten legislativen Motivation, um die abstrakte Ordnungspolitik sozusagen haut- und bodennah auszugestalten.

Abb. 35: Das bäuerliche Musteranwesen im Freilandmuseum Schwäbisch-Hall von 1794, Detailaufnahme. Bildnachweis: privat.

[12] Ebd., Nr. 35.

[13] Ebd., Nr. 19.

Die herrschaftlichen Begründungen zur lokalen Neuordnung kamen wiederholt zum Ausdruck. Im Markt Ipsheim – dort mischten sich die Hohenzollern über ihr Kastenamt in die Ortsangelegenheiten ein – ließ die Ortshoheit für gewählte Dorfmeister 1564 festhalten: „*Vnnd dieweil dann kein commun od*[er] *gemeindt ohne gute ordnung gesetzt vnnd pollicey nicht kann erhalten noch geregirt werden, auch einer jeden obrigkeit solchs zuchten zusteet vnnd geburth, so ist darauff unser aller vorgeschriebenen dorffsheren, vnnd sonderlich einem obgemelts hauptmanß vonn wegenn der hohen obrigkeit, so mein gnediger furst vnnd herr Marggraff Georg Friderich zu Brandenburg im dorff zu Ipßheim hat, ernstlicher beuelh will vnnd meynung, das solcher ordnung, inn allen vorgeschriebenen stucken punctenn vnnd artikelnn, vonn einem jeden inn der gemeindt, gehalten nachkommen, vnnd niemandt er sey was herschafft er sey verschont werde* […].“[14] Im Pfarrort Geilsheim, das 1757 zum ansbachischen Oberamt in Hohentrüdingen steuerte, betonte man die von „unten“ nach „oben“ gerichteten Gesetzesinitiativen stärker. Wir handelten, nachdem „*unß von unßern zur gründlichen untersuchung und beylegung der angebrachten beschwerden und obgewalteten strittigkeiten unter denen gemeindts-leuthen zu Geilßheim abgeordneten räthen die unterthänigste anzeige geschehen ist, was maßen beÿ der gemeldten dorffs gemeinde auß verschiedenen ursachen nicht wenig jrrung, widerwillen und unordnung entstanden*“ ist. Denn es war zu befürchten, dass „*nicht nur derselben an ihrer gemeindlichen gerechtsamen und nuzungen, sondern auch unß selbsten, an unserer landesfürstlichen hohen und niedern obrigkeit, dorffs- und gemeindt-herrschafft großer schaden und nachtheil mit der zeit erwachßen möchte*“.[15] Das reglementierende Anliegen war nicht nur für die beiden Markgraftümer typisch. Im unterfränkischen Junkersdorf, wo seit 1683 das Haus Sachsen-Hildburghausen die Landesherrschaft ausübte, erließ man 1695 – nach über 130 Jahren auch überfällig – eine ausführliche Dorfordnung. Man sah sich gegenüber der Gemeinde, die im benachbarten Obersächsischen Reichskreis lag, in der Pflicht. Zur Begründung der Kontrollen lautete es: „*von langer zeit hehro*“ hätten sich „*viele nachtbarliche irrunge*[n] *u*[nd] *gebrechen*“ zugetragen, „*darauß dann unten bemelte gemeindte, u*[nd] *dene*[n] *ganerb*[en] *allerleÿ zerrüttung u*[nd] *uneinigkeithen entstandt.*“[16] Im kleinen oberfränkischen Unterrüsselbach, das seit dem 15. Jahrhundert im Landgebiet des

14 Ebd., Nr. 12.

15 Ebd., Nr. 32.

16 Ebd., Nr. 28.

Nürnberger Rats lag, sah die Stadt die Dinge zweihundert Jahre später ähnlich. 1769 lesen wir als Motiv für eine verschärfte Gemeindeordnung: „[…] *in ermanglung einer gemein-ordnung, bereits viele jahre hero mit huten, waÿden, geboten und verboten, sich oft un-nachbarlicherweiße stritt, irrung und widerwillen erhoben, denenselben von steuer- fraiß- und gemeind-herrschaftswegen eine gewiße gemein-ordnung, wie es in das künftige, mit allen sazungen geboten und verboten solle gehalten, darum zu ertheilen damit zwischen ihnen fürohin fried und einigkeit gestiftet und erhalten, hingegen alle uneinigkeit aus den weeg geraumet werden möge.*“[17]

II. Ländliche Quellen

Ländliche Rechtsquellen sind seit dem 19. Jahrhundert begehrtes Ziel für Editoren und Sammler. Seit der Göttinger Sprach- und Literaturwissenschaftler Jacob Ludwig Karl Grimm (1785–1863), dessen Lebenswerk[18] eng mit dem seines jüngeren Bruders Wilhelm (1786–1859) verknüpft war, in den Jahren 1840/41 die beiden ersten Bände seiner umfangreichen Weistümer-Sammlungen[19] vorlegte, keimte ein breites Interesse an dieser Quellengattung auf. Weistümer betrachtete man damals ganz generell als Zeugnisse[20] ländlichen Rechts und das positivistische Interesse passte in eine Zeit, die vor der beginnenden Industrialisierung in weiten Teilen noch von agrarischen Lebenszyklen bestimmt war. Universalgelehrte, wie die Brüder Grimm, Historiker, Volkskundler, Archivare und Juristen begaben sich gleichermaßen auf Quellensuche. Dieter Werkmüller hat 1972 die regionalen Initiativen des 19. und frühen 20. Jahrhunderts in Mitteleuropa mit Berücksichtigung entsprechender

---

17 Ebd., Nr. 34.

18 Ludwig DENECKE, Jacob Grimm und sein Bruder Wilhelm, Stuttgart 1971; Bernd HEIDENREICH/Ewald GROTHE (Hg.), Kultur und Politik. Die Grimms, Frankfurt am Main 2003.

19 Jacob GRIMM, Deutsche Weisthümer, Bde. 1–7, Göttingen 1840–1878, Darmstadt ²1957. Die Bände 5–7 wurden nach dem Tod Jacob Grimms von Richard Schröder bearbeitet. Vgl. auch: Jacob GRIMM, Deutsche Rechtsaltertümer, 2 Bde., Leipzig ⁴1922.

20 Hans SCHLOSSER, Die ländlichen Rechtsquellen im Blick der Rechtsgeschichte, in: Pankraz FRIED (Hg.)/Franz GENZINGER (Bearb.), Die ländlichen Rechtsquellen aus den pfalzneuburgischen Ämtern Höchstädt, Neuburg, Monheim und Reichertshofen vom Jahre 1585 (Veröffentlichungen der Schwäbischen Forschungsgemeinschaft bei der Kommission für bayerische Landesgeschichte 5b – Rechtsquellen aus dem bayerischen Schwaben 1), Sigmaringen 1983, S. 23–34, hier: S. 23.

Sammlungen in Österreich und in der Schweiz gewürdigt.[21] Für Franken wären hier zunächst zwei von Hermann Knapp[22] herausgegebene Bände zu nennen, die Rechtsquellen zum Hochstift Würzburg[23] beschrieben und in Teilen 1907 edierten. In Bayern erhielt die Sammlung von Weistümern dann 1927 mit der Gründung der Kommission für bayerische Landesgeschichte eine neue wissenschaftliche Plattform. In ihrem Auftrag begannen in den bayerischen Staatsarchiven der frühen 1930er Jahre systematische Recherchen, die im Ergebnis noch heute beeindrucken. Bis 1934 waren fast 800 Rechtsquellen erfasst, von denen allerdings circa 20 Prozent bereits in Druckform abrufbar gewesen waren.[24] Lag der damalige Erfassungsschwerpunkt deutlich in den Regierungsbezirken Ober- und Niederbayern und Schwaben – für Mittelfranken bestanden damals nur 29 Weistümer – so änderte sich dies grundlegend unter der Ägide des Nürnberger Kreisarchivdirektors Dr. Georg Schrötter (1870–1949).[25] Er war 1897 in den bayerischen Archivdienst eingetreten und wirkte bis zu seinen Versetzungen am 1. Oktober 1912 nach Neuburg an der Donau und am 23. März 1916 nach München im Nürnberger Kreisarchiv, dem Vorgänger des heutigen Staatsarchivs. Zuletzt war er dort von 1904 bis 1912 Amtsvorstand gewesen. Der Fundus fränkischer Rechtsquellen wuchs wohl schon in dieser frühen Zeit, zumal Schrötter intensiv wissenschaftspublizistisch wirkte. Nach seiner Münchner Dissertation[26] von 1896 zur Rolle des Humanisten Dr. Martin Mairs – dieser war nach 1449 unter anderem auch Stadtschreiber und Rat in der Reichsstadt Nürnberg gewesen – in der Kirchenreformbewegung des 15. Jahrhunderts entstanden eine

---

21 Dieter Werkmüller, Über Aufkommen und Verbreitung der Weistümer. Nach der Sammlung von Jacob Grimm, Berlin 1972.

22 Hermann Knapp, Die Zenten des Hochstifts Würzburg. Ein Beitrag zur Geschichte des süddeutschen Gerichtswesens und Strafrechts, 2 Bde., Berlin 1907.

23 Walter Scherzer, Die Dorfverfassung der Gemeinden im Bereich des ehemaligen Hochstifts Würzburg, in: JfL 36 (1976), S. 37–64.

24 Zahlen nach: Pankraz Fried, Einleitung. Probleme der Weistumsforschung und -edition in Bayern, in: Ders. (Hg.)/Franz Genzinger (Bearb.), Die ländlichen Rechtsquellen aus den pfalz-neuburgischen Ämtern Höchstädt, Neuburg, Monheim und Reichertshofen vom Jahre 1585 (Veröffentlichungen der Schwäbischen Forschungsgemeinschaft bei der Kommission für bayerische Landesgeschichte 5b – Rechtsquellen aus dem bayerischen Schwaben 1), Sigmaringen 1983, S. 9–22, hier: S. 10 f.

25 Vgl. zum Folgenden: BayHStA, Generaldirektion (GD), Personalakt, Nr. 3137.

26 Georg Schrötter, Dr. Martin Mair. Ein biographischer Beitrag zur Geschichte der politischen und kirchlichen Reformfrage des 15. Jahrhunderts, München 1896.

Reihe fränkischer, insbesondere Nürnberger Schriften.[27] Schrötter hatte sich sicher während seiner anschließenden Neuburger und Münchener Archivjahre mit den dortigen Rechtssammlungen beschäftigt. Und nach seiner Ruhestandsversetzung Ende 1935 konnten vermehrt wieder nordbayerische Quellen bearbeitet werden. Bis zum Jahr 1943 sind jedenfalls nahezu 400 Abschriften (385) fränkischer – meist mittelfränkischer – und oberpfälzischer Dorfordnungen wie Weistümer entstanden, die bis heute im Staatsarchiv Nürnberg in einem eigenen Nachlass[28] verwahrt werden. Sie reichen alphabetisch von Abenberg bis Zirndorf.

Karl Dinklage[29] legte 1954 für Franken eine mittlerweile längst vergriffene umfassende Textauswahl zu Bauernweistümern vor, die das Rechtsgebiet „möglichst gleichmäßig" berücksichtigen sollte. Die Beispiele, die größtenteils fränkische Landkreise vor der Gebietsreform der 1970er Jahre berücksichtigten, konzentrierten sich aber auf die weniger umfangreichen, „echten" Weistümer. Sie waren meist vor dem Bauernkrieg von 1525 entstanden. Dinklage schloss die Gruppe der Gemeinde-, Ehehafts- und Dorfordnungen aus, da sie herrschaftlich fundiert seien und „an die Stelle der von den Bauern gefundenen und gewiesenen althergebrachten Rechte und Freiheiten neu eingeführte herrschaftliche Verordnungen setzten". Ziel war es, mit diesen unverfälschten Quellen Rückschlüsse auf die germanische Frühzeit und das alte Herzogtum Franken freizulegen. Ernüchtert musste Dinklage aber feststellen, dass die „starke einheitliche politische Gewalt" doch weitgehend fehlte und dass sich das Gemeinschaftsbewusstsein fränkischer Dorfgenossen meist nur bis zur nächsten Grenze (Ortsetter) erstreckte.[30]

Diese Interpretation geht freilich von protostaatlichen Strukturen und einem Dualismus von Gemeinde und Herrschaft aus, der agrarischen Alltagsbedingun-

---

27 Vgl. als Publikationsauswahl: Georg Schrötter, Die Kirche der heil. Elisabeth in Nürnberg (ehem. Deutschordenskirche), Nürnberg 1903; Ders., Verfassung und Zustand der Markgrafschaft Bayreuth im Jahre 1769, in: Archiv für Geschichte und Altertumskunde von Oberfranken 22/3 (1905), S. 91–117; 23/2 (1907), S. 63–107; Ders., Die letzten Jahre der Reichsstadt Nürnberg und ihr Übergang an Bayern, Nürnberg 1906; Ders., Die Nürnberger Malerakademie und Zeichenschule (Neujahrsblätter der GffG 3), Würzburg 1908; Ders., Geschichte der Stadt Nürnberg, Nürnberg 1909; Ders., Festschrift zum 50-jährigen Jubiläum des Katholischen Gesellenvereins Nürnberg, Nürnberg 1911.

28 StA Nürnberg, Rep. 499 (Nachlässe und Deposita), Schrötter-Nachlass.

29 Karl Dinklage, Fränkische Bauernweistümer (Veröffentlichungen der GffG X/4), Würzburg 1954.

30 Ebd., S. 6.

gen nicht unbedingt gerecht werden. Die Unterordnung der Gemeinden war meist Resultat einer absolutistischen Machtkonzentration[31] in einer Fürstengewalt überzeichnenden Geschichtsschreibung. Ebenso können die an Quellen vorgenommenen zeitgenössischen Trennungen zwischen Weistümern, Ehehaften, (Bann-, Bau- oder Ehafts-)Taidingen, Gemeinde- und Dorfordnungen nicht unbedingt nach genossenschaftlichen, bäuerlichen und herrschaftlichen Interessen getrennt werden. Vielfach griff die Herrschaft schützend in den Dorfverbund ein. In der Adelsgemeinde Kunreuth[32] – dort hatten die Herren von Egloffstein einen ihrer Amtssitze repräsentativ zu einem Wasserschloss ausgebaut[33] – regelte bereits der zweite Artikel einer 1659 publizierten Dorfordnung das nicht immer friedliche Miteinander zwischen Bürgermeister und Gemeinde. „*Zum andern ist verffürt auch verschiedentlich geklaget worden, wie viel die 2 dorffs gemeind- oder wie sie genant werden burgermeister, von den gemeins genossen bishero gehalten, mit s.v. schelmen, diebs- und andern iniurien beschmitzet, auch sogar in ihren eigenen häusern überlaufen und mit schlägen betrohet werden. Solle demnach auch ein solches wieder gute sitten laufende mißbrauch gantz abgestellet und bey ½ gulden, auch nach übertrettung unausbleiblicher gefängnus, und denen wohlbemittelten höhere geldstraf, verbotten seyn.*“[34] Ganz Ähnliches spiegelt sich in einer 1766 für die Dörfer Kirch- und Oberrüsselbach erlassenen Ordnung wider: „*Solle sich keiner unterstehen, dem dorfshauptmann und vierern übels nachzureden, zu verhöhnen oder zu verspotten, noch weniger etwas ungebührliches wider sie zu handeln, sondern ihnen in gemein sachen, soviel neml*[ich] *diese ordnung ausweiset, gehorsam seÿn. Und wer solches muthwillig übertritt, und dessen überzeuget wird, der solle 30 x straf bezahlen.*“[35] Gemeinde- und Herrschaftsinteressen scheinen sich nahtlos zu berühren, um die Integrität ge-

31 Rudolf Endres, Absolutistische Entwicklungen in fränkischen Territorien im Spiegel der Dorfordnungen, in: Jahrbuch für Regionalgeschichte 16/2 (1989), S. 81–93.

32 Andreas Otto Weber (Hg.), Kunreuth. Natur und Geschichte. Gegenwart und Zukunft eines oberfränkischen Dorfes, Kunreuth 2004.

33 Andreas Otto Weber, Reichsritterschaftliche Dorfentwicklung in der Frühen Neuzeit am Beispiel von Kunreuth, in: JfL 63 (2003), S. 301–323; Hermann Ulm, Kunreuth in der Mitte des 19. Jahrhunderts und heute: Wandel der landwirtschaftlichen Betriebe und ihrer sozioökonomischen Bedeutung für den Ort, in: JfL 63 (2003), S. 324–339.

34 Wolfgang Wüst (Hg.), Policey, Bd. 4, Quelle Nr. 21.

35 Ebd., Nr. 33.

wählter Dorfobrigkeit zu sichern. Das Prinzip doppelter Verantwortung[36] stand im Vordergrund. Die Lösung ländlicher Weistümer aus dem Kontext einer jeweiligen Gerichts-, Grund- oder Vogteiherrschaft stößt aber auch aus anderen Gründen auf Probleme. Bei Weistümern[37] handelt es sich um Konstrukte, die in süddeutschen Quellen des 15. bis 18. Jahrhunderts zwar vereinzelt wörtlich vorkommen – so beispielsweise 1469 als „*ir recht weysen*", 1506 als „*weysthumb*"[38] –, die aber eher mit Recht, Herkunft, Ge- und Verboten, Gebräuchen oder Gewohnheiten umschrieben wurden.[39] Für das oberfränkische Pilgramsreuth hieß es 1573 bezeichnend: „*Nach altem löblichem gebrauch undt herkommens* […]."[40] Und in der Gemeinde Elgersdorf, wo man seit der Säkularisation des 16. Jahrhunderts zum Nürnberger „Klarenamt" (Klarissinnen) steuerte, hoffte man 1740, dass das Ortsregiment „*bey wohl furgebrachten guten ordnungen, gebräuchen und gewohnheiten gehandhabet und geschätzet werden*" möge.[41]

Die Interessen waren vor Ort anzugleichen. Gemeinden baten mitunter die Obrigkeit um die Initiative zur örtlichen Ausgestaltung der Normen. In Tennenlohe bei Erlangen jedenfalls trieb 1538 die Dorfgemeinschaft den Nürnberger Rat zu konkreten Schritten: „*Ein ersamme gemein des dorffs Tenneloe hat vleissiig unnd untertheniglich suppliciert an einen erbarn rath der stat Nurmberg durch einer gemein erwelte unnd gesannte boten, mit namen Jorgen Mulner, unnd Hannsen Harscher, denn eltern, diese hirnach geschriben ordnung unnd artickel zu bewilligen* […]."[42] Und für

36 Wolfgang Wüst, Gemeindeverband und Territorialstaat in Ostschwaben. Landständischer Partikularismus oder administrative Doppelverantwortung?, in: Peter Fassl/Wilhelm Liebhart/Wolfgang Wüst (Hg.), Aus Schwaben und Altbayern. Festschrift für Pankraz Fried zum 60. Geburtstag, Sigmaringen 1991, S. 293–306.

37 Peter Blickle (Hg.), Deutsche ländliche Rechtsquellen. Probleme und Wege der Weistumsforschung, Stuttgart 1977; Klaus Arnold, Dorfweistümer in Franken, in: ZBLG 38 (1975), S. 819–876; Helmuth Stahleder, Weistümer und verwandte Quellen in Franken, Bayern und Österreich, in: ZBLG 32 (1969), S. 525–605, 850–885.

38 Karl Dinklage, Fränkische Bauernweistümer, S. 33–35; Klaus Arnold, Dorfweistümer in Franken, S. 872.

39 Hermann Wiessner, Sachinhalt und wirtschaftliche Bedeutung der Weistümer im deutschen Kulturgebiet (Veröffentlichungen des Seminars für Wirtschafts- und Kulturgeschichte an der Universität Wien 9/10), Baden/Wien/Leipzig 1934.

40 Wolfgang Wüst (Hg.), Policey, Bd. 4, Quelle Nr. 14.

41 Ebd., Nr. 30.

42 Ebd., Nr. 8.

das im Fränkischen Jura gelegene Amt Raitenbuch ließ der Eichstätter Fürstbischof in ein zugehöriges „*Ehehafftbüechlein*" schreiben: „[…] *daß wir inen solche ir altte gebreuch, ehafft vnnd herkhommen gnedigklichen bestettigen, vnnd neue brieffliche urkhundt darüber machen lassen, vnnd inen zuestellen wolten, dieweil wir dann gedachten vnnseren vnnderthanen einer gantzen gemein zu Raittenbuech mit gnedigem willen genaigt, auch solche ir zimbliche pitt für billich geachtet, haben wir angeregte ir ehafft, deren abschrüfft inn vnnser canntzleÿ vffbehalten geweßen, mit fleiß ersehen, mit vnnseren rathen berathschlagt, auch notturfftige erfahrung, vnnd erkhundigung darüber eingenommen.*"[43] Die alte, von der Gemeinde gesetzte Ehaftsordnung wurde also in der Kanzlei fortgeschrieben und erneuert. Zahlreiche Ordnungen des 17. und 18. Jahrhunderts griffen auf älteres Recht zurück, um zusätzliche Legitimation für die Gegenwart zu erreichen. Sie beriefen sich auf konkrete ältere Reglements, die gegebenenfalls aus mündlicher Tradition stammen konnten. Nahezu formelhaft gedachte man in einer 1793 im oberfränkischen Mitwitz publizierten Dorfordnung dieser vor allem in geistlichen Landesherrschaften verbreiteten Gesetzesmemoria:[44] „*Nachdem wir in erfahrung gebracht, das in besagten gerichten und deren dorfschaften bis her solche unordnung und üble gewohnheiten aus abgang der verlohren gegangenen alten dorfsordnungen eingeschlichen seÿn sollen, welche länger nachzusehen und zu dulden nicht nur uns als gerichts-, dorf- und gemeind herrschaft, sondern auch jeden unterthan und denen gemeinden selbsten höchst schädlich und nachteilig sind; als haben wir uns allerseits wohlbedächtlich berathen, in unseren gerichten Mittwitz und Burggrub dann jeden dorfschaften zu ihrer nachachtung folgende dorfs- und gemeind ordnung respeé zu erneüeren, und zu ertheilen* […]."[45]

Für Franken sind trotz unterschiedlicher Ansätze zum Thema ländlicher Rechtsquellen noch keine umfassenden großflächigen Editionen entstanden. Das ist aus der Erfahrung mit der methodischen Unzulänglichkeit älterer Weistumsforschung wie auch ländlicher Quellensammlungen nicht verwunderlich. Sie wären, strenggenommen, kontextgetreu und überlieferungsnah zu konzipieren gewesen. Das lässt künstlich vorgenommene Trennungen innerhalb der Gruppe agrarischer Rechtsquellen ohnehin problematisch erscheinen. Die neuere Weistumsforschung hat dies zu Recht kritisiert. Der Ansatz schließt aber zu groß bemessene Untersuchungs-

---

[43] Ebd., Nr. 2.

[44] Wolfgang Wüst, Régner par l'évocation du passé, S. 93–123.

[45] Wolfgang Wüst (Hg.), Policey, Bd. 4, Quelle Nr. 35.

felder aus, nicht nur aus arbeitsökonomischen Gründen, sondern vor allem wegen des im Spiegel vielgegliederter *„territoria non clausa“* fehlenden herrschaftlichen Bezugsfeldes. Helmuth Stahleder, der 1969 die Ergebnisse einer ausführlichen Untersuchung zum Spannungsfeld zwischen Herrschaft und Dorfgemeinde vorlegte, bewertete mit Blick auf Franken – es handelte sich meist um unterfränkische Quellen – die Bezugsanteile der Grund-, Gerichts- und Ortsherrschaften in Weistümern und ähnlichen Rechtsdokumenten weit höher als den der Dorfgenossen.[46] Weniger die bäuerliche und agrarische Welt der „freien“ Leute[47] stünde im Fokus, als vielmehr die Perspektive der jeweiligen Dorf- und Schutzherrschaft. Klaus Arnold sah die Weistümer primär als ein Instrument, um die regionale Gerichts- und Landesherrschaft zu festigen. Der Großteil seiner 1975 edierten Rechtsquellen an Main und Tauber stammte deshalb aus dem Archiv der Grafen von Wertheim. Seine Fallstudie folgte für das 15. und 16. Jahrhundert insofern keinem geographischen Raster, sondern basierte ausschließlich auf dem Herrschaftszugriff der Wertheimer zur Zeit der Rechtsweisung.[48]

Die Frage des Archivstandorts ist in der Tat aufschlussreich. Auch die von uns herangezogenen Quellen stammen in erster Linie – Ausnahmen bildeten beispielsweise die Gemeindeordnungen von Ipsheim 1564 und Pilgramsreuth[49] 1573 – aus Herrschaftsarchiven. Dabei lässt die Frage nach dem Standort der Urkunden und

46 Helmuth STAHLEDER, Weistümer und verwandte Quellen, S. 525–605, 850–885. Vgl. zur Stellung der Dorfgemeinden im Kontext der Agrarverfassung außerhalb Frankens: Karl Siegfried BADER, Dorfgenossenschaft und Dorfgemeinde (Studien zur Rechtsgeschichte des mittelalterlichen Dorfes 2), Wien [2]1974; Sigrid WAGNER, Die Dorfgemeinde in den ländlichen Rechtsquellen des kurpfälzischen Oberamtes Alzey, in: Alois GERLICH (Hg.), Das Dorf am Mittelrhein. 5. Alzeyer Kolloquium (Geschichtliche Landeskunde 30), Stuttgart 1989, S. 175–193; Peter BLICKLE, Ländliche politische Kultur in Oberdeutschland. Zur historischen Bedeutung der Dorfgemeinde, in: Günter WIEGELMANN (Hg.), Nord-Süd-Unterschiede in der städtischen und ländlichen Kultur Mitteleuropas, Münster 1985, S. 299–314.

47 Ingomar BOG, Dorfgemeinde, Freiheit und Unfreiheit in Franken (Quellen und Forschungen zur Agrargeschichte 3), Stuttgart 1956; Hanns Hubert HOFMANN, Freidörfer, Freibauern, Schutz und Schirm im Fürstentum Ansbach, in: ZBLG 23 (1960), S. 195–327.

48 Klaus ARNOLD, Dorfweistümer in Franken, S. 855 f.

49 Der Ort ist berühmt wegen des sehr früh belegten landwirtschaftlichen Kartoffelanbaus: Max WIRSING, Einführung des Kartoffelanbaus in Deutschland durch Pilgramsreuther 1648, in: Zeitschrift für Agrargeschichte und Agrarsoziologie 36 (1988), S. 23–32.

Satzungen nicht unbedingt Rückschlüsse auf Gesetzesinitiativen zu. Die Originale ungedruckter Normen kamen über das Empfängerprinzip eben in die Dörfer, während in den Herrschaftsarchiven meist nur die Entwürfe und Konzepte verblieben. Klar sehen wir diesen Vorgang in der Gemeinde Geilsheim am Beispiel älterer Grenzordnungen im Jahr 1757. Die Herrschaft ordnete an, „*daß die in anno 1600 von dem damahligen oberamtmann* […], *dann dem verwalter deß closters Heÿdenheim, wie auch dem verwalter zu Anhaußen und dem dermahligen vogt zu Alten Rechenberg, allen vier gemeinen dorffsherrschafften auffgerichtete achter- oder steinsezer- und marcker-ordnung, wie sie im jahr 1659 den 23.ⁿ monaths Novembris alten calenders erneuert worden ist, und solches original in der Geilßheimer gemeindtladen vorhanden und befindlich ist, nach deren vollkommenen jnnhalt und allen darinnen begriffenen puncten, sazungen und articuln durchgehends ohne einige aenderung, fernerhin beÿbehalten und beÿ allen dahin einschlagenden vorfallenheiten aufs genaueste exequiret werden solle*“.[50] Der für uns wichtige legislative Entstehungsvorgang war aber nicht in der Gemeinde, sondern im Herrschaftsarchiv zu finden. Überdeutlich erklärte sich zum Gewaltmonopol der Landesherr in einer Dormitzer „*Dorffs vnd Gemain Ordnung*“ vom 25. September 1666. Sie wurde vom Bischof in der Bamberger Kanzlei erneuert, ratifiziert und bestätigt. Sie umfasste ältere Teile, die wahrscheinlich bereits zu Beginn des 17. Jahrhunderts (vor 1630) von Friederich Wilhelm von Guttenberg[51] als dem damaligen Amtmann zu Neunkirchen und Marloffstein konzipiert worden waren. 1666 schickte Fürstbischof Philipp Valentin von Dernbach (1675–1683) in der „Narratio“ zur neuen Dorfordnung voraus: „*Nachdem vnß mit mehrern vmbständten vntertheniger bericht beschehen, waß gestalt in vorübergangenen krigs jahren beÿ vnßerer dorffsgemein Dormitz die hiebeuor vfgerichte dorffs vnd gemein ordnung nicht allein hinweeg, sondern auch gar in disobservantz kommen. Also haben wir beÿ vnserm ambts actis zu Neünkirchen solche zu wieder einführung guter ordnung vnd verhütung aller vnnöttiger strittigkeiten vfsuchen laßen.*“[52] In der Registratur und nicht im Gemeindearchiv wurde er dann auch fündig. Der Blick in die Herrschaftsüberlieferung lohnte sich also, damals wie heute.

---

50 Wolfgang Wüst (Hg.), Policey, Bd. 4, Quelle Nr. 32.

51 Sein Amtsnachfolger wurde Jakob Siegmund von Schaumberg.

52 Wolfgang Wüst (Hg.), Policey, Bd. 4, Quelle Nr. 23.

Dennoch lassen sich trotz des Einflusses ein- und derselben Herrschaft nur im grenzüberschreitenden Vergleich Schlussfolgerungen erzielen. Wichtige Alltagsrätsel lassen sich nur im größeren Untersuchungsraum lösen. Dazu zählten die Fragen, welche Rechte die Genossenschaften inner- und außerhalb der Dorfetter wahrnahmen, wie „frei" oder „unfrei" die Grundholden waren, wie weit die Grund-, Leib- und Steuerabgaben die Dorfgemeinschaft tangierten, wer die Dorfrichter und Bürgermeister bestellte, wo man die örtlichen Privilegien und Urkunden aufbewahrte oder welches Strafmaß bei Sanktionen eingefordert wurde. Der fränkische Siedlungsraum bleibt also das Experimentierfeld, das sich zeitlich – ungeachtet älterer Textbezüge – im vierten Band der Erlanger Quellenreihe[53] von 1422 (Oberehrenbach) bis 1793 (Mitwitz) erstreckt. Trotzdem können wir angesichts einer als atemberaubend zu bezeichnenden Überlieferungsdichte *in toto* keinen flächendeckenden oder gattungsspezifischen Anspruch erheben. Nichtsdestotrotz belegen die Fundorte für Franken eine repräsentative Auswahl.

Wenn nun, gemessen an der Überlieferung, umfassende Belegwerke fehlen, so liegen doch, neben ungedruckten Nachlässen, für einige Zonen in Franken Abhandlungen und Teileditionen vor. Primär haben sich ihre Autoren den Dorfordnungen verschrieben. Die altfränkische Region Hohenlohe[54] ist an erster Stelle zu nennen, wurde sie doch in einer von Karl und Marianne Schumm besorgten neueren Edition sorgfältig bearbeitet. Das Hohenzollern-Markgraftum Ansbach[55] und die Hochstifte in Bamberg[56] und Eichstätt[57] untersuchte man bereits in den 1930er bis 1950er Jahren rechtshistorisch, wobei die Verfasser zwar ausführlich aus den Quellen zitierten, aber meist ohne strenge editorische Ziele zu verfolgen.

---

53 Ebd., Nr. 1–35.

54 Karl Schumann/Marianne Schumann, Hohenlohische Dorfordnungen. Württembergische Ländliche Rechtsquellen, Bd. 4 (Veröffentlichungen der Kommission für geschichtliche Landeskunde in Baden-Württemberg A/37), Stuttgart 1985.

55 Heinrich Rauscher, Dorfordnungen in der Markgrafschaft Ansbach. Unter besonderer Berücksichtigung der Organe gemeindlicher Selbstverwaltung, Diss., Erlangen 1953.

56 Gustav Schrepfer, Dorfordnungen im Hochstift Bamberg. Ein Beitrag zur Rechtsgeschichte des fränkischen Bauern, Diss., Erlangen 1941.

57 Theodor Eisenbrand, Ehehaftordnungen im Hochstift Eichstätt, Diss., Erlangen 1938.

Abb. 36: Wolfgang Wüst *(Hg.)/David* Petry*/Carina* Untheim*/Marina* Heller *(Red.), Die „gute“ Policey im Reichskreis. Zur frühmodernen Normensetzung in den Kernregionen des Alten Reiches, Bd. IV: Die lokale Policey. Normensetzung und Ordnungspolitik auf dem Lande. Ein Quellenwerk, Berlin 2008. Bildnachweis: Walter de Gruyter Verlag (vormals Akademie-Verlag).*

III. Herrschaft und Gemeinde

1. Die Gemeindevertreter

Die Aufteilung der Interessen zwischen Herrschaft und Dorf musste insbesondere vor den Wahlen der vielen Gemeinde- und Gerichtsmänner bedacht werden. Dorfschaften wählten als ihre Vertreter in Gremien, die je nach Herrschaft, Region und Zeit unterschiedliche Namen trugen. Je nach Ortsgröße agierten die gewählten Vertreter mindestens ein Jahr, meist zwei Jahre als bevollmächtigte „*Zweier*", „*Vierer*", „*Sechser*", „*Achter*" oder „*Zwölfer*". Letztere übten ihr Amt 1580 in Eltersdorf aus, wo eine neue Dorfordnung auf Initiative der Gemeinde und ihrer zwölf Mandatsträger[58] zurückging. Dort hieß es am Ende, dass „*ein ganze gemain bewilligt unnd durch 12 bidermenner darzu* [ge]*geben*" entschied.[59] Diese Dorfgremien konnten nun von der Herrschaft in unterschiedlichen Größen zusammengesetzt und kombiniert werden. Für das eichstättische Amt Raitenbuch bedeutete dies 1597 konkret: „*Item do waß fürbaß von einer gemain vnnd anndern sachen wegen in gemein antreffendt verzert oder sonnst vfferlegt würdt, so sollen die vierer zu Raittenbuech, zwen zu Gerßdorff vnnd zwen zu Hohenberg, zu inen nemmen. Vnd diße acht zu einannder nidersetzen, in beÿweßen vnnßers richters vnnd einen ieden nach seinen statten anlegen* […]."[60] „*Ältere*" und „*neuere*" Räte ergänzten über Zuwahlen einander und tauschten Erfahrungen im Amt kontinuierlich aus. Das Wahlrecht in der Gemeinde konnte aber, wie in den oberfränkischen Orten Kirch- und Oberrüsselbach geschehen, stellvertretend nur einem Dorfvorsteher zustehen. „*Erstl*[ich] *solle der dorfs hauptmann nebst der gemeinde jährlich zu Walburgis zweÿ mann, neml*[ich] *einen von Kirchrüßelbach, und einem von Göppmannsbühl* [Oberrüsselbach], *zu gemeins vierern erwählen, und solche alljährl*[ich] *zu Rüßelbach beÿ der amts herrschafft um Jacobi, die sich wegen des zehendens daselbst befindet, zur verpflichtung vorstellig machen, auch damit hernach alle jahr zu gedachter zeit dergestallt widerhohlet werden,*

58 Die Kompetenzen der Zwölfer wurden dort wiederholt angesprochen. So auch: „*Zum fuenfftzehenden, es ist auch von den 12 beschlossen, das ein jeder baur, innwohner oder wittwe, der ein hauß oder zins zuuerlassen hatt, keinen bestendtner der aus einem fremdn ortt oder dorff hierein begertt, sol auffnemen oder sein zins verlasen* […]."

59 Wolfgang Wüst (Hg.), Policey, Bd. 4, Quelle Nr. 15.

60 Ebd., Nr. 2.

und keiner von demselben ausgeschlossen werden solle." Üblich war dieser vereinfachte, von „oben" gut zu steuernde Wahlvorgang nicht, auch wenn man festgelegt hatte, nach und nach alle Bewohner der Gemeinde aufzurufen. Es sei denn, „*dass mancher gebrechlich- und untüchtigkeit wegen, nothwendig davon ausgeschlossen werden müste*".[61] In Ober- und Unterferrieden im Nürnberger Land war es die Gemeinde, die sich die jährliche Ämterwahl vorbehielt. Dort galt es 1681 zwei oder vier Dorfvorsteher zu bestimmen. „*Sollen jährlichen aus einhelliger wahl einer ganczen gemeind, am montag nach Quasimodogeniti, neüe führer, als einer zu Ober: unnd zwey zu Unterferrieden gesetzt werden, von denen alten führern aber alleczeit einer zu Ober: unnd zwey zu Unterferrieden, die neüen desto beßer zu unterrichten, bleiben. Daß also jährlich zu berührtem Ober- zwey, unnd zu Unterferrieden vier führer sein, welche der ganczen gemeind ihre treü, an eines geschwornen aydes statt, geben.*"[62] Und in Elgersdorf ließ das Nürnberger Klarenamt noch 1740 die Wahl der Dorfführer nach altem Recht und Herkommen geschehen. Soziale Veränderungen und Hofteilungen führten dort nur zu geringfügigen Reformen im Wahlmodus. Das Amt ging unter den ortsansässigen Bauern einfach reihum. „*Dieweilen mit alters furkommen, dass allezeit mit dem neuen jahr ein neuer dorffmaister, der ordnung nach, wie die jnnwohner alljährlich bey abhör der gemain rechnung verlesen werden, antritt, und der gemain herrschafft zu pflichten genommen wird, und dann in Algersdorff sieben höfe sich befinden, deren jedoch einige zerthailet wurden. So solle es der bißherigen observanz und gewohnheit nach noch ferners sein unverändertes verbleiben dergestalt haben, dass die jedesmaligen posesores eines gantzen hofs allein, die beede besitzer eines solchen zerthailten hoffs aber, wann die reyhe an sie kommet, dasselbigen jahr die dorffmeister stelln, und zwar jeder ein halbes jahr, vertretten, und allezeit mit dem neuen jahr, der alte dorffsmeister abtretten, und dem oder denen neuen dorffmeistern, die gemainordnung und rechnung, nebst der büchsen und gemain schachtel, übergeben.*"[63]

Bürger- und Dorfmeister, Gemeindevierer, aber auch örtliche Ob- und Hauptmänner sowie die Schultheißen, sofern diese nicht ausschließlich dem Fürsten dienten, standen seit dem Spätmittelalter meist in einer, manchmal nicht näher erläuterten kommunalen Verpflichtung. Das galt auch für die nicht spezifischer

---

61 Ebd., Nr. 33.

62 Ebd., Nr. 24.

63 Ebd., Nr. 30.

untersuchten fränkischen Reichsdörfer,[64] in denen kommunales Geschehen wie zu Gochsheim oder Senndorf reichsrechtlich große Aufmerksamkeit erregte. Besonders deutlich markierte man die Zuordnung der Gemeindeorgane unmittelbar nach ihrer Wahl für Kirchrüsselbach im 18. Jahrhundert: „*Die nun erwehlten vierer sollen verbunden und schuldig seÿn, dem dorfs hauptmann in sachen, so zu den gemeind bestes gereichet, schuldige folge zu leisten, und sämtl*[ich] *mit einander in der gemeinde allen schaden wenden.*“[65] Kennzeichnend war, dass sie alle gegenüber Gemeinde und Herrschaft in einer doppelten Verantwortung standen. In Vogtsreichenbach, wo das Nürnberger Landalmosenamt die Dorfherrschaft nicht unumstritten innehatte, definierte man im Jahre des Bauernkriegs 1525 die Rolle der Gemeindeherren: „*Item zu dem ersten ist durch die gemein mit verwilligung ihrer herrschafft beschlossen, daß alle jahr zween dorffsmaistern ein gemein erwöhlen sollen aus der gemein, und die also zu dorfsmeistern erwöhlt und gesetzt werden sollen.*“[66]

Es gab zahlreiche Nuancierungen, wie sie eine auf Konsens setzende Herrschaftsform bedingte. In Prühl teilten sich im 16. Jahrhundert zwei fränkische Grafengeschlechter – die Castell und die Schwarzenberg[67] – die Dorfherrschaft. 1572 verpflichtete man sich in einer „*verbesserten*“ Ordnung, die zuvor gewählten Bürgermeister mit einem Treueeid an das Geheiß des Schultheißen zu binden. Letztere verstanden sich als Vertreter der Herrschaft, doch die Gemeinde war eidlich lediglich den Bürgermeistern verpflichtet. 1566 beschloss man, dass sie „*jerlichen zween burgermaister wehlen solt, vnnd welche gewelt werden, das dieselben gemelte burgermaister der dorffsherrn schulthessen an aines geschwornen aÿdts statt geloben müssen, der gemein*

64 Wolfgang Wüst, Die Freien Reichsdörfer Sennfeld und Gochsheim. Politische Gründe für die Einführung der Reformation im Jahre 1540, in: Richard Riess/Emil Heinemann (Hg.), Zur Freiheit berufen. Das ehemals Freie Reichsdorf Sennfeld. Ein Portrait, Oberhausen 2017, S. 59–80; Fritz Zeilein, Das freie Reichsdorf Gochsheim, in: Rainer A. Müller (Hg.), Reichsstädte in Franken. Aufsätze, Bd. 1 (Veröffentlichungen zur Bayerischen Geschichte und Kultur 15/1), München 1987, S. 379–387; Ders., Gochsheim: ehemaliges Freies Reichsdorf. Chronik, historische Gebäude, Erläuterungen, Gochsheim 1991; Friedrich Weber, Geschichte der fränkischen Reichsdörfer Gochsheim und Sennfeld, Schweinfurt 1913.

65 Wolfgang Wüst (Hg.), Policey, Bd. 4, Quelle Nr. 33.

66 Ebd., Nr. 9.

67 Den Reichsgrafenstand erwarb das Haus getrennt nach konfessionell geschiedenen Linien 1566 und 1599, den Reichsfürstenstand für den Erstgeborenen schließlich im Jahr 1670. Vgl. Wolfgang Wüst, Die Akte Seinsheim-Schwarzenberg: eine fränkische Adelsherrschaft vor dem Reichskammergericht, in: JfL 62 (2002), S. 203–230.

gantz treulich vorzustehen vnd zu sein. Widerumb ain jeder in der gemain den burgermeistern mit handgeben den treuen an geschwornen aÿdts stath geloben müssen".[68] Es gab daneben Orte, an denen noch Ende des 16. Jahrhunderts die Herrschaft in der Dorfordnung kaum in Erscheinung trat. Eltersdorf war so ein Fall, wo man in einer Satzung erstmals 1580 bisher mündlich tradierte Gesetze schriftlich fixierte. Die Ordnung unterschied sich von ihren Nachfolgern nicht nur durch ein reduziertes Protokoll und einfache Sprache, sondern auch durch das Auftreten der Gemeinde als Exekutive. Der Eltersdorfer Zwölfer trat in eine genuine Herrschaftsfunktion ein: „*Zum fuenfftzehenden, es ist auch von den 12 beschlossen, das ein jeder baur, innwohner oder wittwe, der ein hauß oder zins zuuerlassen hatt, keinen bestendtner der aus einem fremdn ortt oder dorff hierein begertt, sol auffnemen oder sein zins verlasen, ohn vorwissen der hauptleutt unnd burgermaister, bey straff unnd peen 1 gulden.*"[69]

2. Wahlen, Gemeinde- und Gerichtsversammlungen

Wie stand es mit der Policey-Aufsicht über die Markt-, Gemeinde- und Gerichtsleute? Welchen Einfluss hatte die Herrschaft auf die Wahlen derselben? Wie frei waren überhaupt Wahlen nach kommunalen Maßstäben? Skepsis ist angebracht, ließen sich doch viele landsässige Dorf-, Markt- und Stadtgemeinschaften über herrschaftskontrollierte Dorf- und Bürgermeister und ihnen zugeordnete Ratsgremien vertreten. Konsultieren wir unsere Quellen, so ist der Verweis auf freie oder unfreie Wahlen und auf die Beschlüsse in den Gemeinden aufschlussreich. Nicht immer standen aber Ausführungen zu Wahl und Versammlung am Anfang der Gesetzgebung.

Im markgräflichen Geilsheim folgte die den Wahlen zugehörige Textpassage erst im Mittelteil der Ordnung von 1757. Vollständig ediert kann man sie am Ende dieses Kapitels studieren. Es sollen „*alljährlich die vierer oder sogenannte dorffsführer oder dorffsmeister und bürgermeister, welche auff den gemeinen nuzen und bestes zu sehen und sorge zu tragen haben, an einen gewißen tag nach Andreae beÿ versammelter gemeindt durch freÿe wahl und die meisten stimmen nach der ordnung, wie sie wohnen, bestellet werden. Uund zwar dergestallten, daß die vier bürgermeister zu folge unßerer am 17.*^{n} *April 1755 ertheilten resolution und gemeßenen verord-*

68 Wolfgang Wüst (Hg.), Policey, Bd. 4, Quelle Nr. 13.

69 Ebd., Nr. 15.

nung, anlauts der in der gemeindts-laden befindlichen abschrifft, jederzeit auß denen closterverwalter und castenamtl.[n] *heÿdenheimischen, dann aus denen closterverwalter amtlichen auhausischen und verwalter amt rechbergischen unterthanen, so des schreibens und rechnens kundig, genommen werden müßen*".[70] „Freies" Wahlrecht erscheint hier deutlich eingeschränkt, aber es stand dabei zumindest die sicher begründete Sorge um die Schriftlichkeit im Amt im Vordergrund. Gemeindeversammlungen wurden im Auge der Herrschaft geduldet. Im bambergischen Kersbach musste man am Ende der Ordnung von 1660 in einem eigenen Abschnitt das Thema ausführen, „*wie man sich in versamblung der gemein verhalten*" soll. Vertraulichkeiten auszuplaudern – „*daruon schwezen*" –, falsche Zeugnisse abzulegen und jegliche Ehrverletzungen („*wer bey versamblung einer gemein einnem lügen strafft, ein narren oder sonsten schilt*") waren Punkte, die man streng sanktionierte.[71]

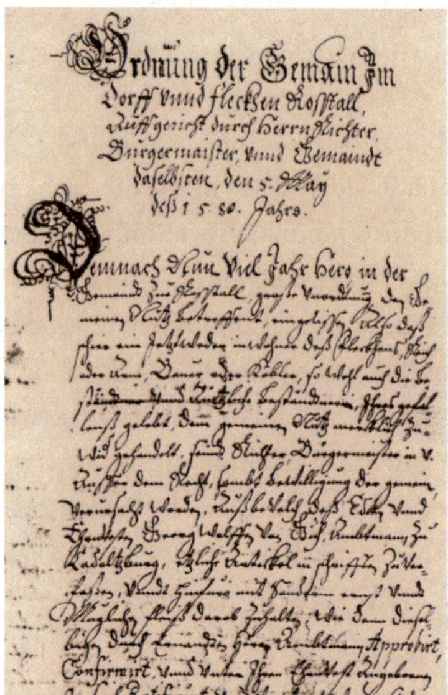
Ordnung der Gemain Jm Dorff vnnd fleckhen Rosstall, vffgericht durch Herrn Richter, Burgermaister, vnnd Gemaindt daselbsten, den 5. May deß 1580. Jahrs.

Abb. 37: „Ordnung der Gemain Jm Dorff vnnd fleckhen Rosstall", 1580. Bildnachweis: StA Nürnberg, Landgericht ä. O. Cadolzburg, Nr. 136.

70 Ebd., Nr. 32.

71 Ebd., Nr. 22.

Im Markt Roßtal war es dagegen die Sorge vor der nahen Hohenzollern-Bastion auf der Cadolzburg, diese könne ins Geschehen eingreifen. Das Oberamt in Cadolzburg ließ zu Roßtal feststellen: „*wo iemand in der gemein versamblung einen hader, zanckh oder auffruhr vnnd wider willen anfehrt, einer den andern freuentlich heist liegen, irgent ein wehr oder kändel zucket, der soll vnnachleßlich zur buß geben 10 pfundt.*"[72]

Es bleibt festzuhalten, dass gewählte Dorfmeister Versammlungen in eigener Regie einberufen konnten und dass die Herrschaft meist ein Interesse an der Selbstverwaltung hatte. In Kirch- und Oberrüsselbach ermahnten die Nürnberger Almosenherren die Dörfler ausdrücklich, „*zu rechter zeit beÿ der gemeind zu erscheinen*". Sie unterstützten die Institution der Gemeindeversammlung. Nach der Ordnung waren die Vierer 1766 angehalten, „*beÿ entstehenden nothfällen eine gemeinde zusammen zufordern, und hingegen eine gesammte gemeinde denen verordneten dorfshauptmann und vierern jederzeit gehorsam seÿn, auch um die bemelte zeit erscheinen. Welcher aber in der zeit ohne ehehaffte ursachen nicht erscheinen, oder jemand anderes an seiner statt schicken würde, und sich sonsten ungehorsamlich bezeiget, der solle ohne allen nachlaß 10 x*" Strafe zahlen.[73] Auch in Elgersdorf, wo das Nürnberger Amt St. Klara 1740 regierte, gab es ein gemeinsames Interesse an den Versammlungen. Und die Herrschaft disziplinierte ortsansässige Bauern und Handwerker über ihren Dorfmeister mittels einer Sanduhr sowohl zum rechtzeitigen Erscheinen als auch zum Ausharren bis zum Ende. „*Wann nun zum andern ein dorffmeister in seine behrufung eine gemain zusammen rufen lassen muß, so offt es die nothdurfft erfordert, so soll er schuldig seyn, einem jeden gemains herrn solches (wo es nicht ausserordentliche fälle, die keinen verzug leiden,) den abend zuvor entweder in person oder durch jemand anders verständige und durch kein kind, anzuzeigen. Ihme auch die stund solcher zusammenkunfft, damit er sich mit der unwissenheit nicht zu entschuldigen habe, ausdrücklich zu benennen. Und wann die bestimmte zeit kommet, solle der dorffmaister eine sand stundenuhr aufsetzen, und welcher alsdann nicht erscheinet, ehe die sanduhr ausläufft, derhalb soll ohne einige nachsicht ein halb ort eines guldens in die gemain büchsen zu bezahlen verfallen seyn.*"[74] Zudem nutzte man im Markt Roßtal äußere Zeichen, um Versammlungen anzukündigen. Dort läutete

[72] Ebd., Nr. 16.

[73] Ebd., Nr. 33.

[74] Ebd., Nr. 30.

1580 noch eine der beiden Kirchenglocken. „[…] *so mann einer gemein, wie oder wann das geschehen, zusammen leut, oder mit dem kleinen klöckhlein leutet, vnnd iemandt muthwillig ohne leibs noth vnnd herrn geschäfft aussenbliebe, vnnd nicht erscheine, vnnd ob er schon erschiene, vnnd ohne erlaubtnuß deß richters vnnd gemeinburgermeisters hin weckh gienge, der soll zur straff geben ein ort eines gulden.*“[75]

3. Das Gemeindegericht

Landsässige Dörfer, Märkte und Städte wählten für ihre Gerichte „*Urteiler*“, deren Zahl in der Regel zwölf betrug. Diese mussten „*unverleumbded*“ sein und sie durften nur aus der jeweiligen Gemeinde stammen.[76] Für das schwäbische Klostergericht zu Roggenburg präzisierte man 1573 die Auswahlkriterien für die Gerichtsbeisitzer nochmals: „*Erstlich sollen vnser gericht allenthalben mit fromen, erbarn, verstendigen, erlich gebornen vnnd vnuerleumpten personen, die nit vnder fünff vnnd zwainzig iarn, sondern aines volkhomnen alters, auch nit in bann oder in der acht seyen, besezt werden.*“[77] Die an den Gerichtstagen erwähnten Schultheißen, Bürger- und Dorfmeister, Obleute und Dorfführer konnten, mussten aber nicht unbedingt im Gericht sitzen. Häufig führten sie als Vertreter der Herrschaft den Gerichtsvorsitz, wie in der zwischen den Grafen Schwarzenberg und den Castell geteilten Gemeinde Prühl geschehen. Sie führten den Gerichtsstab und bezeichneten sich als Richter. „*Zum dritten sollen unsere schultheißen wechßelweiß den gerichts-stab haltten und umbfragen welchem dann in diesem wechßel erstenmahls der stab zukompt, der soll den beÿ sich verwahren, biß zum nechst folgenden gericht. Alß dann soll ihne der an-*

---

75 Ebd., Nr. 16.

76 Für Bayern beispielsweise: Rainer BECK, Naturale Ökonomie. Unterfinning – Bäuerliche Wirtschaft in einem oberbayerischen Dorf des frühen 18. Jahrhunderts (Forschungshefte des Bayerischen Nationalmuseums 11), München 1986; DERS., Unterfinning – Ländliche Welt vor Anbruch der Moderne, München 1993; DERS., Dörfliche Gesellschaft im alten Bayern 1500–1800 (Hefte zur Bayerischen Geschichte und Kultur 14), München 1992; Renate BLICKLE, Agrarische Konflikte und Eigentumsordnung in Altbayern 1400–1800, in: Winfried SCHULZE (Hg.), Aufstände, Revolten, Prozesse. Beiträge zu bäuerlichen Widerstandsbewegungen im frühneuzeitlichen Europa (Geschichte und Gesellschaft 27), Stuttgart 1983, S. 166–187. Für Schwaben: Wolfgang WÜST, Gemeindeverband und Territorialstaat in Ostschwaben, S. 293–306.

77 Wolfgang WÜST (Hg.), Policey, Bd. 4, Quelle Nr. 4.

der schultheiß haltten und nach endung desselben gerichtstags biß widerumb uff den nechsten gerichtstag zuverwahren haben und alß fort an."[78] Ein so beschriebener Gerichtsvorsitz war in der kleinen dörflichen Welt seit dem späten Mittelalter im Sinne „*guter*" Policey für Unabhängigkeit und Gerechtigkeit auszulegen. Parteilichkeit war zu unterbinden. Die Eide der Richter drückten dies gegenüber der Herrschaft unmissverständlich aus: „*Sie sollen schwern in den sachen, so in recht für sie khomen, gleich vnpartheysch richter zu sein, dem armen als dem reichen, dem reichen als dem armen, dem gast als dem haimischen, vnnd in ainer ieden sach zu vrthailn vnnd zu sprechen, daß sie das göttlichst vnnd rechtest bedunckht sein, vnnd auff die verschriben ordnung vrthel sprechen vnnd procediern wöllen, vnnd ainem ieden fürderlich recht ergehn zulassen, darin nit ansehen weder freundtschafft, feindtschafft, gunst, forcht, mwt, gab, noch sonst nichts anders, dardurch ainich parthey an irer gerechtigkait geirt oder verhindert werden möchte.*"[79]

Auch im Gericht – oft als „*rug-gericht*" bezeichnet – wurde jeweils die Hälfte der Urteiler jährlich nach Zuwahlen ausgetauscht. Zu dieser Regelung mit einer maximal zweijährigen Amtszeit für jeden Beteiligten gab es regionale Abweichungen. Sie treten uns nicht nur in Franken, sondern auch in Schwaben, wie in der südlich der Reichsstadt Augsburg gelegenen bischöflichen „*Straßvogtei*", gegenüber. Auch dort gab es einen Zwölferrat, der aber gleichzeitig für Gericht und Gemeinde zuständig blieb. Der eine Teil des Rates unterstand einem „*Stabhalter*" oder „*Gerichtsmann*". Er formte das Gericht. Der andere exekutive Teil des Rates – die „*Sechser*" oder Bürgermeister – zeichnete ausschließlich für die Gemeindeangelegenheiten. Den doppelten „*Sechsern*" wurde jeweils eine zweijährige Amtszeit gewährt; drei von ihnen ließ man jedes Jahr ersetzen. Im Gemeindeteil rückten die Älteren nach einjähriger Dienstzeit schließlich zu „*Ersten*" Bürgermeistern auf.[80]

IV. Gemeinsame Aufgaben

Jede Herrschaft konnte sich beim Vollzug ihrer Policey im ländlichen Raum nicht unbedingt auf die Schar ihrer treuen Fürstendiener stützen. Die Frage, wie und ob

78 Ebd., Nr. 17.

79 Ebd., Nr. 4.

80 Wolfgang Wüst, Gemeindeverband und Territorialstaat in Ostschwaben, S. 293–306.

sich über Rechtsquellen Vollzug nachweisen lässt, erwächst aus dem Bedürfnis, sich keinem legalistischen Kurzschluss hinzugeben. Normen und die Reaktionen vor Ort waren sicher zu keiner Zeit identische Kategorien gewesen. Die Frage, wie es sich mit der Messbarkeit sozialer Veränderung verhält – jede Obrigkeit hatte daran Interesse –, bleibt spannend. Die Nachzeichnung des Wegs gesetzlicher Vorgaben und ihrer Wirksamkeit ist kein Problem richtiger Terminologie. Ob wir von Durchsetzung, Akzeptanz oder Implementierung sprechen, ist weniger entscheidend als die Erkenntnis, dass darin ein langwieriger Prozess liegt. Manchmal währte der Vorgang sicher zu lange, als es möglich wäre, ihn mit Blick auf serielle Akten zu erfassen. Dabei verwies die Forschung zu Recht darauf, dass es keineswegs nur der Staat war, der das Regelwerk monopolisierte. Pierre Bourdieus Theorie, „L'état se présente sous la forme du règlement et des agents ou des instances qui l'invoquent, le plus souvent pour dire non, pour interdire!",[81] räumt beispielsweise den Pfarreien, Kirchen, ständischen Organisationen, Zünften oder der Kraft der Suppliken und Petitionen einen zu geringen Stellenwert ein, und die dörfliche Ebene bleibt ungenannt. Auf wen konnte man also neben den Bürgermeistern vor Ort bauen, wenn es um die Macht- und Normenfragen ging?

Für das Dorf Geilsheim im sprachlichen Übergangsbiet von Franken und Schwaben benannte man 1757 einige der in Frage kommenden Personen. Dort durfte man „*keinen diener, hirthen, fluhrer, nachtwächter, förster oder holzwartt, schäfer und bettelvogt annehmen. Es seÿe dann solche ihres lebens und wandels, aufführens und habenden vermögens zur genüge bekannt*[e] *oder* [durch] *beglaubte kundtschafft*" Ausgewiesene. „*Dann müßen selbige der dorffsherrschafft vorgestellet und* […] *die pflicht sodann von ihnen genommen.*"[82] In Junkersdorf hatte man mit Blick auf das Ämterspektrum und die herrschaftliche Anbindung der Dorfobrigkeit Ende des 17. Jahrhunderts ähnliche Vorstellungen: „*Wann und so offt eß nun die noth erfordert, im dorff die ambter, alß gerichtsschreiber, steinsetzer, eÿchmeister, hirten, fluhrer, oder dergleichen zu erkiesen zu setzen und zu erwehlen, welche denn auch allezeit auß der gemeind allda außer dem hirtten und fluhrer, darzu genommen werdten sollen, der oder dieselbige, sollen solche aembter, worzu ieder von dem dorffsgericht erwehlet*

[81] Pierre Bourdieu, Droit et passe-droit. Le champ des pouvoirs territoriaux et la mise en œuvre des règlements, in: Actes de la recherches en sciences sociales 81/82 (1990), S. 86–96.

[82] Wolfgang Wüst (Hg.), Policey, Bd. 4, Quelle Nr. 32.

wordten, ohne einige entschuldigung, behülff oder außzug annehmen, dem vorsietzenden beambten auf dem hohen mahl angeloben, demselbigen ambt getreülich und mit allen möglichen fleiß vorzustehn, und also dem gemeinen nutzen helffen fördtern.“[83] Hausväter und Hausmütter wurden ebenfalls durch die Herrschaft, wie 1793 zu Mitwitz geschehen, instrumentalisiert. Sie waren Garanten, dass das Gemeinwesen „*in unzerstöhrter ruhe erhalten werden kann, das die nachbarn eines jeden dorfs insgesamt unter einander friedlich leben, in allen vorfallenden nöthen einer dem andern hülfreiche hand leiste, mit schänd- und schmäh- worten zu unnöthigen und strafbahren zank und hader keinen anlaß geben, mithin insgesamt sich also verhalten solle, das Gott dadurch nicht beleÿdigt werde, und wir zur bestrafung keinen beweggrund finden mögen*“. Hausväter und -mütter trugen bildungspolitische Verantwortung, um „*ihre kinder nach zurück gelegten 5ten jahre fleisig zur schule* [zu] *schicken, auch nachmalen solche vor sich nicht ehender herausnehmen befugt seÿn sollen, bis sie nach ausgehaltener prüfung in ihrem christenthum, dann lesen und schreiben genugsam tüchtig befunden und davon freÿ gesprochen worden*“.[84] Nachtwächter[85] ergänzten den Vollzug dörflicher Aufsicht. Ende des 18. Jahrhunderts blieb es wiederum für Mitwitz „*beÿ der bisherigen anordnung, das solche durch die 2. hierzu aufgestellten ordentlichen nachtwächter versehen werden solle, wovon der eine vor- der andere aber nach mitternacht winter- und sommerszeit die ordentlichen stunden an denen ihnen angewiesenen plätzen ausrufen*“ sollte.

Die Frage, wie oft und von wem Rechtsquellen publik gemacht wurden, blieb ebenfalls nicht unbeantwortet. Der Normenvollzug war selbstverständlich an die Formen der Bekanntmachung von Gesetzen, Dekreten und Mandaten gebunden. Die Häufigkeit ihrer Verkündigung – teils mündlich, teils schriftlich – gibt vagen Aufschluss über ihre Wirksamkeit. Hier unterschied man sich vor Ort wenig von der territorialen Policey. Über sie wurden Fürsten- und Gemeindediener sowie die Pfarrer gleichermaßen zur Verkündung der Vorschriften angehalten. In der Gemeinde waren die Tage der Rechnungslegung und der Dorfversammlung die gebo-

83 Ebd., Nr. 28.

84 Ebd., Nr. 35.

85 Gerhard Fritz, Stadtknechte, Nachtwächter, Büttel: Lokales Sicherheitspersonal in Württemberg und benachbarten Territorien im 18. Jahrhundert, in: André Holenstein u. a. (Hg.), Policey in lokalen Räumen. Ordnungskräfte und Sicherheitspersonal in Gemeinden und Territorien vom Spätmittelalter bis zum frühen 19. Jahrhundert (Studien zu Policey und Policeywissenschaft), Frankfurt am Main 2002, S. 247–265.

tenen Zeiten. In Eltersdorf hieß es 1580: „*Dis gesetz und dorfordnung sollen jerlich, wenn man neue burgermaister erwehlet, verlesen werden, damit solche gesetz unnd Ordnung trewlich und steiff gehalten werden möchten.*“[86] Und in Weingarten verfügte man 1610: „*Die auffgerichte gemeinordnung soll jährlichen nach verrichter rechnung in beysein ganzer gemein verlesen werden, darmit sich ein jeder vor schaden zu hüten wiße.*“[87]

1. Die Rechnungsführung

Rechnungslegung,[88] lokale Finanzkontrolle und Dorfordnung waren Bereiche, die zwar vielfach in gemeindlicher Regie gestaltet, aber in letzter Konsequenz von der Herrschaft überwacht wurden. 1659 ließ deshalb die reichsritterschaftliche Dorfherrschaft in Kunreuth erklären, „*daß was inskünfftig dieser ordnung bey vorgehenden gemein-rechnungen möchte bey- oder den gemeinbüchlein recessiert, und von jahren zu jahren eingetragen werden, eben diejenigen krafft und autorität haben solle, alß ob es diesen statutis einverleibet wäre*“. Gemeinde- und Rechnungsbücher seien „*eyfferig*“ zu führen. Sie wären „*in gute ryff und ruhige ansehung der persohn*“ zur Strafbemessung heranzuziehen, damit „*dießer unserer ordnung ein sattsamb, vollkomenes begnügen geleistet werden*“ möge.[89] Die Rechnungsführung selbst oblag meist den Gemeindeorganen. In Junkersdorf war es 1695 beispielsweise die konkrete Aufgabe eines Bauernmcisters gewesen. „*Eß soll hinführo jährlich und ein jedes jahr besonder allewege beÿm hohe mahl Walburgis der bauermeister, wie obgedacht, alles seines einnehmens und außgebens von wegen der gemeind beschehen, ordentlich richtige rechnung, im beÿsein der dorffsherrn und ganerben oder deren beambten thun, dieselbige*

86 Wolfgang Wüst (Hg.), Policey, Bd. 4, Quelle Nr. 14.

87 Ebd., Nr. 19.

88 Vgl. zur gemeindlichen Rechnungslegung: Gerhard Fouquet, Gemeindefinanzen und Fürstenstaat in der Frühen Neuzeit: Die Haushaltsrechnungen des kurpfälzischen Dorfes Dannstadt (1739–1797), in: Zeitschrift für die Geschichte des Oberrheins 136 (1988), S. 247–291; Dieter Wolf, Rechnungen als Quelle spätmittelalterlich-frühneuzeitlicher Dorfgeschichte. Zum Wert spätmittelalterlich-frühneuzeitlicher Rechnungen, in: Petterweiler Geschichtsblätter 2/5 (2001), S. 49 f. Vgl. für Mainfranken auch: Wolfgang Wüst, „Trinck-Geldter“: Wein als frühmodernes Zahlungsmittel und Lohn in fränkischen Klöstern, in: BHVB 140 (2004), S. 99–116.

89 Wolfgang Wüst (Hg.), Policey, Bd. 4, Quelle Nr. 21.

fleißig laßen beschreiben und die gemeine gefäll schleünig und treülich einbringen.“[90] Interessant sind die Kompetenzverteilungen dort, wo man wie in Junkersdorf mit mehreren Herrschaftswechseln vor Ort und einer Vielfalt an Grundherren zu tun hatte. Die Gemeinderechnungen waren von der „*gesambten dorffs und ganerbschafft in triplo*“ zu unterschreiben. Von den drei Exemplaren ging das eine „*demselbigen jahres vorsietzenden dorffsherrschafftlichen beambten*“ zu, die beiden anderen „*der gemeind, und die 3te dem rechnungsführer*“. Und es bestand trotz komplizierter Verfahrensweise Transparenz in den Jahresabschlüssen. „*Und da die alt gewesene bauermeister etwaz einzubringen, hinterständig, oder sonsten in die rechnung schuldig bliebe, solchen rest sollen bemelte alte und gewesene bauermeister dem neüen, inner und vor verflißung der 10 tage dem nechsten nach besagter gethaner rechnung überantwortten und außrichten, beÿ straff ½ fl.*“[91]

2. Feuerbeschau und Grenzbeschreibung

Die Feuerbeschau zählte im ländlichen Raum zu den Kernaufgaben policeylicher Fürsorge.[92] Ungenügender Brandschutz unter strohbedeckten Häusern, defekte Kamine, Feuerquellen am Arbeitsplatz und das weitverbreitete Dörren von Flachs, Hanf und Obst waren ständige Gefahren. Wenn einzelne Dorfordnungen wie zu Elgersdorf das Dauerthema Feuer aussparten, kann dies mit dem Erlass eigener Feuerordnungen erklärt werden. Parallel zur Elgersdorfer Gemeindeordnung ist für das benachbarte Emskirchen 1744 eine „*gemeindliche feyer-ordnung*“ nachgewiesen. Meist agierten Bevollmächtigte als Feuer- und Hausbeschauer, um Brandkatastrophen in der vorindustriellen Arbeits- und Lebenswelt zu verhindern. Auch in Kunreuth war gleichermaßen in Haus und Arbeitsstube „*fleißig*“ zu beobachten,

---

90 Ebd., Nr. 28.

91 Ebd.

92 Mathias Ueblacker, Die fürstbischöflichen Feuerordnungen für Passau. Brandschutzauflagen ändern die Stadtansicht, in: Susanne Böning-Weis (Hg.), Monumental. Festschrift für Michael Petzet. Zum 65. Geburtstag am 12. April 1998, München 1998, S. 495–505; Wolfgang Wüst, Bamberg als Hochstift. Zur Typologie geistlicher Staaten in der Frühmoderne, in: Luitgar Göller/Wolfgang F. Reddig (Hg.), 1000 Jahre Bistum Bamberg 1007–2007 – Unterm Sternenmantel. Ausstellungskatalog, Petersberg 2007, S. 236–246, mit Verweisen auf Bamberger Feuerordnungen.

„das gespinst nicht auff dem ofen (wovon offt ein unwiederbringlicher schaden verursachet worden) gedörret werden, wie dann zwey gewießte fuerschauer bestellet, und jejenigen so durch derer fleißige absicht und herumbgehen in excessu und übertrettung begriffen, mit hartter geld oder leibs-straf beleget werden“ sollen.[93] Zu Burggrub, wo Flachsdörren für Spinn- und Weberarbeiten verbreitet war, verfügte man 1733 variantenreich: *„Hinführo soll auch kein holtz, futter oder stroh, beÿ straff eines halben guldens der gemeind uf die böden und kein gewürk oder gespinst, dadurch feuer zubefahren, beÿ straf 5 fl. – der herrschafft in die stuben und in um und uf die kachelöfen geleget, und derowegen alle monath zur brechzeit aber alle wochen durch den schultheiß und dorffmeistern von hauß zu hauß, besichtigung eingenommen werden.“*[94] Die Feuerbeschauer – sie konnten mit den „*Vierern*“ identisch sein – sahen sich zu allerlei Vorsorge verpflichtet. Dazu zählte der Nachweis an Feuerkübeln und Wasserbehältern im Hof oder an den Häusern. Zu Pommelsbrunn bedeutete dies 1653: *„Item, so die verordneten feuerschauer, einem, wasser für die thür bieten, und als dann wieder herumgehen, und keines erfunden wird, soll derselbig verbrecher verfallen seyn 15 fl.“*[95]

Neben der Feuerbeschau lag die Kontrolle über Grenzen und Flur ebenfalls im kommunalen Aufgabenbereich. Flurbegehungen wurden, neben den Feldgeschworenen („*Siebner*“)[96] meist von gewählten Gemeindegremien vorgenommen. Und doch sicherte die Herrschaft wie 1757 in Geilsheim dank allgemeiner Vorgaben örtliche Standards. Die *„steiner und achter sollen ein ordentliches untergangs- und steinsezungs-buch halten und führen, darein sie alle ihre verrichtung aufzeichnen. Darneben meÿnen und achten wir für gut, wollen auch und ordnen hiermit, daß vielbesagtes steinergericht in zukunfft jedesmahl ihre gehaltene ordinarj und extra vorgekommene untergänge, erkanntnuß und steinsezungen in ein besonders von weißen pappier eingebundenes buch mit beÿsezung des tags und jahrs, dann benennung derer persohnen, nur kürzlich einschreiben sollen, damit hierauß, so offt noth thut, dienliche nachricht ersehen werden“* möge.[97] Die „*Versteinungen*“ der Weide- und Ackerflächen bedeu-

---

93 Wolfgang Wüst (Hg.), Policey, Bd. 4, Quelle Nr. 21.

94 Ebd., Nr. 29.

95 Ebd., Nr. 20.

96 Richard Henninger, Sichere Grenzen schaffen Frieden – über die Entwicklung und das Wesen der Siebenerei, in: Zeitschrift für Geodäsie, Geoinformation und Landmanagement 4 (2011), S. 233–238.

97 Wolfgang Wüst (Hg.), Policey, Bd. 4, Quelle Nr. 32.

teten im lokalen Geschehen das, was aufwendige Grenz- und Gerichtsvisitationen in den Territorien ausmachten. Sie brachten Rechtssicherheit und Konfliktlösungen. In einer Weingartner Dorfordnung von 1610 wurde deshalb detailliert die Allmende[98] als gemeinsamer Viehtrieb ausgemessen und „*versteint*". Sie stand *pars pro toto* für ähnliche Vorgänge in anderen Ortschaften. Die Viehweide der Gemeinde wurde von 24 Flursteinen umgrenzt, die man in jährlichen Umgängen kontrollierte. Zeitliche Veränderungen fanden Aufnahme in Ergänzungen zur Ordnung von 1610. Die ersten vier Steine waren nach diesen Beschreibungen wie folgt platziert: „*1.) So dann der erste triebstein so in voriger beschreibung der 7. ist, stehet zwischen Hannßen Haußmann den alten Hemmerlein zu Weingarten und Conrad Ermern zu Höffen ackhern, oberhalb deß Höffer wegs. 2.) Der ander stein zwischen Martin Hoffmann und Georg Linßenmairn von Höffen ackhern oberhalb deß Höffer wegs. 3.) Der dritte stein zwischen Conrad Ermers zu Höffen und Reinhard Haussmanns zu Weingarten ackher, biß dahero sie Weingartner auff der untern seithen, unterhalb deß wegs zu hüten macht haben. 4.) Der vierte Stein zwischen Reinhard Haussmanns zu Weingarten und Conrad Ermern zu Höffen ackhern auff den rein.*"[99]

3. Hirten und Waldaufsicht

Das Hirtenamt[100] blieb meist den Gemeinden und nicht der Herrschaft zugeordnet. Die Gemeinde stellte ein eigenes Hirtenhaus.[101] In Raitenbuch – dort konnte sich im Spätmittelalter das Hochstift Eichstätt als Landesherr festsetzen – lag noch im Jahr

98 Hartmut Zückert, Allmende und Allmendaufhebung. Vergleichende Studien zum Spätmittelalter bis zu den Agrarreformen des 18./19. Jahrhunderts (Quellen und Forschungen zur Agrargeschichte 47), Stuttgart 2003; Werner Rösener, Zur Erforschung der Marken und Allmenden, in: Uwe Meiners (Hg.), Allmenden und Marken vom Mittelalter bis zur Neuzeit. Beiträge des Kolloquiums vom 18. bis 20. September im Museumsdorf Cloppenburg, Cloppenburg 2004, S. 9–16.

99 Wolfgang Wüst (Hg.), Policey, Bd. 4, Quelle Nr. 19.

100 Alois Schmid, Hirtenleben im vormodernen Süddeutschland, in: Peter Fassl/Wilhelm Liebhart/Wolfgang Wüst (Hg.), Groß im Kleinen – Klein im Großen. Beiträge zur Mikro- und Landesgeschichte. Gedenkschrift für Pankraz Fried, Konstanz 2014, S. 19–39.

101 Harald Stark, Elf Höfe und ein Hirtenhaus bildeten ein Dorf: Aus der Geschichte von Braunersgrün im Landkreis Wunsiedel, in: Archiv für Geschichte von Oberfranken 72 (1992), S. 217–256.

1597 alles beim Alten. „*Item der fleckh Raittenbuech hat ein freÿ ledige viehhuett, die mügen sÿ verleihen nach irem nutz, willen, vnnd notturfft, daran sÿ niemandt irren soll noch mag.*" Nicht nur die Bestellung des Hirten, sondern die Festlegung der Hütezeiten war kommunal zu regeln. „*Item sÿ sollen vnnd mögen treiben, vnnd ist von alter allso herkhommen in all huett, wo sÿ die haben oder erlangen khümmen, vor Sannt Walburgen tag vnnd nach Sannt Walburgen tag, so die meder gemeet vnnd lehr sindt.*"[102] In den Ehehaften standen deshalb entsprechende Abschnitte „*von dem hürtten*" in der Reihenfolge der Gliederung ganz vorne, während sie in herrschaftsdominierten Dorfordnungen eher gegen Ende gehandelt wurden. 1740 waren es zu Elgersdorf gleichermaßen gewählte Gremien, die im Konsens mit der Gemeinde die Hirtenaufsicht führten. Dort sollten die Dorfmeister den „*gemainen viehehirten mit wissen einer gantzen gemain zu gewöhnlicher zeit, nemlich um Jacobi, aufnehmen und dingen, und dass derselbe einen gebührlichen guten abschied habe, auch mit selbigen vor die gemain herrschafft sich stelle, seine treue gebe und angelobe, dass er mit seinen diensten der gemain treulich hüten vorseyn, allen schaden warnen und verhüten, auch dem armen als dem reichen darinnen gleich halten*".[103] In Obermässing begegneten uns Herrschaft und Gemeinde, wenn es in der Ehaftsordnung von 1471 um die „*hirtschafft*" im Dorf ging. Auch hier betraf die Mehrzahl der Bestimmungen innere Angelegenheiten. Der Eichstätter Pfleger verlieh zwar den Hirtenstab gegen Gebühr, doch bestritten die Hirten ausschließlich aus den Hüteabgaben der Bauern ihren Unterhalt. „*Item ob einer oder mer pitten vmb dy hirtschafft die gemain im dorff, vnd wem die merer menig der gemain zusagt, dem sol der pfleger sein handt dar inn recken vnd domit leihem. Douon hat ein pfleger von demselben hirten dreissigk haller oder dreissigk kes, vnd hat ein pfleger die wal, ob er die dreissig haller oder die dreissig keß nemen wölle von einem hirten. Item es ist auch nemlich recht eines iglichen hirten lon, den er nemen sol von der gemain im dorff. Des ersten von einem rinde, oder von einer nüzen kue ein uirling korns, vnd uon einer kalben ein achtal korns, vnd von einem kalb, das für Sandt Walpurgen tag auf die waid geet, auch ein achtal korns. Get es aber noch Sandt Walpurgen tag auf die waid, so gibt es einen pfennig vnd ein wemiet.*"[104] Der Regelungsbedarf seitens der Gemeinden war demnach in Sachen Weide- und Hutflächen enorm.

---

102 Wolfgang Wüst (Hg.), Policey, Bd. 4, Quelle Nr. 2.

103 Ebd., Nr. 30.

104 Ebd., Nr. 1.

Dorfordnungen enthielten ferner Forderungen zum Bestandsschutz der Wälder,[105] Felder und Gewässer. Im Zielkonflikt zwischen Gemeinde und Herrschaft um die limitierten Energieressourcen sprachen ländliche Rechtsquellen, wie 1653 zu Pommelsbrunn geschehen, vor allem Verbote zu unkontrollierter Waldnutzung aus.[106] *„Erstlich, sollen verboten seyn, alle grüne bäum und stämm holz, als eichen, fichten, föhren, birnbäum, äpffel- und kirschbäum, oder wie sie namen haben, als jemand erfahren wird, derselben einen ab, oder umhaut, weil sie grün seyn, der oder dieselben sollen der gemein zur straff verfallen seyn 2 fl.“*[107] Dort übte seit dem Landshuter Erbfolgekrieg die Reichsstadt Nürnberg die Herrschaft aus, in deren Landterritorium man sich früher als andernorts für die Nachhaltigkeit im Forst- und Waldbetrieb bekannte. In Vogtsreichenbach hieß es 1525, selbst im Jahr des süddeutschen Bauernkriegs, einschränkend: *„Item es soll an der gemeinholz zu Vogts Reichenbach niemand darinnen hauen noch holtzen ohne wissen und willen der dorfsmeister und der gemein daselbst, ausgeschlossen ein raif oder zween, da nit schaden darbey sey.“* Und im Detail legte man zu den Nutzungszeiten nach: *„Item welcher aus der gemein theil im gemeinholtz hat, soll sein holtz ungefährlichen inn 8 tagen vor oder nach pfingsten herausführen, bey pöen 60 pfening einer gemein anfallen.“*[108]

Der zur Existenzsicherung unvermeidliche Holzverbrauch[109] erforderte zunehmend ausdifferenzierte Regelungen, um die Waldbestände mittel- und langfristig

---

105 Vgl. als Fallstudie: Peter-Michael STEINSIEK, Nachhaltigkeit auf Zeit: Waldschutz im Westharz vor 1800, Münster u. a. 1999.

106 Für Kurbayern umfangreich und problemorientiert: Elisabeth WEINBERGER, Waldnutzung und Waldgewerbe in Altbayern im 18. und beginnenden 19. Jahrhundert (VSWG, Beiheft 157), Stuttgart 2001. Vgl. mit fränkischen Belegstellen: Wolfgang WÜST, Nachhaltige Landespolitik?, S. 85–108; Wolfgang WÜST, Das Prinzip der Nachhaltigkeit – Holz, Forst- und Waldordnungen als Quellen für ökologisches Wirtschaften, in: DERS./Gisela DROSSBACH unter Mitarbeit von Lisa BAUEREISEN und Christoph GUNKEL (Hg.), Umwelt-, Klima- und Konsumgeschichte. Fallstudien zu Süddeutschland, Österreich und der Schweiz, Berlin u. a. 2018, S. 315–350.

107 Wolfgang WÜST (Hg.), Policey, Bd. 4, Quelle Nr. 20.

108 Ebd., Nr. 9.

109 Nils FREYTAG, Städtische Holzversorgung und staatliche Forstpolitik im 18. und 19. Jahrhundert am Beispiel der Städte München und Nürnberg, in: Hans BLEYMÜLLER (Hg.), 250 Jahre Bayerische Staatsforstverwaltung: Rückblicke, Einblicke, Ausblicke, München 2002, S. 103–110. Für ein vergleichbares Hochstift: Bernhard LÖFFLER, Waldnutzung, Holzversorgung und Parkbau im Passau des 18. Jahrhunderts, in: Wolfram SIEMANN/Nils FREYTAG/Wolfgang PIERETH (Hg.), Städtische Holzversorgung: Machtpolitik, Armen-

nicht zu gefährden. Die Landesherrschaften hatten hier gegenüber Waldnutzern in Gemeinden und Holzgenossenschaften Nachhaltigkeit anzumahnen, die in den Augen fürstlicher Inspektoren allzu sorglos zu Werk gingen. Für Eichstätt ließ Bischof Marquard 1666 den „privaten" Holzschlag maßregeln. „*Und sonderlich befehlen wir, weil unsere underthanen und dorff-gemeindten in ihren höltzern bißhero kein ordnung gehalten, sondern jährlich ein große weite abhauen und gebrauchen, darauß dann erfolgt, daß sie zu ihrem gebrauch nicht allein die nothdurfft nicht mehr haben, sondern zu keinem brennholtz, so gewachsen, mehr kommen mögen. Darumben befehlen wir unsern obristen forstmaister, daß die underthanen in ihren gemain- und aigen höltzern, auch obgehörter maßen ein abthailung machen und darob halten, daß jährlich über die abgegebene und außgezeichnete lörer oder schachen,*[110] *weder bau- oder ander holtz, groß oder klein nicht gehauen.*" Und es bedurfte langer Schonzeiten von 20 bis 30 Jahren für ähnlich ausgewiesene Waldzonen im Gemeinde- oder Bauernbesitz. Nach und nach sollte dort wieder Holzschlag möglich sein. So „*dann solche abtheilung wenigist auf zwaintzig oder maist auf dreyßig theilhäw geordnet und jährlich nicht mehr dann derselben einer abgehauen werden solle.*"[111]

fürsorge und Umweltkonflikte in Bayern und Österreich (ZBLG, Beiheft 22), München 2002, S. 9–38.

110 Es handelte sich um ausgewiesene Parzellen für Waldrechtler.

111 Hoch-Fürstliche Aychstättische Holtz- und Forst-Ordnung, Eichstätt 1666, S. 7 f.

Dorffs- und gemeind-ordnung zu Geilsheim vom 18. Februar 1757

„Dorffs- und gemeind-ordnung […] der dorffs-gemeinde zu Geilsheim“ vom 18. Februar 1757[112]

Concept.[113] **Dorffs- und gemeind-ordnung. Herr Carl Wilhelm Friederichs marggraffens zu Brandenburg-Onolzbach der dorffs-gemeinde zu Geilsheim ertheilet d.d. Onolzbach den 18.ⁿ Febr. a.° 1757.**

Von Gottes gnaden, wir, Carl Wilhelm Friederich, margraff zu Brandenburg, herzog zu Preußen, zu Schleßien, Magdeburg, Stettin, Pommern, der Caßuben und Wenden, zu Mecklenburg, und zu Crossen,[114] burggraff zu Nürnberg, fürst zu Halberstadt, Minden, Camin, Wenden, Schwerin und Razeburg, graffen zu Glaz, Hohenzollern und Schwerin, herr der Lande Rostock und Stargardt, graff zu Saÿn und Wittgenstein, herr zu Lünburg etc. urkundten und bekennen hiemit.

Nachdeme unß von unßern zur gründlichen untersuchung und beylegung der angebrachten beschwerden, und obgewalteten strittigkeiten unter denen gemeindts-leuthen zu Geilßheim, abgeordneten räthen, die unterthänigste anzeige geschehen ist, was maßen beÿ der gemeldten dorffs gemeinde[115] auß verschiedenen ursachen, nicht wenig jrrung, widerwillen und unordnung entstanden, daher zu besorgen seÿ, daß nicht nur derselben an ihrer gemeindlichen gerechtsamen und nuzungen, // sondern auch unß selbsten, an unserer landesfürstlichen hohen und niedern obrigkeit, dorffs- und gemeindt-herrschafft, großer schaden und nachtheil

---

112 StA Nürnberg, Rep. 165 A (Ansbacher Oberamtsakten), Nr. 884, S. 1–50. Handschriftliches Konzept, dessen geringfügig veränderte Ausfertigung ohne Vorspann im Oberamt Hohentrüdingen und in der Geilsheimer Dorfregistratur im Unterland der Hohenzollern archiviert wurde.

113 T: „*Concept* […] *1757*“: Diese Überschrift stammt aus einem späteren Zusatz, der auch Hinweise für die Archivierung gibt. Darunter in chronologischer Reihenfolge beispielsweise: „*Obera*[mt] *Hohentrüdingen, II. Eingehörige Orthe*“, Nr. 8: Geilsheim/Bestand-Nr. 7884/Akten-Nr. 884.

114 Das Herzogtum Crossen fiel 1482 mit Bobersberg, Züllichau und Sommerfeld an das Land Brandenburg.

115 T: „*gemeinde*“: darunter gestrichen: „*ordnung*“.

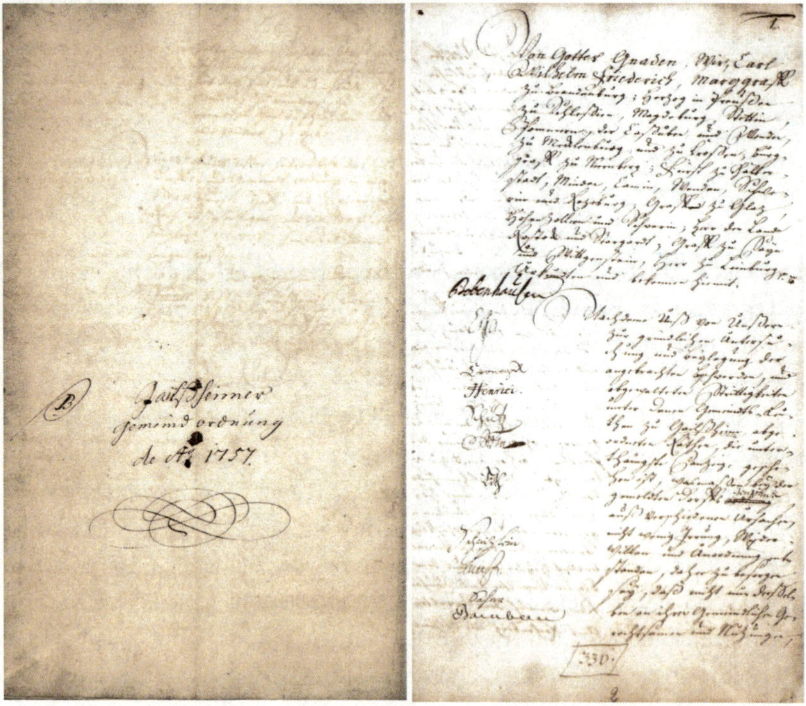

Abb. 38a und 38b: „Gailßheimer gemeind ordnung de Anno 1757" für das markgräflich-ansbachische Oberamt zu Hohentrüdingen. Aussteller: Markgraf Carl Wilhelm Friedrich von Brandenburg-Ansbach (1712–1757). Handschriftliche Konzeptausfertigung mit Verteilerplan nach Personen. Bildnachweis: StA Nürnberg, Ansbacher Oberamtsakten (Rep. 165 A), Nr. 884.

mit der zeit erwachßen möchte, um deßwillen die unvermeidliche nothdurfft erfordern, beÿ ersagter gemeinde eine neue und auff den jezigen zustandt eingerichtete ordnung in gemeindt-sachen einzuführen, wornach sich jeder jnnwohner, sowohlen die bauern, welche ganze und halbe höffe und huben besizen, alß auch die söldner, er seÿe wer er wolle, und welcher herrschaft, auch welchem amte er mit lehen, erb- oder willkührlichen schuz und vogteÿlichkeit an und zugehöre, ohne ansehung der persohn, gehorsamst zu achten habe: zu welchem ende von unßerm oberamt

Hohentrüdingen,[116] dann unßern nachgesezten dorffs-herrschaftlichen aemtern, dem closterverwalteramt Heÿdenheim[117] und dem closterverwalteramt Auhaußen,[118] wie auch dem verwalteramt Rechenberg oder Ostheim, // nachgesezte puncten entworfen, sonach an die von unß gnädigst deputirte räthe und commissarien übergeben, alsdann von solcher revidiret, und nach untersuchung der umstände, auch nach genugsamer verhör der abgeordneten gemeindtsleuthe und der gesammten gemeinde, in absicht auf den gemeinen nuzen, und bestes eingerichtet, sofort zu unßerer gnädigsten approbation unterthänigst eingesändet worden.

Alß haben wir unß sothane vorgeschlagene dorffs- und gemeindt-ordnung, nach unßers fürstlichen hoff- und regierungs-raths collegii einsicht und erstatteten gutachten, gnädigst gefallen laßen, und wollen demnach, daß

1. Gottesdienst und kinderzucht wird eingeschärfft.[119]

Jedweder gemeindtsmann sich sammt den seinigen eines christlichen und ehrbahren lebens und wandels befleißigen, seine kinder zur // kirchen und schul, auch lesung der heiligen schrifft,[120] anhalten an sonn- und fasttägen, den öffenntlichen gottes-dienst fleißig besuchen, selbige mit üppigen ärgerlichen vollsauffen, schwärmen und spielen noch auch mit handeln, und ohnnöthigen arbeiten, oder anderer ungeziemenden handthierung, in- und auß der mühefahren auf auswärttige kirchweÿhen und märckte lauffen.[121] Auch sonsten mit ungebührlichen wandel, nicht entheÿligen, ingleichen auch nicht durch seine kinder und gesindt währendem gottesdienst den anspann besonders austreiben und hüthen lassen, somithin dießen zur versaümung des gottes dienstes, und zur ausübung allerhandt üppigkeit keinen anlaß und gelegenheit geben, sondern solches beÿ unvermeidlicher schwehren straff gänzlich unterlaßen sollen; deßwegen der übertretter gerüget und zum ersten mahl mit 30 kr. und das andere mahl mit ein gulden kaÿserlich alß einer gemeindt-buß

---

[116] I: „*Hohentrüdingen*“: Pfarrdorf im Landkreis Weißenburg-Gunzenhausen.

[117] I. „*Heÿdenheim*“: Markt Heidenheim im Landkreis Weißenburg-Gunzenhausen.

[118] I: „*Auhaußen*“: Pfarrdorf im Landkreis Donau-Ries.

[119] Die folgenden Abschnittsüberschriften stehen alle als Randvermerke links neben dem Text. Hier und öfter wurden nur jeweils die ersten allgemeinen Notizen in den Abschnittstitel aufgenommen.

[120] T: „*auch* […] *schrifft*“: Abschnitt bis „*schrifft*“ ist am Rand eingefügt.

[121] T: „*lauffen*“: Wort ist übergeschrieben.

von denen meÿern und dorffs-führern // oder bürgermeistern beleget, auf weiters überfahren[122] aber beÿ denen dorffs-herrschafftl.[n] ober- und aemtern angezeiget. Dann nach befinden, so ferne keine beßerung zu verspühren noch zu hoffen, gar abgebotten und aus dem dorff fortgeschaffet werden solle.

2. Müßiggang, sauffen und gewinnsüchtiges spielen wird verbotten.

Solle nicht nur jeder in dem dorff ansäßiger und würcklicher gemeindtsmann, sondern auch jeder haußgenoß und jnsaß den höchstschädlichen müßiggang nicht minder das übermäßige trinken, wie auch das gewinnsüchtige spielen mit würffeln und kharten um geldt, sowohl in denen offentlichen wirthshäußern und schenckstätten alß auch in andern gemeinen wohnhäußern gänzlich vermeÿden, vielmehr seiner nahrung und gewerb, wie es einem jeden frommen und rechtschaffenen christenmenschen ohnedem gebühret und zu zustehet, eÿffrig und fleißig obliegen, dann mit erlaubten frölichkeiten und anständigen // ergözlichkeiten dich begnügen.

3. Gotteslästerliche reden und schwören, fluchen wird verbotten.

Das schändliche und abscheuliche lauter unseegen und landstraffen nach sich ziehendes fluchen, gotteslästern, sacramentirn und schwören, soll beÿ denen in unßerm fürstlichen general ausschreiben und fluchmandat angesezten schwehren, nach beschaffenheit zu erkennen und außzulegen seÿenden leib- und lebens-straffen gänzlich unterlaßen werden. Deßwegen wir auch wollen und denen dorffsvorstehern er[n]stlich gebiethen, daß dergleichen boßhaffte übertretter nicht verschwiegen gehalten, sondern behöriger ortten ohnnachläßig angezeiget werden sollen.

4. Spieleuth halten zu gewißen zeiten wird zugelaßen.

An denen kirchweÿhtägen und hochzeiten, wie auch theils feÿertägen, da das spielleuth halten in denen wirths-häußern und schenckstätten zugelaßen und erlaubt ist, solle daßelbe sowohl alß andere offentliche und erlaubte frölichkeiten,

122 T: „*überfahren*“: darüber: „*übertreten*“.

niemand // und niemahls über zehen höchstens eilff uhr in der nacht währen laßen. So sollen deßwegen auch die wirth länger, und über die bestimmte zeit keine gäste oder zechleuthe, es seÿe gleich an werck- oder feÿertägen, sezen, sondern es solle in allen wirthschafften und schenken längstens mit zehen oder eilff uhr durchgehends feÿerabend seÿn. Und geboten dann die spiel- und zechleuthe abgeschaffet werden. Auch sind keine andere musicanten und spielleuthe, alß welche ihre spielzettul nach denen ausgegangenen allgemeinen verordnungen beÿ unßern ober- und aemtern alljährlich gelößet, beÿ verlust des spiels zu gebrauchen, und zu verstatten.

5. Ohnnöthiger und übermäßiger kosten-auffwandt beÿ hochzeiten, kindt-tauff und leichentrüncken soll vermieden werden.

Beÿ haltung der hohzeitmahle, kindttauff- und leichentrüncke soll ein jeder gemeindsmann, zu seines haußweßens eigener wohlfahrt, den ohnnötigen und überflüßigen kosten auffwandt vermeÿden und nach möglichkeit darinnen // spahren, deßwegen unßer in offentlichen druck ergangenes fürstliches ausschreiben, soweit solches auff die bauerschaften und dorffschaften zielet, sorgfältig in acht zu nehmen und von jedermänniglich sich darnach zu achten ist. Zu dem ende sollen äußere ober- und dorffs-herrschafftliche beamte mit fleiß daran seÿn, daß ein außzug auß dem gedachten reglement in die gemeindt-laden geleget und darinnen für beständig verwahret, wie auch deßen jnnhalt denen tabern wirthen zum öfftern eingeschärffet worden. Es solle dahero die bemeldte hochzeit mahlzeiten, auch kind- tauff- und leichentrüncke, nicht in denen bauern-häußern, sondern offentlichen wirthshäußern, so deren berechtigt seÿn, nach einem zu treffen seÿenden besondern geding, und auff jeden tisch oder auff die persohnen zu machenden accord angestellet und gehalten werden.

6. Wirthschaften treiben und bierschencken solle niemand ohne herrschafftl.[e] concession treiben.

Solle niemand in dem dorff Geilßheim dergleichen wirthschafft- // gewerb, noch auch das zupffen und ausschencken, treiben, ausgenommen, welche es auff ihren häußern von alters hergebracht und die speziale erlaubnuß darzu erhalten haben, oder welche künfftig durch berichts-erstattung an unsern fürstl. hoff- und regierungs-rath, oder von unß ohnmittelbahr sothane gerechtigkeit auswürcken werden. Jngleichen soll niemand einer präu- und bad-gerechtigkeit, noch eines schmidt- oder andern feuer-rechts, in dem dorff Geilßheim sich anmaßen. Er habe dann sothane gerechtigkeit erweißlich und mit unßerer fürstl.[n] bewilligung hergebracht und erhalten. Welches auch wegen des brandtwein brennen zu beobachten.

7. Rocken-stuben zu halten wird verbotten.

Die sogenannte rocken-stuben, weilen solche denen jungen leuthen und dem gesind zu begehung allerhandt üppigkeit und untreue an ihren eltern und // dienst herrschafft gelegenheit geben, solle sich kein gemeindts-mann, er seÿe groß oder klein in seiner behaußung anzustellen und zu halten, beÿ gemeiner buß und straff eines gulden sich nicht unterstehen, sondern es sollen dergleichen zusammenkünffte hinfort gänzlich verbotten seÿn, und, wofernn jemand darwieder handelte, sollen die meÿer und dorffsführer zum ersten mal für sich abrügen, auf ferners übertretter aber, es ohnverweilt der dorffsherrschafft hinterbringen und dieße nach der schwehre der mißhandlung durch die behörde an unßern fürstl.[n] hoff- und regierungsrath berichtlich gelangen laßen. Hingegen ist einem dorffsjnnwohner und deßen weib und kind ohnverwehret in ihres anverwandten oder nachbarn hauß zu gehen, solche heimzusuchen und außer einer solchen versammlung oder sogenannten rockenstuben ein paar stunden beÿ nächtlicher weile hinzubringen.

8. Fraisch- und malefiz-fälle.

Wann ein freischfall und solche frevelthat, welche von der hohen // fraischlichen obrigkeit zu bestraffen ist, in dem dorff und deßen markung sich ereignet, er bestehe worinnen er wolle, und geschehe in welchen hauß-ettern es seÿn möge, solle jeder gemeindts-mann, der solches zuerst siehet oder höret und in erfahrung bringet, es alßobald denen maÿern und dorffs-führern oder wenigstens einem derselben ohne auffschub hinterbringen, dieße aber sind pflichtig, an das ober- und fraisch-amt ohngesäumte anzeige zu thun, vornemlich aber zu trachten und beflißen zu seÿn, die mißethätige persohn anzuhalten, oder soferne selbige die flucht ergreiffet, nach möglichkeit zu verfolgen, zu erobern und handvest zu machen, dann biß zu deren fraischamtlichen abhohlung und einfahung zu verwahren, auch nach notdurfft durch etliche gemeindts-leuthe bewachen zu laßen.

9. Verdächtigen leuthen sollen keine heerberge noch aufenthalt verstattet werden.

Niemand solle fremde leuthe, so für verdächtig anzusehen seÿn, ohne geschehene anzeige beÿ denen meÿern und dorffs- // führern beherbergen und der geringsten auffenthalt nicht verstatten. Jm fall aber sonst ohnverdächtige arme oder andere elende, auswärttige leuthe in das dorff kommen, und einen gemeindts mann um eine nachtherberge ansprechen, solle dißer zwar die freÿheit haben, eine nachtheerberge zu bewilligen, länger aber nicht haußen noch beheerbergen, sondern jedweder solle verbunden und beÿ straff oder gemeinen buß eines halben gulden gehalten seÿn, denen meÿern oder bürger-meistern – auch wenigstens nur einem dererselben[123] – die anmeldung zu thun, dann des ge- oder verbots gewärttig zu seÿn.

10. Die hochfürstl.[n] außschreiben wegen deß vagirenden liederlichen und auch des bettelgesindts sollen in acht genommen werden.

Wegen des herumstreunenden bettel- und andere liederlichen gesindts ist sich nach denen allgemeinen landes verordnungen und ausschreiben zu achten. Deßwegen die ober- und dorffsherrnschafft.[e] beamte vorsehung zu thun haben, daß in außzug von solcher bettelordnung und dem poenal-patent in die gemeind-laden zur nachachtsame verschaffet // werde. Dann außerdem unser ober- und fraisch-amt zu Hohentrüdingen und Heÿdenheim seine vigilanz, obliegenheit und befugnuß zu beobachten, vorzukehren und auszuüben ohnermangeln wird. Übrigens wollen wir auß zu derer dorffs-herrschafftlichen beamten beeifferung versehen, daß einer von denen in unßern militair-diensten gestandener invaliden zum bettelvogt in dem dorff Geilßheim bestellet und angenommen, dann mit nothdürfftigen unterhalt von der gemeinde versorget. Nur aber die anstalt so gemachet werde, damit die unterthanen und bauersleuthe hierunter über bedrängnuß und kränkung sich zu beschwehren und zu klagen keine ursach bekommen mögen.

---

[123] T: „*auch* […] *dererselben*“: Der Einschub wurde mit // vom Haupttext abgetrennt.

11. Die bierprauer sollen gutes bier machen. Die becken sollen das brodt wohl ausbacken. Der heÿdenheimische brodt- und bier-satz ist dahier auch jederzeit zu beobachten.

Die bierprauer sollen gutes, helles und wohlgeschmacktes bier sieden; ingleichen die becken das brod wohl ausbacken, beÿde handwerker aber sind anzuweißen, daß sie sich nach dem heÿdenheimischen bier- und brodt-saz richten müßen, und von dar // jedesmahlen den tax erwarten.

12. Die bierschencken haben erlaubnuß von andern hochfürstl. und herrschafftl. braustätten das bier einzuführen.[124]

Wegen der bier-schencken, so entweder von denen bier prauern in Gailßheim das bier faßweiß nehmen, oder von auswärttigen ortten herbeÿführen, verbleibt es beÿ der observanz, daß selbigen dieße freÿheit hinfort[125] gelaßen wird. Jedoch muß das umgeldt unß gereichet oder das bier aus solchen präustätten genommen und eingeführet werden, wo das umgeldt unßern amtsdienern entrichtet wird. Ein gleiches ist wegen deß ausschenckenden brandtweins zu beobachten. Beÿ allen dem sollen die dorffs meÿer und die vierer oder bürgermeister die freÿheit haben, das präuende und einführende bier, so offt eine beschwehrung und klage vorkommet, zu kösten, und dann die beschwehrende anzeige an die ober- und dorffsherrschafftliche aemter zu bringen, welche die weitere nothdurfft behörig vorkehren sollen. Welches gleichmäßig beÿ denen becken, wann solche das brod nicht nach dem geordneten gewicht oder // nicht in der güte backen, in acht zu nehmen.

13. Die hier angeseßene handtwercks-leuthe sollen sich zu Heÿdenheim beÿ daßiger laden einzünfften.

Alle und jede handtwercksgenossen, so ihre nahrung im dorff Geilsheim suchen wollen, sind dahin verbunden, daß sie sich beÿ dem ober- und zunfftrichter amt zu Heÿdenheim einzünfftig machen, und denen von unß gnädigst confirmirten zunfft-articula nachleben.

---

124 T: „*einzuführen*“: steht über gestrichenem „*einzunehmen*“.

125 T: „*hinfort*“: Wort ist übergeschrieben.

14. Mezger sollen kein verdächtes noch ungesundes vieh schlachten.

Da die mezger vermög ihrer handtwerks-ordnung gehalten seÿn, gesundes und unverdächtiges schlachtvieh zu kaufen, dann das fleisch jedesmalen um einen billigen preiß zu verkauffen; so haben die meÿer und dorffsführer absonderlich die auffsicht zu tragen, damit aller unterschleiff und verdacht vermieden werden möge, deßwegen dießelbe die macht und freÿheit behalten, das schlächtende vieh vorher zu beschauen, wo solches gestanden ist, sich erkundigen und die befindenden mängel zu erst der dorffsherrschafft zu hinterbringen, welche dann die // weitere communication zu pflegen hat.

15. Abeÿchen und auffziehen maaß, ellen und gewicht gehöret zum ober und vogtamt Heÿdenheim.

Was die jährliche abeÿchung der maas, ellen und gewicht anbelanget, so geschiehet solche an der kirchweÿh und ist unßerm vogt zu Heÿdenheim von alters her zuständig, inmaßen die Gailsheimer alte ehehaffts-ordnung besaget, wie auch vorhin jedermänniglich bekandt ist, daß alle hohe und fraischliche obrigkeit, sammt dem kirchweÿh-schuz dieß orts, unßerm fürstenthum ohne einige eintrag oder jrrung an- und zugehöret alß welche gerechtssame fürnemlich durch gedachtes unßer ober- und vogtamt besorget, geübet und gehandhabet werden.

16. Jedem jnnwohner ist erlaubt jährlich 1 oder 2 rinder und ochsen in sein haußhalten zu schlachten.

Jedwedem in dem dorff Gailßheim soll erlaubt seÿn jährlich[126] **1 biß 2** rinder oder ochßen, es mögen solche selbst erzogen oder gekaufft seÿn, zu schlachten, wie[127] auch viertelweiß, keinesweges aber pfundt weiß davon an seinen nachbarn zu verkauffen. Jngleichen wird denen tabernwirthen zu verlegung // der hochzeit-mahle, schweine und kälber, aber keine rinder und ochßen, wenn sie solche nicht selbsten gezogen haben, zu schlachten und zu verspeißen zugelaßen.

---

[126] T: „*jährlich*“: Wort ist übergeschrieben.

[127] T: „*wie*“: zuvor gestrichen.

17. Auffrichtung neuer gebäude und neuer mannschafften ist ohne herrschafftl.[e] concession nicht erlaubt.

Keinem ist erlaubt ohne unßere landesfürstliche verwilligung und beÿ der behörde einholende concession ein ganz neues gebäu, wenn es auch in dem seinigen wäre aufzuführen, somit eine neue mannschafft zu errichten. Daferne aber solches gnädigst gestattet würde, so ist in dießem fall, sowohl als wenn jemand statt seines alten baufälligen haußes oder scheuern ein neues gebäu aufführen wollte, ein riß und überschlag zu verferttigen und beÿ der dorffsherrschafft zu übergeben. Sodann die approbation oder abaenderung zu erwartten. Welche noch brandt-pläze und unbezimmerte hoff-stätte alß handtroß güther haben, die werden ermahnet, solche mit gebäuden zu versehen. Außerdem keinem das gemeindtrecht oder die gemeindnuzung zukommen soll. //

18. Vorkauff und einstandsrecht der gemeindts-leuthe beÿ feilstehenden eigenen grund-stücken, so von auswärtigen zu verkauffen seÿn.

Jm fall jemand in dem dorff Geilßheim, es seÿe ein gemeindts-mann oder ein auswärttiger, ein freÿ eigenes, in der dorffs-marckung gelegenes grundstück zu verkauffen gewillet ist, soll er dießelbe anvorderist denen mitgemeinen anzubiethen schuldig seÿn, und ist auch, wenn ein solches feldtstück feil stehet, denen jnnwohnern der vorkauff und das einstandtrecht zu verstatten.

19. Die feilhabende pferdte sollen zuvor auff den anspachischen roßmarckt gebracht werden.

Solle vermög des ausschreibens unterm 22. Martii 1747 kein pferdt ehe es auff den anspachischen roßmarkt gebracht werden, von denen untertanen verkaufft werden. Es wäre dann sache, daß ein pferdt oder fohlen erweißlich mangel- oder schadhaft sich befände, welchen fallß jedoch die anmeldung beÿ dem amt geschehen muß.

20. Die gemeindt- und heÿling gelder sollen alß capitalien gegen hÿpothec-verschreibung ausgeliehen werden.

Jst kein gemeindt- oder heÿligen-geldt, wann jemandt von solchen geldt ein mit 5 percentum zinnßbares capital auffzunehmen gesonnen ist, ohne dorffsherrschafftl.^s vorwißen und consens, // auch nicht ohne erlangter hÿpothec-verschreibung auszuleÿhn. Widrigenfallß der rechnungs-führer sich selbst den schaden und verlust beÿzumeßen hat, wenn das capital nicht wieder eingebracht werden kan.

21. Der dorffsführer oder burgermeister-wahl soll auff Andreae jedesmahl vorgenomen werden.

Es sollen alljährlich die vierer oder sogenannte dorffsführer oder dorffsmeister und bürgermeister, welche auff den gemeinen nuzen und bestes zu sehen und sorge zu tragen haben, an einen gewißen tag nach Andreae beÿ versammelter gemeindt durch freÿe wahl und die meisten stimmen nach der ordnung, wie sie wohnen, bestellet werden, und zwar dergestallten, daß die vier bürgermeister zu folge unßerer am 17.^n April 1755 ertheilten resolution und gemeßenen verordnung, anlauts der in der gemeindts-laden befindlichen abschrifft, jederzeit auß denen closterverwalter und castenamtl.^n heÿdenheimischen, dann aus denen closterverwalter amtlichen auhausischen und verwalter amt rechbergischen unterthanen, // so des schreibens und rechnens kundig, genommen werden müßen, nehmlichen, daß allemahl an eines abgehenden stelle wiederum ein anderer solcher amts-unterthan gewählet werden solle. Dann haben die aus ermeldten aemtern erwählte burgermeister wechßelsweiß alle jahr die gemeindt rechnung zu führen. Dießer sowohl alß die andern erwählte dorffsführer seÿn der dorffsherrschafft vorzustellen und von solcher unter leistung der handtgelübd zu bestättigen und dahin anzuweißen, daß sie auff dieße ordnung und überhaupt alles in der gemeindt vorgehende, wie es nahmen haben oder erdacht werden mag, sorgfältige achtung haben, deren schaden warnen und den gemeindt-nuzen fördern sollen. Im **übrigen** soll keiner ohne zuziehung der andern mit-bürgermeister etwas in der gemeindt anordnen.

22. Derer meÿer,[128] burgermeister und dorffs-führer obliegende gemeinsame verrichtungen, worinnen sie bestehen.

Der jedesmahlige maÿer-hoffs-besizer, nebst den auf dem alten hauß sizenden sogenannten haber-bauern, so sich jetzt Jacob Leonhardt Meÿer nennet,[129] ist der vor-

[128] T: „*meÿer*“: übergeschrieben.

[129] T: „*nennet*“: Wort übergeschrieben.

steher // der gemeindt, und hat mit dießem, dann denen dorffsführern oder bürgermeistern, die hirthen und den fluhrer zu dingen, zu dorff und feldt zu ge- und verbiethen, die rügen anzulegen und einzubringen, die gemeindgüther zu verbeuthen, beÿ den angießen, ellen, maaß und gewicht auffziehen, dann beÿ denen holzanweißungen im gemeind-wald,[130] ingleichen beÿ ferttigung der gemeindt-rechnungen zu seÿn. Jn allen dießen verrichtungen sollen maÿer und burgermeister ein gutes vernehmen unterhalten, auch nach erheischender nothdurfft und wichtigkeit der sache mit zuziehung der ganzen gemeinde in gutem verständnuß und einigkeit miteinander leben, und alles vorsichtig abhandeln. Es soll auch jedem andern gemeindts-mann freÿstehen in der gemeindts-versammlung etwas, so ihme zum gemeinen nuzen ersprießlich gedüncket, nach seinen gutachten bescheiden[131] vorzutragen. Hierbeÿ ist unßer gemessentlicher befehl, daß von nun an keiner der beÿden meÿer zum burgermeisteramt gesezet werden solle. //

23. Der dorffsführer oder ins gemeind-vierer genannt, vorzügliche obliegenheit in gemeindlichen sachen.

So offt ein handel oder eine sache vorkommet, welche anlaß giebt vor die dorffsherrschafft zu gehen oder sich an unßere fürstliche regierung, auch wohl gar an unß selbst zu wenden, und in unterthänigkeit anzubringen, sollen die vierer es auf sich nehmen und verrichten, und darbeÿ ein gewißes für ihre zehrung aufzurechnen befugt seÿn.

24. Die gemeinde Geilsßheim solle das oberamt Hohentrüdingen […] für ihre wahre und rechtmäßige dorffs-herrschafften erkennen.

Wegen berührter vorhin strittig geweßener dorffsherrschafft wiederhohlen und bestättigen wir hiermit den auß unßern fürstl.[n] hoff- und regierungs-rath ergangenen außspruch jnnhalts rescripts vom 17.[n] April 1755 daß die respective verwalter und vogtaemter Heÿdenheim, Auhausen und Rechenberg, nebst dem das directorium allzeit führende oberamt Hohentrüdingen, vor die wahre und rechtmäßige dorff- und gemeindt-herrschafften zu Gailßheim zu erkennen, hingegen das casten- und

---

[130] T: „*gemeind-wald*“: darunter gestrichen: „*holz*“.

[131] T: „*bescheiden*“: Wort nachträglich ergänzt.

vogt-amt Heÿdenheim an- und vor sich, mit der anmaßung abzuweißen seÿn. Es sollen aber auch die bemeldte dreÿ aemter Heÿdenheim, Auhausen und Rechenberg mit der verwaltung der[132] dorffsherrschafft alljährlich // umwechßeln, jedoch ohne des oberamts wißen und genehmhaltung sich nichts unterziehen. Es sollen aber auch selbige in wichtigen dorffs-angelegenheiten mit einander zu berathschlagen einen schluß zu faßen, und ge- oder verbot an die gemeindt ergehen zu laßen, hierdurch ausdrücklich angewießen seÿn, damit die dorffsvorsteher und dorffsführer wißen mögen, an wem sie sich zu halten haben.

25. Zusammen beruffung der dorffsgemeind [...].

So offt der im amt stehende dorffs-führer die versammlung der ganzen gemeindt, welche auf dem schul-hauß geschiehet, für ohnumgänglich nöthig erachtet, soll er zur gemeindt gewöhnlich läuten laßen, vorher aber denen meÿern und übrigen dorffsführern es anmelden, und auch mit dießen alles in gehöriger eintracht überlegen. Sodann das abgeredete und der gemeindt-schluß zum vollzug zu bringen sich angelegen seÿn lassen.

26. Der dorffs-führer und besonders deß rechnungsführenden burgermeister obsicht [...].

Der nur gedachte rechnungs-führer hat in sonderheit die gemeind gütter // in gute obsicht zu nehmen, deren einkünffte und gefälle fleißig und zu rechter zeit einzubringen, ohne des dorffsherrschafftl.^{n} amtsvorwißen über einen gulden vor sich nicht auszugeben, auch so bald das jahr zu ende, die rechnung über alle einnahm und ausgab zu ferttigen und zur revision zu übergeben. Wann solches geschehen ist, solle das oberamt, nebst dem abgehenden und wieder antrettenden dorffsherrschafftl.^{n} beamten, die abhör der rechnung vor versammelter gemeindt vornehmen und solche justificiren. Sodann ein unterschriebenes exemplar zu sich nehmen, in der oberamts registratur verwahrlich auffbehalten, das andere exemplar in die gemeindt-laden legen, und das dritte sammt denen beleegen zu unßerm hoff- und regierungsrath ad ratificandum einschiken. Von dar die beleege zum oberamt jedesmahl zurück zu senden seÿn.

---

132 T: „*der*“: Wort aus gestrichenem „*daß*“ verbessert.

27. Das hirthen-dingen soll von der ganzen gemeind durch die meisten stimmen geschehen.

Gleichwie oben bereits gemeldet ist, saß die neue dorffsführer und burgermeister, um oder gleich nach Andreae jedes jahres erwählet werden; alßo solle auch zu solcher zeit die aufforderung und auffnehmen oder dingen // der gemeindt-hirthen von den meÿern und bürgermeistern zusammt der ganzen gemeindt nach denen meisten stimmen geschehen. Die hirthen, welche gemeiniglich auß der gemeinde seÿn, haben sich dann um ihre dienste wieder anzumelden und sollen, wie gesagt, in versammlung der gemeind um willkührliche lohn an getreidt und geldt gedungen werden. Alß da sind a.) der kühhirth, b.) der pferdt- und ochsen-hirth, c.) der gännß-hirth, d.) der schweinhirth und e.) der schäfer, welcher seinen fall-knecht und die herrschafftl.[n] rüden halten muß. Ferner werden zu gleicher zeit der nachtwächter und der fluhrer angenommen.

28. Der gemeindt-hirthen lohn an holz, getreidt und geldt.

Was jeder hirth zu lohn und genuß von der gemeinde haben soll, wird von der ganzen gemeinde ausgemacht. Nachdem die bemeldten hirthen vor dießem jedweder einen halben hufft auß dem gemeindt-holz zu genießen gehabt haben, außer dem schäfer und gännßhirthen. So wird aber hierdurch vors künfftige geordnet, daß die gemeinde ihr holz schonen, und denen gesammten // hirthen ihren gedungenen lehen an geldt und getreidt machen. Dann solchen auff die stücke vieh, so jeder hält, und unter den hirthen treibet, ausschlagen sollen. Was aber des nachtwächters, ingleichen deß bettel-vogts lohn betrifft solle dießer aus der gemeindt bezalt werden.

29. Jeder gemeindts-mann soll beÿ gesezter buß erscheinen, wenn zur gemeindt geläutet wird.

Wenn eine ganze gemeindt versammlung beÿ der burgermeister wahl, ingleichen beÿ dem hirthen, fluhrer und nachwächter dingen, item beÿ der rechnungs-abhör oder außerordentlich, wenn und so offt es das gemeind-anliegen erfordert, gehalten und darzu geläutet wird, solle kein gemeindts-mann nicht außbleiben, sondern in eigener persohn gehorsamlich beÿ der gemeind-buß á 15 kr. kaÿserl. erscheinen. Es wäre dann daß jemand um besonderer erheblichen ursachen willen an seiner schuldigen erscheinung gehindert würde, welchenfallß derßelbe solche ursachen seinem nächsten nachbarn anzuzeigen, und dießer solche entschuldigung beÿ der versammelten gemeindt fürzubringen gehalten ist. Insbesondere aber soll durchaus nimmer gestattet werden, // daß in zukunfft,[133] wie es biß daher zum öfftern geschehen, nur buben zur gemeinde abgeordnet[134] werden. Wie dann andern fallß die übertretter mit gleicher buß um 15. kr. zu belegen sind. Wer auch nach beschehenen erfordern oder gegebenen zeichen mit läutung der gemeindt-glocken über ¼ stund außen bleibet (weßhalben eine sandtuhr gleich beÿ der bestimmten zusammenkunfft aufzustellen ist), der solle mit gleicher straff angesehen und dieße zu ausbeßerung [der] weeg und steeg angewendet werden.

30. In der gemeindt-versammlung solle alles bescheidentlich abgehandelt werden.

Solle derjenige, welcher beÿ versammelter gemeindt und haltender umfrage, einem andern im reden vordringen oder zur sache nicht gehörige zancksüchtige dinge vorbringen oder einen andern lügen straffen oder mit ehrenrührigen wortten antasten wird, ingleichen der in der gemeindt-versammlung fluchet, in vorbemeldte buß á 15 kr. zur gemeindt auch nach den beschwehrenden umständten, in unßere obrigkeitliche straff verfallen seÿn und gezogen werden. Es soll auch keiner mit einigen gewehr // und waffen beÿ versammelter gemeindt erscheinen noch vor gemachten gemeindt-schluß sich nur nach seinem gefallen hinweg begeben, es seÿe dann der endspruch erfolget, abermahl beÿ einer buß von 15 kr. Wie dann das zechen, toback rauchen und unnüzliches geschwäz, solang eine gemeindt-handlung währet, unter gleichmäßiger straff verbotten, und keinesweeges zu gestatten, daß haußgenoßen, weiber und gesind beÿ den gemeindt-zusammenkünfften sich einmengen und etwas vornehmen. In maßen wer sich da eindringet, der ist mit 15 kr. abzurügen.

---

133 T: „*daß in zukunfft*“: diese drei Worte sind übergeschrieben.

134 T: „*abgeordnet*“: korrigiert aus ursprünglich: „*abzuordnen*“.

31. Die gemeindt-einkünffte sollen zu keinen ohnnüzlichen ausgaben verwendet und nicht vergößert werden.

Wie wohl in der a.° 1608 promulgirten amtsordnung bereits versehen ist, und das unter unßerer höchstseel. frauenmutter gnade, landes regierung und unter dem damahligen geheimen obervormundtschafftlichen regierungs-jnnsiegel den 31.ⁿ Oct. 1727 ergangenes rescript, vermög deßen hinkünfftig das einkommen einer jeden gemeindt sorgfältig verwaltet und zum nuzen der gemeindt verwendet, // nicht aber liederlich vertruncken und unnüzlich durchgebracht werden solle, ohnehin noch in frischem gedächtnuß seÿn wird, und allenfallß in erinnerung zu bringen ist. So wollen wir dennoch krafft diß, unßern ober- und dorffsherrschafftlichen aemtern aufgegeben und anbefohlen haben, sorge zu tragen und beÿ der gemeinde Geilßheim die bedeutung und einschärffung jedermänniglich mit allen ernst zu thun, daß das jnteresse der gemeindt, auch auf alle mögliche art und weiße, befördert und in auffnahm gebracht. Bevorab alles unnöthige zehren auf der gemeinde beutel und cassa hinführo gänzlich abgestellet und keine übermaaß in denen rechnungen passiret werden sollen, nicht nur beÿ zu gewartten habenden abstrich, sondern auch ohnaußbleiblicher empfindlichen[135] ahndung und straffe gegen die gemeindt-vorsteher, es seÿen meÿer oder burgermeister darunter in sonderheit der // rechnungsführende sich vor unnachläßliger straffe zu hüten hat. Wie dann sie, die dermahlige und künfftige burgermeister, in absicht auff dergleichen gemeindt-zehrungen und deputaten nachfolgende ordnung aufs genauest halten und in keinem stück überschreiten sollen.

32. Was jeder gemeinds-mann beÿ der burgermeister-wahl [...] bekommen solle.

Ein gemeindts mann, wie der andere solle beÿ der burgermeister wahl, deßgleichen beÿ der gütter verleÿhung und auch beÿ abhörung der gemeindt rechnungen 4 x.^{r} bekommen. Der schulmeister solle, weil er die gemeindtrolle zu schreiben hat, dieße portion doppelt erhalten; nicht weniger gebühret dem fluhrer die abgab solcher 4 x.^{r}. Mehrers aber soll nicht aufgerechnet werden.

---

[135] T: „*empfindlichen*“: Wort nachträglich ergänzt.

33. Deputaten bey der heÿligen und gemeindt-rechnungs-abhör [...].

Ferner solle beÿ der jedesmahligen heÿligen und gemeind rechnungsabhör nicht mehr so starck gezehret werden, sondern es soll beÿ folgendem auffwandt sein verbleiben haben, und dem oberamt-mann vor sein deputat und gebühr[136] 3 fl. dem verwalter, so das jahr über das dorffsherrliche amt // gehabt und der abhor beÿzuwohnen hat ... 2 fl., wie auch dem in das gemeldte amt eintrettenden verwalter ... 2 fl., dem pfarrer für zehrung ... 2 fl., dem amtsschreiber wegen fertigung der rechnung ... 1 fl. 30 xr., nebst denen copialien oder 3fachen mundir-gebühren von jedem bogen 6 xr. gerechnet. Jtem denen 2 maÿern und 8 burgermeistern ... 5 fl., denen überreuther und bedienten miteinander ... 1 fl., vor 4 maß wein und brodt 2 fl., in allen passiret werden, wovon ¼ dem heÿligen und ¾ der gemeindt zu bezahlen zukommen.

34. Der erlaubte trunck beÿ außsteigerung der gemeind-güther.

Was die zehrung beÿ verleÿhung der gemeindt- und heÿligen-gütter anbelanget, wollen wir geschehen laßen, daß von denen meÿern und burgermeistern demjenigen, der auff ein solches stück schlägt, ein trunck gereichet, denen übrigen gemeindts-leuthen aber, welche nichts darauff schlagen, auch nichts gegeben werden solle. //

35. Alle übrige zehrungen sind verbotten.

Sollen[137] alle übrige zechen und zehrungen beÿ denen gemeindtzusammenkünfften, auch wenn in der gemeindt gearbeitet, und mit der handt oder mit dem anspann gefrohnet wird, insgemein, sie mögen nahmen haben wie sie wollen, aufgehoben seÿn.[138]

---

136 T: „*deputat und gebühr*“: die letzten drei Worte sind über „*mahlzeit*“ geschrieben.

137 T: „*Sollen*“: Wort aus „*Weilen auch*“ verbessert.

138 T: „*seÿn*“: aus „*werden*“ verbessert. Danach ist eine längere Passage gestrichen.

36. Jährliche belohnung der dorffsführer oder bürgermeister, wie auch der beÿden maÿer.

Damit aber nach aufgehobenen allen unnützen zehrungen die meÿer und bürgermeister vor ihre das rechnungs-jahr über viele arbeit, mühe und versaumnuß einige ergözung genießen mögen, so sollen dießelbe jedweder 2 fl. und der rechnungsführer eine doppelte portion zu empfangen haben. Worgegen alle andere zehrungen und auffrechnungen abgestellet werden, außgenommen, wann einige gemeindtsmänner, und darunter ein meÿer und ein paar burgermeister, in der gemeindt-angelegenheit außerhalb deß dorffs in die nähe oder fern verschickt werden oder zum amt sich begeben müßen // sollen, für zehrungs-deputaten täglich respective 15 und 20 x.r aus der cassa abgereichet und in rechnung passiret werden. Wenn aber selbige über nacht ausbleiben müßen und etwann beÿ unßern hießigen rathscollegien zu suppliciren oder etwas vorzubringen haben, solle zu sothanen deputation noch ⅓ oder die helffte mehrers passiret werden. Es müßen aber unßern ober- und beamten die beweg-ursachen eröffnet und zuvor angezeiget werden.

37. Montags nach Invocavit solle die aussteigerung der gemeindt gütter vorgenommen werden.

Die gemeindt-gütter sollen fernerhin von denen meÿern und burgermeistern alljährlich montags nach Invocavit auf dem schulhauß vor offentlicher gemeinde[139] nach vorgängiger kundtmachung ausgesteigert und an die meistbiethende verliehen, und das erlangte höchste gebot aufgezeichnet, sodann der von gesammten meÿern und bürgermeistern unterschriebene zettul zu einem rechnungs-beleeg auffbehalten werden.

38. Von denen gemeindt-gütter bestandt-geldern [...].

Die bürgermeister werden besonders dahin nachdrucksamst angewießen, // daß sie an güttern, bestandt-zinnßen und andern gemeindts-gefällen, wie die immer nahmen haben mögen, durchaus keinen rest aufschwellen laßen oder widrigenfallß gewärttig seÿn sollen, daß man von dorffs- und gemeindt-herrschafft wegen,

---

139 T: „*gemeinde*“: danach gestrichen: „*verliehen*“.

in so ferne beÿ dem jedesmahligen rechnungs-abschluß die gelder nicht baar vorhanden seÿn, sie selbsten ohnnachläßig darauff exequiren werde. Deßwegen sie es an mahnen, fordern und eintreiben beÿ denen restantiarien nicht fehlen laßen oder in zeiten darauff klagen sollen. Überdas verordnen wir, zu verhüthung der anwachßenden reste, daß die gemeindt-gütter an niemanden, wer der auch seÿe, auf neue in bestandt hingeliehen werden sollen, der noch an alten bestandt-geldt etwas schuldig verblieben ist. Sondern es soll ein solcher vom neuen kauff oder bestandt in solang gänzlich außgeschloßen seÿn, biß er den alten außstandt völlig abgetilget haben wird.

39. Beobachtung deß hochfürstl. außschreibens de a.° 1740 beÿ der administration der heÿligen gütter und gefälle.

Wir befehlen hiermit absonderlich in ansehung der heÿligen gütter // und gotteshauß gefälle, daß solche nach der im jahr 1740 im druck ausgegangenen verordnung und instruction (dergleichen exemplar in die gemeindt laden zu verschaffen ist) getreulich besorget und verwaltet, somit deren auffnahm befördert. Zu dem ende ehrliche im lesen, rechnen[140] und schreiben erfahrne männer auß der pfarrgemeinde zu heÿligen pfleegern von zeit zu zeit von dem pfarramt vorgeschlagen, dann von oberamt und dorffsherrschafften bestättiget und verhandtgelübdet werden sollen. Wir versehen unß auch, daß keiner zu deme man das besondere vertrauen hat, das heÿligen pfleegamt und die rechnungsführung auf einige jahr zu übernehmen sich weigern werde.

40. Dieße dorffsordnung, wie auch die gemeindrechnungen und andere gemeindt-brieffe sollen in der gemeindt-laden verwahret werden.

Sowohl dieße ordnung alß auch die revidirte und justificirte auch ratificirte gemeindt- und heÿligen-rechnungen nebenst andern gemeindt-brieffen und urkundten soll der vorderste dorffsmeister und rechnungsführer beÿ der gemeindt in einer wohlverschloßnen laden oder truhen (darzu zweÿ schlüßel zu verferttigen sind, // und einer davon demselben, der andere aber dem ältern dorffsmeÿer einzuhändigen ist), und in fleißiger verwahrung behalten, damit

---

140 T: „*rechnen*“: Wort ist übergeschrieben.

nichts davon vorkommen, noch beÿ schwehrer straffe verzogen werden möge. Jn die bemeldte versperrte gemeindt-truhen sind auch die jenige ober- und amtliche verordnungen und befehle behörig zu verwahren, welche der dorffs-gemeinde Geilßheim oder deren vorstehern von zeit zu zeit in gemeindt-sachen zugeschicket werden.

41. Kein gemeindtdiener solle ohne vorzeigung eines beglaubten attestats, woferne[141] er nicht der gemeindt seines lebens und wandels halben schon bekannt ist, angenommen werden.

Die gemeinde solle keinen diener, hirthen, fluhrer, nachtwächter, förster oder holzwartt, schäfer und bettelvogt annehmen, es seÿe dann solche ihres lebens und wandels, aufführens und habenden vermögens zur genüge bekannt oder beglaubte kundtschafft eingezogen. Dann müßen selbige der dorffsherrschafft vorgestellet und wie schon oben gemeldet, die pflicht sodann von ihnen genommen. Außerdem aber sollen selbe durchaus nicht im dorff geduldet werden. Wann hingegen einer den gehabten gemeindt-dienst aufkundet und ein attestat seiner guten aufführung begehret, solle ihm dergleichen nach // dem zeugnuß zweÿer oder sämmtlicher burgermeister und meÿer durch das amt, so die dorffs-herrschafftl.[e] uffsicht diß jahr hat, um eine leidentliche schreib-gebühr ertheilet werden.

42. Mehr alß einen haußgenossen soll kein gemeindts-mann einnehmen.

Soll keinem gemeindtsmann erlaubet werden, mehr alß nur einen haußgenossen einzunehmen. Wann er aber einen dergleichen angenommen hat, solle er schuldig und verbunden seÿn, solchen dem dorffsmeister vorzustellen, auch beÿ der dorffsherrschafft mit fünff und zwanzig gulden ordnungsmäßig zu verbürgen und einschreiben zu laßen. Da im übrigen ein jeder haußgenoß vor oder beÿ seinem einzug im dorff und sonsten alljährl. in die gemeindt-cassa 30 xr., eine wittib oder andere weibspersohn aber nur halb so viel, bezahlen soll. Es ist auch ein solcher haußgenoß, daferne er keine feldtgüther besizet, einig stück vieh zu halten nicht befugt. Derjenige gemeindts mann oder jnnwohner des dorffs Geilßheim aber,

---

[141] T: „*woferne*": nach gestrichenem: „*oder*".

welcher ohne vorbewust der bürgermeister und der dorffs- // herrschafft einen haußgenoßen oder haußgenoßin auffnimmt, solle mit 1 fl. gemeindt buß angesehen, und daferne sich der haußgenoß nicht alßogleich behörig legitimiren kan, solcher von stund an wieder fortgeschaffet werden. Einem altverlebten jnnwohner, so sein vorhin beseßenes hoff- oder söldenguth einem kind oder einem andern käuffer abtritt und, mit eingeding seiner lebenswührigen heerberg überläßet, solle von einer dorffs-gemeind wegen gar nichts angefordert noch abgenommen werden.

43. Herrenloßes gesindt und schnurr-juden [...].

Verdächtigen persohnen, garttbrüdern, jaunern, ziegeunern und andern dergleichen herrnloßen gesindt, bettel- oder sogenannten schnurr-juden solle niemand den mindesten unterschleiff geben, noch dergleichen leuthe haußen und beheerbergen, weniger heimlich halten, wie solches schon obern art. 9 ernstlich verbotten worden ist. Und wird das verbot anhero nochmahlen mit dem anhang wiederhohlet, daß die übertretter nicht nur vor allen schaden, so durch dergleichen persohnen etwann im dorff verursachet würde, zu stehen schuldig seÿn, sondern auch noch darüber, // daferne einiger starcker argwohn gehabter wißenschafft vorwaltet, von unßerm fraischamt zur jnquisition gezogen und nachdrücklich bestraffet werden solle. Wo aber kranke und preßhaffte ins dorff gebracht werden, welche amtliche attestata vorzuzeigen haben, soll man sie in einem derer hirthen-häußern (angesehen kein gemeindt-hauß sich diß orts befindet) über nacht auf der gemeindt-costen verpfleeget, und gleich anderntags weiter fort, nicht aber in den marckt Heÿdenheim oder zur stadt Wassertrüdingen geführet werden.

44. Liefferung der spazenköpfe, vermög deß hochfürstl. erlaßschreibens.

Solle ein jeder gemeindtsmann allen jährlich im frühling dem burgermeister, in gemäßheit der untern 23. December des jahres 1728 ergangenen allgemeinen gemeßentlichen verordnung, sechß spazen köpffe, und dießer solche zu dem dorffsherrschafftl. amt lieffern, um somit dießen schädlichen vogel soviel möglich auszurotten. Wer aber die zahl nicht lieffern würde, soll jeden abgehenden kopff mit zweÿ // kreuzer zur gemeinde verbüßen.

45. Weeg, steeg, bronnen, waßer, ställe, dohlen, gräben und weethen sollen beständig geeÿffert werden.

Alle in- und außerhalb des dorffs Geilßheim und in der ganzen marckung vorhandene brücken, weege und steege, bronnen und wasserställe, item döhle, gräben und werthen, auf der gemeindt, an der straßen und güttern, wie die nahmen haben mögen, auch vor- und in denen häußern oder hoffraithen sollen, wo es die gemeindt betrifft, von denen meÿern und burgermeistern nicht weniger, wo ein gemeindts mann für sich es schuldig ist in guter eÿfferung und brauchbahren standt reinlich erhalten. Der nachläßige und übertretter aber, unter vorbehalt der obrigkeitlichen straff, auch von der gemeindt jedesmahlen mit 15. oder 30 xr. oder nach erkanntnuß der gemeindt mit ein gulden gemeindt-buß angesehen und belegt werden. Daferne die meÿer und burgermeister selbsten, saumseelig und nachläßig in den stücken befunden werden, solle die dorffsherrschafft das einsehen tragen und selbige zu einer größern straff ziehen.

46. Die straßen und gemeind triebe auf der dorffs-marckung sollen außgebeßert[142] werden.

Nachdeme beÿ der commissorialischen // besichtigung wahrzunehmen geweßen, daß die gemeindt-wääßen, viehtrieb- und andere weege, von waßergüßen sehr verdorben und zerrißen worden, bißhero aber ungeeiffert geblieben. Alß wird denen meÿern und burgermeistern mit nachdruck einzuschärffen seÿn, daß sie vor die ausfüllung, räumung und beßerung mehrere sorge tragen. Wie dann das oberamt und die dorffsherrschafftl. beamte beÿ ihrer dahinkunfft die einsicht nehmen und die nöthige verfügung jederzeit machen sollen, damit die straßen, auch trieb und hüth-pläze geeÿffert, die bußwürdigen lücken mit kleinen oder zusammen geschlagenen harten steinen ausgefüllet, vornehmlich zu ableitung deß wassers die straßen in der mitte gehöhet, auch wo es nöthig, dohlrinnen eingeleget, dann auff beÿden seiten der straßen aller ortten, wo es thunlich, gräben gemachet, und die alten verfallenen wieder ausgeschlagen werden, welches leztere sonderheitlich denen anstoßenden gütter-besizern zukommt. Wer sich aber deßen zu thun // und handt hierbeÿ anzulegen weigert, solle jedesmahlen mit 15 xr. gemeindt-straffe beleget, und darzu von dorffs-herrschafftl. amts wegen angehalten, besonders aber beÿ allen

142 T: „*außgebeßert*“: daneben gestrichen: „*sollen außge*“.

gemeindt-arbeiten darauff gesehen werden, daß nicht unvermögliche alte leuthe, schwache weibspersohnen oder kleine buben zu der gemeindtarbeit kommen, unter gleichmäßigen 15 xr. gemeindt-buß.

47. Die außschlagung der gräben beÿ denen aeckern, wießen, hölzern auf der gemeindt sollen nicht über 4 schuh breit gemachet werden.

Es solle aber auch niemand an seinen aeckern oder wießen die erforderliche gräben mit denen darzugehörigen rangen breiter alß 4 schuhe außschlagen oder führen. Wiedrigenfallß solle der übertretter in die gemeind mit 15 xr. straff angesehen werden und noch darzu denen steinern ihren gang und gebühr zu bezahlen schuldig und gehalten seÿn. So ist auch niemand in der gemeindt berechtiget, den gemeindt waaßen an seinen acker zur einfüllung deßen, was durch das gewäßer weggespielet wird, breiter denn 4 schuh außzustechen und in[143] seinen acker zu werffen, beÿ gleichmäßiger gemeindt-buß. //

48. Niemand soll das wilde gewässer auff seines anstössers feldt leiten. Es solle auch niemandt die vom waßer gemachte schlize verlegen.

Ferner soll keiner dem andern zum schaden das beÿ plaz-regen oder sonst anhaltenden wetter sich ergebende wilde gewässer in andere felder leiten oder die wassersställe und schlize verlegen, beÿ straf 15 xr. in die gemeindt und ohnnachläßiger schaden ersezung. Wie auch der zu bezahlen habenden steiner-gebühr, welche in allen sich begebenden dergleichen fällen ohnweigerlich, beÿ vermeÿdung doppelter zahlung, zu befriedigen seÿn. Auch solle jeder jnnwohner zu Gailßheim die gaßen, so weit seines haußes hoffraith und marckung sich erstrecket, reinlich erhalten und das kehrig oder unflath nicht auff offene straßen werffen, beÿ vorgemeldter gemeindt-buß à 15 kr.

49. Zur winterzeit solle der häufig gefallene schnee geräumt werden.

Wenn es zur winterszeit einen tieffen schnee schneÿet oder die hohlweege, landt- und dorffs-straßen vom wind verwehet werden, sollen, nach denen ehehin ergan-

---

[143] T: „*in*“: übergeschrieben für „*zu*“.

genen allgemeinen verordnungen, die gemein so- // gleich ohnerinnert die straßen von dem häuffigen schnee räumen und außschäuffeln, damit solche ohne hindernuß und gefahr passiret werden können. Wie dann auch beÿ bößen[144] weeg denen fremden reißenden persohnen alle hülffiche hand zu leisten und selbigen bedörffenden, fallß mit anspann, um leidentliche zahlung an handt zu gehen ist, beÿ ansonsten zu gewartten habender straff.

50. Verbottene stämmung zu der schädlichen und unbefugten wässerung derer wießen.

Die an denen gemeindt fuhrweegen und vieh-trieb anstoßende wießen besizere sollen durch die gebrauchende wässerung und machende erhöhung oder stämmung keinen schaden verursachen. Auch solle dem Aumüller deßen von alters hergebrachter und berechtigter mühlweeg durch die waldung und gemeindt-waaßen in tüchtigen und brauchbahren standt wieder hergestellet werden, beÿ vermeÿdung aller schaden ersezung und einer zu gewartten habenden willkührlichen herrschafftl.[n] bestraffung.

51. Besichtigung und ermeßigung, dann ersezung des auff einem andern gut oder feldt zugefügten schadens, soll ohnverweigerlich vorgenommen und vollstrecket werden.

Wenn jemand dem andern auff seinen güttern auff irgend einige weiß einen schaden[145] zufüget, und der // schaden durch die meÿer und burgermeister oder die steiner besichtiget wird, der beschädiger aber auf vorhergegangene vorladung dabeÿ nicht erscheinet, so solle derßelbe nicht nur wegen seines ungehorsamen ausbleibens vor 15 xr. in die gemeindt gestrafft werden, sondern auch denen abgeordneten ihre gebühr zu entrichten, auf weitere citation aber zur besichtigung und erkanntnuß deß schadens, beÿ gedoppelter gemeindt-buß zu erscheinen schuldig und gehalten seÿn. Auf ferneres widersezen solle dem ungehorsamen ein pfandt durch die gemeindt und darzu gebrauchenden fluhrer aus dem hauß getragen, sofort wenn es binnen 3 tagen nicht gelößet würde, verkaufft werden.

---

144 T: „*bößen*“: übergeschrieben für „*fremden*“.

145 T: „*schaden*“: Wort ist nachträglich eingefügt.

52. Die gemeindt-mezen und maeß, wie auch andere gemeind-geräthschafften sollen zwar entlehnet, jedoch ohne verzug an gehörige orthe geliefert werden.

Die gemeindt-mezen und mäße, wie auch die der gemeindt zugehörige geräthschafften sollen von denen meÿern und burgermeistern in guter gewahrsam gehalten und jedem gemeindtsmann zum nothdürftigen gebrauch geliehen, aber von // keinem bey 15 xr. gemeindt-buß über nacht in seinem hauß behalten werden.

53. In welcher maaß das steinbrechen auf der gemeindt-waaßen und huth zu erlauben seÿ.

Das steinbrechen auf denen weiten gemeindt pläzen solle zwar erlaubt seÿn, doch aber vorhero von denen meÿern und dorffsführern solches besichtiget und von der fuhr, wenn solche außerhalb oder anderwärtts hingeführet wird, allezeit 2 xr. 2 din[arii] zur gemeinde bezahlet werden.

54. Schaden-graßen in kraut-, rüben- und erbßen-äckern verbotten.

Die so in kraut-, rüben- und erbsen-äckern oder sonst verbottenen feldern und wießen schaden graßen, sollen jedesmahls nebst ersezung des schadens in die gemeindt 15 xr. buß erlegen. Wie denn überhaupts niemand erlaubt ist, ohne vergünstigung in andern alß seinen eigenen feldern zu graßen.

55. Man soll nicht zu nahe an die marcksteine ackern, auch die raine zwischen denen äckern nicht abhüthen.

Solle niemand an die marksteine ackern, sondern wenigstens 1 schuh weit davon bleiben. Die zwischen denen feldtgüttern befindliche raine müßen 1 ½ schuh breit liegen gelaßen werden. Keiner // solle sich unterstehen, die raine zwischen denen besaamten feldern mit zug- oder andern vieh abzuhüthen oder mit gehen und fahren neuerliche weege über die feldungen zu machen, beÿ einer gemeindt-buß von ein halben gulden, vorbehaltlich der herrschafftl.^{n} straff.

56. Felddiebställe an obst und andern früchten, wie zu bestraffen.

Die feldt- und gartten diebstähle an obst und andern früchten, sie mögen nahmen haben wie sie wollen, auch die entwendung und zerreißung der feldt- und gartten-zäune, lautern und hecken; jtem die verderbung der obstbäume, weÿdenkoppen, bestellung der fisch- und krebßbäche sollen zwar dem ober- und vogtamt zu untersuchen und zu bestraffen gehören. Jedoch mögen die übertretter solcher gemeindtverbot, auch von denen dorffsführern, zur verbüßung jedesmal mit 30 xr. in die gemeindt cassa gezogen werden. Wenn sich einer dardurch ein und andermal nicht // warnen und abschreken läßet, sind die dorffsführer beÿ ihrer pflicht verbunden und schuldig, die anzeige beÿ unserm ober- und vogtamt ohnnachläßig zu thun, damit unßere ausgegangne poenal-mandata zum vollzug gebracht werden können.

57. Obstbäum-schulen anzulegen und dergleichen junge bäume in den feldern zu pflantzen.

Wird in gemäßheit unßerer ehehin und in sonderheit in annis 1691, 1714 und 1730 ins land erlaßener ausschreiben hiermit wiederholter befohlen, daß auff der gemeindt ein plaz zu anlegung eines obstgarttens oder baumschule zugerichtet, darinnen junge obstbäume auffgezogen und hernach, wenn sie hoch und dick genug, in die gärtten und felder in gleicher linie versezet werden. Auch jeder gemeindts-mann schuldig seÿn solle, alljährlich nicht nur auff dem seinigen zweÿ zahme obst-bäume, ingleichen etliche weichßel und zwetschgen bäume, dann wo es ungleich[146] erachtet wird, auch tüchtige weÿden-koppen und erlen, sondern auch auff der gemeindt wenigstens jährlich einen dergleichen fruchtbahren obstbaum // zu pflanzen, solchen zu gebührender zeit abzubelzen und gute früchte darauff zu impfen. Auch den baum, biß er zu seiner völligen stärcke gelanget, mit pfählen und verzäunung zu verwahren, und in guten baulichen weßen zu erhalten, beÿ einer gemeindt-buß von 30 x^{r}. wenn der baum nicht zu rechter zeit gesezet, 30 x^{r}. soferne die abbelzung unterlaßen, und 30 x^{r}. wenn der nehmliche baum nicht behörig verwahret wird. [...] /

---

[146] T: „*ungleich*“: übergeschrieben aus „*urgleich*“.

58. Die schädliche raupen und deren eÿer sind fleissig abzunehmen und zu vertilgen.

Sind zu eifferung und erhaltung der obstbäume und gartten gewächße, dann zu verhüthung der vieh-seuche beÿ herannahenden frühling, nicht nur von denen bäumen die dürren und abflatterende blätter, und die raupen-eÿer und an die[147] ringlein angesezte zweige zeitlich und sauber abzunehmen, sondern auch hernach, wenn die bäume ausschlagen, das gespinst und raupennester an denen spizen und zwischen den aesten der bäume, sonderlich zur morgens und abends zeit, wenn die ausgekrochene rauppen auf einen hauffen beÿsammen seÿn, herabzuthun und zu zernichten. Weniger nicht die hecken davon zu säubern und im sommer solche von denen spinnenweben zu reinigen, die rauppen auch einzeln, so viel möglich, auszurotten. Und die sich dißfallß unfleißig bezeigen von gesammter gemeindt wegen alljährl. mit einer // buß von ein oder zweÿ gulden anzusehen, auch solches beÿ grösserm unfleiß und wiedersezlichkeit beÿ amt anzuzeigen.

59. In und auff die stupfel-äcker das vieh nicht zu treiben, wo der zehend noch lieget.

Niemand solle mit dem vieh auff einen stupffelacker hüthen oder den pflug darauff bringen, wo der zehenden noch darauff lieget, beÿ straff eines gulden in die gemeindt und nach befinden beÿ einer höhern obrigkeitlichen straff.

60. Ohne erlaubnus weder wießen zu ackerfeld, noch äcker zu wießen zu machen.

Es soll auch niemand sich unterstehen, eine wießen zu ackern oder einen acker zu einer wießen zu machen, es seÿe ihm denn von gemeindt- und lehenherrn erlaubt, weilen auß solchen eigenmächtigen unternehmen vielfältig streitt entstehen kan.

---

[147] T: „*an die*“: die beiden letzten Worte wurden nachträglich eingefügt.

61. Anstatt der holtz verderblichen verzäunung um die felder sollen lebendige heeg gezogen werden.

Anstatt der holzverderblichen lantern und verzäunung um die felder solle jeder sich befleißigen lebendige hecken von hagedorn und dergleichen zu ziehen oder einen graben aufzuschlagen, wie von denen alten vorfahren auch geschehen.

62. Mit den schaafen nicht vor der bestimmten zeit in die winter und sommer stüpfel zu treiben.

Zur ernd- und schnittzeit soll man // mit denen schaafen in die winter- und sommer-stüpfel nicht vor der gesezten zeit respective Laurentii und Bartholomäi treiben, ingleichen von denen schweinhirthen nach geleertem feldt unter 3 tagen nicht in die stupffel gehütet, sondern solche sothane zeit über dem rindt- und zug-vieh zur alleinigen waÿdt gelaßen werden. Wie dann auch sich niemand zu unterstehen hat, in stupffeln zu grasen oder zu ähren ehebevor die frucht hinweggeführet worden seÿn wird, beÿ straff 15 xr. in die gemeindt.

63. Die brach-felder sollen flühlrich angebauet werden.

Die braachfelder anbetreffend ist sorgfältig darauff zu sehen, daß solche nach aller möglichkeit fluhrlich angebauet, zum wenigsten die saat dergestalten gepflogen werden möge, wie es die dorffsführer und die steiner oder achter alß feldtverständige bauersmänner vor gut erkennen, damit einestheils die schäfer und schweinhirthen an trieb und huth der schaafe und schweine im mindesten nicht gesperret, anderntheils die ein- und ausfuhr nicht geenget und verhindert, sondern zeit und gelegenheit // dermaßen beobachtet werden, daß niemand, sonderlich der herrschafft, an ihren zehenden keine verkürzung geschehen möge.

64. Der krautgartten solle verschlossen gehalten werden außer wochentl. zweÿ täge, da jeder theilhaber auff seinen antheil graßen soll dörffen.

Der krautgartten solle zwar fürohin wohl verschloßen, jedoch erlaubt seÿn, darinnen wochentlich 2 halbe täge, nemlich am dienstag und freÿtag jedesmahlen vormittags 12 uhr biß abendts 6 uhr, durchaus aber nicht länger zu graßen. Hingegen darff niemand inzwischen auff einen andern, sondern bloß auff seinen angehörigen eigenen antheil dergleichen vornehmen, wiedrigenfallß ein jedesmahliger übertretter mit 15 xr. gerügt werden solle.

65. Jeder solle wegen aufflassung der fohlen[148] seiner stutten und wallachen sich nach denen herrschafftl. verordnungen achten.

Niemand solle sich beÿ verlust seines pferdts unterstehen, beÿ andern alß denen in dem oberamt und von herrschaffts wegen aufgestellten hengsten seine stuten aufzulaßen. Vielmehr wann solche trächtig worden, ingleichen wenn er einen fohlen bekommen hat, die farb, geschlecht und beschaffenheit beÿ seinen vorgesezten beamten anzeigen. Hingegen keine andere wallachen- und nonnen-schneider, // alß die in unßern fürstl. landen angenommen und mit paten oder oberamtl.[n] attestatis versehen sind, gebrauchen.

66. Die eigene schweinszucht soll jeder jnnwohner sich sorgfältig angelegen seÿn lassen.

Denen sämmtlichen dorffs-jnnwohnern, insonderheit denen becken- und bierprauern, wie auch dem Aumüller, wird die ihnen allerseits sehr nuzbahre und einträgliche schweins-zucht durch haltung mehrerer schweinsmütter mit allen nachdruck anbefohlen, indeme durch erkauffung der alljährlich auß Böhmen und Baÿern kommenden vielen taußend schweine eine große summa geldes aus dem land gehet, welches die unterthanen und jnsaßen unßers fürstenthums durch die eigene schweins-zucht erspahren könnten.

67. Item das bienenhalten fleißig wartten und pflegen.

Weilen das bienenhalten gleicher weiße eine nüzliche sache in eines jeden landmanns haußhaltung ist, so solle jeder jnnwohner dießes dorffs Geilßheim, da bevorab die beschaffenheit des fluhrs darzu diensam ist, dahin bedacht und gefließen seÿn, 2, 3 oder 4 und so viel er kan zu halten. // und denenselben fleißig zu wartten,

---

[148] T: „*der* […] *wallachen*“: Reihenfolge geändert: „*seiner stutten, und wallachen der fohlen* […]“.

maßen durch die bienen mehr honig und wachß im land erzielet wird, welches man sonsten auswärtts herein bringen muß.

68. Die aschen niemand außer denen auffgestellten herrschafftl. pachtern und potaschen siedern käufflich abzugeben.

Wer seine aschen nicht selbst zu seiner haußhaltung braucht, sondern verkaufft, soll solche niemand alß dem herrschafftl.ⁿ pachter und denen von ihme angenommenen podaschensiedern gegen gleichbaldige bezahlung abgeben, und sollen deßwegen die bürgermeister darauff obsicht tragen. Und denjenigen, so darwieder handelt, mit einer gemeindt-buß von 15 biß 30 xr. belegen, und noch darzu die helffte des werths für sich zur belohnung seiner sorgfalt und mühe bekommen.

69. Wie sich die unterthanen beÿ dem viehhandel wohl vorzusehen haben, vor aller gefährde und betrug von denen viehtreibern und andern viehhändlern.

Jndem auch zum öfftern geschiehet, daß ehrliche und auffrichtige bauersleuthe beÿ dem viehehandel in schaden kommen, weil beÿ christen, und sonderlich denen juden, offtmals großer betrug wegen der haupt-mängel vorgehet; derowegen sollen die dorffsherrschafftl.ⁿ ober- und beamten einen außzug der im druck ausgegangenen viehordnung in der Geilßheimer gemeindt-truhen verschaffen, daraus die fürohin erwählende // burgermeister ihre mitgemeiner gelegentlich belehren und unterrichten können, wie sie sich genugsam vorsehen können und sollen.

70. Wie das gefallene vieh wegzuschaffen.

Wenn ein stuck vieh fället und crepiret, der ist schuldig, daßselbe fordersamst wegschaffen zu laßen. Wie dann der jedesmahlige schäffer, so gedungen wird sowohl den fallknecht alß auch die herrschafftl.ⁿ rüden halten muß, vor welche er alljährlich ein gewißes nach dem besondern geding empfänget. Sobalden ein groß stuck vieh gefallen ist, solle der eigenthümer einen nachbarn mitnehmen und wann der fallknecht solches öffnet, nach der ursach sehen und, wann sich eine ansteckende kranckheit oder seuche darbeÿ befände, solches alßbaldt beÿ amt melden und anzeigen.

71. Soll keiner einiges vieh um das waidgeld annehmen und austreiben, bevor er die bewilligung von der gemeind erhalten.

Solle kein gemeiner sich unterstehen, vor sich und ohne bewilligung der gemeindt weder pferdt noch rindt- und schaaf-vieh um das waidtgeldt anzunehmen, und auff die gemeindtwäßen und hüthschafften zu treiben.

72. Stößiges und unreines vieh soll nicht unter die heerde getrieben werden.

Niemand soll stoßig oder unreines vieh unter die heerden treiben (wie schon oben etwas hiervon berühret worden) oder, wenn er dergleichen wißentlich und vorsezlich thäte, nicht nur vor allen darauf entstehenden schaden stehen, // sondern noch darzu nachdrücklich gestraffet werden. Wenn aber der hirth einen dergleichen fehler an ein oder andern vieh vermerket,[149] hat er solches sogleich dem im rechnungsamt stehenden dorffsmeister anzuzeigen, und dießer hat sofort das nicht passirliche vieh in den stall zu biethen.

73. Ehehalten des andern nicht abspenstig zu machen.

Niemand solle das gesindt, knechte und mägde, so ein anderer gemeindts-mann gedinget hat, abhalten und abziehen oder heimlich an sich locken und verführen, beÿ straff eines gulden in die gemeindt, so offt er deßen überführet wird.

74. Außschlag der soldaten quartiers kosten, wie zu machen.

Wann soldaten marche und winterquartier vorkommen, sind die auff das dorff Geilßheim fallende kosten gleichheitlich und zwar nach der proportion deß sogenannten kreuzer-zettels, welcher auff die häußer, scheuern, aecker, wießen, hölzer nach der morgenzahl und doch mit dem darbeÿ haltenden unterscheid, ob sie in die höffe und häußer vererbt oder eigene walzende stücke seÿn, so viel deren in der dorffsmarckung liegen,[150] außzuschlagen. Und auch hierzu diejenige feldt-stücke zu ziehen, welche fremde oder außer dorffs ansäßige persohnen besizen. Es solle aber

---

[149] T: „*vermerket*“: die Vorsilbe wurde nachträglich hinzugefügt.

[150] T: „*liegen*“: übergeschrieben: „*einberichtet ist*“.

fürohin genau in acht // genommen und von denen ober- und sämmtl.[n] dorffsherrschafftl. beamten darauff gesehen werden, daß sothaner kreuzer zettul, dergleichen von etlichen jüngern jahren vorhanden sind, untersuchet und vor der versammelten gemeindt revidiret, dann vollständig gemachet. Zu dem ende alle jnnwohner mit ernst angewießen und beÿ straff eines thalers in die gemeindt, wer ein besizendes feldstuck verschweiget, angehalten werden, alle ihre stücke in die gemeindt anlage nemlich zu dem kreuzer-zettul anzusagen. Jedwedes hauß, sowohl deß bauern alß deß söldners, ist angelegt um 5 xr., wenn aber ein absonderlicher stadel darzu gehöret, um 6 xr. Ein morgen hoffacker liegt vor 3 din[arii] und ein tagwerck dergleichen wießen vor 5 din[arii]. Ein morgen eigener acker, so nicht lehenbar ist, liegt vor 1 kreuzer und ein tagwerck eigene wießen vor 6 din[arii]. Hierbeÿ ist von der gemeindt beÿ unßern eingangs gedachten deputirten räthen ausdrücklich begehret worden, dießer ordnung beÿ gegenwärttigen articul einzuverleiben, daß das von jedem bauern, hübner und sölden-besizer haltende anspann oder zug-vieh in den anschlag und in die anlaage gebracht werden solle.

75. Wem die besorgung und einrichtung des kreutzer zettuls oblieget.

Diese besorgung und jedesmahlige durchgehung des anlaag- oder // kreuzer zettuls solle denen dorffs-vorstehern, alß denen vierern oder burgermeistern und denen meÿern, unter dirigirung der dorffsherrschafftl.[n] beamten überlaßen und anbefohlen werden, damit der außschlag der berührten kosten jederzeit gleichheitlich geschehen und allen weitere klagen über dißfallßige ungleichheit vorgebeuget werden möge. Die eincassirung und verrechnung der außschläge und der darauff empfangenden gelder solle dem rechnungs-führenden burgermeister alleine zukommen.

76. Die achter und steiner wahl, das steiner gericht und die beschützung desselben, vermög der ertheilten ordnung.

Wegen der steiner darzu nach altem herkommen und observanz in dem dorff Geilßheim acht mann, und zwar auß denen zu offt erhohlten vier dorffsherrschafftl.[n] ämtern gehörigen unterthanen zweÿ mann, die eines ehrlich unverleumbten herkommens, guten biedermannischen verstandes, weßens und wandels, die auf der gelegenheit im feldt und marckung erfahren seÿn, erwählet, gesezet und von eines jeden dorffsherrschafftl. amt, beÿweßend der übrigen steiner, angenommen und verpflichtet zu werden pfleegen wollen. Und befehlen wir hiermit gnädigst, daß die in anno 1600 von dem damahligen oberamtmann auff Hohentrüdingen und Heÿdenheim, dann // dem verwalter deß closters Heÿdenheim, wie auch dem verwalter zu Anhaußen und dem dermahligen vogt zu Alten Rechenberg, allen vier gemeinen dorffsherrschafften auffgerichtete achter- oder steinsezer- und marcker-ordnung, wie sie im jahr 1659 den 23.[n] monaths Novembris alten calenders erneuert worden ist, und solches original in der Geilßheimer gemeindtladen vorhanden und befindlich ist, nach deren vollkommenen jnnhalt und allen darinnen begriffenen puncten, sazungen und articuln durchgehends ohne einige aenderung, fernerhin beÿbehalten und beÿ allen dahin einschlagenden vorfallenheiten aufs genaueste exequiret werden solle. Welchemnach die bemeldte jedesmahlige steiner beÿ ihren verrichtungen und ihres rechtmäßigen beeÿdigten verhandels halber nicht nur zu schüzen und zu handthaben seÿn, sondern auch, was von ihnen erkandt auff ihr oder der partheÿen vorbringen und welcher dorffsherrschafft der beklagte theil zugethan ist, zur execution gerichtet und gar nicht auffgezogen oder verhindert, nicht minder zu derßelben gebührlichen lohn stracks verholffen werden solle. Damit aber sothane verfaste[151] achter- oder steinsezer-ordnung jedermann, den sie in der dorffsgemeindt belangen oder berühren mag, zur gründlichen wissenschaft gelangen, und desto weniger // entschuldigung eines oder des andern puncten fürgebracht werden möge, so wollen und sezen wir kraft dießes, daß selbige zweÿmal, alß einsten zu frühling das andere mal zur herbst-zeit, vor der gemeindt durch den schulmeister dißorts offentl. verleßen und absonderlich allemal beÿ der rechnungs-abhör von denen dorffsherrschafftl.[n] beamten nachdrücklich eingeschärffet werden solle.

77. Die achter oder steiner sollen alljährlich zweÿmahl ihren untergang gewöhnlich halten.

Gleichwie der geschworenen acht männer pflicht und obliegenheit in hebung und sezung alter und neuer marckstein zu dorff und feldt, dann wie es solle gehalten werden, wenn einer in der markung über die vorgemeldte ordinari zween untergänge steinens bedörffte. Item der anstößer aussen bleiben oder, da sich zwischen

---

151 T: „*verfaste*“: Wort später hinzugefügt.

ihnen zweÿspaltigkeit zutragen sollte, in der confirmirten steiner-ordnung bereits zur genüge mit umständen deutlich und ausführlich beschrieben stehet. Alßo laßen wir es beÿ denen articuln bloß bewenden. Versehen uns aber, daß sie, steiner, fürohin der ordnung, welche sie mit fleiß zu[152] erlernen und ins gedächtnuß wohl zu faßen haben, jederzeit pünctlich und genau nachkommen. Jnsonderheit wiederhohlen, ordnen und sezen wir hiermit, daß offt ermeldte achter und steiner verbunden // seÿn, auch hiermit freÿe macht und gewalt haben solle, so offt sie vermögen, daß die nothdurfft erfordert, die zäune und heeg sowohl um das dorff, zu feldt alß auch in dem dorff zu besichtigen. Und da sie jemand, wer der auch seÿe, in der gemeindt und nachbarschafft sträfflich finden würden, der seinen zaun oder heck um das dorffs, auch die hoffstätte und gärtten, nicht besserte oder im baulichen weßen hielte (wie denn auch hiermit insonderheit alle erblücken,[153] so in dem gemeindtbuch eingeschrieben befindlich, und lezthin beÿ der commission schrifftlich auffgezeichnet worden, wovon eine abschrifft zur gemeindt-truhen zu geben ist; item alle stückel und durchschleiff, weeg, waßerleitung und aufgefangene flüß gegen denen feldern und in dem dorff gemeÿnet seÿn und verstanden soll werden), die sollen mehr offtgedachte untergänger nach befindung der sache, wiederum in ihren alten standt, lauff und weßen zu[154] richten, und die neu eingefangene erblücken und stückel, wie von alters herr bräuchlichen geweßen, auch wiederum zu öffnen. Jtem da alte marcksteine gefunden und solche dafür erkannt[155] werden, solche wieder zu erheben und zu bekräfftigen, und hingegen die neuen steine zu verwerffen, fug und macht haben. Und darneben diejenigen, so hierüber fürters ihres gefallens leben, und sträfflich funden werden, um ein // gulden, den acht männern zum besten, angenommen und verbüßt werden sollen. […]

78. Die steiner und achter sollen ein ordentliches untergangs- und steinsezungsbuch halten und führen, darein sie alle ihre verrichtung aufzeichnen.

Darneben meÿnen und achten wir für gut, wollen auch und ordnen hiermit, daß vielbesagtes steinergericht in zukunfft jedesmahl ihre gehaltene ordinarj und extra

152 T: „*zu*“: Wort übergeschrieben.

153 T: „*erblücken*“: Wort ist unterstrichen.

154 T: „*zu*“: übergeschrieben.

155 T: „*und solche dafür erkannt*“: die Worte sind übergeschrieben.

vorgekommene untergänge, erkanntnuß und steinsezungen in ein besonders von weißen pappier eingebundenes buch mit beÿsezung des tags und jahrs, dann benennung derer persohnen,[156] nur kürzlich einschreiben sollen, damit hierauß, so offt noth thut, dienliche nachricht ersehen werden möge.

79. Alle ge- und verbot in gemeindlichen sachen sollen beÿ denen dorffsmaÿern und dorffsführern gemeinsam seÿn.

Solle beÿ denen meÿern und 4 dorffsführern und burgermeistern für beständig gebot und verbot seÿn. Jnsonderheit aber wird anhero wiederholt, wie schon hier oben anerinnert worden, daß die meÿer vor jetzt und so auch in zukunfft jederzeit vom burgermeister oder dorffsführeramt völlig außgeschloßen seÿn sollen.

80. Die feldmarckung und gräntzen solle hiernechst und dann alle 7 jahr umzogen und begangen werden.

Die meÿer und bürgermeister sollen mit zuziehung der acht steiner und der ganzen gemeindt, allernächstens im jeztlauffenden jahr noch, und so auch in zukunfft, alle 7 jahre die zu dem dorff Geilßheim von alters her gehörige, in dem gemeindt-buch beschriebene marckungen, // felder und waldungen, wie es jederzeit gewohnlich geweßen ist, umziehen und umgehen, und sonderlich junge leuthe zu deren känntnuß sorgfältig anweißen. Solcher gehaltener umgang ist, so offt er geschiehet, in das gemeindt- oder wenigstens in das steiner-buch[157] einzuschreiben.

81. Deßgleichen solle der gemein huth und waidbezirck umgangen und die verzeichnuß erneuert werden.

Auch solle die verzeichnuß oder beschreibung des gemeinen huth- und weidt-bezirks fordersamst erneuert und solcher besichtiget werden; darbeÿ ebenfallß die meÿer und dorffsführer, dann die hirthen nebst alten und jungen gemeindts-leuthen gegenwärttig seÿn müßen. Nichtweniger sollen beÿ dergleichen umgang der marckung und der huthschafft die zu allen seiten anstoßende benachbarte gemein-

[156] T: „*dann benennung derer persohnen*“: die letzten vier Worte sind übergeschrieben.

[157] T: „*steiner-buch*“: danach gestrichen: „*einzuschrei* […]“.

de in zeiten davon benachrichtiget werden, damit sie ihres gefallens darbeÿ, soweit die angränzen, sich einfinden mögen. Dieße renovirte verzeichnuß der Geilßheimer huth- und marckung ist in der gemeindttruhen fleißig zu verwahren und auffzubehalten.

82. Holtzordnung zu erneuern, dann steiff und vest darüber zu halten.

Nach der erstatteten anzeige unßerer deputirten räthe befindet sich zwar in dem gemeindt-buch zu Geilßheim eine kurze verzeichnuß // der holzordnung, welche aber einer erläuterung und auff die geänderte zeiten und läuffte gerichteten erklärung bedarff, weil zu mahlen in dem stück vielfältige mängel und gebrechen, zwiespalt und uneinigkeit unter der dorffsgemeindt sich zeithero herfürgethan haben. Dahero ist unßere gnädigste willensmeÿnung, daß der holzordtnung,[158] wie sie jetzt verfaßet, in folgenden unter fleißiger auffsicht unßerer ober- und übriger dorffsherrschafft.[n] beamten genau nachgesezet und nachgelebet werde.

83. Alle gefährliche verderb- und verößigung der hölzer beÿ schwehrer straff zu vermeÿden.

Solle die gemeindt das ihr zuständige gehülz wohl in acht nehmen und alß ein nothwendiges kleinod verwahren. Deßwegen sollen sie inskünfftige alle gefährliche verderb und verößigung ihrer in unßern fürstlichen wildtbahn gelegenen waldung beÿ straff vermieden und deßwegen nachdrücklich gewarnet seÿn, damit nicht unßer verpflichteter wildtmeister, in deßen wildtfuhr sothane waldung gehöret, sich bewogen und vermüßiget sehen möge, unßerer fürstl. obristjäger- und obristförstmeistereÿ eine beschwehrende anzeige zu thun, und dieße an unßere fürstliche regierung es zu berichten, da dann eine geschärffte ahndung zu gewartten ist.

84. Die gemeinde solle einen eigenen holtzwartt bestellen.

Es solle die gemeinde deßwegen // auch befugt seÿn, zur auffsicht und verhüthung des schädlichen einhüthens in die junge schläge sowohl in dem sogenannten Stifft-

---

[158] T: „*holzordtnung*“: unterstrichen.

oder Gemeindt-holz[159] alß auch in den eigenen hölzern[160] einen besondern holzwartt um gewißen lohn anzunehmen und zu bestellen, oder auch den fluhrer darauff anzuweißen. So sind auch die burgermeister der gemeind Geilßheim befugt, zu schonung der[161] jungen schläge, die pfandt-schaub alljährlich 8 tag vor Walburgis zu stecken, wie dann dergleichen als dann erst im siebenden laub[162] behüthet werden sollen. Wann der anspann dem erwachsenen holz augenscheinlich keinen schaden mehr bringen, mithin die erwachßene bruth so weit gekommen, daß selbige von dem rindtvieh nicht mehr abgefreßen und ruiniret werden kan. Wo aber jemand hierinnen wiederspenstig oder gar sträfflich sich bezeiget, und sich[163] in den besteckten schlägen mit ochßen oder pferdten betretten laßen wird, so soll selbiger gerüget werden. Und vor jedes stück einen halben gulden in die gemeindt bezahlen.

85. Die waldgräntzen sorgfältig zu vermercken.

Damit an dem stifft- und eigenen holz der gemeinde kein eingriff von den anstößern zugefüget, und // keine irrung in ansehen der gränzen verursachet werden möge, so haben die meÿer und dorffsführer, nebst denen steinern, zur zeit wenn die holzhüffte in dem stifft- und eigenholz ausgeteilet werden, solche ihre waldung jedesmal zu umgehen, und ob kein marckstein verkommen oder umgefallen oder versuncken oder boßhafft ausgerißen worden seÿe, fleißig nachzusehen. Wo das holz an den gemeindt-huth-waaßen oder auff das feldt stößet, solle ein 4 schuh breiter graben außgeschlagen, dann auch die verstimmung verfüget und beständig erhalten werden.

86. Die beschreibung der höltzer solle in die laden geleget, und darinnen verwahrlich aufbehalten werden.

Die von den verordnet geweßten commissarien nach dem angeben einiger darzu genommenen gemeindtsleuthe verfaßte verzeichnuß und beschreibung des stifft-

159 T: „*Gemeindt-holz*“: unterstrichen.

160 T: „*eigenen hölzern*“: diese beiden Worte sind unterstrichen.

161 T: „*der*“: danach gestrichen: „*der*“.

162 T: „*laub*“: darunter gestrichen: „*jahr*“.

163 T: „*sich*“: Wort ist übergeschrieben.

holzes, im Wachtler oder Ranger[164] genannt, und der an unterschiedlichen ortten gelegenen sieben eigenen hölzer, welche die gemeindt Geilßheim vor alters um ihr eigen geldt gekaufft hat, innhalts commissions-protocolli, s.a. den 26. maÿ 1756,[165] solle in der gemeind-laden auffbehalten werden.

87. Wieferne das einhüthen des rind-viehes in die gemein höltzer zugelassen werde.

Das zuläßige und in unverbottenen von dem geheegten abzustecken seÿenden ortten erlaubte einhüthen, // ist durchaus und in dem ganzen stifft- und eigenholz einig und allein auff das zugvieh oder den anspann, kei[n]eswegs aber auff das rindtvieh, noch weniger aber auff die geiße und schaafe zu verstehen. Alßo solle kein zweÿjähriger ochß oder stier, sondern allein die dreÿjährige und sofort ältere in die rauhe oder erwachßene schläge getrieben werden.

88. Absteckung des zu behüthen erlaubten gehültzes.

Wann ein frühling die absteckung des waldordnungsmäßig zu behüthen zuläßigen holzes beschehen ist, so solle das eintreiben mit dem anspann nach Walburgis-tag anfangen und fortgefahren werden biß auff den Egidÿ tag, nach welchem tag alles einhüthen beÿ der gemeindt-buß eines halben gulden vom stück ohnnachläßig verbotten bleibet.

89. Beÿ nachtzeit soll es gar nicht erlaubt werden.

Welcher sich unterstehet in einem besteckten und somit verbottenen jungen schlag beÿ nachtzeit vor- und nach betläuten mit seinen anspann darin zu treiben und darinnen zu hüthen, der solle die abgesezte gemeind-buß doppelt bezahlen.

90. Das graßen in den jungen schlägen ganz und gar zu verbiethen.

So wird auch das graßen in den // jungen schlägen, und zwar im dritten laub, mit der sichel oder graß-stumpff gänzlich verbotten bleiben müßen, beÿ straff 15 xr. vor jede persohn, so offt die sich betretten läßet.

---

164 T: „*Wachtler oder Ranger*": die Flur- und Eigennamen sind hier und öfter unterstrichen.

165 T: „*1756*": Jahreszahl ist übergeschrieben.

91. Das reißholtz aufleßen, wann und wie zu erlauben.

Die holztäge betreffend, so wird in zukunfft von Invocavit an biß Pfingsten, und wiederum von Bartholomaei biß Andreae wochentlich nur einmal, und zwar donnerstags vormittag biß 12 uhr von jedwedem hauß nur einer persohn solches gestattet. Jeder übertretter aber soll um 15 xr. gestrafft werden. Zu solchem reißholzauffleßen wird ein beÿhel oder schnizer zu gebrauchen nicht erlaubt, sondern beÿ gleichmäßiger buß verbotten. So daß, welcher einiges holz in der gemeindt-waldung umhauet und entführet, nicht nur den wahren werth oder die unpartheÿische schäzung der gemeinde zu vergüthen, sondern auch absonderlich noch zu verbüßen schuldig ist, nach erkanntnuß der gemeindt.

92. Das nothdürfftige laub und streu rechen ist nur in gesetzter zeit zulässig.

Des nothdürfftigen laubrechens sollen die gemeindts-leuthe sich ohne unterscheidt bedienen dörffen, vom monath martio an biß Walburgis, dann nach der hirschprunfft biß Andreae. Außerdem aber sollen[166] selbige damit nicht in den waldt kommen, noch weniger aber in denen jungen schlägen rechen, alß[167] wo das graßen verbotten bleibet. Welcher nun zu seiner bedörffnuß in der gesezten zeit einiges laub aus der waldung führet, solle das hierzu benöthigte wagen-zäun-holz mit sich hinaus führen und solches keinesweegs erst im waldt umzuhauen befugt seÿn. Wer aber hierwieder handelt, solle einen halben gulden zur gemeindt buß erlegen.

93. Entscheidung der obwaltenden strittigkeit wegen der holzhüfft-austheilung in dem gemein holtz der Wachtler genannt.

Nachdeme vor einiger zeit[168] hero wegen der jährlichen hüfftholz-austheilung[169] in dem gemeinen- oder stifft-holz im Wachtler stritt und jrrung entstanden ist, da nehmlich bißhero[170] ein bauer doppelt so viel alß ein söldner, und jener einen ganzen, dießer

---

166 T: „*sollen*“: Wort ist übergeschrieben.

167 T: „*alß*“: über gestrichenem: „*sollen*“.

168 T: „*vor* [...] *zeit*“: die letzten drei Wörter über gestrichenem „*biß* [...]“ übergeschrieben.

169 T: „*austheilung*“: danach gestrichen: „*von*“.

170 T: „*bißhero*“: über gestrichenem „*vorhin*“.

aber nur einen halben hüfft aus gedachten stifft- undt[171] gemeindt-holz bekommen hat, hingegen die söldner eine gleichheit begehret und sich ferner darüber beschwehret haben, daß auch[172] einige lehensbesizer[173] hüfft-holz theilgehabt, // haben, worüber beede theile in ihren angeführten gründen vor der commission zur genüge gehöret und zu protocoll vernommen worden seÿn. Alßo haben wir dieße stritt-sache nach beschehener relation dahin entschieden. Sezen und ordnen alßo hiermit, daß weilen die beklagte bauern und lehener ihre befugnuß von alters hergebracht und rechtsgenügig erwiesen haben. Hingegen alle die von klagenden gemeindsleuthen und söldnern fürgebrachte umständte nicht vermögentliche gründe zu einen rechts erforderlichen gegenbeweiß nicht hinreichend seÿn, da zumahlen der angebliche stifftungsbrieff wegen des gedachten gemeind- oder stifft holtzes und wegen des behöltzungsrechts auf fleissiges nachsuchen sich biß anhero nirgend hat finden wollen. Mithin sie dasjenige, was sie zu erweißen schuldig gewesen, nehmlich daß sie denen bauern und lehenleuthen in dem gemeind-hüfft gleich zu halten wären, nicht erwiesen haben. Es alßo beÿ der uralten holtzanweißung und außtheilung zu lassen mithin denen beklagten bauern und lehenleuthen in dem stück nichts zu entziehen und abzukurtzen seÿ.[174]

94. Die holtzhüffte in den eigenen höltzern betr., wem solche gebühren.

In dem eigen-holz solle ein gemeindts-mann dem andern gleich gehalten werden, so daß ein köbler oder söldner so viel alß ein bauer und hübner bekommet. Die gemeindtsdiener und sämtliche[175] hirthen sind hievon keine theilhaber, ausgenommen soferne sie gemeiniglich ein eigenes hauß besizen, deßwegen jedweder einen gleichen theil oder hüfft in dem eigenen holz zu genießen hat. Der schulmeister hat hiervon nichts zu participiren. Ein zeitlicher pfarrer bekommet zweÿmal soviel alß ein gemeindtsmann, nemlich wegen der pfarr- und der frühmeß oder caplaneÿ, welche vor jahren zusammen gezogen worden seÿn. Wenn ein hauß mit 2 mannschafften besezt ist, müßen sie den halben hüfft auß dem eigenholz miteinander theilen. //

---

171 T: „*stifft- undt*": diese beiden Worte wurden ergänzt.

172 T: „*auch*": übergeschrieben.

173 T: „*lehensbesizer*": danach wurde eine längere Passage gestrichen.

174 T: „*die beklagte bauern* [...] *abzukurtzen seÿ*": von anderer Hand nachgetragen.

175 T: „*sämtliche*": hinzugefügt.

95. Des pfarreres gebürhender holtzantheil in dem gemein- oder stifftholtz der Wachtler genandt.

Auß dem obbesagten gemeindt- oder stifft-holz soll der pfarrer nach der bißherigen einhellig bezeugten observanz, seitdeme die pfarr und caplaneÿ auff eine persohn gekommen ist, dreÿ ganze hüfft jährlich bekommen. Das ist zu sagen sechsmahl so viel alß bißhero ein sölden-hauß besizer genoßen hat.

96. Des schulmeisters nothdürfftige behültzung.

Dieweil der schulmeister für sich und sein haußhalten, dann für die schulkinder die nothdürfftige behülzung verlanget, wie auch solche ehehin deßen antecessori von einer gemeinde so ferne bewilliget worden ist, daß er einen ganzen hüfft, nebst 4 claffter holz und 200 wellen bekommen solle; alß laßen wir es dabeÿ bewenden. Wenn ein solches wegen kalter und strenger winterszeit nicht hinlänglich seÿn würde, hat er schulmeister beÿ der gemeindt um eine fernere abgab mit bescheidenheit ansuchung zu thun, und auff ihren guten willen es ankommen zu laßen. Welche dann in betrachtung ziehen solle, daß der schulmeister ohnehin wegen des holzes die kosten vor hacker- und fuhrlohn zu tragen hat. //

97. Denen gemein hürthen solle ihr lohn auff geld und getreÿdt gemacht werden.

Die gemeindt-hirthen anbelangend sind wir zwar berichtet worden, daß dießelbe vormals einen halben hüfft in dem gemeindt-holz bekommen haben. Es solle aber inskünfftige beÿ der dermahligen einrichtung gelaßen werden, daß der hirthenlohn auff geldt und getreidt gemachet und ihnen kein gemeindt-hüfft gegeben wird.

98. Zeit und weiße des hüfftholtz austheilen, anweißen, hauen, aufmachen und heimführen, und den wald räumen.

Ferner wird die von alters hergebrachte gewohnheit bestättiget, daß die holz-hüfft, so in dem gemeindt- alß eigenen holz alljährlich um Michaelis gemachet, nehmlichen von den beeden meÿern, dann denen 4 dorffführern mit zuziehung etlicher männer von den steinern und andern gemeindts-leuthen, wie auch dem fluhrer abgemeßen, numeriret und angewießen. Etliche tag hernach die von hölz geschnittene looß-zeichen unter die theilhabern ausgetheilet und von solchen ihre nahmen mit röthel oder dinten darauff geschrieben. Und alsdann solche in einen sack geworffen, vermenget, sofort denen anweßenden sammtlichen waldtgenoßen nach und nach heraus gezogen und an das stangenholz in jeden hüfft gestecket werden solle, damit keiner vervortheilet werden kann. //

99. Die größe der holtzhüffte annoch zu bestimmen.

Wegen der größe sothaner hüffte von gemeinen und eigen hölzern solle die besondere entscheidung und verordnung ergehen, wie auch, was dem fluhrer vor seine mühe von jedem theilhaber zu bezahlen ist. Es muß aber auff jeden ganzen hüfft oder zweÿ halben ein taugliches eichenreiß stehen gelaßen werden. Und ist absonderlich inskünfftige darauff zu sehen, daß zu erlangung gewächßiger eichen, solche standt-reißen, so von wurzeln getrieben, stehen gelaßen werden.

100. Wo kein rauch ein vierteljahr vor oder nach Michaelis, dem gebühret kein holtz-hüfft.

Auch darbeÿ behält es sein ohnveränderliches bewenden, wie die alte Geilßheimer holzordnung ausweißet, dass, wo ein vierteljahr vor oder nach Michaelis kein rauch auffgehet, man denßelben keinen hüfft geben solle.

101. Die holtzhüffte sollen in zeit biß auff Ostern abgehauen werden.

Nach beschehener hüfft-anweißung und außtheilung mag es biß auf Lichtmeß oder das frühjahr anstehen. Alsdann aber müßen die holz-hüffte in zeit biß auf Ostern von jedwedem gehauen, und biß Walburgis auffgemachet, hernach gleich vor Pfingsten aus dem waldt geräumet und der ganze schlag völlig leer gemacht werden. // Am jedesmahligen Pfingst-Dienstag muß einer von den beeden meÿern, und 2 von denen dorffsführern sich hinauß begeben, und den plaz, wo die hüffte gehauen worden, besichtigen. Darbeÿ wohl nachsehen, ob die standt-reißer ordentlich stehen geblieben, das auffgescheiterte brennholz und das zäunholz, wie auch die wellen, geräumet worden, und ob sonst keine ungebühr im waldt vorgegangen. Wenn nun dieße finden werden, daß jemand sich hierwieder und unßere allgemeine waldtordnung versündiget, dießer solle fleißig auffgeschrieben und beÿ der gemeindt geruget werden. Nach befinden der größern ungebühr solle der übertretter auch von unßerm wildt-meister beÿ der obristjägermeistereÿ, wie auch dem amt, denunciiret, und von solchen ohnnachläßig abgestrafft werden.

102. Welche verbecher in die gemein buß verfallen.

In die gemeindt buß sind verfallen:
wann einer ein unrechtes looß einleget;
item, wer für den mann gehet, der den sack mit denen eingeworfenen looßen träget;
item, wer ein unrechtes hüfft umhauet;
item, wer einen stamm-reiß umhauet,[176]
item, wer einen weeg verfället;
item, wer einen lochbaum umhauet;
item, wer dem andern ein fuder // holz, oder auch einen karren voll, oder nur 1 traget holz hinweg träget und entwendet;
item, wer sein hüfft biß Ostern nicht gefället und auf Pfingsten nicht auffgemachet und nicht völlig geräumet, solle deßen hüfft der gemeinde heimfallen.

103. Keiner darff sein hüfftholtz außerhalb verführen noch verkaufen.

Jst vor alters die ordnung geweßen und bleibt darbeÿ noch, daß keiner sein hüfftholz auswärttts verführen und verkauffen darff. Und soll auch keiner, der auß dem dorff zeucht, kein gemeindt-holz mitnehmen, sondern er muß es in der gemeinde laßen und einem gemeindtsmann zu kauffen geben.

104. Die alte zum bauen untüchtige eÿchstämme außzuziehen und an meistbiethenden zu verkauffen, dann der gemeind zum besten zu verrechnen.

Die meÿer und burgermeister sollen jährlich um Ostern an einem gewißen zu vergleichender tag die außzeichnung alter und zum bauen untüchtiger stämme und kautzen in denen der gemeindt zugehörigen waldungen vornehmen und die befindende untüchtige stämme und kauzen so hoch alß möglich an die gemeindtsleuthe zu verkauffen und außzusteigern. Dann der gemeindt zu verrechnen besorgt seÿn.

---

[176] T: „*item, wer einen stamm-reiß umhauet*“: Dieser Satz wurde ergänzt.

Es solle auch darüber eine verzeichnuß geferttiget und als // ein rechnungsbeleeg beÿgeschaffet werden.

105. Die mitauffsicht des herrșchafftl. wildmeisters auff die gemeinwaldung, deßgleichen auff die bauernhöltzer.

Dieweil mit derer unterthanen und gemeinden nuzung, in ansehen ihres gehülz, unßer fürstlich-herrschafft.[s] interesse in ansehung deß wildtbanns verknüpffet ist, und solches gefahr und noth leidet, wenn die waldungen verößet werden, so ist denen wildtmeistern die mitauffsicht auff der pfarr, heÿligen-, gemeindt- und bauernhölzer durch ein allgemeines ins land ergangenes außschreiben vom 14. Aprilis des verwichenen 1755[177] jahrs alles ernsts anbefohlen worden. Und wird in sonderheit wegen deß holz-verkauffs in der geilßheimer gemeindtwaldung anhero wiederhohlet, daß die in dem vorigen articul zugelaßene außzeichnung und aussteigerung der untüchtigen stämme und kauzen nicht ohne beÿseÿn deß wildtmeisters geschehen. Jedoch daß dießer solche stämme und eichreißer, wie auch andere etwann künfftighin groß gewachßene und zu verkauffende eichenstämme, ohnentgeldtlich anweißen solle. Da im übrigen die holz-hüfft-außtheilung all // jährlich dem herkommen und obigem 98. articul gemäß von denen meÿern und burgermeistern allein vorgenommen werden mag.

106. Die verößigte plätze in der gemeinwaldung zum holtzwachß zu bringen.

Nachdem wir von unßern in den Geilßheimer gemeindt-angelegenheiten deputirten räthen sonderheitlich berichtet worden seÿn, daß viele morgen ausmachende verößigte pläze an den vorsaum und mitten in dem gemeindt-holz Wachtler genannt sich befinden, welche durch das in vorigen zeiten im schwang gegangenes schädliches einhüthen in oedschafft gerathen, auch theils pläze durch das stehengebliebene wasser sumpffich und zum holzwachß untüchtig worden, alß sollen die gemeindt-vorsteher, dorffsmeÿer und burgermeister trachten, dieße oede örtter nach möglichkeit wiederum in anflug zu bringen, bevorab da der boden zum holzwachß außerordentlich gut seÿn solle. Die hierzu dienliche mittel sollen von denen dorffsherrschafften und forsteÿverständigen erhohlet und sorgfältig befolget

---

[177] T: „*1755*": Jahreszahl nachträglich hinzugefügt.

werden. Jnsonderheit sollen durch die sumpffichte ortte gräben gemachet, das waßer abgeführet und der morast ausgetrocknet, sodann mit bucheln // und eicheln bestecket werden.

107. Wo die gemeinwaldung an die gemeinwäßer stößet, solle ein graben aufgeworffen.

Dieweil die hievor angemerckte nothwendige versteinung des gemein-holzes im Wachtler, soweit es an die gemeindtwäßer stößet, etwann nicht alßobald vollstrecket werden kann, so befehlen wir gnädigst, daß doch alljährlich, soweit der junge schlag an die gemeindt huth stößet, ein graben auffgeworffen werden solle, damit das vieh nicht so leichtlich eindringen könne, und damit die junge schlage nicht fürterhin, wie bißanhero geschehen, durch das vieh beschädiget werden mögen.

108. Die ehehafft ruggelder sollen der gemeinde zum besten kommen.

Wollen wir in gnaden geschehen laßen, weil zumahlen das uralte herkommen beÿ der gemeindt Geilßheim ohnzweiffelhafft bißhero beÿbehalten worden, daß die ehehafft einer gemeindt ohnabbrüchig[178] verbleiben und ihr gelaßen werden sollen, wie dann daß urbar[179] u[nd] saalbuch de a.° 1535 besaget, daß die von der gemeindt zu Geilßheim eine ainigung von alters gehabt, und wenn jemand selbe übertretten und überfahren hat, die gemeindt-buß erkannt und angesezet haben. Und gehöret denen vier dorffherrschafftl.ⁿ aemtern, sothanen ehehafft-rug zu handthaben und zu schüzen. //

109. Der fluhrer, wie auch der besonders zu bestellende holzwartt sollen die bemerckte rugen dem maÿer sowohl alß dem burgermeister anzeigen.

Solchemnach hat der fluhrer alle hievor beschriebene waldt- und auch die nachfolgende feldrugen ohne jemanden, wer er auch seÿe, zu verschonen fleißig zu bemercken. Und ohnverlängt[180] dem meÿer wie auch dem rechnungsführenden

---

[178] T: „*ohnabbrüchig*“: verbessert aus: „*ohnabläßig*“.

[179] T: „*urbar*“: nachträglich übergeschrieben.

[180] T: „*ohnverlängt*“: verbessert aus: „*ohnvermerkt*“.

burgermeister anzuzeigen, der es hernach aufzeichnen und richtig annotiren soll. Auch soll der fluhrer pflichtig seÿn, soferne die rug ein oder mehr stück vieh betrifft, solches jederzeiten denen eigenthümern selbsten anzuzeigen, damit sie allenfallß an ihren dienstbotten sich halten können, maßen selbige vor die verfallene buß, nehmlich vor die zahlung, zu stehen schuldig [sind]. Jeden jahrs um Andreae hernach soll sowohl der fluhrer alß auch der rechnungsführende burgermeister, den rugzettul über alles, was geruget worden, denen beeden meÿern und übrigen dorffsfuhrern in gegenwartt einer versammelten ganzen gemeindt übergeben, wo sodann der ansaz der ruggelder gemachet und die einbringung gehörig besorget wird.

110. Die verzeichnus der angelegten rugen und gemeinbußen soll von denen bemeldten personen unterschrieben und alß ein einnahmsbeleg zur gemeindrechnung angefüget werden.

Jedoch sollen in zukunft alle rügen, das ist zu sagen, alle und jede der ordnung nach abgewandelte rugen in eine förmliche specification // gebracht, von denen meÿern und burgermeistern wie auch einigen gemeindtsmännern unterschrieben, und der betrag jedesmahl in der gemeindtsrechnung behörig einnehmens verrechnet, die specification selbsten aber der rechnung originaliter beÿgeleget werden.

111. Der meÿerhoffs besitzer ist schuldig, ein gantzes schwein oder einen beiß zu halten.

Muß der jeztmalige meÿerhoffs besizer nahmentlich Jacob Brunnacker – deßen hoff vermög kauffsprotocolli und darüber eingeholter ratification unterm 13. Martÿ a.° 1662 zertheilt worden, und die andere helffte der eingehörigen feldtgütter zu zweÿ fliegenden lehen gemachet ist – der gemeind ein ganzes schwein oder den beÿßen halten, so auch deßen künfftige besizer zu ewigen zeiten schuldig seÿn. Ehe solcher beÿß untüchtig wird oder etwann darum verschnitten wird, muß er meÿer vorhero an deßen stelle einen andern schaffen, damit die gemeinde deßwegen einige klage nicht haben möge. Dann muß selbiger auch mit dem großen haberhoff ein jahr ums andere den vogt von Heÿdenheim, nebst amtknecht und 2 mousquetiers, item die spielleuthe und plaz-knechte, an der // kirchweÿh mit speiß und tranck versehen.

112. Der haberhoffs besitzer hat 3 gantze ochßen der gemeinde zum besten sonder klag zu halten.

Der besizer deß halben haberhoffs und sonderlich des alten haußes, sammt der helffte der eingehörungen, derzeit Jacon Leonhardt Meÿer, muß 3 ganze heerdtochßen der gemeind zum besten und ohne sondere klag allein für sich unterhalten. Auch solche spring-ochßen auff seine kösten kauffen oder selbsten herziehen. Dieße farr-ochßen dörffen ferner auff dem espann mit dem andern vieh, aber nicht allein wie in vorigen jahren unstatthafft geschehen, gehütet werden. So viel auch der sogenannte haberhoff farrochßen hält, so viel solle er kühe beÿ dem gespann hüthen zu dörffen befugt seÿn. Auch das nachheu von dem Hartwießlein allein zu genießen haben und von hummeln und kühen pfründtfreÿ seÿn.

113. Die bemeldte zweÿ meÿer sind nebst den 4 dorffsführern die vorsteher der gemeinde.

Die bemeldte meÿer- und haberhoffs-besizer sind nebst denen 4 dorffsführern oder burgermeistern die vorsteher der gemeindt und haben die theils schon oben beschriebene und theils unten folgende verrichtungen mit einander zu besorgen.

114. Rindvieh haltung, wieviel jeden erlaubt.

Jeder gemeindsmann zu Geilßheim // hat die macht und erlaubnuß, so viel rindvieh zu halten und unter den hirthen zu treiben, alß er halten kann. Nur ist verbotten vor sich und ohne bewilligung der gemeinde einiges[181] vieh, weder pferdt- noch rindt- noch schaaf-viehe, von andern bestandtweiß oder um das waidt-geldt anzunehmen und auff die gemeindt-hüthschafften, beÿ straff eines halben gulden von jedem stück, zu treiben. Hingegen ist niemand verwehret, ochßen, kühe und schaafe um halb zu halten. Einem bauern ist vergönnet 30 stük schaafe, und jeden köbler oder söldner 15 stük zu halten.
Solle der von alters herkommlich gestattete stechhauffen denen mezgern auff ihr geziemendes und jeden jahrs besonders beÿ denen maÿern, dorffführern und der ganzen gemeinde beschehenes ansuchen und anhalten, zwar ferners von Jacobj, auf

[181] T: „*einiges*“: nachträglich hinzugefügt.

jeden mezger 40 stüks gerechnet vergönstiget werden. Jedoch aber nicht anderst denn daß die mezger ihre stechhämmel und schaafe jederzeit unter einen hauffen hüten und die auff der gemeindtwaidt fett gemachte waar nicht[182] außerhalb des dorffs verkauffen noch vertauschen, sondern in dem ort abstechen und das fleisch an die jnnwohner verkauffen.
Nach bißheriger gewohnheit ist die haltung der tauben, und ingleichen die anzahl der gännße, so einer // halten mag, nicht eingeschränckt geweßen. Nur soll in acht genommen werden, daß die jungen gännße am Pfingstmonntag zur alten heerdte gethan. Die übertretter aber von jedem stück um 1 kreuzer geruget werden sollen.

115. Die schaafstellung bleibt der gemeinde allein zum besten.

Die schaaf stellung solle der gemeinde einzig und allein verbleiben, und dahero dieße nach gelegenheit an den meist bietenden verlaßen, das geldt aber der gemeindt zu nuzen verwendet und gebührlich verrechnet werden.

116. Welches vieh auff den gemein espan zu treiben.

Das dreÿjährige vieh solle, wie vorhin gebräuchlich geweßen, sonsten aber kein anders, alß was geschirr und joch träget, auff dem gemeindtespann getrieben und besonders gehüthet werden. Alles übrige vieh, es mag nahmen haben wie es will, solle hinführo nicht mehr allein gehüthet, sondern unter den hirthen gethan werden. Er treibs dann auff sein eigenes.[183] Auch soll das pachthüthen[184] gänzlich und beÿ straff von jedem stück 30 xr., so beÿ tag allein ohne hirthen lauffen gelaßen wird, beÿ der nacht aber beÿ ein gulden buß verbotten seÿn. Es solle, wie oben berühret, durchaus // nicht gestattet werden, das vieh durch kinder und gesindt während der sonn- und feÿertags-predigten zu hüthen. Wer darwieder handelt, solle jedesmahl von jedem stück, es seÿe klein oder groß, mit 2 fl. straff und zwar alß einer gemeinen buß angesehen und beleget werden. Vermög der beÿ dieser gemeindt vor alters herkommlichen gemeinen rug auff ein stück vieh, von großen

182 T: „*nicht*“: Wort nachträglich übergeschrieben.

183 T: „*Er treibs* […] *eigenes*“: Dieser Einschub wurde mit /-Zeichen abgesetzt.

184 T: „*pachthüthen*“: Der Begriff wurde nachträglich ergänzt.

biß zum kleinen, ist solche, wann schaden gehüthet wird, folgender gestallt anzulegen: nehmlich von großen vieh 3 xr., von einem schaaf 2 xr., ein schwein auch 3 xr. und von einer gannß 1 xr.

117. Wie behutsam die außtreibung des viehes im frühling und herbst zu veranstalten.

So viel die austreibung des viehes betrifft, ist zwar die an mehresten ortten, alßo auch zu Geilßheim, eingeführte observanz, daß das vieh im frühling auff die wießen biß Georgi oder auch Walburgis getrieben werden darff. Jedoch aber wenn naße witterung einfället, werden die meÿer und dorffsführer sammt den hirthen ohnedem wißen, daß es dem vieh und denen wießen schädlich seÿe. Jtem soll man sonderlich im frühjahr und herbst, wann honigthau und starke nebel fallen, das vieh nicht ehender zu früh austreiben alß biß die sonne in die höhe kommet, und den gifftigen // thau weglecket, dann die nebel zertheilet.

118. In sonderheit wegen des bößen viehe-triebs über den grund.

In ansehung des bößen viehtriebs über den grund wegen öfftermahliger wassergüsse solle die kleine heerdte, bestehend in schaafen, schweinen und gännßen, umgewendet und gegen das obere dorff, wenn das braach feldt oben hinauß gehet, hereingetrieben werden.

119. Wann das winter- und sommer-feld zu verbiethen? Welches ge- und verbot denen meÿern und dorffsführern zustehet.

Am Walburgis ist gemeiniglich das korn von meÿern und dorffsführern ganz zu verbiethen, dinckel und waitzen aber jeder in seinem acker, und dann nach befinden, entweder um Pfingsten oder Johannis auch gar zu verbiethen. Die gersten solle um Pfingsten, wie es die zeit und der saamen leidet, hingegen der haber um Johannis verbotten werden. Wann nun solcher gestallten das winter- und sommerfeldt einmahl verbotten worden ist, solle keiner mehr beÿ straff 30 xr. sich unterstehen, mit der sichel oder handt biß nach der erndte zu graßen. Der halbe marckungs-rain solle jedem angränzer zur helffte zugetheilet werden. Die gräßerinnen sollen ihr graß // auff die gewandt legen, im widrigen und übertrettungsfall jedes mahl mit 10 xr. verbüßet werden. Welches auch von denen gräßerinnen in denen wießen zu verstehen, und jede neben ersezung deß schadens um 10 xr. abgerüget werden.

120. Die haußgenoßen sollen nicht auff der gemeind noch den wießen und äckern graßen und das graß verkauffen.

Die haußgenoßen, so gar kein vieh haben, sollen nicht auff der gemeindt noch der unterthanen wießen und aeckern heimlich graßen und das graß jemandt zum verkauff bringen.

121. Fahren und reuthen über die äcker.

Das fahren und reuthen über wießen und aecker, wo keiner eine berechtigte fuhr hinein hat, solle beÿ straff eines gulden verbotten seÿn, so daß auch nach Bartholomaei keiner einen thung in sein braachfeldt mehr führen dörffe, außer wenn er auff seinem eigenen guth noch fahren kan, ebenfallß beÿ einen gulden straff.

122. Die erblucken sind zu rechter zeit zu öffnen.

Die erb-lucken in den feldern und wießen sollen zu rechter gewöhnlichen zeit ohnfehlbar geöffnet werden, damit man mit dem vieh-trieb und sonsten ungehindert seÿn möge. //

123. Die wäßerung derer wießen.

Vor Walburgis und nach abräumung der grummet-wießen, biß der hirth immer auff denen wießen hüthen kann, solle beÿ straff eines gulden keiner mehr wässern.

124. Außfegen der gräben.

Die gräben, so dem vieh-trieb schaden thun, soll man nach nothdurfft auff einen benannten gelegenen tag außfegen laßen und räumen.

125. Die hürthenpfründt, sonsten Zell genandt, dreÿmal außzuschlagen, und wie?

Anbelangend die hirthen-pfründt oder Zell, kommt es auff die stüke vieh an, so jeder unter dem hirthen hat, und werden jährlich 3 pfründt außgeschlagen nach beschaffenheit deß lohns, so man mit[185] dem hirthen gemacht hat, es seÿe an getreÿdt oder an geldt. Es stehet beÿ der gemeindt, denen hirthen ein stück gemeindt-wießen zu lohn genießen zu laßen oder nicht. Zweÿ rauppen werden vor eine kuh gerechnet in der hirthen-pfründt. Weder der pfarrer noch der schulmeister, welche die gemeine huth und weÿdt zu genießen haben, seÿnd der pfründt befreÿet, sondern werden, wie die gemeindtsleuthe angeleget. Jeder hirth solle inskünfftige seine pfründten // selbsten einfordern, damit die meÿer und dorffsführer dißfallß keinen vorwurff zu befürchten noch zu leiden haben.

126. Weck backen laßen und nach den köpfen in der gemeind außtheilen, so vom gefallenen ruggeld bezahlt werden.

Vor das gefallene ruggeldt, wie verschiedentlich hieroben beschrieben stehet, sollen die meÿer und burgermeister weck backen laßen, und in der ganzen gemeindt, köpff für köpff, auff zettul außtheilen, und solches nicht minder alß den überrest gebührend verrechnen.

127. Mist einführen in die krautbeet.

Ein jeder jnnhaber der kraut-beet solle seinen mist in den nächsten 14 tagen vor Walburgis hinzuführen und hereinthun, den andern ohne schaden.

128. Jeder jnnwohner soll beÿ gefährl. ein- und überfall von raubern mit seiner wehr zulauffen.

Beÿ gefährlichen nächtlichen diebs- und rauberischen einfall oder beÿ anderer anscheinenden gefährlichkeit soll jeder gemeindts-mann[186] beÿ entstehenden lärmen

---

[185] T: „*mit*“: Wort nachträglich ergänzt.

[186] T: „*gemeindts-mann* […] *zeichen*“: Passage ergänzt.

oder gegebnen zeichen mit seiner besten wehr zulauffen und seinem nachbarn in solcher noth zu hülff kommen.

129. Das schießen im dorff ist verbotten.

Jedermänniglich ist vor dem schießen in dem dorff zu verwarnen.

130. Bestellung der feldhüther, auch nacht- und tagwächter im dorff.

Die bestellung der gemeindt-feldt- // hüther auch nacht undt tag-wächter, sonderlich der lezten zur erndtezeit, sollen die meÿer und dorffsführer sich sorgfältigst angelegen seÿn laßen, und selbige anweißen, daß sie ihren dienst und wachen zu abwendung aller feuersgefahr und verhüthung nächtlicher einbrüche jederzeit fleißig verrichten sollen, beÿ vermeÿdung ernstlicher obrigkeitlicher straff, woferne sie eine nachläßigkeit zu schulden kommen laßen.

131. Feuerschau jährlich dreÿmahl vorzunehmen.

Die feuerstätte sollen durch die dorffsmeÿer und burgermeister jährlich 3 mahl, und zwar bald nach Lichtmeß, auch etliche tag vor der kirchweÿh, und dann um Martinj sorgfältig und fleißig, mit zuziehung [von] maurer und zimmerleuthe, visitiret [werden]. Wo etwas schadhafftes oder gefährliches angetroffen wird, denen eigenthümern die schleunige reparation aufferleget. Im fall aber solche von einer visitation biß zu der andern nicht geschehen, das schadhaffte alßdann sogleich von gemeindts wegen niedergerißen und der übertretter nach beschaffenheit der umstände gestrafft, vornemlich aber auch niemanden // die schleißen und spähne oder andere feuerfangende materialien auff die oeffen zu legen, und da zu dörren gestattet werden. Wer sich auch unterstehet, einige aschen auff die böden zu schütten, woraus großes unglück zu besorgen, und schon öffters entsprungen ist, der solle auff betretten jedesmahlen nach befinden der umstände um 2, 3, 4 biß 5 fl. zur gemeindt-cassa gestrafft werden.

132. Flachßbrechen in häußern beÿ schwehrer straff verbotten.

Jn sonderheit wird alles ernsts gebotten, daß keiner beÿ straff 5 fl. unß der herrschafft und 20 xr. in die gemeinde, das flachsbrechen in seinem hauß, am wenigsten zu nachts nach betläuthen, oder zu morgens vor betläuthen vornehmen [soll] noch solchen in die stuben vor den offen stellen, beÿ straff der gemeindt 5 fl. Jngleichen solle das hecheln beÿm liecht oder andern feuer fangenden dingen, ebenfallß beÿ straff fünff gulden, zu unterlaßen gebotten seÿn. Es solle deßhalben auch die visitation öfftermahlen ohnversehens vorgenommen und dabeÿ niemand verschonet werden. Wiedrigen falls sollen die dorffsvorsteher selbsten zu gedoppelter straffe gezogen werden. //

133. Kein stroh, heu, flachß und dergl. feuer fangende dinge auff den boden oder andern ortt, worunter feuer angeschüret wird, zu legen.

Deßgleichen soll auch niemand auff den boden und deß ortts, darunter man feuer pfleegt zu schüren, kein stroh, heu, flachs noch andere feuer fangende dinge legen, auch den ungelöschten äscher nicht an gefährliche ortte schütten, beÿ straff von 2, 3 biß 5 fl. zur gemeinde, nach befinden der umständte.

134. Mit keinen bloßen licht in die ställ zu gehen.

Beÿ nächtlicher weile soll kein[187] licht in den stadel getragen werden. Auch soll man mit keinem bloßen licht in die ställ gehen, beÿ vorbemeldten gemeindt-buß, so nach beschaffenheit der umstände von denen meÿern und dorffsführern angeleget werden kann.

135. Aller unflath, item die brecheicheln etc. sind an abgelegene ortte, wohin kein vieh-trieb gehet, zu schütten.

Jst der mißbrauch, die äscher und andere unflath, brech-aicheln und dergleichen vor die thür auff offene gaßen und andere gemeine pläze, wie auch an die gefreÿte ortt, hauffenweiß zu schütten, abzuschaffen. Maßen dergleichen sachen außer dem dorff an ortt und end gehören, da keine sondere weeg oder viehtrieb darüber gehet.

---

[187] T: „*kein*": Wort später ergänzt.

136. Abgestandenes vieh, gännß, hühner etc. nicht auff die gassen zu werffen.

Nichtweniger soll es auch mit abgestandenen vieh von gännßen, hünern und andern gehalten und keinem erlaubt werden, daßelbe // beÿ tag oder nachts auff die gassen zu werffen.

137. Beÿ entstehender feuersgefahr sollen die meÿer und dorffsführer, dann auch alle einwohner zur rettung beÿspringen.

Da sich auch begäbe, daß (Gott wolle es gnädiglich verhüten) ein feuer beÿ einem jnnwohner deß dorffs auskäme, und deßelben beläutet oder beschriehen würde, sollen die meÿer und burgermeister, wie auch die ganze gemeindt, alßobaldt ohnverzüglich zuspringen und retten helffen. Darnechst, wenn schon das feuer nicht weiters gegriffen, soll der besizer selbigen haußes um seines unfleißes willen, nach erkenntnuß der dorffherrschafft gebührend gestrafft, und solche gemeine buß, vorbehaltlich der obrigkeitlichen straff, an gemeine gebäude im dorff angewendet werden.

138. Wenn arbeiten in der gemeind zu thun, weeg und steeg zu bessern, auch andres zu verrichten, soll jeder auff das gebot beÿ straff ungesäumt erscheinen.

Welchem zur beßerung der weeg, steeg oder andern arbeiten in der gemeindt gebotten wird, und[188] ohne genugsame ursache außen bleibt, deßen straff soll seÿn der gemeinde 30 xr. Derjenige aber, so mit pferdt und wagen in der gemeindt zu dienen gebotten wird, und darüber außen bleibt, ist mit einen gulden in die gemeinde zu verbüßen.

139. Die gemeine dienstfuhren, item soldaten fuhren etc. nach eines jeden haltenden anspann außzuschlagen.

Beÿ dorffsdiensten soll jeder, // so viel stück anspann derßelbe hat, und die waidt genießet, eben so viel fuhren thun. Und auch auff weite oder soldaten fuhren soll es gleicher gestallten gehalten werden.

---

[188] T: „*und*“: danach gestrichen: „*außen bleibt*“.

[140]. Dieße dorffs-ordnung alljährlich 2 mahl zu verleßen.

Schlüßlichen solle dieße dorffsordnung jährlich zweÿmal alß beÿ der burgermeisterwahl und den hirthendingen, dann auch beÿ der rechnungsabhör vor versammelter ganzen gemeindt offentlich abgeleßen werden, und was hierinnen nicht ausgedruckt in begebenden fällen nach der sachen beschaffenheit zur ober- und dorffsherrschafftl. erkanntnuß ausgestellet oder allenfallß nach wichtigkeit der sache zur entscheidung an unßere fürstl.[e] regierung einberichtet und die gemeßentliche verordnung von dar erwarttet werden.
Wir sezen, ordnen und wollen demnach, daß gesammte jnnwohner zu Geilßheim den ganzen begriff dießer dorffsordnung nach allen puncten und articuln jederzeit gehorsamlich beobachten, und gebührend nachleben. Wie auch das oberamt Hohentrüdingen, nebenst denen übrigen dorffsherrschafftl.[n] beamten und verwältern zu Heÿdenheim, Anhaußen und Rechenberg darüber fleißig und ohnabläßig // halten sollen. Behalten unß jedoch bevor solche nach beschaffenheit der zeit und umstände zu aendern, zu mindern, zu mehren oder gar aufzuheben und eine andere zu geben.

Zur urkundt deßen haben wir dieße dorffs- und gemeindt-ordnung in unßern fürstl.[n] hoff- und regierungsrath außferttigen und unßer fürstl.[s] canzleÿ-secret-jnnsiegel daran hängen laßen.
So geben und geschehen, den 18.ten februarii[189] deß ein tausendt, sieben hundert, sieben[190] und fünffzigsten jahrs.
l[oco] s[igilli].

Registraturvermerk: B, Gailßheimer gemeindordnung de a.[o] 1757.

---

189 T, I: „*februarii*“: verbessert aus: „*Junÿ*“. Der vorliegende Entwurf zur Gemeindeordnung („*Concept*“) ist somit wahrscheinlich auf den Monat Juni des Jahres 1756 zu datieren. Die Ausfertigung stammt vom Februar 1757.

190 T: „*sieben*“: verbessert aus: „*sechß*“.

F. Policey und Reichskreis

Im Fränkischen Reichskreis[1] nahm die *„gute"* Policey – im Blick auf andere Reichskreise war dies keine Selbstverständlichkeit – eine Schlüsselrolle ein. Der zuletzt oft in Nürnberg sich versammelnde Kreistag sollte als einziger unter den zehn Reichskreisen, deren Kompetenzen 1555 auf dem Augsburger Reichstag[2] nochmals gestärkt wurden, eine eigene Kreispoliceyordnung[3] verabschieden. In anderen Reichskreisen wurde zwar über eine für alle Kreisstände gültige Policeyordnung ausgiebig debattiert, doch entschloss man sich letztendlich entweder für die Übernahme der Regelungen aus der Reichspolicey oder für eine Kooption territorialer Ausführungen.[4] In anderen Fällen verwies man gerne auf die Kompetenz des Reichstags oder anderer reichsständischer Beratungsformen.[5] Die

---

1 Einschlägig zum Verhältnis der Reichskreise zur Policeyforschung zuletzt: Wolfgang Wüst (Hg.), Der Fränkische Reichskreis – Fakten, Fragen und Forschung (Fränkische Arbeitsgemeinschaft e.V., Heft 5), St. Ottilien 2020; Rudolf Endres, Wirtschafts- und sozialpolitische Ansätze im Fränkischen Reichskreis, in: Wolfgang Wüst (Hg.), Reichskreis und Territorium, S. 179–193; Johannes Burkhardt, Wer hat Angst vor den Reichskreisen? Problemaufriss und Lösungsvorschlag, in: Wolfgang Wüst/Michael Müller (Hg.), Reichskreise und Regionen im frühmodernen Europa – Horizonte und Grenzen im *spatial turn*. Tagung bei der Akademie des Bistums Mainz, Erbacher Hof, 3.–5. September 2010 (Mainzer Studien zur Neueren Geschichte 29), Frankfurt am Main u. a. 2011, S. 39–60; Nicola Humphreys, Der Fränkische Kreistag 1650–1740; Bernhard Sicken, Die Bamberger Direktorialgesandtschaft im Fränkischen Reichskreis: Zur Kritik am Aufwand in der Aufklärungsepoche, in: JfL 79/80 (2020), S. 193–223.

2 Peter Claus Hartmann, Der Augsburger Reichstag von 1555 – ein entscheidender Meilenstein für die Kompetenzerweiterung der Reichskreise, in: Wolfgang Wüst/Georg Kreuzer/Nicola Schümann (Hg.), Der Augsburger Religionsfriede 1555. Ein Epochenereignis und seine regionale Verankerung (ZHVS 98), Augsburg 2005, S. 29–36.

3 Ihre Druckfassung ist Teil dieser Publikation. Die Aussagen zur Singularität der fränkischen Verhältnisse stehen unter dem Vorbehalt unserer heutigen Quellenkenntnis. Trotz intensiver Grundlagenforschung der letzten Jahre ist die gewaltige Archivüberlieferung zu den Reichskreisen bis heute keineswegs abgeschlossen. Neue Quellenfunde sind demnach nicht ausgeschlossen.

4 Udo Gittel, Die Aktivitäten des Niedersächsischen Reichskreises, S. 241–252.

5 Helmut Neuhaus, Von Reichstag(en) zu Reichstag. Reichsständische Beratungsformen von der Mitte des 16. bis zur Mitte des 17. Jahrhunderts, in: Heinz Duchhardt/Matthias

Singularität der fränkischen Kreisinitiative des Jahres 1572 ist noch in einem weiteren Punkt bemerkenswert. Der Informationsaustausch unter den zehn Reichskreisen basierte über die von 1554 bis 1577 einberufenen Reichskreistage und die „*ordentlichen*" Reichsdeputationstage – sie wurden 1555 eingerichtet – im Entstehungsjahr der fränkischen Kreisordnung durchaus auf einer breiten, institutionalisierten Grundlage. Wissenstransfer von Kreis zu Kreis war somit seit dem ersten Reichskreistag, der sich im Herbst 1554 zu Frankfurt am Main als eine Art „*General Craiß Versamblung*", ja als ein „*gemaine*[r] *Kraistag aller Krais*" inszeniert hatte, vor allem in policeylichen Angelegenheiten gegeben.[6] Trotzdem wurden die Beschlüsse des Jahres 1572 zu einem Alleinstellungsmerkmal im Fränkischen Kreis.

Für die fränkische Ordnung scheint der Blick auf die ältere Policey im Reich zu einem deutlichen Themenschwerpunkt in sozioökonomischer Ausrichtung geführt zu haben. Kapitelüberschriften wie „*Von den hochzeiten*", „*Von kindtauffen vnd kindschencken*", „*Von kirchweihen*", „*Von leickkauffen*", „*Von gastungen*", „*Von teurer zerung bey den wirten*", „*Becken vnd mülordnung*", „*Von den betlern vnd wie die haußarme leut zuerhalten*", „*Gartierende landtsknecht vnd herrenloß gesind belangend*" sprechen im sozialen Fokus eine deutliche Sprache.

SCHNETTGER (Hg.), Reichsständische Libertät und habsburgisches Kaisertum (Veröffentlichungen des Instituts für Europäische Geschichte Mainz, Beiheft 48), Mainz 1999, S. 135–149.

6 Helmut NEUHAUS, Reichsständische Repräsentationsformen im 16. Jahrhundert. Reichstag – Reichskreistag – Reichsdeputationstag (Schriften zur Verfassungsgeschichte 33), Berlin 1982, S. 205 f.; DERS., Die Rolle der Mainzer Kurfürsten und Erzkanzler auf Reichsdeputations- und Reichskreistagen in der zweiten Hälfte des 16. Jahrhunderts, in: Peter Claus HARTMANN (Hg.), Kurmainz, das Reichserzkanzleramt und das Reich. Am Ende des Mittelalters und im 16. und 17. Jahrhundert (Geschichtliche Landeskunde 47), Stuttgart 1998, S. 121–135.

Abb. 39: Der Fränkische Reichskreis, „Cercle de Franconie", 1740. Kupferstich von Jaillot b. Reinier & Josua Ottens, Amsterdam 1740. Bildnachweis: Friedrich-Alexander-Universität Erlangen-Nürnberg, Department Geschichte.

Dagegen sind Delikte des Gottes-, Kirchen- und Religionsfrevels oder die Warnungen vor Fluchen, Lästern und Meineid knappgehalten, zierten sie doch ausführliche erste Titelnummern in den drei Reichspolicey-Ordnungen des 16. Jahrhunderts. Die Kreisordnung nimmt darauf direkten Bezug: „*Als wie wissentlich/ zu förderst inn hailiger göttlicher schrifft/ vnd dann in gaistlichen ja auch in weltlichen rechten/ vnd auff denen biß dahero gehaltnen Reichstägen/ die gotslesterung vnd gottsschwür/ bey hohen peenen vnd straffen verpotten/ so erfindt sich doch jetzt leider/ wes gleich auff beschehne Reichsbeschluß von churfürsten vnd stenden deß Reichs sindhero/ derwegen/ in iren churfürstenthumben/ gepieten/ herrschafften/ angezognen gottslesterns halben/ für ernstliche mandata vnd befelch außgehen haben lassen.*"[7]

Wie eng der thematische Schulterschluss unter Reichsinstitutionen sein konnte, zeigt die Tatsache, dass zeitgenössische Werkausgaben der Reichsgesetze neben

[7] Wolfgang Wüst, Die „gute Policey" im fränkischen Reichskreis, S. 192.

den Vorlagen aus dem Reichstag die „*Abschiede*“ der Kreiskonvente und Deputationen druckten.[8] Der Erlass einer gesamtfränkischen Policeyordnung[9] steht für die Entschlusskraft aller Kreismitglieder. In erster Linie kam das Gesetz aber dank der Führungskompetenz kreisausschreibender Fürsten zustande. Das Amt teilten sich die Fürstbischöfe von Bamberg und die Hohenzollern als Markgrafen zu Ansbach, Kulmbach und Bayreuth. Letztere vereinbarten über das Ausschreibeamt, das in einem dreijährigen Wechsel zwischen der Herrschaft „*ob den Gebirg*“ und „*unter dem Gebirg*“ alternierte, einen dynastischen Ausgleich. Insgesamt steht die Funktion der Kreispolicey aber für den Erfolg solidarischen Handelns. Noch im Jahr 1786 konstatierte ein Offizier im Dienst des Reichskreises dieses Spezifikum frühmoderner Herrschaftsstruktur: „*Die Kreisverfassung begreift* [...] *von einander unabhängige Staaten. Im ganzen genommen stellt der Convent den Souverain oder die gesätzgebende Macht dar. Bei den Versammlungen siegt die Mehrheit der Stimmen.*“[10] Erläuternd fügte er hinsichtlich der Aufgaben und Grundlagen dieser grenzüberschreitenden Verbindung hinzu: „*Solche independente Staaten treten zur Beförderung ihrer allseitigen sowohl einheimischen als auswärtigen politischen Angelegenheiten und Sicherheit in eine gesellschaftliche Vereinbarung.*“[11] Verhaltene Zustimmung kam zudem noch von anderer Seite. Selbst die fränkische Reichsritterschaft entzog sich dem Einfluss des Reichs- und Kreispolicey-Rechts keineswegs. Die Kreisbestimmungen wurden im Namen eigener Gesetzesmacht den Untertanen anbefohlen. 1772 erneuerte die Korporation für alle fränkischen Kantone in einer revidierten Fassung die Grundlagen von 1659, die ihrerseits Anleihe an der Gesetzgebung des Reiches im 16. Jahrhundert nahmen. „*Des Heiligen Römischen Reichs ohnmittelbar-freyer Ritterschaft, der sechs Ort in Franken erneuerte, vermehrte und confirmirte Ordnungen: samt deroselben von denen Römischen Kaisern und Königen, allerhöchst-löblichster Gedächtniß, erlangten renovirten und confirmirten Privilegien und Befreyungs-*

[8] Helmut NEUHAUS, Zwänge und Entwicklungsmöglichkeiten reichsständischer Beratungsformen in der zweiten Hälfte des 16. Jahrhunderts, in: ZHF 10 (1983), S. 279–298.

[9] Ihre Akzeptanz in den Gebieten der Reichsritterschaft stellt allerdings ein gesondertes Problem dar.

[10] StA Bamberg, H 3, Nr. 245.

[11] Bernhard SICKEN, Leitungsfunktionen des Fränkischen Kreise im Aufklärungszeitalter: Zwischen Standesvorzug und Sachkompetenz, in: Wolfgang WÜST (Hg.), Reichskreis und Territorium, S. 149–175.

Briefen, auch Kaiserlichen Rescripten"[12] war ein legislativer Brückenschlag zwischen dem Reich, dem Fränkischen Reichskreis und den regionalen Kantonen der Reichsritterschaft. Dazu zählten die Kantone Odenwald – bis 1764 befand sich die Kanzlei in Heilbronn –, Gebirg/Gebürg (Sitz in Bamberg), Rhön-Werra (Sitz in Schweinfurt mit je einem saalischen, mainfränkischen und hennebergischen Quartier), Steigerwald (Sitz in Erlangen), Altmühl (Sitz in Esslingen) und Baunach (Sitz in Rügheim bis 1778, anschließend in Nürnberg).

Abb. 40: Fränkischer Reichskreis von Gillaume Sanson (1633–1703), nach 1633. „Le Cercle de Franconie subdivisé en touts les Estats qui le composent Le Cercle de Franconie ou sont Les Eveschés de Wurtzburg, de Bamberg, et d'Aichstet, Les Estats du Grand Maistre des Chevaliers Teutons, Les Marquisats de Cullembach, et d'Ohnspach, Les Comtés d'Henneberg, d'Holach, de Reineck, de Wertheim, d'Erpach, de Schwartzenberg, et de Castel, Les Baronies de Limpurg, et de Sensheim, et Les Villes Imperiales de Nurenberg, de Rotenburg, de Schweinfurt, de Windsheim, et de Weissenburg/ Par le Sr. Sanson, Geographe Ordinaire du Roy; F. C. fec.". Bildnachweis: Kartensammlung Moll 0003.871, URL: mapy.mzk.cz.

12 Der Druck umfasste 346 und XLI Seiten mit zwei Kupferstichen.

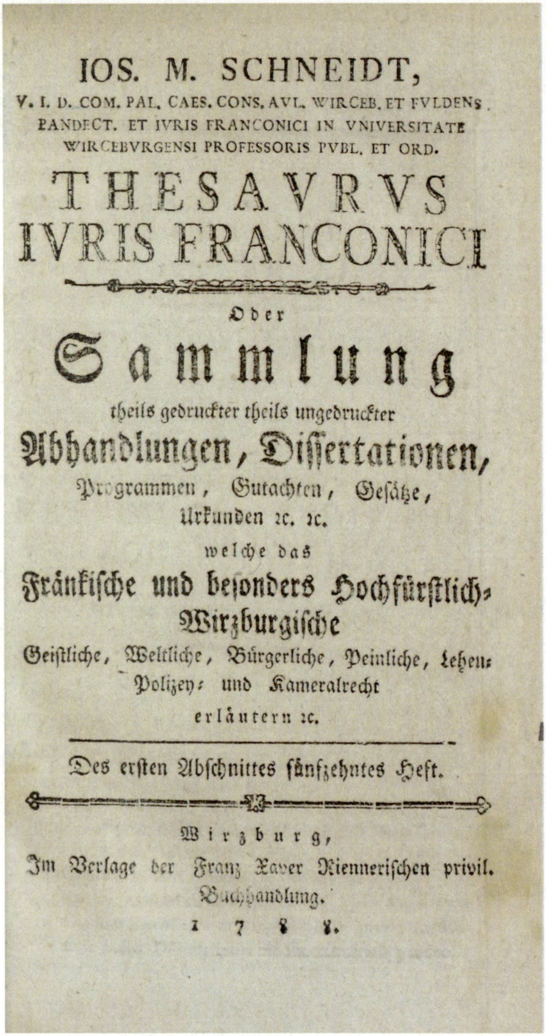

IOS. M. SCHNEIDT,

V. I. D. COM. PAL. CAES. CONS. AVL. WIRCEB. ET FVLDENS. PANDECT. ET IVRIS FRANCONICI IN VNIVERSITATE WIRCEBVRGENSI PROFESSORIS PVBL. ET ORD.

THESAVRVS IVRIS FRANCONICI

Oder

Sammlung

theils gedruckter theils ungedruckter

Abhandlungen, Dissertationen,

Programmen, Gutachten, Gesätze, Urkunden rc. rc.

welche das

Fränkische und besonders Hochfürstlich-Wirzburgische

Geistliche, Weltliche, Bürgerliche, Peinliche, Lehen- Polizey- und Kameralrecht

erläutern rc.

Des ersten Abschnittes fünfzehntes Heft.

Wirzburg,

Im Verlage der Franz Xaver Riennerischen privil. Buchhandlung.

1788.

Abb. 41: „Thesavrvs Iuris Franconici, Oder Sammlung theils gedruckter, theils ungedruckter Abhandlungen, Dissertationen […], welche das Fränkische und besonders hochfürstlich=Wirzburgische Geistliche, Weltliche, Bürgerliche, Peinliche, Lehen=, Polizey=- und Kameralrecht erläutern [et]c.“, Würzburg 1787–1794, hier: 1788. Bildnachweis: UB Heidelberg, URL: https://digi.ub.uni-heidelberg.de/diglit/thesaurus_iuris_franconici_1_1788_15.

Zu Recht erkannte die Forschung in der Initiative des Kreises ökonomische Weitsicht und kennzeichnete die Ordnung als zukunftsweisende Maßnahme. Die Überlegungen in Richtung fränkischer Wirtschaftsunion – allerdings wurden sie mit Rücksicht auf benachbarte Reichskreise nicht mit letzter Konsequenz umgesetzt – waren begleitet von einer sozialen Komponente. Sie führte zu einem Luxus- und Konsumverzicht bei Taufen, Hochzeiten und Dorffesten, in Franken insbesondere auch bei Kirchweihen. Ferner sprach sich die Policeyordnung für Spekulationsverbote im Agrarbereich aus, um die Versorgung der Bevölkerung zu gewährleisten. Dieser Schritt beinhaltete eine Preisbindung im Binnenmarkt für die Mehl-, Korn- und Getreidehändler.[13] Dies bedeutete andererseits nicht, dass die fränkischen Kreisstände alles an den Reichskreis delegiert hätten. So gelang es nicht, im Gegensatz zum Schwäbischen Reichskreis,[14] multiterritoriale Zucht- und Arbeitshäuser zu errichten. Die größeren Territorien – speziell die Reichsstadt Nürnberg[15] und das Fürstentum Brandenburg-Bayreuth[16] – hatten im Zuchthausbau eigene Vorsorge betrieben. So erschien beispielsweise zeitgleich zur Kreispolicey im Nürnberger Landterritorium die spezifische „*Vernewte Polliceyordnung/ Mandata vnd Gesetz/ Jaͤrlich am Ersten oder Andern Sontag in der Fasten/ auff dem Lande zuuerkuͤnden*", die im Verlagshaus Gerlatz 1572 in Druck ging.[17] Das Haus Brandenburg zog nach, zuletzt 1672 mit einer ergänzten, über 100 Seiten umfassenden Ausgabe als „*Erneuert- und vermehrte Policey-Ordnung, Deß Durchleuchtigsten Fürsten und Herrn, Herrn Christian Ernsten, Marggrafens zu Brandenburg: Zu Dero Lande und Fürstenthume, Burggrafthums Nürnberg, Oberhalb Gebürgs, Wolfarth, Nutz und Besten, bey jetzigen sehr beschwehrlichen Leüfften und Zeiten verfasset und ausgefertiget*".[18] Für

---

13 Hans-Heinrich Kaufmann, Der Gedanke fränkischen Gemeinschaftsgefühls in Politik und Geschichte des fränkischen Reichskreises, in: Archiv des Historischen Vereins von Unterfranken 69 (1931/34), S. 190–242, hier: S. 205.

14 Karl Brauns, Das Zucht- und Arbeitshaus in Ravensburg 1725–1808, in: ZWLG 10 (1951), S. 158–165; Beate Fuhl, Randgruppenpolitik des Schwäbischen Kreises im 18. Jahrhundert: Das Zucht- und Arbeitshaus zu Buchloe, in: ZHVS 81 (1988), S. 63–115.

15 Marlene Sothmann, Das Armen-, Arbeits-, Zucht- und Werkhaus in Nürnberg bis 1806 (Nürnberger Werkstücke zur Stadt- und Landesgeschichte 2), Nürnberg 1970.

16 Rudolf Endres, Das „Straf-Arbeitshaus" St. Georgen, S. 89–128.

17 UB Würzburg, 50/Rp 26,1058. Es handelt sich dort um ein Exemplar aus der ehemaligen Fürstlich Löwenstein-Wertheim-Freudenberg'sche Bibliothek. Dies spricht für den hohen Verbreitungsgrad des Drucks unter den fränkischen Kreisständen.

18 UB Bayreuth, Zentralbibliothek, Historischer Verein, 108 Seiten. Signatur: 45/NS 5953 E1.

die Reichsstadt Schweinfurt edierte man im 19. Jahrhundert eine große „*Sammlung der ortspolizeilichen Vorschriften für die Stadt Bamberg: nebst den einschlägigen Königlichen Allerhöchsten Verordnungen und oberpolizeilichen Vorschriften für Oberfranken zum Reichsstraf- und Polizeistrafgesetzbuche* [...]" mit Register und Querverweisen zu einschlägigen Reichspoliceygesetzen.[19] Die wenigen Beispiele waren nur die Spitze eines legislativen Eisbergs. Die Gesetzeserneuerung im Reichskreis verhinderte demnach nicht, dass sich fränkische Territorien und Städte eigene Ordnungen zurechtzimmerten. Sie wurden dann im 18. Jahrhundert Gegenstand historischer Reflektionen, wie es der von Joseph Maria Schneidt[20] herausgegebene umfangreiche „*Thesavrvs Ivris Franconici*" mit Quellen zum Würzburger Fürstbistum exemplarisch belegt.

Spätmittelalter und beginnende Neuzeit markierten die Zeit des Übergangs von der „offenen" Verfassung zur „gestalteten" administrativen Verdichtung,[21] mit zunehmender obrigkeitlicher Steuerung, aber auch mit dem Beginn staatlicher Fürsorge und Verwaltung, der „*guten*" Policey. Es ist kein Zufall, dass gerade die Geschichte der Armenfürsorge unter dem Aspekt von Disziplinierung untersucht wurde,[22] und dass sowohl von der Pädagogik als auch von den Poli-

---

[19] Andreas FEULNER, Sammlung der ortspolizeilichen Vorschriften für die Stadt Bamberg: nebst den einschlägigen Königlichen Allerhöchsten Verordnungen und oberpolizeilichen Vorschriften für Oberfranken zum Reichsstraf- und Polizeistrafgesetzbuche, der Reichsgewerbeordnung und Gemeindeordnung nebst dem Wortlaute der betreffenden Gesetzesstellen, Bamberg 1886; Hans-Jürgen KAATSCH, Polizeigesetzgebung in Schweinfurt. Eine Darstellung anhand der reichsgesetzlichen Grundlagen und der reichsstädtischen Polizeiordnungen (Mainfränkische Studien 27), Diss. Würzburg 1976, Schweinfurt 1982.

[20] Joseph Maria SCHNEIDT, Thesavrvs Ivris Franconici, Oder Sammlung theils gedruckter, theils ungedruckter Abhandlungen, Dissertationen, Programmen, Gutachten, Gesätze, Urkunden [et]c. [et]c., welche das Fränkische und besonders hochfürstlich=Wirzburgische Geistliche, Weltliche, Bürgerliche, Peinliche, Lehen=, Polizey=- und Kameralrecht erläutern [et]c., Würzburg 1787–1794.

[21] Peter MORAW, Von offener Verfassung zu gestalteter Verdichtung: das Reich im späten Mittelalter 1250–1490 (Propyläen-Geschichte Deutschlands 3), Berlin 1985.

[22] Martin DINGES, Frühneuzeitliche Armenfürsorge als Sozialdisziplinierung? Probleme mit einem Konzept, in: Geschichte und Gesellschaft 17 (1991), S. 5–29; Robert JÜTTE, Obrigkeitliche Armenfürsorge in deutschen Reichsstädten der Frühen Neuzeit. Städtisches Armenwesen in Frankfurt am Main und Köln (Kölner Historische Abhandlungen 31), Köln 1984; Ulrich EISENBACH, Zuchthäuser, Armenanstalten und Waisenhäuser in Nassau. Fürsorgewesen und Arbeitserziehung vom 17. bis zum Beginn des

tikwissenschaften[23] Impulse zur Beschäftigung mit Policeytexten ausgingen. In Franken sah der Reichskreis jedenfalls Handlungsbedarf. Im Vorspann begründete die Kreiskanzlei in Bamberg ihr Vorgehen mit fehlender Akzeptanz älterer Vorlagen. Mit Blick auf die Interessenlage erklärte man 1572 bescheiden, dass weitergehende Initiativen seitens der Länder unberührt bleiben sollen: *„Also der löblich Frenckische Reichs Kraiß/ sich inn allen deß Reichs kraiß beschlussen/ gehorsams fleiß/ sich vnderwürffig zu machen/ schuldig erkennet/ vnnd in berürtem als wol andern kraisen/ angemelte Reichs beschloßne Policey Ordnung vnd reformation wenig bißanhero/ vnd zum thail gar nicht/ wie sich wol zu thun gepürt hette/ angestellet noch gehalten/ vnd aber in etlichen eingerissnen mißbreuchen/ nottürfftige fürsehung zuthun/ die höchliche notturfft erfordern will. Derowegen haben fürsten vnnd stende/ mehrgemelts Frenckischen Kraiß/ sich etlicher vnd diser zeit notwendiger puncten/ auch also vnd mit ernst in jren fürstenthumben/ vnd gebieten darob zu halten/ Doch wo die von einem oder dem andern stande weiter/ dann hierinn gesetzt/ verbessert werden kan/ vnbenommen/ wie volgt/ veraint vnd verglichen.“*[24] Die Bemühungen des Kreises liefen zeitlich parallel zu den Initiativen im Reichstag. 1577 verfasste und verabschiedete man dort *„Der Röm. Keyserl. Maiest. reformirte und gebesserte Policey Ordnung zu befürderung gemeines guten bürgerlichen wesen und nutzen auf Anno MDLXXVII.“* zu Frankfurt am Main.[25]

19. Jahrhunderts (Veröffentlichungen der Historischen Kommission für Nassau 56), Wiesbaden 1994; Rudolf Endres, Das Armenproblem im Zeitalter des Absolutismus, S. 1003–1020; Ders., Armenstiftungen und Armenschulen in Nürnberg in der Frühneuzeit, in: JfL 53 (1992) = Festschrift für Alfred Wendehorst zum 65. Geburtstag, S. 55–64.

23 Hans Maier, Die ältere deutsche Staats- und Verwaltungslehre (Polizeiwissenschaft). Ein Beitrag zur Geschichte der politischen Wissenschaft in Deutschland (Politica 13), Neuwied/Rhein 1966; Ders., Artikel „Polizei“, in: HRG 3 (1984), Sp. 1800–1803; Matthias Weber, Die Schlesischen Polizei- und Landesordnungen der Frühen Neuzeit (Neue Forschungen zur Schlesischen Geschichte 5), Wien 1996, S. 3–7; Michael Stolleis, Geschichte des öffentlichen Rechts in Deutschland.

24 UB Augsburg, Oettingen-Wallerstein-Bibliothek, 02/XII.6.2.16 angeb. 5; Wolfgang Wüst, Die „gute Policey“ im fränkischen Reichskreis, S. 189.

25 Eine der zahlreichen Standorte: UB Augsburg, Oettingen-Wallerstein-Bibliothek, 02/XII.5.2.1-2.

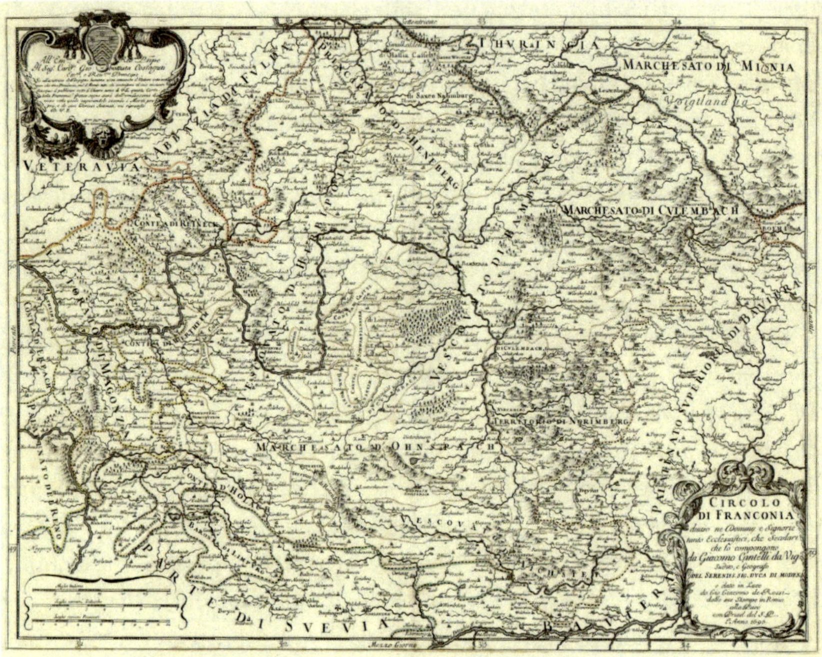

Abb. 42: Fränkischer Reichskreis von Giacomo Cantelli (1643–1695), nach 1643. „Circolo di Franconia diuiso ne Dominij e Signorie tanto Ecclesiastici, che Secolari che lo compongono da Giacomo Cantelli da Vig. Sudito, e Geografo del Sereniss. Sig. Dvca di Modena e data in Luce da Gio Giacomo de Rossi dalle sue Stampe in Roma alla Pace con Priuil. del S. P. l'Anno 1690; All. Emmo., e. Reumo. Pnpe. Il Sigr. Gio: battista Costaguti Emmo., e Reumo. Prencipe. Se all'acutezza dell'Ingegno homano uien concesso il Mettere sotlo occhio non che Vna Prouincia, mà il Mondo tutto: chi contrastarà al mio costante Ossequio il publicare sotto il Chiaro nome di V.E. questa Carta della Franconia franco segno sarà dell'vmilissima divozione colla quale augurandole secondo i Meriti proprii, e de suoi Gloriosi Antenati, mi reprotesto Di V.E. Humo. Diumo. et Assmo. Seruo. Gio: Ciacomo Rossi". Bildnachweis: Kartensammlung Moll 0003.876, URL: mapy.mzk.cz.

Policey ordnung des loeblichen Frenckischen Reichskrayß vom 12. Mai 1572

Policey ordnung[26] **des loeblichen Frenckischen Reichskrayß** [vom 12. Mai 1572]

Des loeblichen Frenckischen Reichskrayß/ verainte vnd verglichne Policey ordnung etlicher puncten vnd Artickeln/ welche gleichwol die Roem[isch] Kay[serliche] May[estaet] vnsere aller genedigste Herren/ auff etlichen zu Augspurg[27] vnd andern orten gehaltnen Reichstaegen/ einem jeden Stand vnd Glied des Roemischen Reichs in seinen Oberkaiten vnd Gepieten dess vnd anderswegen/ vnd darob haltende fuersehung zuthon beuolhen. [12. Maij] **M.D.LXXII.**

Mit Roemischer Key. Maiestet Freyheit/ auff Sechs Jar nicht nachzudrucken.

Gedruckt zu Nuernberg/ durch Dieterich Gerlatz.[28] // [1]

Demnach weilend die abuerstorbnen Roem. Kayserlich May. hochloeblichster vnnd seligster gedechtnuß/ auff deren gehaltnen Reichstaegen/ mit sonderlichen aller Chur vnd Fuersten/ auch Stenden deß heiligen Roemischen Reichs bewegung/ vorbetrachtung vnnd verabschidung/ allergnedigst ein Policey Ordnung zu befuerderung deß auff im gantzen Roemischen Reich/ gemaines nutzs richten vnd in Truck

26 Digitalisiert als VD 16, F 2289. Gedruckt im Verlagshaus Dietrich Gerlatz zu Nürnberg, 12.5.1572 (MDLXXII). Das Exemplar ist angebunden an den Druck der „*Römischen Keyserlichen Maiestat reformirte vnd gebesserte Policey Ordnung/ zu befürderung gemeines guten bürgerlichen wesen vnd nutzen/ auff Anno MDLXXVII zu Franckfort gehaltenem Reichs Deputation tag verfast vnd auffgericht*", Mainz (Franciscus Behem) 1578. Standort: UB Augsburg, Oettingen-Wallerstein-Bibliothek, 02/XII.6.2.16 angeb. 5. Weitere Exemplare mit leicht abweichenden Textvarianten befinden sich in: UB Würzburg, 50/Franc. 1018; UB Eichstätt, 21/1 BO B IV 9 angeb. 2; BSB, 4 J.publ.g.1174#Beibd.3; 4 L.impr.c.teg. mss.8. – Die hier edierte Druckfassung bezieht sich auf das Exemplar: BSB, 4 J.publ.g. 1174#Beibd.3.

27 Gemeint sind hier die Reichstage, auf denen die Policeyordnungen von 1530, 1548 (und 1577) erlassen wurden. Vgl. Matthias WEBER, Die Reichspolizeiordnungen von 1530, 1548 und 1577.

28 Der Drucker und Verleger Dietrich Gerlatz erwarb 1565 nach seiner Heirat das Nürnberger Bürgerrecht. Vgl. Franz KRAUTWURST, „Gerlach, Dietrich", in: NDB 6 (1964), S. 300 f.

außgehen lassen/ Auch etliche Churfu^e^rsten vnnd Stende in iren Chur vnd Fu^e^rstenthumben/ vnd Gebieten darob/ so vil mu^e^glich gehalten. Dieweil aber der löblich Frenckische Reichskraiß/ sich in allen deß Reichß Kraiß beschlossen/ gehorsam fleiß nach/ vnderwu^e^rffig zumachen/ schuldig erkennen/ vnd in berurtem als wol andern Kraisen/ angemelte Reichs beschloßne Policey ordnung vnd Reformation wenig bißanhero/ vnnd zum thayl gar nicht/ wie sich wol zu thun gepu^e^rt hette/ angestellet noch gehalten/ vnd aber in etlichen eingerissnen mißbreuchen/ nottu^e^rfftige // [2, 3] fu^e^rsehung zuthun/ die ho^e^chliche notturfft erfordern will. Derowegen haben Fu^e^rsten vnd Stende/ mehrgemelts Frenckischen Kraiß/ sich etlicher vnd diser zeit notwendiger puncten/ auch also darob vnd mit ernst in jren Fu^e^rstenthumben/ vnd Gebieten daru^e^ber zu halten/ Doch wo die von einer oder der andern Stande weiter/ dann hierinn gesetzt/ verbessert werden kan/ vnbenommen/ wie volgt/ veraint vnd verglichen. // [4]

Volgen die Artickel, welcher sich Fu^e^rsten vnd Stende deß Frenckischen Kraiß verglichen. […] // [5]

[1.] Von Gottsschwu^e^ren vnd Fluchen.

Als wie wissentlich/ zu fo^e^rderst inn hailiger go^e^tttlicher Schrifft/ vnnd dann in Gaistlichen ja auch in weltlichen Rechten/ vnd auff denen biß dahero gehaltnen Reichsta^e^gen/ die Gotslesterung vnd Gottsschwu^e^r/ bey hohen peenen vnd straffen verpotten/ so erfindt sich doch jetzt leider/ weß gleich auff beschehne Reichsbeschluß von Churfu^e^rsten vnd Stenden deß Reichs sindhero/ Derwegen/ in jren Churfu^e^rstenthumben/ Gepieten/ Herrschafften/ angezognen Gottslesterns halben/ fu^e^r ernstliche Mandata vnd befelch außgehen haben lassen. Das ein zeitlang/ doch nit lang/ daru^e^ber gehalten/ vnnd also wegen dises nachsehens vnd nicht straffens/ allerley Gottesstraff/ so vber Land vnd Leut gehet/ vnd voraugen/ darauß // [6] gefolgt/ vnd ferner Gotteszorn vnd straff/ wo nit gepu^e^rlich vff ernstliche abschaffung beschehen wirdet/ zu gewarten.
Dieweil nun solches der beschwerlichsten u^e^bel ains/ dadurch Gott der almechtig nit allein/ gegen den Gottesschwerern/ sondern auch den Obrigkaiten/ die solches zu wehren schuldig/ vnd also zu beschehen gedulden/ zu den wercken des zorns/ vnnd erschro^e^cklicher zeitlicher vnd ewiger straff/ bewegt werden.

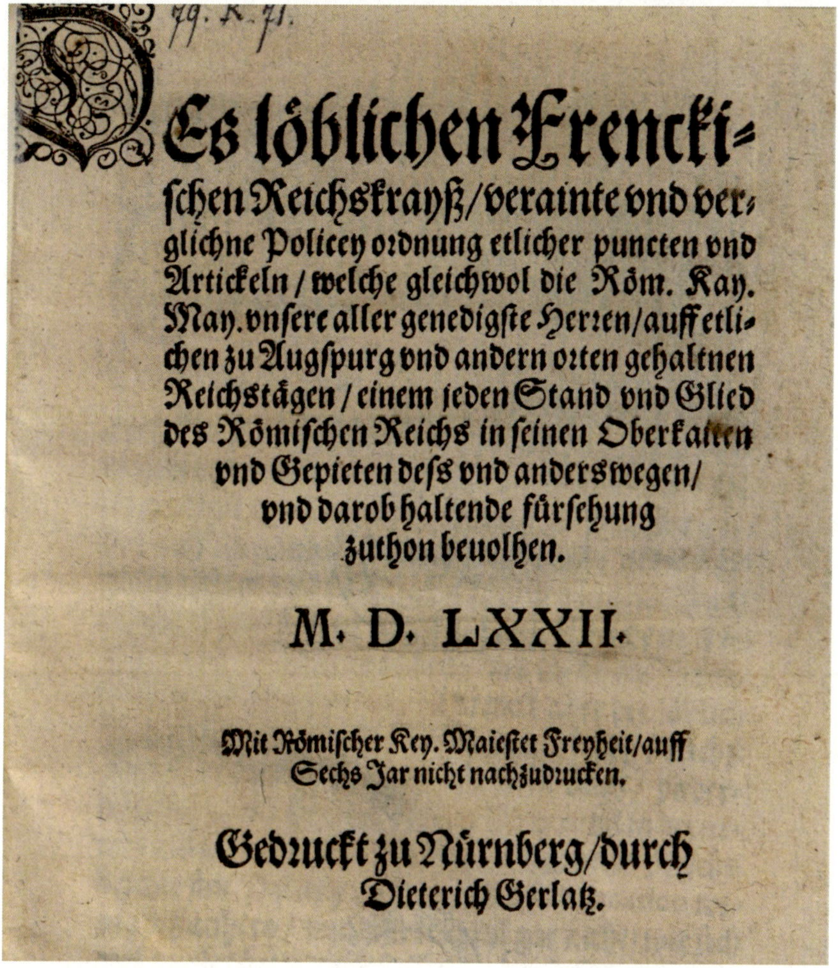

DEs löblichen Frencki-
schen Reichskrayß/ verainte vnd ver-
glichne Policey ordnung etlicher puncten vnd
Artickeln / welche gleichwol die Röm. Kay.
May. vnsere aller genedigste Herren/ auff etli-
chen zu Augspurg vnd andern orten gehaltnen
Reichstägen / einem jeden Stand vnd Glied
des Römischen Reichs in seinen Oberkaiten
vnd Gepieten deß vnd anderswegen/
vnd darob haltende fürsehung
zuthon beuolhen.

M. D. LXXII.

Mit Römischer Key. Maiestet Freyheit/ auff
Sechs Jar nicht nachzudrucken.

Gedruckt zu Nürnberg/ durch
Dieterich Gerlatz.

Abb. 43: Vernewte Polliceyordnung/ Mandata vnd Gesetz/ Jaͤrlich am Ersten oder Andern Sontag in der Fasten/ auff dem Land zuuerkuͤnden, Anno M.D.LXXII. (1572). Bildnachweis: StA Nürnberg, Reichsstadt Nürnberg, Druckschriften 110.

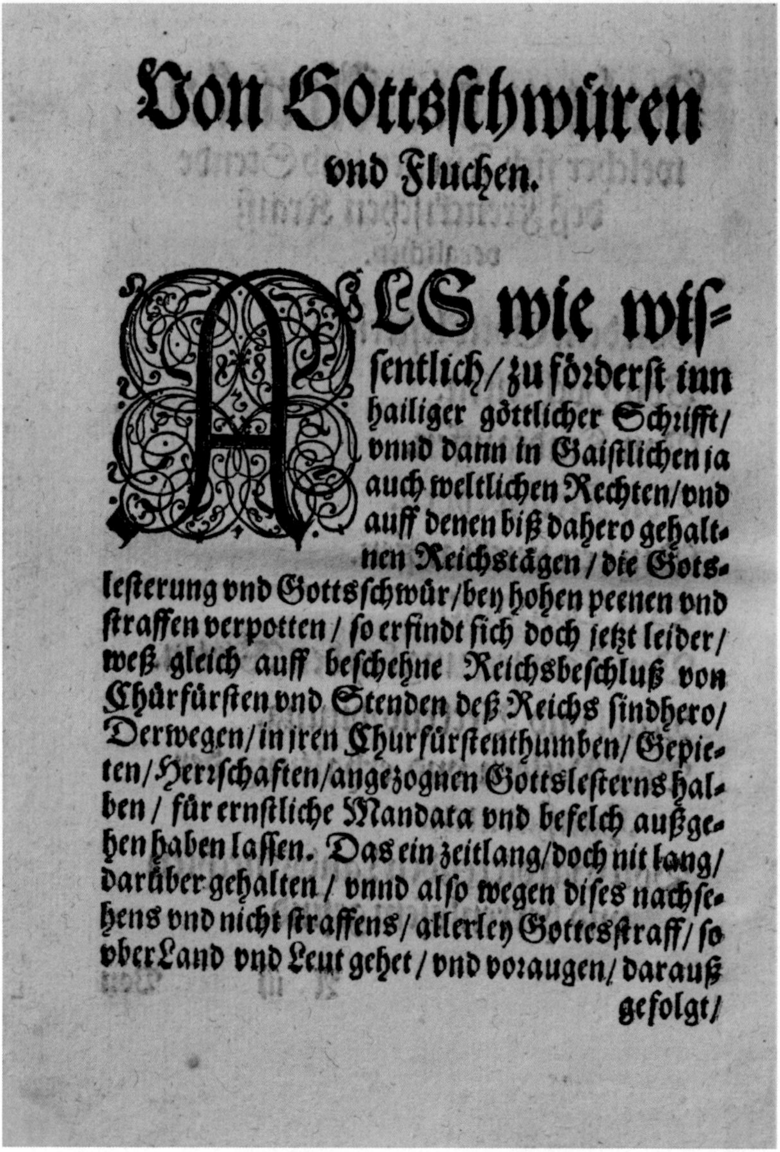

Von Gottsschwüren
vnd Fluchen.

ALS wie wis-
sentlich / zu förderst inn
hailiger göttlicher Schrifft /
vnnd dann in Gaistlichen ja
auch weltlichen Rechten / vnd
auff denen biß dahero gehalt-
nen Reichstägen / die Gots-
lesterung vnd Gottsschwür / bey hohen peenen vnd
straffen verpotten / so erfindt sich doch jetzt leider /
weß gleich auff beschehne Reichsbeschluß von
Chürfürsten vnd Stenden deß Reichs sindhero /
Derwegen / in jren Churfürstenthumben / Gepie-
ten / Herrschaften / angezognen Gottslesterns hal-
ben / für ernstliche Mandata vnd befelch außge-
hen haben lassen. Das ein zeitlang / doch nit lang /
darüber gehalten / vnnd also wegen dises nachse-
hens vnd nicht straffens / allerley Gottesstraff / so
vber Land vnd Leut gehet / vnd voraugen / darauß
gefolgt /

Abb. 44: Die Policeyordnung des Fränkischen Reichskreises, 1572, „Von Gottsschwu^eren vnd Fluchen". Bildnachweis: BSB, 4 J.publ.g. 1174#Beibd.3.

So ist bey disem/ vnd fuernembsten bedacht vnd beschlossen/ das ein jeder Kraißstand/ dises Frenckischen Kraiß/ in seinen Fuerstenthumben/ vnd Gepieten/ ernstliche Mandata/ deß vnd andershalb so hernach eruolgen/ vnd außgehen/ vnd darueber mit ernst halten lassen solle.

Ob wol hiebeuorn lautere fuersehung gethon/ wo jemands weß stands der were/ hinfuro Gott zumessen wuerde/ das seiner Goettlichen // [7] Maiestet vnd Gwalt/ nicht bequem/ oder mit seinen worten/ das jenige so Gott zustehen abschneiden wolt/ als ob Gott ein ding nicht vermoecht/ oder nicht gerecht were/ Gott seine heilige Menschheit/ oder darinn flucht/ oder sonsten dergleichen freuenliche verachtliche lesterwort one mittel wider Gott seine allerheiligiste Menschheit oder die Goettliche Sacrament deß Altars/ oder lesterwort/ one mittel wider die Mutter Christi/ vnsers seligmachers redet/ das der oder dieselben durch die Obrigkeit desselben orts/ erstlich vierzehen tag mit wasser vnd Brodt im Thurn[29] gestrafft/ da aber zum andern mal vbertretten/ an irem Guet nach gelegenheit der vberfarung/ welches haußarmen leuten oder armen Jungfrawen/ zu ehelicher haußsteur gewendt/ vnd wo zum dritten/ am leben/ oder benemmung etlicher glieder peinlich gestrafft zu werden.

So ist doch laider/ dits erschröcklich laster/ also vnd dermassen bey jungen vnd alten eingerissen/ das sich ainer weitern vnd ernstlichern Gottes straff wo das nit abgeschafft/ zu befahrn. // [8]

Auff das aber/ so vil Menschlich vnd mueglich/ solch greulich Gotslestern abgestelt/ So sollen hinfuero alle die jenigen/ hohes vnd niders stands/ jung vnd alt/ inhaimische oder frembde bey der Krafft vnd macht Gottes/ dem leib/ gliedern/ wunden/ marter vnd sacramenten/ vnsers lieben herren Jesu Christi/ dem Leib/ Glieder/ Wunden/ Marter vnd Sacrament/ vnsers lieben Herren Jesu Christi/ offt leichtfertigklichen/ frefenlich[30] vnnd bößlich schweren/ oder vbel[31] ding fluchen/ auch one mittel wider die Mutter Christi/ vnsers Seligmachers redt/ oder die lieben Heyligen frefentlich lestern/ Das derselbig erstlich mit dem Thurn/ viertzehen tag mit wasser vnd Brot/ fuerter wo zum andern betretten/ mit offentlicher Poenitentz/

[29] Es muss sich dabei nicht zwingend um einen Gefängnisturm handeln. Der Terminus steht für alle Arten von spätmittelalterlichen oder frühneuzeitlichen „Loch“-Gefängnissen, die in der Regel nur kurze Strafzeiten während der Verhöre zuließen.

[30] Frevelhaft.

[31] Übel.

in oder vor der Kirchen/ oder aber mit einer geldtbuß/ nach gestalt der verbrechung/ Da nun vber dits alles/ kein besserung bey solchen personen zu spuͤrn/ als dann der Obrigkait desselben orts/ die selben eintweder am leib peinlich/[32] oder mit verordnung vff die Galeen/[33] zu straffen/ frey gelassen werden solle.

Ein jeder Pfarrner[34] solle die Feyrtaͤge seinem Pfarruolck/ von dem Gottslestern vnnd schweren abzustehen/ ernstlich vnnd mit andern ge= // [9] mainen Gebeten/ das Volck zum treulichsten vermanen/ Gott den allmechtigen bitten/ solch groß vbel der gottslesterung/ vnnd schwuͤrn/ von dem Christlichen volck abzuwenden.

Die Eltern vnd Herrschafften sollen bey iren Kindern vnd Haußgesind/ solches Gotslestern nicht gedulden/ sonder mit gepuͤrendem ernst abschaffen/ wuͤrde sich aber erfinden/ das die Eltern vnd Herrschafft/ solchs nachsehen/ vnd nit straffen/ vnd dessen die Obrigkeit/ in glaubliche erfarung brechten/ gegen denselben/ von dessen Obrigkait/ ernstliche leibstraff fuͤrgenommen zu werden.

Item/ es sollen auch jede Obrigkeit/ fuͤr sich selbsten jre Amptleut vnd diener/ nit allein mit allem fleiß darob zu halten/ sondern auch derwegen zu inquiriren sollen verpflicht vnd schuldig sein. // [10]

[2.] Von den Hochzeiten.

Nach dem vill vnd vbrigs vnkostens/ welcher zu mercklichem nachtheil gemaines nutzs gereicht/ auff Hochzeiten/ vnnd was denselben anhengig/ gewendt wuͤrdet/ vnnd etlichen Stenden des Kraiß/ wie zu sehen/ auß Vaͤterlichem guten wolmainen/ gute vnd nuͤtzliche ordnungen/ auch ernstliche gepot vnd verpot/ deßwegen haben publiciern vnnd außgehen lassen/ daruͤber auch gehalten/ vnd noch vestigklichen vnd steiff/ so vil menschlich vnd muͤglich/ halten.

---

32 Mit Androhung oder Vollzug der Folter.

33 Vgl. zur Galeerenstrafe: Helfried Valentinitsch, Galeerenstrafe und Zwangsarbeit an der Militärgrenze in der Frühen Neuzeit. Zur Geschichte des Strafvollzugs in den innerösterreichischen Ländern, in: Ders./Markus Steppan (Hg.), Festschrift für Gernot Kocher zum 60. Geburtstag (Grazer rechts- und staatswissenschaftliche Studien 59), Graz 2002, S. 331–366; Hans Schlosser, Zwangsarbeit als Strafe und Gnade. Bayerische Straftäter auf der Ruderbank venezianischer Galeeren, in: Alois Schmid (Hg.), Von Bayern nach Italien. Transalpiner Transfer in der Frühen Neuzeit (ZBLG, Beiheft 38), München 2010, S. 225–237.

34 Pfarrherr.

Weil dann bey diesem deß Kraiß Stenden/ auffgerichten Ordnung/ nach gelegenhait der oͤrter vnd Lande/ ein grosse vngleichheit/ mit haltung der Heyrat/ Hochzeittaͤge/ Malzeiten/ vor vnnd nachhochzeiten/ ladung der Personen/ des schenckens vnd anderm sich ereugend/ vnd in disen // [11] jetzt erzelten puncten/ wol ein gleichmessige anstellung inn dem Kraiß von einem jeden Stand zu halten.

Demnach inn krafft der Stende habenden Obrigkait/ auch auß schuldiger pflicht/ vnnd tragenden Ampts/ zu abschneidung eines solchen vbermessigen vnnottuͤrfftigen vnkostens/ vnd vnordnung/ wuͤrdet bey disem punct/ der Hochzeit/ zu abstellung/ solcher beschwerlichen koͤstlichheit/ ein zimlich/ ehrliche/ vnd nuͤtzliche besserung geordnet/. Nemlichen.

Das hinfuͤro an denen orten in den Kraißstetten/ da Handstraiche oder Hingabe/ pflegen gehalten zu werden/ zu solchem mehr nit/ dann zwen Tisch personen/ vnnd an einem Tisch vber zwoͤlff Personen nit zu setzen/ darunter Inwohnische vnnd Frembde/ gefreundte vnd vngefreundte verstanden/ zu laden.

Uff solchen haltenden handstraichen/ oder Hingabstagen/ mehr nicht/ als ain Malzeit // [12] vber vier Richt nicht ainfach/ es sey von Vischen[35] oder Flaisch/ nit gegeben noch auffgesetzt werden/ Welcher darwider leth/[36] setzt/ vnnd am essen mehrers gibt/ der soll der Obrigkait desselben orts/ vnnachlessig straffbar sein.

Vff dem Land vnnd Doͤrffern/ sollen die Malzeiten/ der heyrats oder hingabs tagen/ gar zu enthalten/ verpotten sein/ sondern so Heyraten beschlossen/ zu werden angestellet/ dieselbigen one ainige Wirtschafft halten/ Doch Keeß vnd Brod/ deßgleichen ein trunck/ den Heyratsleuten zu geben vngewehet[37] sein.

[3.] Vordinghochzeit.[38]

Die jenigen so bey den wirten/ Es sey in Stedten oder auf dem Land/ Hochzeit halten/ vnnd die verdingen woͤllen/ die sollen mehr nicht/ dann zwo Malzeit halten/ vnd zu solchen/ vber ain Malzeit dreissig Personen/ Inhaimisch vnd Außlendisch nit laden/ Doch sollen vnter benandte anzal in Stedten/ Breutigam/ Braut/ Vatter

[35] Fisch.

[36] Einlädt.

[37] Unverwehrt.

[38] Hochzeit im engeren Be- und Verwandtenkreis. Begriff und Differenzierung aus älteren Kirchenordnungen entlehnt.

vnnd // [13] Mutter/ Anherr vnd Geschwistergit nicht/ sondern auff dem Lande darein gerechnet werden.

Vnd solle auf solchen verding vnnd Malzeiten/ zu jeder Malzeit/ vier/ abends oder anderstags/ drey Gerichten/ es sey an Vischen oder Flaisch/ vnd daru^e^ber nicht auffgesetzt werden/ vnd von einem geladnen hochzeit Gast/ dem wirt/ mehr nicht dann fu^e^r ein Malzeit/ in Stedten/ zwen vnd sibentzig Pfenning/ auff dem Land ain ort[39] ains Gu^e^ldins dem Wirt/ bezalt vnd gegeben/ vnd des schenckens enthalten/ werden.

Die geladenen hochzeit Gest inn den Stedten vnnd auff dem Land/ sollen sich dessen/ das bißhero in mißbrauch gewest/ mit mitnemung irer Kinder/ vnd Ehehalten/[40] so zur hochzeit nit beruffen/ auch des abschickens an essen vnd anderm/ vnd sonst aller andern vngeschickligkaiten/ durch was schein das geschehen mo^e^chte/ mit fleiß enthalten. // [14]

[4.] Verlaghochzeit.[41]

Welche aber nicht verding/ sonder verlag Hochzeiten/ Es sey in Stedten oder vffm Land halten vnd anstellen/ die sollen/ so in Stedten hochzeit halten/ zweyvnduiertzig[42] auffm Land/ zweyvnddreissig Personen/ darunter Breutigam vnd Braut/ Vatter vnd Mutter/ Anherr vnd Anfraw/ auch deß Breutigams vnd Braut Geschwistergit/ wo die deren hetten/ deßgleichen die Jungfrawen vnnd frembde/ darunter begriffen sein sollen/ vnd mehr nicht laden/ vnd solle gleicher gestalt mit auffsetzen der essen/ wie oben bey den Verdinghochzeiten geordnet/ gehalten werden.

Nach dem aber bey solchen Verlaghochzeiten an etlichen orten/ deß Breutigam vnd Braut/ Handwercken vnd andern/ etlich essen von der Hochzeit zu geben/ gebreuchlich/ vnd damit vil vnnu^e^tzlich vertragen wirdet/ So solle hinfu^e^ro an solchen orten/ dasselbig abgeschafft/ vnd nicht mehr gegeben werden. // [15]

Vor vnd Nachhochzeit/ sollen hinfu^e^ro vff den Verlaghochzeiten/ hiedurch gar abgethan/ vnd abgeschafft vnnd nicht mehr dann drey Malzeiten/ die zwen Hochzeitta^e^g gehalten werden.

---

39 Münzeinheit, Zahlungsmittel.

40 Gesinde.

41 Eine Hochzeit im größeren Be- und Verwandtenkreis.

42 42.

Die frembden so zur hochzeit beruffen/ vnd abends vor der hochzeit einkommen/ die sollen allain/ entweder bey dem/ dabey sie einkern/[43] oder im Hochzeithauß/ vnd so lang sie bey der hochzeit verharren/ on ainig zu laden/ anderer Personen/ mit nottuͤrfftiger vnterhaltung/ vnd kainem vberfluß enthalten vnd bewirth werden.

[5.] Von Kindtauffen vnd Kindschencken.

Als ebner gestalt auff gehaltnen Reichstaͤgen/ diese in den Reichsabschiden/ versehung geschehen/ das ein jeder in seinem Fuͤrsten= // [16] thumb/ Graue=[44] vnd Herrschafften/ Obrigkaiten vnd Gepieten/ den vnkosten der Kindtauffen/ vnd Kindbetten/ abstellen/ auch denselbigen ain zimliche gute Ordnung zu machen/ vnd solchs mit darauff gesetzter Bussen vnd straffen/ vnd nachlessigs[45] handhabt werde.

Obwol sich erfindt/ das in dem Frenckischen Kraiß vnnd bey dessen etlichen Stenden/ derwegen gute Ordnung angestellet/ Hergegen bey andern/ grosser vnnottuͤrfftiger vnkost/ vnd solcher mißbrauch/ der wol vnd billich/ viler vrsach willen abzuschaffen/ eingerissen.

Derwegen ist im gantzen Frenckischen Kraiß/ hinfuͤro in den Stedten/ vnd vff dem Lande/ also zu halten/ Wann ain schwangere Fraw/ mit der gnaden Gottes/ jrer buͤrde der geburt entladen/ vnd solchs geborn Kindlein zu der Tauff getragen/ Das zu der Kindbetterin willen vnd gefallen stehen soll/ vil oder wenig Frawen/ von Gefreundten oder vngefreundten zu solcher Christlicher Tauff/ zu beruffen. // [17]

Nach dem aber an etlichen orten/ das nach gehaltner vnnd volbrachter Christenlicher Tauff/ deßgleichen zu dem Außbad dritten tags/ ain zwen oder mehr Tisch/ von Mannen vnd Weibern geladen/ vnd groß vergebenlicher vnkosten darmit vffgewendt/ daneben die Kindbetterin/ so derselben zeit sonsten ire ruhe haben/ vnd one sorg sein soll/ mit sorg vnd vberlauffung/ aines vnnd des andern/ auff das die geladen/ nur wol tractirt werden moͤcht/ beladen.

So sollen hiedurch solche Malzeitten/ nach gehaltner Kindtauff/ gentzlich vnd gar abgeschafft/ vnd abgestellt sein/ sonder da das Kind von der Tauff/ vnd zu Hauß ge-

---

[43] Einkehren.

[44] Grafschaften.

[45] Verdruckt aus: „*vnnachlessigs*".

bracht/ demselbigen als dann Keeß vnd Brodt/ Obs[t] vnd Confect/[46] deßgleichen ain Trunck füersetzen/ vnd vber ein stund/ die Kindbetterin vnd Kindsuatter/ nicht beschweren.

Vnd da das kind vff dem Land/ an ander ort zur Tauff getragen/ so sollen gleichsfals diejenigen/ so mit vnd bey solcher Tauff seien/ vber ein Stunde in dem Wirtshauß nit verharren. // [18]

Den jenigen aber/ so der Kindbetterin/ in Kindsnoeten vnd Geburt gewart/ vnd hilfflich gewest/ vnder dieselben/ doch andere darein nicht gemengt werden sollen/ Was deß tags der geburt/ oder andern tags hernacher/ welchs zu deß Kindsvatters oder Kindbetterin willen gestellt/ ain zimliche Malzeit/ doch vber drey Richt/ nit gegeben werden.

Da aber/ vnd sonderlich in Stedten/ vnd denen orten/ da es bißhero breuchlich gewest/ der Kindsuatter/ nach verlauffnen Sechswochen/ den Geuatteren mit etlichen personen/ zu laden bedacht/ soll jme dasselbig/ Doch vber zwoelff Person nicht zu beruffen/ vnbenommen/ Aber auff dem Land/ solches durchauß verbotten sein.

[6.] Von Kirchweihen.

Nach dem auff dem Land/ wie sich befindet/ grosser vnd vergeblicher vnkosten // [19] dauon sich der gemaine Man/ sonsten etliche wochen zu enthalten gehabt/ der Kirchweyhen halb auffgangen/ Damit aber in solcher schweren vnd teuren zeit/ so vil mueglich/ was zu des leibs notturfftiger erhaltung gehoert/ dasselbig nicht vnnuetzlich verschwendet/ vnd vergebens angelegt werde.

So sollen hinfuero mit fleiß in den Kirchen/ zu hoerung Gottes worts/ vnd nicht Gasthoefen oder Heusern solche begangen/ vnd kein gemain Gastung/ wie bißhero gehalten/ vnnd gebraucht werden.

[46] Vgl. zu Konfekt-Nachspeisen des 16. bis 18. Jahrhunderts am Beispiel der Küche des Benediktinerklosters Michaelsberg in Bamberg: Wolfgang Wüst, Kloster Michaelsberg in Bamberg – Alltag, Konsum und Ökonomie im Spiegel der Rechnungsbücher 1580–1802/03, in: Norbert Jung/Holger Kempkens (Hg.), 1000 Jahre St. Michael in Bamberg, Bamberg 1015–2015. Im Schutz des Engels (Veröffentlichungen des Diözesanmuseums Bamberg 27), Petersberg 2015, S. 180–187.

[7.] Von Leickkauffen.[47]

Item wanne geringe keuffe vmb bewegliche Guetere angestelt/ sollen von beiden Kauffern vnd Verkauffern/ jr jedem darzu/ mehr nicht dann zwo Person/ vnnd darueber nicht erfordert/ Auch zu dem Leickkauff fuer ein jede Person/ vber // [20] ein maß Wein nicht auffgesetzt noch bezalt. Wann aber ansehenliche kauff vmb vnbewegliche Gueter angestelt/ solle von baiden thailen/ vber sechß Person/ darzu nit erfordert/ vnnd von jr jedem/ dem Kauffer vnd Verkauffer/ vber ein Guelden/ nicht zum Leickkauff gegeben vnd mehr nit auffgewendt/ vnd verzehrt werden.

[8.] Von Gastungen.

Da jemandt inn Stedten oder Land/ Gastung zu halten willens/ der solle/ Es sey Morgens oder Abends ain Tisch/ darueber zwoelff Personen gepracht/ nicht laden/ vnnd denselben vier zimlicher gemainer essen/ darunter nicht vber ain essen Visch/ darzu keine andere/ dann gemaine Wein speisen.
Den Inwohnern in Stedten vnd vff dem Land/ solle das teglich zehren/ schlemmen vnd Spielen/ in den Wirtsheusern/ nit gestattet/ son= // [21] der allenthalben abgestellet werden/ vnd durch die Amptleute fleissig auffmercken beschehen/ Wer auch/ wes Stands vnd vermoegens die seyen/ so taeglich in den Wirtsheusern ligen/ zehren vnd spielen/ da sie dann befuenden/ vnnd ermessen koennen/ das der oder dieselbigen Personen/ solch taeglich zehren vnd Spielen/ von jren Guetern vnnd diensten/ rechter ordenlicher weiß nicht vermoechten/ also das ain vermutung/ das sey gemelt/ taeglich zehren vnd Spilen/ mit Rauberey/ Diebstal/ oder vnzimlichen betriegerey/ ires nechsten eroberten/ vnd also jemand argwoenig fuenden/ dasselbig mit gutem vnterricht/ an die Obrigkait/ verner der gepuer gegen solchen hetten zuuerhalten/ gelangen lassen.

[9.] Von Teurer zerung bey den Wirten.

Nach dem ein zeit hero/ hin vnnd wider bey den Gastgeben vnd Wirtschafften auff // [22] dem Lande vnd in den Stedten/ die Zehrung vnertreglich/ nicht allein der Victualien halben/ Was die ordenliche Malzeit belangt/ sonder auch fuer Morgen/

---

[47] Als Schreibvariante: „*Leykauffen*".

Abend/ vnd Schlafftrunck/ ein vbermessigs/ da doch dergleichen nicht gebraucht wuͤrdet/ rechent/ vnd bezalen muß/ vnd in solchem gleich so wol als in andern sachen/ gepuͤrend einsehen vnd Ordnung zu machen/ Keyserlichem beuelch nach/ gepuͤrt.

Dem zu begegnen/ solle hinfuͤro/ ain jeder Stand vnd Obrigkait im Kraiß auffs ehrst/ seines Lands oder Gepiets/ der Theurung vnnd wolfeilung nach/ den Wirten/ wie theur vnd hoch sie die Malzeiten/ den Wein/ Bier/ Brod/ Flaisch/ Stalmuͤt/[48] vnd Habern/ deßgleichen den Gesten[49] die Morgensuppen/ Mittags vnd Schlafftrunck/ nach gelegenhait der zeit/ rechnen/ vnnd daruͤber bey einer namhafften vnnachlessigen straff/ nicht bezalt nemen sollen/ ordnung vnd maß setzen.

Solche der obrigkeit ordnung vnd satzung/ soll nach woͤlfeylung der Jar jedesmal gericht/ vnd mit ernst steiff darob gehalten werden. // [23]

[10.] Pecken[50] vnd Mülordnung.

Als sich befindet/ das an etlichen orten im Kraiß Woluermuͤgend Becken befunden/ die an Weitz/ Korn/[51] vnd anderm Getreidig/ mehr dann sie in jren Werckstetten zuuerpachen bedoͤrffen/ Zu dem wider verkauffen/ fuͤrkauffen/ vnd dardurch der nicht vermoͤgend Beck/ in kauffung des Getraits verhindert/ vnd daneben im Pachen/ das roͤckin Melb[52] vnd Kleyen/ vndereinander felschen/[53] das Brot verwessern/ vnd nach dem Gewicht zu vortheil verschwemmen.

Weil aber jedweder Kraißstand dises Kraiß/ vngezweiffelt/ wie vnd welcher gestalt/ in woͤlflung vnd teurungs zeiten/ das Brod dem einkauffen vnd Gewicht nach/ vnd wie solches in dem besichtigen vnd schawen gefunden werden soll/ ordnung haben. // [24]

---

48 Viehfutter; hier für die Versorgung der im Stall untergebrachten Pferde.

49 Gästen.

50 Bäcker- und Mühlordnung.

51 Mittelhochdeutsch „*korn, kern*" (lat. *frumentum*) gestattet nicht immer eine einwandfreie Identifizierung der angebauten Getreidesorten. Vgl. Wolfgang Wüst, Dynamische Grundherren und agrarische Innovationen im alten Franken, in: Jahrbuch des Historischen Vereins für Mittelfranken 99 (2009), S. 59–88.

52 Mehl.

53 Fälschen.

So soll inn alleweg/ sonders diser schweren vnd teuren zeit darob gehalten/ vnd jedes orts gelegenheit nach/ wie die gemainen nutz zu gutem geraichen/ gebessert/ vnd wuͤrcklichen nachgesetzt werden.

Vnd wo also die Becken in dem Fuͤrkauffen/ des Getraits/ in dem felschen des Melbs/ vnd verwessern deß Brots befunden/ Ernstlich an Leib vnd Guͤt/ zu straffen.

Gleicher gestalt solle das Fuͤrkauffen deß Getraits/ den Muͤllner nit zugestatten/ sonder mit ernst im gebot/ bey Leib vnnd Geltstraffe/ daran zu sein/ das die Muͤllner jedermeniglich so es begert/ vnwegerlich vnd fuͤrderlich malen/ Das Melb das sie auß aines jeden Korn gemalen geben/ dauon mehr nit/ dann ire geordnete muͤntz nemen/ Die Kleyen dauon gebuͤrend/ verfolgen/ auch den Malgast wo er will/ dabey biß das Korn herab gemalen bleiben lassen/ Die Muͤlstend iren Muͤlen/ wo mangelbar zu richten/ die Stende auff vnd auff fleissig verwarn/ dieselben filtzen vnd gantz // [25] machen/ damit die Stein vnd Gossen/ alles verwarth sein/ vnd sonderlichen die Wende gegen dem wasser also fuͤrsehen/ das kain wind noch lufft hinnein komme/ an denen orten aber sollen doch kleine Fensterlein die verglasst werden/ zu dem Gesicht vngewehrt. Deßgleichen die Brucken vnter dem Kambrad/[54] zwischen den Muͤlen auch filtzen vnnd gantz machen/ auff das von dem Getraidig nichts dauon verrhoͤrt werde/ Besonders/ dise Muͤlstende in gut acht haben/ darinn das Semelmelb/ gemalen wuͤrdet/ rornen[55] vnd an den seiten/ da man das Grießmel pflegt einzuschuͤtten/ mit Tuͤchern fleissig zuuerwahrn/ auff das dasselbig/ im malen ordenlich beyeinander behalten/ Die Muͤllner sollen auch schuldig sein/ in jre Muͤlstende/ oder auff ire Steigwerck/ guts gerechts Steinwerck zuuerordnen/ vnd auffzuziehen/ vnd ainige Stain nit auffziehen/ sie seien dann zuuorn/ von der Obrigkeit/ geordneten Amptleuten oder Befelchhabern/ besichtigt vnd fuͤr gerecht erkannt.

Im fall sich ein Muͤllner in disem vngehorsam erweise/ vnd nit rechte gute Stain wie sich gebuͤrt/ in sein Muͤlwerck auffziehen/ vnd auff // [26] der verordneten Muͤlschauer[56] gebot/ dieselben stain auff die bestimbten zeit nit hinweg thun wuͤrde/ so soll der oder dieselben/ daruon zu jeder vberfarnen farth/ der Obrigkait straffbar sein/ vnnd nichts destoweniger schuldig vnd pflichtig sein/ auff derselben

[54] Zahnrad.

[55] Verdruckt aus: „*vornen*“.

[56] Mühlenkontrolle, Beschau.

Muͤl/ mitler weyl vnd biß er vermoͤg der geschwornen Schauer gebot/ guts gerechts Stainwerck auff dieselben Muͤll auffzeucht/ nichts zu malen.

Vnd da ein Beck oder jemand anderer einem Muͤllner/ Korn vnd Kerrn zu malen schickt/ soll der Muͤllner dasselbig alles vnd jedes/ getreulich vnd ordenlich fegen/ vnd als dann dem Becken das fegig neben dem Melb/ widerumb zu antworten/ schuldig sein.

Dem Muͤllner soll jetziger theurer zeit/ die Mitz geringert/ vnd eines jeden orts gelegenheit vnd maß nach geordnet vnd das daruͤber niemand beschwert/ fuͤrsehung gethon werden.

Als dann der Muͤlner bey seinen pflichten/ damit er seiner Obrigkait zugethan/ dem // [27] Becken ein jede sort/ so ime auß dem Kerrn gemacht/ auff sein begern/ so darauß worden/ Erberlich/ getreulich/ vnd bey seinem der Obrigkait geleistem Ayd/ wider zu uͤberantworten/ schuldig vnd pflichtig sein.

Die Muͤllner vnnd jre Knecht/ sollen bey jren pflichten schuldig sein/ einem jeden/ der zu jnen das Getraid zu malen bringt/ mit dem malen/ geuerlichen wider seinen willen nit zu uerziehen/ sonder ainem jeden/ vnnd zuuor die mit jrem Getraid/ am ersten in die Muͤl kommen (niemand vor dem andern angesehen) mit dem Malen/ on ainig geschenck/ nach seinem vermoͤgen/ foͤrdern.

Doch sollen in solchem/ die Armen neben den reichen Becken/ mit dem malen zugleich gefuͤrdert/ vnnd in dem fehrlichen nit auffgezogen werden.

Was verrers vnnd mehrers in disem anzuordnen von noͤten/ soll ain jede Obrigkeit dasselbig anordnen/ vnd mit ernst darob halten. // [28]

[11.] Von den Betlern[57] vnd wie die haußarme Leut zu erhalten.

Als bey den Stenden deß Kraiß/ wegen der Armen beduͤrfftigen Menschen/ vnnd vnzimlichen gebrauchs deß Almusen nemmens/ auff dem beschluß/ hieuor zu etlichen gehaltnen Reichstaͤgen/ aufgerichten Ordnungen/ gesetz vnd gebot/ bey nemblichen Bussen[58] vnd straffen außgehen lassen/ So erfindt sich doch/ das die gar in einen abgang vnd mißbrauch kommen/ sonderlich das vil beschwerung vnnd be-

[57] Vgl. hierzu: Wolfgang Wüst, Grenzüberschreitende Landesfriedenspolitik: Maßnahmen gegen Bettler, Gauner und Vaganten, in: Ders. (Hg.), Reichskreis und Territorium, S. 153–178.

[58] Bußen.

trug eingerissen dardurch die/ so Almusen geben geneigt/ vnnottuerfftig belestigt/ vnd die dessen nottuerfftig/ entzogen/ vnnd also vil frembdes gesinds mit Kindern vnd andern in disem Kraiß sich geschlagen/ vnd des betrueglichen bettelns gebrauchen/ die Eltern jre Kinder zum betteln/ nicht allain ziehen/ sonder auch darzu betrangen/ vnd Ertzbettler[59] damit auff= // [29] ziehen/ vnnd die arbeit/ deren sie wol vorsein koendten/ fliehen.

Auff das nun solchs kuenfftigklich fuerkommen/ vnd allerley beschwerung so darauß folgen/ abgestelt/ vnd den duerfftigen geholffen/ So haben sich die Stende dahin verglichen.

Nach dem vngezweiffelt/ bey einem jeden Stand/ vil guthertziger Leut gewesen/ vnnd noch sein/ die zu erhaltung Spitael vnd Haußarmer Leut/ nach jrem vermoegen/ verordnung vnd stifftung gethan/ vnnd kuenfftigklichen/ Wo das Almusen recht/ vnnd nicht nach gunst außgethailt/ zu erhaltung der Haußarmen vnnd brechenhafftigen[60] verordnen/ vnnd teglichen die handraichung denselben thun wuerden.

Derowegen soll ein jeder Stand dises Kraiß hinfuero/ in seinen Obrigkaiten vnd Gepieten dise erkuendigung/ durch deren geordnete Befelchhabern/ fuernemen lassen soll. Was jedes orts fuer Mans vnnd Weibs Personen/ so doch zu arbeiten tueglich/[61] doch allain auff den Bettel vnnd // [30] muessiggang legten/ Welche deß Almusen beduerfftig/ vnd Haußarme leut weren/ da nun wie zweifels one/ darunter zu befinden/ so menigklichen zu beschwerung/ sich an solchen orten enthalten/ denselben/ auch denjenigen/ so starck zu arbaiten wol vermueglich/ vnd sich auff den Bettel allain legen wolten/ in ainer benanten zeit hinweg zu ziehen/ Ernstlichen zu vntersagen/ vnd wo darueber betretten/ am leib/ fuerter mit verweisung der Stat oder Fleckens/ gestrafft zu werden.

Denen aber/ so Haußarme leut/ vnd zu arbeiten vnuermueglich/ vnnd mit andern kranckheiten behafft/ befunden/ soll die fuergesetzte Obrigkait/ mit hilff/ der guthertzigen Vnterthanen/ die darzu jedes mals auff den Cantzeln vermant werden sollen/ selbsten ohne beschwerung/ deß nechst gesessenen Kraiß Nachbawrn/[62] auß anstellenden Almusen Caessten/[63] oder zum theils auß habenden Spitaeln/ so auch

59 Notorische Bettler.

60 Nicht arbeitsfähige Bettler.

61 Tauglich.

62 Nachbarn.

63 Almosenkästen.

auff die Armen gemaint/ erhalten/ vnd kaines wegs/ deren Kinder auff den Bettel zu legen gestatten/ sondern/ zu diensten vnnd Handwercken/ geweiset vnd gehalten werden. // [31]

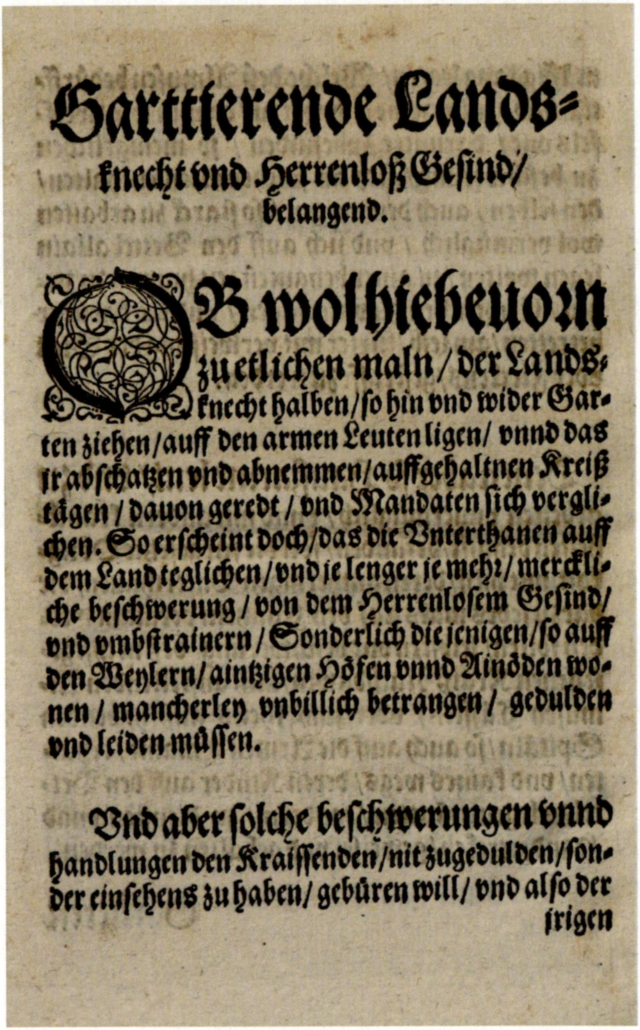

Garttierende Lands-
knecht vnd Herrenloß Gesind/
belangend.

OB wol hiebeuorn
zu etlichen maln/ der Lands-
knecht halben/ so hin vnd wider Gar-
ten ziehen/ auff den armen Leuten ligen/ vnnd das
jr abschatzen vnd abnemmen/ auffgehaltnen Kreiß
tägen/ dauon geredt/ vnd Mandaten sich vergli-
chen. So erscheint doch/ das die Vnterthanen auff
dem Land teglichen/ vnd je lenger je mehr/ merckli-
che beschwerung/ von dem Herrenlosem Gesind/
vnd vmbstrainern/ Sonderlich die jenigen/ so auff
den Weylern/ aintzigen Höfen vnnd Ainödden wo-
nen/ mancherley vnbillich betrangen/ gedulden
vnd leiden müssen.

Vnd aber solche beschwerungen vnnd
handlungen den Kraissenden/ nit zugedulden/ son-
der einsehens zu haben/ gebüren will/ vnd also der
jrigen

Abb. 45: Die Policeyordnung des Fränkischen Reichskreises, 1572, „Garttierende Landsknecht vnd Herrenloß Gesind/ belangend". Bildnachweis: BSB, 4 J.publ.g. 1174#Beibd.3.

[12.] Garttierende Landsknecht vnd Herrenloß Gesind/ belangend.

Obwol hiebeuorn zu etlichen maln/ der Landsknecht halben/ so hin vnd wider Garten[64] ziehen/ auff den armen Leuten ligen/ vnnd das ir abschatzen[65] vnd abnemmen/ auff gehaltnen Kreißtaͤgen/ dauon geredt/ vnd Mandaten sich verglichen. So erscheint doch/ das die Vnterthanen auff dem Land teglichen/ vnd je lenger je mehr/ merckliche beschwerung/ von dem Herrenlosem Gesind/ vnnd vmbstrainern/ Sonderlich diejenigen/ so auff den Weylern/ aintzigen Hoͤfen vnnd Ainoͤden wonen/ mancherley vnbillich betrangen/ gedulden vnd leiden muͤssen.

Vnd aber solche beschwerungen vnnd handlungen den Kraiss[t]enden/ nit zugedulden/ sonder einsehens zu haben/ gebuͤren will/ vnd also der // [32] irigen vor disen vnnd andern beschwerungen/ so uil muͤglichen zu schuͤtzen/ vnnd iren schaden zu fuͤrkommen schuldig vnnd pflichtig/ Besonders weil die Reichs abschiede/ vnd des heiligen Reichs auffgerichte Policey Ordnung/ solch der Landsknecht Garten gentzlich abschneidt/ vnd verpiet.

Demnach Fuͤrsten vnnd Stende/ des Frenckischen Kraiß/ dies Puncten wegen/ dise darob haltende vergleichung/ nachgesetzter gestallt/ verglichen.

Das nun hinfuero den Gartierenden vnd vmbstreunenden Landsknechten/ vnd anderm herrenlosem Gesind/ das Gartiern in dem gantzen Kraiß/ weiters nit gestattet/ noch jnen ichtes gegeben werden solle/ Vnd ob deren einer oder mehr/ in einer Stadt/ Marck/[66] Flecken/[67] Doͤrffer vnnd Gepiet/ jedes Lands verwaltungen/ zu Gartten komme/ dem oder denselben/ guͤtlichen anzuzeigen/ sich darauß zuthun/ vnnd Garttens zu enthalten. Wo // [33] aber das von ainem oder mehr nicht beschehe/ vnd daruͤber weiter zu Garten betretten/ Als dann den oder dieselben abermaln dauon abzustehen verpflichten/ Mit dem vermelden/ wo deren ainer oder mehr daruͤber befunden/ das gegen ihnen Leibsstraff fuͤrgenommen werden/ vnd vmb fall sich etliche darwider setzen/ vnnd die Vnderthanen aines jeden Amptsuerwaltung/ darinnen sich solche widersetzung/ oder ander mut-

[64] Sie wurden auch als „*gartierende*“ (umschweifende) Landsknechte bezeichnet.

[65] Abschwätzen.

[66] Markt.

[67] Flecken steht oft, aber nicht zwangsläufig als Synonym für Dorf. In dieser Reihenfolge offenbar für ein größeres Dorf.

willige beschwerliche handlungen vnd thaten zu tragen vnd begeben/ darzu zu schwach weren/ andere jnen am nechst gesessne Amptleut/ mit jren Amptsuerwandten/ zu huͤlff vnnd beystand vermanen vnd erfordern/ Das jnen durch dieselben alle muͤgliche vnd vuerzogenliche hilff vnnd beystand gethan vnd gelaisst/ der gestalt/ vnd weniger nicht/ als ob es jnen inn jren selbst Amptsverwaltungen begegnet/ ermelte Knecht/ Vmbstreuner oder Herrenloß Gesind/ zu Gefengnuß nemen/ woluerwart enthalten/ vnnd mit bericht der handlung der Obrigkait ferrners beschaids zu erwarten/ gelangen zu lassen/ Vnd da die Amptleut vnd Beuelchhabere oder andere im fall der not vnd auffmanung/ die hilff nicht thun // [34] vnd laisten wuͤrden/ die Vnterthanen dardurch beschedigt/ vnnd die Theter entwerden solten/ gegen denselben mit ernstlicher straff gehandelt vnd verfaren werden solle.

Actum Nuͤrmberg/ Montags den 12. May. Nach Christi Geburt/ im Fuͤnfftzehenhundert vnd zwey vnd sibentzigisten Jare.

G. Schluss – Alles Policey oder was?

In der Bilanz entstand vielleicht beim Leser der Eindruck, Frankens Policey ließe sich in sechs Kapiteln umfassend und quellenorientiert darstellen. Mit Blick auf die seit dem 15. Jahrhundert ungezählten und teilweise noch nicht registrierten Dokumente in Archiven und Bibliotheken zur „*guten*“ Policey darf der Autor, trotz thematischer Begrenzung auf nur eine Region, den Anspruch einer *histoire totale* getrost zur Seite stellen. Vieles und nicht weniger Interessantes konnte nicht ausgeführt werden und bleibt somit weiteren Forschungen vorbehalten. Die Überschrift „Alles Policey oder was?“ trägt das Fragezeichen nicht ohne Grund. Policey war zwar für die Welt frühmoderner Normenentwicklung gewissermaßen omnipräsent, doch wird jede Abhandlung Schwerpunkte setzen müssen. Nehmen wir zum Nachweis von Ergänzungsoptionen beispielsweise die in allen Territorien Süddeutschlands verbreitete Mühlen-Policey und das dort verifizierte Bild des unehrlichen Müllers.

Mit dem Ruf der Müller stand es seit Beginn schriftlicher Niederlegung der Dorf-, Ehafts-, Gerichts-, Landes-, Stadt- und Policey-Verordnungen, aber auch spezieller Mühldekrete und Mühlordnungen,[1] nicht zum Besten. Immer wieder neuaufgelegte Druckexemplare der Mühlen-Policey, deren Exemplare wie im Fall der von Herzog Eberhard Ludwig (1676–1733) erlassenen württembergischen „*Muͤhl= und Muͤller-Ordnung*“ vom 10. Januar 1729 den Müllern zugestellt und in Mühlen öffentlich anzuzeigen waren, änderten daran zunächst wenig.[2]

Weiter östlich ging zuvor im März 1685 in Coburg eine „*Muͤhl=Ordnung*“ in der fürstlich sächsischen Offizin von Johann Conrad Mönch in Druck. In der Diktion glich sie der württembergischen Mühlenvariante, als Herzog Albrecht von Sach-

1 Johann Georg Krünitz (Hg.), Oeconomische Enzyclopädie oder Allgemeines System der Staats- Stadt- Haus- und Landwirthschaft in alphabetischer Ordnung, Bd. 96, Berlin 1804, S. 378–380, Artikel: „*Von der Muͤhlenordnung*“.

2 Ebd., S. 355, Artikel: „*Von den Mühlenwesen im allgemeinen*“; UB Tübingen, L IV 71.2, 15, Stück: Herzoglich-württembergische „*Neu= verordnete Muͤhl= und Muͤller=Ordnung*“, Ludwigsburg (Hof- und Kanzlei-Buchdruckerei Christian Gottlieb Rößlin) 1729.

sen-Gotha-Altenburg (1648–1699) die Missstände im Mühlenwerk seines Landes gleich zu Beginn der Verordnung brandmarkte. In der für Coburg zuständigen Regierungskanzlei nahm man mit Sorge wahr, wie „*Unsere getreue Land-Staͤnde/ nebenst andern Beschwerungen/ dergleichen Klagen gefuͤhret/ wie bey denen Muͤhlen im Lande große Unrichtigkeit vorgienge/ und im wenigsten die von Unsern Hochloͤbl. Vorfahren wohlverfaste Muͤhl=Ordnung beobachtet wuͤrde*“.[3] Frühneuzeitliche Gerichtsprozesse um Mühlen oder mit Beteiligung von Mühlen und Müllern sind leider – für die Rechts-, Kultur- und Geschichtsforschung aber zum Vorteil – Massenware. Selbst der Reichshofrat und das Reichskammergericht hatten sich vielfach mit dem Mühlenrecht zu beschäftigen, zumal Mühlenbetreiber angesichts entlegener Mühlenstandorte und territorialer Gemengelage Immunitätsstatus beanspruchten.

Es gibt aber auch eine andere Seite der Policey-Medaille. Unsere *tour d'horizon* durch die fränkische Städte-, Land- und Dorfverfügungen, die Reichskreisordnung des Jahres 1572 und die normative Welt beider Fürstentümer Brandenburg-Ansbach und Brandenburg-Bayreuth und des ritterbürtigen Adels ließ trotz aller datierbarer Fehlstellen auch die Einheit im Korpus der „*guten*“ Policey erkennen. Man könnte von einer Policey-Landschaft sprechen, wenn man die Kommunikation frühmoderner Gesetzgeber nicht aus dem Auge verliert. Kanzleien hatten bei der Formulierung von Policeyordnungen ein langes Gedächtnis und territoriale Grenzen spielten für die Entstehung von Normen eine weit geringere Rolle als vielfach angenommen. Mit Blick auf den legislativen Transfer entgrenzen wir die Koordinaten politisch-rechtlicher Regionenbildung. Viele Ordnungen des 16. bis 18. Jahrhunderts gleichen sich, unabhängig von der Frage, ob sie noch dem defensiv-reagierenden Typus folgend auf Missstände hinweisen oder ob sie der offensiveren Regulierungstätigkeit des 18. Jahrhunderts zuzuordnen sind. Dies lässt sich bereits an ihrer Gliederung und dem organisatorischen Aufbau erkennen. So gesehen, lässt sich Policey in Gruppen einteilen. Die ersten Absätze (Kapitel) vieler digitalisierter oder edierter Policeyordnungen folgen unabhängig von der Herrschaft oder dem Zeitpunkt ihrer Entstehung meist einem Typus. Damit stellt sich die Frage nach dem Texttransfer von Kanzlei zu Kanzlei. Am Beginn vieler Ordnungen stand nicht zufällig der Gottes- und Kirchenbezug. Das lag zum einen in der Konzeption des Konfessionsstaates, zum anderen aber orientierte man sich an den Vorbildern früherer Ordnungen in- und außerhalb des eigenen Wirkungsbereichs.

---

3 „*Muͤhl=Ordnung. Zu Coburg gedruckt und publicirt im Jahr Christi 1685.*“ vom 30. März 1685. Vgl. dazu: ULB Sachsen-Anhalt in Halle, Pon Wd 2644 (34); VD 17, 3:696101P.

Des
Hertzogthums
Würtemberg
Neu=verordnete
Mühl=
und
Müller=Ordnung/
De
ANNO 1729.

LUDWIGSBURG/
Gedruckt in der Hochfürstl. Würtemb. Hof=u. Cantzley=
Buchdruckerey/ bey Christian Gottlieb Rößlins seel. Wittib.

Abb. 46: Herzoglich-württembergische „Neu= verordnete Muͤhl= und Muͤller= Ordnung", Ludwigsburg (Hof- und Kanzlei-Buchdruckerei Christian Gottlieb Rößlin) 1729. Bildnachweis: UB Tübingen, L IV 71.2,15.

Abb. 47: Herzog Albrecht von Sachsen-Gotha-Altenburg (1648–1699), Grafik von 1679. Bildnachweis: Fürstlich Waldecksche Hofbibliothek Bad Arolsen, Klebeband Nr. 1.

Mühl=Ordnung.

Zu Coburg
gedruckt und publicirt im Jahr Christi
1 6 8 5.

Daselbst zu finden bey Johann Conrad Mönch/
Fürstl. Sächs. Buchdruckern.

Abb. 48: „Muͤhl=Ordnung. Zu Coburg gedruckt und publicirt im Jahr Christi 1685.“. Bildnachweis: ULB Sachsen-Anhalt in Halle, Pon Wd 2644 (34); VD 17, 3:696101P.

Abschließend dokumentieren wir das stets ähnlich lautende Phänomen an schwäbischen, bayerischen und fränkischen Beispielen. Eine Augsburger Policeyordnung von 1537 stellte an den Beginn ihrer Ordnung den Absatz über die „*Verachtung vnd widerstrebung des wort Gottes vnd religion*", eine „*Ermanung zu warer christenlicher religion vnd gottesdienst*" und einen Aufruf „*Wider das gotsloͤstern vnnd schwoͤren*". Im Fürststift Kempten handelte 1562 der erste Paragraph gleichermaßen „*Von dem gottes dienst, meß, und predigt hören*", im Augsburger Domkapitel 1579 „*Von dem gottsdienst*" beziehungsweise „*Vom gottslaͤstern*" und in der Stadt Lindau 1697 von „*Gotteslästerung, fluchen, falsches schwören*". Die Adelsherrschaft Fugger-Wellenburg schloss sich 1726 an mit „*Primo: Von der religion und gottesdienst*", das Prämonstratenser-Reichsstift Ursberg begann in seinen Statuten von 1777 mit „*1.*^{mo} *Von der religion*", und das Kloster Oberschönenfeld stellte 1775 einen Abschnitt zur Achtung von Sonn- und Feiertagen voran. Diese normierte Anfangsthematik der Ordnungen beschränkte sich keineswegs auf Schwaben. Im bayerischen Fürstentum Pfalz-Neuburg sah man es 1568 zu Beginn einer Policeyordnung trotz textlicher Differenzierung ähnlich: „*Der erste tittl: Von besuchung der kirchen. Erster articll: Das man die kirch, predigt vnnd kirchendienst mit vleiß besuchen soll.*" Und es folgte: „*Der ander artickel: Wie die, so von der kirchen besuchung spötlich reden, gestrafft werden sollen.*"[4] Konfessionelle Unterschiede schienen dabei ebenfalls nicht zu bestehen, wenn beispielsweise auch die Kölner Kurfürsten „*Deß erzstiffts Cölln pollicey vnd landsordnung*" vom 4. November 1596 mit Ausführungen über „*Gottslesterung vnd gottsschwehren*" beginnen ließen.[5] Um abschließend nochmals den *genius loci* zur Sprache zu bringen, blicken wir nach Franken. Die Reichsstadt Rothenburg ob der Tauber – der Rat hatte hier 1544 ohne den Deutsch- und Johanniter-Orden die Reformation eingeführt – ließ eine ihrer Policeyordnungen 1685/1721 nämlich mit dem Absatz einleiten: „*Vom gottesdienst, besuchung der predigten und heiligung der sonn- hohen fest- und feyer-tägen, wie auch wochentlichen betstunden und kinderlehren, sodann erforderte abschaffung der dabey vorgehenden mißbräuchen.*"[6] Alles Policey oder was? Zumindest hier scheint es so gewesen zu sein.

[4] BayHStA, Pfalz-Neuburg, Akten 1494.

[5] StadtA Köln, Historisches Archiv, Druckschrift vom 4.11.1596.

[6] StadtA Rothenburg, AA 122a, Policey-Ordnung von 1721 mit Textpassagen aus der älteren Ordnung von 1685 (gedruckt bei Johann Ludwig von Millenau), hier: „*Tit*[ulus] *I*"; Wolfgang Wüst, Normen als Grenzgänger, S. 287–306.

H. Abkürzungen

Abb.	Abbildung(en)
AZ	Archivalische Zeitschrift
BayHStA	Bayerisches Hauptstaatsarchiv München
Bd./Bde.	Band/Bände
Bearb.	Bearbeiter/-in
begr. v.	begründet von
BHVB	Bericht(e) des Historischen Vereins für die Pflege der Geschichte des ehemaligen Fürstbistums Bamberg
BSB	Bayerische Staatsbibliothek München
bzw.	beziehungsweise
ca.	circa
d. Ä.	der Ältere
Ders./Dies.	derselbe/dieselbe
DFG	Deutsche Forschungsgemeinschaft
Diss.	Dissertation
e. V.	eingetragener Verein
Ebd./ebd.	ebenda
etc.	et cetera
fl.	florenus (Gulden)
GffG	Gesellschaft für fränkische Geschichte e. V.
HAB	Historischer Atlas von Bayern
hg. v.	herausgegeben von
Hg.	Herausgeber/-in
HJ	Historisches Jahrbuch
HRG	Handwörterbuch zur deutschen Rechtsgeschichte
HZ	Historische Zeitschrift
I	Inhalt
JfL	Jahrbuch für fränkische Landesforschung
JHVD	Jahrbuch des Historischen Vereins für Dillingen
masch.	maschinenschriftlich
MDZ	Münchener Digitalisierungszentrum
N.F.	Neue Folge
N.N.	nomen nescio, nullum nomen
ND	Neudruck
NDB	Neue Deutsche Biographie
Nr.	Nummer(n)
o. O.	ohne Ort
Red.	Redakteur/-in
reg.	regierend
Rep.	Repertorium
S.	Seite(n)
s.	siehe

SLUB	Sächsische Landesbibliothek, Staats- und Universitätsbibliothek
Sp.	Spalte(n)
St.	Sankt
StA	Staatsarchiv
StadtA	Stadtarchiv
SUB	Niedersächsische Staats- und Universitätsbibliothek
T	Text
Tom.	Tomus (Band)
u. a.	unter anderem/ und andere
UB	Universitätsbibliothek
ULB	Universitäts- und Landesbibliothek
URL	Uniform Resource Locator
VD 16	Verzeichnis deutscher Drucke des 16. Jahrhunderts
VD 17	Verzeichnis deutscher Drucke des 17. Jahrhunderts
Vgl./vgl.	vergleiche
VSWG	Vierteljahrschrift für Sozial- und Wirtschaftsgeschichte
ZBLG	Zeitschrift für bayerische Landesgeschichte
ZHF	Zeitschrift für Historische Forschung
ZHVS	Zeitschrift des Historischen Vereins für Schwaben
ZWLG	Zeitschrift für Württembergische Landesgeschichte

I. Literatur- und Quellenverzeichnis

Vorbemerkung:

Die in den Buchkapiteln aufgeführten Kurztitel in den Fußnoten sind hier zur besseren Übersicht **fett** markiert. Die behandelten Archivquellen finden sich jeweils in den Fußnoten.

I. Literatur

A

Konrad ACKERMANN/Alois SCHMID/Wilhelm VOLKERT (Hg.), Bayern. Vom Stamm zum Staat. Festschrift für Andreas Kraus zum 80. Geburtstag, Bd. 1 (Schriftenreihe zur bayerischen Landesgeschichte 140), München 2000.

Matthias ASCHE/Anton SCHINDLING (Hg.), Das Strafgericht Gottes. Kriegserfahrungen und Religion im Heiligen Römischen Reich Deutscher Nation im Zeitalter des Dreißigjährigen Krieges. Beiträge aus dem Tübinger Sonderforschungsbereich „Kriegserfahrungen – Krieg und Gesellschaft in der Neuzeit", Münster [2]2002.

Otto Freiherr VON UND ZU AUFSESS, Geschichte des uradelichen Auffseß'schen Geschlechts in Franken, Berlin 1888.

B

Karl Siegfried BADER, Dorfgenossenschaft und Dorfgemeinde (Studien zur Rechtsgeschichte des mittelalterlichen Dorfes 2), Wien [2]1974.

Rainer BECK, Naturale Ökonomie. Unterfinning – Bäuerliche Wirtschaft in einem oberbayerischen Dorf des frühen 18. Jahrhunderts (Forschungshefte des Bayerischen Nationalmuseums 11), München 1986.

Rainer BECK, Dörfliche Gesellschaft im alten Bayern 1500–1800 (Hefte zur Bayerischen Geschichte und Kultur 14), München 1992.

Rainer BECK, Unterfinning – Ländliche Welt vor Anbruch der Moderne, München 1993.

Rainald BECKER u. a. (Hg.), Akteure – Beziehungen – Ideen. Bayerische Geschichte im interterritorialen Zusammenhang. Festgabe für Alois Schmid zum 65. Geburtstag, Kallmünz 2010.

Stephan BEHLEN (Hg.), Archiv der Forst- und Jagd-Gesetzgebung der deutschen Bundesstaaten, Bd. 6, Freiburg im Breisgau 1839.

Okko BEHRENDS/Christoph LINK (Hg.), Zum römischen und neuzeitlichen Gesetzesbegriff. 1. Symposion der Kommission „Die Funktion des Gesetzes in Geschichte und Gegenwart" vom 26. und 27. April 1985, Göttingen 1987.

Birgit C. BENDER-JUNKER, Utopia, Policey und Christliche Securitas. Ordnungsentwürfe der Frühen Neuzeit, Marburg 1992.

Manfred BIERNATH, **Die bayerische Polizei**. Geschichte, Sozialstruktur und Organisation, München 1977.

Andreas BLAUERT/Eva WIEBEL, Gauner- und Diebslisten. Registrieren, Identifizieren und Fahnden im 18. Jahrhundert. Mit einem Repertorium gedruckter südwestdeutscher, schweizerischer und österreichischer Listen sowie einem Faksimile der Schäffer'schen oder Sulzer Liste von 1784 (Studien zu Policey und Policeywissenschaft), Frankfurt am Main 2001.

Peter BLICKLE, Ländliche politische Kultur in Oberdeutschland. Zur historischen Bedeutung der Dorfgemeinde, in: Günter WIEGELMANN (Hg.), Nord-Süd-Unterschiede in der städtischen und ländlichen Kultur Mitteleuropas, Münster 1985, S. 299–314.

Peter BLICKLE/Peter KISSLING/Heinrich Richard SCHMIDT (Hg.), Gute Policey als Politik im 16. Jahrhundert. Die Entstehung des öffentlichen Raumes in Oberdeutschland (Studien zur Policey und Policeywissenschaft), Frankfurt am Main 2003.

Renate BLICKLE, Agrarische Konflikte und Eigentumsordnung in Altbayern 1400–1800, in: Winfried SCHULZE (Hg.), Aufstände, Revolten, Prozesse. Beiträge zu bäuerlichen Widerstandsbewegungen im frühneuzeitlichen Europa (Geschichte und Gesellschaft 27), Stuttgart 1983, S. 166–187.

Ingomar BOG, Dorfgemeinde, Freiheit und Unfreiheit in Franken (Quellen und Forschungen zur Agrargeschichte 3), Stuttgart 1956.

Otto BORST (Hg.), Minderheiten in der Geschichte Südwestdeutschlands (Stuttgarter Symposion 3), Tübingen 1996.

Pierre BOURDIEU, Droit et passe-droit. Le champ des pouvoirs territoriaux et la mise en œuvre des règlements, in: Actes de la recherches en sciences sociales 81/82 (1990), S. 86–96.

Wilhelm BRAUNEDER, Die Polizeigesetzgebung in den österreichischen Ländern des 16. Jahrhunderts. Derzeitiger Forschungsstand und Perspektiven, in: Michael STOLLEIS unter Mitarbeit von Karl HÄRTER und Lothar SCHILLING (Hg.), Policey im Europa der Frühen Neuzeit (Ius Commune, Sonderheft 83), Frankfurt am Main 1996, S. 299–317.

Karl BRAUNS, Das Zucht- und Arbeitshaus in Ravensburg 1725–1808, in: ZWLG 10 (1951), S. 158–165.

Martin BRECHT, Die Ordnung der Württembergischen Kirche im Zeitalter der Reformation, in: DERS., Kirchenordnung und Kirchenzucht in Württemberg vom 16. bis zum 18. Jahrhundert (Quellen und Forschungen zur württembergischen Kirchengeschichte 1), Stuttgart 1967, S. 1–52.

Franz BRENDLE/Anton SCHINDLING (Hg), Geistliche im Krieg, Münster 2009.

Martha BRINGEMEIER, Priester- und Gelehrtenkleidung. Tunika – Sutane – Schaube – Talar. Ein Beitrag zu einer geistesgeschichtlichen Kostümforschung, Münster 1974.

Wolfgang BRÜCKNER, Lutherische Bekenntnisgemälde des 16. bis 18. Jahrhunderts. Die illustrierte Confessio Augustana (Adiaphora. Schriften zur Kunst und Kultur im Protestantismus 6), Regensburg 2007.

Franz-Josef BRÜGGEMEIER, Umweltgeschichte: Erfahrungen, Ergebnisse, Erwartungen, in: Archiv für Sozialgeschichte 43 (2003), S. 1–18.

Werner BUCHHOLZ, Anfänge der Sozialdisziplinierung im Mittelalter. Die Reichsstadt Nürnberg als Beispiel, in: ZHF 18 (1991), S. 129–147.

Enno BÜNZ u. a. (Bearb.), **Fränkische Urbare**. Verzeichnis der mittelalterlichen urbariellen Quellen im Bereich des Hochstifts Würzburg (Veröffentlichungen der GffG X/13), Neustadt an der Aisch 1998.

Johannes BURKHARDT, Wer hat Angst vor den Reichskreisen? Problemaufriss und Lösungsvorschlag, in: Wolfgang WÜST/Michael MÜLLER (Hg.), Reichskreise und Regionen im frühmodernen Europa – Horizonte und Grenzen im *spatial turn*. Tagung bei der Akademie des Bistums Mainz, Erbacher Hof, 3.–5. September 2010 (Mainzer Studien zur Neueren Geschichte 29), Frankfurt am Main u. a. 2011, S. 39–60.

C

Airton L. CERQUEIRA-LEITE SEELAENDER, Polizei, Ökonomie und Gesetzgebungslehre. Ein Beitrag zur Analyse der portugiesischen Rechtswissenschaft am Ende des 18. Jahrhunderts (Studien zu Policey und Policeywissenschaft), Frankfurt am Main 2003.

Albert CREMER, Höfische Gesellschaft und „Königsmechanismus" – zur Kritik an einem Modell absolutistischer „Einherrschaft", in: Sozialwissenschaftliche Informationen für Unterricht und Studium 12 (1983), S. 227–231.

D

Ludwig DENECKE, Jacob Grimm und sein Bruder Wilhelm, Stuttgart 1971.

Arthur Geoffrey DICKENS, The German Nation and Martin Luther, New York 1974.

Gerhard DILCHER/Bernhard DIESTELKAMP (Hg.), Recht, Gericht, Genossenschaft und Policey. Studien zu Grundbegriffen der germanistischen Rechtshistorie. Symposion für Adalbert Erler, Berlin 1986.

Martin DINGES, Frühneuzeitliche Armenfürsorge als Sozialdisziplinierung? Probleme mit einem Konzept, in: Geschichte und Gesellschaft 17 (1991), S. 5–29.

Martin DINGES, **Medicinische Policey** zwischen Heilkundigen und „Patienten" (1750–1830), in: Karl HÄRTER (Hg.), Policey und frühneuzeitliche Gesellschaft (Ius Commune, Sonderheft 129), Frankfurt am Main 2000, S. 263–295.

Fritz DROSS, **„Ich aber will hinaus spatziern, da ich frisch, frey und sicher bin …“**. Aussatzpraktiken im frühneuzeitlichen Nürnberg, in: Guy THEWES/Martin UHRMACHER (Hg.), Extra muros. Vorstädtische Räume im Spätmittelalter und Früher Neuzeit / Espaces suburbains au Bas Moyen Âge et à l'époque moderne (Städteforschung. Veröffentlichungen des Instituts für vergleichende Städtegeschichte in Münster A/91), Wien u. a. 2019, S. 299–332.

E

Hermann EHMER, Das württembergische Konsistorium 1780–1795, in: Michael FRANZ (Hg.), „… an der Galeere der Theologie“? Hölderlins, Hegels und Schellings Theologiestudium an der Universität Tübingen (Schriften der Hölderlin-Gesellschaft 23/3 – Materialien zum bildungsgeschichtlichen Hintergrund von Hölderlin, Hegel und Schelling 3), Tübingen 2007, S. 263–283.

Hermann EHMER, Landeskirchliche Identität und regionale Identitäten dargestellt am Beispiel Württembergs, in: Hans OTTE/Michael BEYER/Christian WINTER (Hg.), Landeskirchengeschichte: Konzepte und Konkretionen. Tagung des Arbeitskreises Deutsche Landeskirchengeschichte im Kloster Amelungsborn vom 29. bis 31. März 2006 (Herbergen der Christenheit, Sonderband 14 – Studien zur deutschen Landeskirchengeschichte 7), Leipzig 2008, S. 95–104.

Hermann EHMER, Die Geschichte der Evangelischen Kirche in Württemberg (Regionalgeschichte – fundiert und kompakt), Leinfelden-Echterdingen 2008.

Ulrich EISENBACH, Zuchthäuser, Armenanstalten und Waisenhäuser in Nassau. Fürsorgewesen und Arbeitserziehung vom 17. bis zum Beginn des 19. Jahrhunderts (Veröffentlichungen der Historischen Kommission für Nassau 56), Wiesbaden 1994.

Norbert ELIAS, The civilizing process, 2 Bde., Oxford 1978/1982.

Rudolf ENDRES, Ein Verzeichnis der Geleitstraßen der Burggrafen von Nürnberg, in: JfL 23 (1963), S. 107–138.

Rudolf ENDRES, Zur Geschichte des fränkischen Reichskreises, in: Würzburger Diözesangeschichtsblätter 29 (1967), S. 168–183.

Rudolf ENDRES, **Das Armenproblem im Zeitalter des Absolutismus**, in: JfL 34/35 (1975), S. 1003–1020.

Rudolf ENDRES, **Das „Straf-Arbeitshaus“ St. Georgen** bei Bayreuth, in: Christoph SACHSSE/Florian TENNSTEDT (Hg.), Geschichte und Geschichten (Jahrbuch der Sozialarbeit 4), Reinbek bei Hamburg 1981, S. 89–128.

Rudolf ENDRES, Absolutistische Entwicklungen in fränkischen Territorien im Spiegel der Dorfordnungen, in: Jahrbuch für Regionalgeschichte 16/2 (1989), S. 81–93.

Rudolf ENDRES, Armenstiftungen und Armenschulen in Nürnberg in der Frühneuzeit, in: JfL 53 (1992) = Festschrift für Alfred Wendehorst zum 65. Geburtstag, S. 55–64.

Rudolf ENDRES, Die „Ära Hardenberg“ in Franken, in: Roderich SCHMIDT (Hg.), Bayreuth und die Hohenzollern vom ausgehenden Mittelalter bis zum Ende des Alten Reiches, Ebsdorfergrund 1992, S. 177–200.

Rudolf ENDRES, Auf- und Ausbau des Bayreuther Territoriums, in: Archiv für Geschichte von Oberfranken 74 (1994), S. 55–71.

Rudolf ENDRES, § 61: Die Markgraftümer; § 62: **Die preußische Ära in Franken** (1791–1806), in: Andreas KRAUS (Hg.), Handbuch der bayerischen Geschichte, begr. v. Max SPINDLER, Bd. 3/1: Geschichte Frankens bis zum Ausgang des 18. Jahrhunderts, München [3]1997, S. 756–772; 772–783.

Rudolf ENDRES, Die Staatlichkeit in Franken, in: Andreas KRAUS (Hg.), Handbuch der bayerischen Geschichte, begr. v. Max SPINDLER, Bd. 3/1: Geschichte Frankens bis zum Ausgang des 18. Jahrhunderts, München [3]1997, S. 702–707.

Rudolf ENDRES, Reformpolitik im 18. Jahrhundert. Die Markgraftümer Ansbach und Bayreuth, in: JfL 58 (1998), S. 279–298.

Rudolf ENDRES, **Zum neuen Staat** – die Reformen der Minister Hardenberg und Montgelas, in: Johannes ERICHSON/Evamaria BROCKHOFF (Hg.), Bayern & Preußen & Bayerns Preußen. Schlaglichter auf eine historische Beziehung (Veröffentlichungen zur bayerischen Geschichte und Kultur 41/99), Augsburg 1999, S. 53–62.

Rudolf ENDRES, Wirtschafts- und sozialpolitische Ansätze im Fränkischen Reichskreis, in: Wolfgang WÜST (Hg.), **Reichskreis und Territorium**: die Herrschaft über der Herrschaft? Supraterritoriale Tendenzen in Politik, Kultur, Wirtschaft und Gesellschaft. Ein Vergleich süddeutscher Reichskreise (Augsburger Beiträge zur Landesgeschichte Bayerisch-Schwabens 7), Stuttgart 2000, S. 179–193.

Rudolf ENDRES, Der Fränkische Reichskreis (Hefte zur Bayerischen Geschichte und Kultur 29), Augsburg 2003.

Fee Freifrau VON EYB/Eugen SCHÖLER, Eyb, Adelsfamilie, publiziert am 18.7.2011, in: Historisches Lexikon Bayerns, URL: http://www.historisches-lexikon-bayerns.de/Lexikon/Eyb,_Adelsfamilie (Zugriff: 28.5.2021).

F

Elena FASANO GUARINI, Gli „ordini di polizia“ nell’Italia del ’500?: Il caso toscano, in: Michael STOLLEIS unter Mitarbeit von Karl HÄRTER und Lothar SCHILLING (Hg.), Policey im Europa der Frühen Neuzeit (Ius Commune, Sonderheft 83), Frankfurt am Main 1996, S. 55–96.

Peter FASSL/Wilhelm LIEBHART/Wolfgang WÜST (Hg.), Groß im Kleinen – Klein im Großen. Beiträge zur Mikro- und Landesgeschichte. Gedenkschrift für Pankraz Fried, Konstanz 2014.

Peter FLEISCHMANN, Norenberc – Nürnberg. 1050 bis 1806 (Ausstellungskataloge der Staatlichen Archive Bayerns 41), München 2000.

Peter FLEISCHMANN, Rat und Patriziat in Nürnberg. Die Herrschaft der Ratsgeschlechter vom 13. bis zum 18. Jahrhundert, Bd. 1: Der Kleinere Rat; Bd. 2: Ratsherren und Ratsgeschlechter; Bd. 3: Ratsgänge (1318/23 bis 1806/08), Register und Verzeichnisse (Nürnberger Forschungen 31/1–3), Nürnberg 2008.

Andreas FLURSCHÜTZ DA CRUZ, Zwischen Füchsen und Wölfen. Konfession, Klientel und Konflikte in der fränkischen Reichsritterschaft nach dem Westfälischen Frieden (Konflikte und Kultur – Historische Perspektiven 29), Konstanz 2015.

Gerhard FOUQUET, Gemeindefinanzen und Fürstenstaat in der Frühen Neuzeit: Die Haushaltsrechnungen des kurpfälzischen Dorfes Dannstadt (1739–1797), in: Zeitschrift für die Geschichte des Oberrheins 136 (1988), S. 247–291.

Michael FRANZ (Hg.), „… an der Galeere der Theologie"? Hölderlins, Hegels und Schellings Theologiestudium an der Universität Tübingen (Schriften der Hölderlin-Gesellschaft 23/3 – Materialien zum bildungsgeschichtlichen Hintergrund von Hölderlin, Hegel und Schelling 3), Tübingen 2007.

Nils FREYTAG, Städtische Holzversorgung und staatliche Forstpolitik im 18. und 19. Jahrhundert am Beispiel der Städte München und Nürnberg, in: Hans BLEYMÜLLER (Hg.), 250 Jahre Bayerische Staatsforstverwaltung: Rückblicke, Einblicke, Ausblicke, München 2002, S. 103–110.

Pankraz FRIED, Einleitung. Probleme der Weistumsforschung und -edition in Bayern, in: DERS. (Hg.)/Franz GENZINGER (Bearb.), Die ländlichen Rechtsquellen aus den pfalz-neuburgischen Ämtern Höchstädt, Neuburg, Monheim und Reichertshofen vom Jahre 1585 (Veröffentlichungen der Schwäbischen Forschungsgemeinschaft bei der Kommission für bayerische Landesgeschichte 5b – Rechtsquellen aus dem bayerischen Schwaben 1), Sigmaringen 1983, S. 9–22.

Gerhard FRITZ, Stadtknechte, Nachtwächter, Büttel: Lokales Sicherheitspersonal in Württemberg und benachbarten Territorien im 18. Jahrhundert, in: André HOLENSTEIN u. a. (Hg.), Policey in lokalen Räumen. Ordnungskräfte und Sicherheitspersonal in Gemeinden und Territorien vom Spätmittelalter bis zum frühen 19. Jahrhundert (Studien zu Policey und Policeywissenschaft), Frankfurt am Main 2002, S. 247–265.

Gerhard FRITZ, Räuberbanden und Polizeistreifen: Der Kampf zwischen Kriminalität und Staatsgewalt im Südwesten des Alten Reiches zwischen 1648 und 1806 (Historegio 5), Remshalden 2003.

Beate FUHL, Randgruppenpolitik des Schwäbischen Kreises im 18. Jahrhundert: Das Zucht- und Arbeitshaus zu Buchloe, in: ZHVS 81 (1988), S. 63–115.

G

Udo GITTEL, **Die Aktivitäten des Niedersächsischen Reichskreises** in den Sektoren „Friedenssicherung" und „Policey" (Veröffentlichungen der Historischen Kommission für Niedersachsen und Bremen 35), Hannover 1996.

Rüdiger GLASER/Winfried SCHENK, Aspekte der vorindustriellen Umweltgeschichte des Würzburger Siedlungsraums, in: Ulrich WAGNER (Hg.), Geschichte der Stadt Würzburg, Bd. 2, Stuttgart 2004, S. 21–36.

Werner GOEZ, Nürnberg – Kaiser und Reich, in: Günther SCHUHMANN (Hg.), Nürnberg – Kaiser und Reich (Ausstellungskataloge der Staatlichen Archive Bayerns 20), Neustadt an der Aisch 1986.

Frank GÖTTMANN, **Über Münz- und Währungsprobleme im Bodenseeraum** vom Ende des 17. Jahrhunderts bis zur Mitte des 18. Jahrhunderts, in: Schriften des Vereins für Geschichte des Bodensees und seiner Umgebung 107 (1989), S. 195–220.

Gerhard GRAF/Günther WARTENBERG/Christian WINTER(Hg.), Der Augsburger Religionsfrieden. Seine Rezeption in den Territorien des Reiches (Herbergen der Christenheit. Jahrbuch für deutsche Kirchengeschichte, Sonderband 11), Leipzig 2006.

Friedrich Wilhelm GRAVENHORST (Hg.), Markgraf Georg Friedrich 1557–1603 – Der Staatsmann – Der Erneuerer des zerstörten Kulmbach, Kulmbach 1966.

Beate Sophie GROS, Eine Dortmunder Armenordnung aus dem Jahre 1596. Edition und Kommentar, in: Beiträge zur Geschichte Dortmunds und der Grafschaft Mark 88 (1997), S. 111–137.

Torsten GRUMBACH, Kurmainzer Medicinalpolicey 1650–1803. Eine Darstellung entlang der landesherrlichen Verordnungen (Studien zu Policey und Policeywissenschaft), Frankfurt am Main 2006.

Thomas GUNZELMANN, Hassenberg – ein Beispiel ritterschaftlicher Peuplierung im Coburger Land, in: Jahrbuch der Coburger Landesstiftung 35 (1990), S. 279–314.

H

Monika HAGENMAIER, Predigt und Policey. Der gesellschaftliche Diskurs zwischen Kirche und Obrigkeit in Ulm 1614–1639 (Nomos Universitätsschriften, Geschichte 1), Baden-Baden 1989.

Karl HÄRTER, **Entwicklung und Funktion der Policeygesetzgebung** des Heiligen Römischen Reiches Deutscher Nation im 16. Jahrhundert, in: Ius Commune 20 (1993), S. 61–141.

Karl HÄRTER (Hg.), Policey und frühneuzeitliche Gesellschaft (Ius Commune, Sonderheft 129), Frankfurt am Main 2000.

Karl HÄRTER, Policey und Strafjustiz in Kurmainz. Gesetzgebung, Normdurchsetzung und Sozialkontrolle im frühneuzeitlichen Territorialstaat, 2 Bde. (Studien zur europäischen Rechtsgeschichte 190), Frankfurt am Main 2005.

Karl HÄRTER, „Gute Ordnung und Policey" des Alten Reiches in der Region. Zum Einfluß der Reichspoliceygesetzgebung auf die Ordnungsgesetzgebung süddeutscher Reichsstände, in: Rolf KIESSLING/Sabine ULLMANN (Hg.), Das Reich in der Region: Während des Mittelalters und der Frühen Neuzeit (Forum Suevicum 6), Konstanz 2005, S. 187–223.

Karl HÄRTER, Polizei, in: Friedrich JAEGER (Hg.), Enzyklopädie der Neuzeit, Bd. 10, Stuttgart 2009, Sp. 170–180.

Karl HÄRTER, Die Verwaltung der „guten Policey“: Verrechtlichung, soziale Kontrolle und Disziplinierung, in: Michael HOCHEDLINGER/Thomas WINKELBAUER (Hg.), Herrschaftsverdichtung, Staatsbildung, Bürokratisierung: Verfassungs-, Verwaltungs- und Behördengeschichte der Frühen Neuzeit (Veröffentlichungen des Instituts für Österreichische Geschichtsforschung 57), Wien 2010, S. 243–269.

Karl HÄRTER, **Security and "Gute Policey" in early modern Europe**: Concepts, laws, and instruments, in: Historical Social Research 35/4 (2010), S. 41–65.

Karl HÄRTER, Kirchenzucht und gute Policey: die Kirchenordnungen des 16. Jahrhunderts im Kontext der vormodernen Ordnungsgesetzgebung, in: Sabine AREND/Norbert HAAG/Sabine HOLTZ (Hg.), Die württembergische Kirchenordnung von 1559 im Spannungsfeld von Religion, Politik und Gesellschaft (Quellen und Forschungen zur württembergischen Kirchengeschichte 24), Epfendorf 2013, S. 31–48.

Karl HÄRTER, Die Policey der Hamster, Sperlinge, Raupen und Heuschrecken: „Schädliche Tiere“ und „Ungeziefer“ in der preußischen Policeygesetzgebung der Frühen Neuzeit, in: Gerald KOHL u. a. (Hg.), Festschrift für Thomas Simon zum 65. Geburtstag. Land, Policey, Verfassung, Wien 2020, S. 73–92.

Karl HÄRTER, 10. Frieden als Leitbegriff und Handlungsfeld frühneuzeitlicher Policeyordnungen / Peace as Guiding Concept and Object of Early Modern Police Ordinances, in: Irene DINGEL u. a. (Hg.), Handbuch Frieden im Europa der Frühen Neuzeit / Handbook of Peace in Early Modern Europe, Berlin/Boston 2021, S. 191–207.

Peter Claus HARTMANN, Der Augsburger Reichstag von 1555 – ein entscheidender Meilenstein für die Kompetenzerweiterung der Reichskreise, in: Wolfgang WÜST/Georg KREUZER/Nicola SCHÜMANN (Hg.), Der Augsburger Religionsfriede 1555. Ein Epochenereignis und seine regionale Verankerung (ZHVS 98), Augsburg 2005, S. 29–36.

Hans-Joachim HECKER/Reinhard HEYDENREUTER/Hans SCHLOSSER (Hg.), Rechtssetzung und Rechtswirklichkeit in der bayerischen Geschichte (ZBLG, Beiheft 30), München 2006.

Hartmut HELLER, Die Peuplierungspolitik der Reichsritterschaft als sozialgeographischer Faktor im Steigerwald (Erlanger geographische Arbeiten 30), Erlangen 1971.

Marina HELLER, Unterschichtenkriminalität und Hochgericht in der reichsritterschaftlichen Herrschaft Sugenheim im Kanton Steigerwald zu Beginn des 18. Jahrhunderts. Prozess und Hinrichtung des Vaganten Johann Jacob Schreiber 1722, Magisterarbeit, Erlangen 2004.

Richard HENNINGER, Sichere Grenzen schaffen Frieden – über die Entwicklung und das Wesen der Siebenerei, in: Zeitschrift für Geodäsie, Geoinformation und Landmanagement 4 (2011), S. 233–238.

Hans-Jörg HEROLD, Markgraf Joachim Ernst von Brandenburg-Ansbach als Reichsfürst (Schriftenreihe der Historischen Kommission bei der Bayerischen Akademie der Wissenschaften 10), Göttingen 1973.

Gerhard HETZER (Bearb.), Wanderstab und Meisterbrief. Rieser Handwerk im Wandel der Zeit, 1700–1850. Ausstellung des Staatsarchivs Neuburg an der Donau in Harburg (Schwaben), 20. April–17. Mai 1986, Nördlingen 1986.

Andreas HIEBER, Policey zwischen Augsburg und Zürich: Ein Forschungsüberblick, in: Peter BLICKLE/Peter KISSLING/Heinrich Richard SCHMIDT (Hg.), Gute Policey als Politik im 16. Jahrhundert. Die Entstehung des öffentlichen Raumes in Oberdeutschland (Studien zur Policey und Policeywissenschaft), Frankfurt am Main 2003, S. 1–24.

Regina HINDELANG, Die Amts- und Hofkalender von Ansbach und Bayreuth. Mediale Staatsbeschreibung von 1737–1791, Magisterarbeit, Erlangen 2010.

Markus HIRTE, Die Genese des Hexereidelikts, in: Günter JEROUSCHEK/Hinrich RÜPING (Hg.), „Auss liebe der gerechtigkeit vnd umb gemeines nutz willenn". Historische Beiträge zur Strafverfolgung (Rothenburger Gespräche zur Strafrechtsgeschichte 1), Tübingen 2000, S. 59–82.

Markus HIRTE, Die Todesstrafe in der Entstehung des Reichsstrafgesetzbuches (Rechtsgeschichte und Rechtsgeschehen – Kleine Schriften 39), Berlin 2013.

HISTORISCHER VEREIN FÜR OBERFRANKEN (Hg.), Statistik der Provinz Bayreuth, zusammengestellt von Baron Camille de Tournon – ehem. Zivilgouverneur der Provinz, Präfekt von Rom 1809, mit einem Nachwort von Karl MÜSSEL, Neustadt an der Aisch 2002, S. 23–27.

Uwe HITZ, **Schlagkräftige Vorfahren**. Ausführliche Beschreibungen von Straftaten in den Cadolzburger Amtsrechnungen des 17. und 18. Jahrhunderts, in: Blätter für fränkische Familienkunde 30 (2007), S. 201–207.

Hanns Hubert HOFMANN, Freidörfer, Freibauern, Schutz und Schirm im Fürstentum Ansbach, in: ZBLG 23 (1960), S. 195–327.

Hanns Hubert HOFMANN, Adelige Herrschaft und souveräner Staat. Studien über Staat und Gesellschaft in Franken und Bayern im 18. und 19. Jahrhundert, München 1962.

André HOLENSTEIN u. a. (Hg.), Policey in lokalen Räumen. Ordnungskräfte und Sicherheitspersonal in Gemeinden und Territorien vom Spätmittelalter bis zum frühen 19. Jahrhundert (Studien zu Policey und Policeywissenschaft), Frankfurt am Main 2002.

André HOLENSTEIN, **„Gute Policey" und lokale Gesellschaft** im Staat des Ancien Régime. Das Fallbeispiel der Markgrafschaft Baden(-Durlach), 2 Bde. (Frühneuzeit-Forschungen 9/1–2), Epfendorf 2003.

Rita HUBER-SPERL, Memmingen zwischen Zunfthandwerk und Unternehmertum. Ein Beitrag zur reichsstädtischen Gewerbegeschichte 1648–1802 (Memminger Forschungen 5), Memmingen 1995.

Ernst Rudolf HUBERT, **Zur Geschichte der politischen Polizei im 19. Jahrhundert**, in: DERS. (Hg.), Nationalstaat und Verfassungsstaat. Studien zur Geschichte der modernen Staatsidee, Stuttgart 1965, S. 144–167.

Nicola HUMPHREYS, **Der Fränkische Kreistag 1650–1740** in kommunikationsgeschichtlicher Perspektive (Veröffentlichungen der GffG II/3), Neustadt an der Aisch 2011.

I

Andrea ISELI, „Bonne police". Frühneuzeitliches Verständnis von der guten Ordnung eines Staates in Frankreich (Frühneuzeit-Forschungen 11), Epfendorf 2003.

Andrea ISELI, Gute Policey. Öffentliche Ordnung in der Frühen Neuzeit (UTB 3271), Stuttgart 2009.

J

Helmut JÄGER, Einführung in die Umweltgeschichte, Darmstadt 1994.

Pánek JAROSLAV, Policey und Sozialdisziplinierung im frühneuzeitlichen Böhmen und Mähren, in: Michael STOLLEIS unter Mitarbeit von Karl HÄRTER und Lothar SCHILLING (Hg.), Policey im Europa der Frühen Neuzeit (Ius Commune, Sonderheft 83), Frankfurt am Main 1996, S. 317–331.

Manfred JEHLE, **Ansbach**. Die markgräflichen Oberämter Ansbach, Colberg-Leutershausen, Windsbach, das Nürnberger Pflegamt Lichtenau und das Deutschordensamt (Wolframs-) Eschenbach (HAB, Franken I/35), 2 Teilbde., München 2009.

Norbert JUNG/Holger KEMPKENS (Hg.), 1000 Jahre St. Michael in Bamberg, Bamberg 1015–2015. Im Schutz des Engels (Veröffentlichungen des Diözesanmuseums Bamberg 27), Petersberg 2015.

K

Hans-Heinrich KAUFMANN, Der Gedanke fränkischen Gemeinschaftsgefühls in Politik und Geschichte des fränkischen Reichskreises, in: Archiv des Historischen Vereins von Unterfranken 69 (1931/34), S. 190–242.

Johann Carl Sigmund KIEFHABER, Historisch-chronologisches Verzeichnis der seit dem Anfang dieses Jahrhunderts bis jetzt in der Reichsstadt Nürnberg und deren Gebiet herrschend gewesenen Epidemien unter den Menschen und Thieren, Nürnberg 1796.

Rolf KIESSLING/Wolfgang SCHEFFKNECHT (Hg.), Umweltgeschichte in der Region (Forum Suevicum. Beiträge zur Geschichte Ostschwabens und der benachbarten Regionen 9), Konstanz 2012.

Hans KIRSCH, **Sicherheit und Ordnung** betreffend: Geschichte der Polizei in Kaiserslautern und in der Pfalz 1276–2006 (Studien zur pfälzischen Geschichte und Volkskunde 1), Kaiserslautern 2007.

Christian KLEINSCHMIDT, **Konsumgesellschaft** (Grundkurs Neue Geschichte), Göttingen 2008.

Andrea M. KLUXEN/Julia HECHT (Hg.), Tag der Franken. Geschichte – Anspruch – Wirklichkeit (Geschichte und Kultur in Mittelfranken 1), Würzburg 2010.

Hermann KNAPP, Die Zenten des Hochstifts Würzburg. Ein Beitrag zur Geschichte des süddeutschen Gerichtswesens und Strafrechts, 2 Bde., Berlin 1907.

Franz-Ludwig KNEMEYER, **Polizeibegriffe** in Gesetzen des 15. bis 18. Jahrhunderts, in: Archiv für öffentliches Recht N.F. 92 (1967), S. 154–181.

Wolfgang KÖNIG, Kleine Geschichte der Konsumgesellschaft. Konsum als Lebensform der Moderne, Stuttgart 2013.

Andreas KRAUS (Hg.), Handbuch der bayerischen Geschichte, begr. v. Max SPINDLER, Bd. 3/1: Geschichte Frankens bis zum Ausgang des 18. Jahrhunderts, München [3]1997.

Franz KRAUTWURST, „Gerlach, Dietrich“, in: NDB 6 (1964), S. 300 f.

Detlef KÜHL, Policey-Ordnung des Markgrafentums Bayreuth von 1746. Ediert, interpretiert und kommentiert, Privatdruck, Ködnitz 2020.

Carsten KÜTHER, Menschen auf der Straße. Vagierende Unterschichten in Bayern, Franken und Schwaben in der zweiten Hälfte des 18. Jahrhunderts (Kritische Studien zur Geschichtswissenschaft 56), Göttingen 1983.

L

Claus LEGGEWIE, Artikel: „Herrschaft“, in: Dieter NOHLEN/Rainer-Olaf SCHULTZE (Hg.), Lexikon der Politik, Bd. 1: Politische Theorien, München 1995, S. 180–190.

Wolfgang LEISER, Das Landgebiet der Reichsstadt Nürnberg, in: Rudolf ENDRES (Hg.), Nürnberg und Bern: Zwei Reichsstädte und ihre Landgebiete (Erlanger Forschungen A 46), Erlangen 1990, S. 227–260.

Bernhard LÖFFLER, Waldnutzung, Holzversorgung und Parkbau im Passau des 18. Jahrhunderts, in: Wolfram SIEMANN/Nils FREYTAG/Wolfgang PIERETH (Hg.), Städtische Holzversorgung: Machtpolitik, Armenfürsorge und Umweltkonflikte in Bayern und Österreich (ZBLG, Beiheft 22), München 2002, S. 9–38.

Alf LÜDTKE, **Zurück zur „Policey“?** Sicherheit und Ordnung in Polizeibegriff und Polizeipraxis – vom 18. bis ins 21. Jahrhundert, in: Helmut GEBHARDT (Hg.), Polizei, Recht und Geschichte. Europäische Aspekte einer wechselvollen Entwicklung. Beiträge des 14. Kolloquiums zur Polizeigeschichte (Grazer rechtswissenschaftliche Studien 60), Graz 2006, S. 12–29.

Friedrich Freiherr VON LUPIN, Selbst-Biographie, 2 Bde., Weimar [2]1847.

M

Hans MAIER, Sozialdisziplinierung – ein Begriff und seine Grenzen (Kommentar), in: Paolo PRODI (Hg.), Glaube und Eid. Treueformeln, Glaubensbekenntnisse und Sozialdisziplinierung zwischen Mittelalter und Neuzeit (Schriften des Historischen Kollegs, Kolloquien 28), München 1993, S. 237–240.

Ingeborg MAYER, Studien zum Polizeiwesen in Wien und Niederösterreich von seinen Anfängen bis zum Ausgang des 18. Jahrhunderts, Diss. (masch.), Wien 1985.

Bernd MOELLER, Reichsstadt und Reformation, Gütersloh 1962.

Caren MÖLLER, **Medizinalpolizei**. Die Theorie des staatlichen Gesundheitswesens im 18. und 19. Jahrhundert (Studien zu Policey und Policeywissenschaft), Frankfurt am Main 2005.

Heinrich MÜLLER, Der letzte Kampf der Reichsritterschaft um ihre Selbständigkeit (1790–1815) (Historische Studien LXXVII), Berlin 1910.

Peter MORAW, Von offener Verfassung zu gestalteter Verdichtung. Das Reich im späten Mittelalter 1250–1490 (Propyläen-Geschichte Deutschlands 3), Berlin 1985.

Rainer A. MÜLLER (Hg.), Reichsstädte in Franken. Aufsätze, Bd. 1 (Veröffentlichungen zur Bayerischen Geschichte und Kultur 15/1), München 1987.

Karl MÜSSEL, Markgraf Friedrich von Brandenburg-Bayreuth 1711–1763. Ein Fürstenbild des aufgeklärten Absolutismus in Franken, Teil 1: Die Jugendjahre (1711–1731) (Wissenschaftliche Beilage zum Jahresbericht 1953/54 des Gymnasiums Christian-Ernestinum Bayreuth), Bayreuth 1954; Teil 2: Von der Verlobung bis zum Regierungsantritt (1731–1735) (Wissenschaftliche Beilage zum Jahresbericht 1955/56 des Gymnasiums Christian-Ernestinum Bayreuth), Bayreuth 1956.

Ernst MUMMENHOFF, Die Nürnberger Ratsbücher und Ratsmanuale, in: AZ N.F. 17 (1910), S. 1–124.

N

Paolo NAPOLI, Naissance de la police moderne. Pouvoir, normes, société, Paris 2003.

Paolo NAPOLI, Polizia d'Antico Regime. Frammenti di un concetto nella Toscana e nel Piemonte del XVII e XVIII secolo, in: Michael STOLLEIS unter Mitarbeit von Karl HÄRTER und Lothar SCHILLING (Hg.), Policey im Europa der Frühen Neuzeit (Ius Commune, Sonderheft 83), Frankfurt am Main 1996, S. 1–53.

Helmut NEUHAUS, Reichsständische Repräsentationsformen im 16. Jahrhundert. Reichstag – Reichskreistag – Reichsdeputationstag (Schriften zur Verfassungsgeschichte 33), Berlin 1982.

Helmut NEUHAUS, Zwänge und Entwicklungsmöglichkeiten reichsständischer Beratungsformen in der zweiten Hälfte des 16. Jahrhunderts, in: ZHF 10 (1983), S. 279–298.

Helmut NEUHAUS, Das Problem der militärischen Exekutive in der Spätphase des Alten Reiches, in: Johannes KUNISCH/Barbara STOLLBERG-RILINGER (Hg.), Staatsverfassung und Heeresverfassung in der europäischen Geschichte der frühen Neuzeit (Historische Forschungen 28), Berlin 1986, S. 297–346.

Helmut NEUHAUS, Die Rolle der Mainzer Kurfürsten und Erzkanzler auf Reichsdeputations- und Reichskreistagen in der zweiten Hälfte des 16. Jahrhunderts, in: Peter Claus HARTMANN (Hg.), Kurmainz, das Reichserzkanzleramt und das Reich. Am Ende des Mittelalters und im 16. und 17. Jahrhundert (Geschichtliche Landeskunde 47), Stuttgart 1998, S. 121–135.

Helmut NEUHAUS, Von Reichstag(en) zu Reichstag. Reichsständische Beratungsformen von der Mitte des 16. bis zur Mitte des 17. Jahrhunderts, in: Heinz DUCHHARDT/Matthias SCHNETTGER (Hg.), Reichsständische Libertät und habsburgisches Kaisertum (Veröffentlichungen des Instituts für Europäische Geschichte Mainz, Beiheft 48), Mainz 1999, S. 135–149.

Helmut NEUMAIER, „Daß wir kein anderes Haupt oder von Gott eingesetzte zeitliche Obrigkeit haben". Ort Odenwald der fränkischen Reichsritterschaft von den Anfängen bis zum Dreißigjährigen Krieg (Veröffentlichungen der Kommission für geschichtliche Landeskunde in Baden-Württemberg B 161), Stuttgart 2005.

Gerold NEUSSER, Das Territorium der Reichsstadt Ulm im 18. Jahrhundert Verwaltungsgeschichtliche Forschung (Forschungen zur Geschichte der Stadt Ulm 4), Ulm 1964.

O

Gerhard OESTREICH, Strukturprobleme des europäischen Absolutismus, in: VSWG 55 (1968), S. 329–347.

Gerhard OESTREICH, Strukturprobleme des europäischen Absolutismus, in: DERS. (Hg.), Geist und Gestalt des frühmodernen Staates. Ausgewählte Aufsätze, Berlin 1969, S. 179–197.

Gerhard OESTREICH, Policey und Prudentia civilis in der barocken Gesellschaft von Stadt und Staat, in: Brigitte OESTREICH (Hg.), Strukturprobleme der frühen Neuzeit, Berlin 1980, S. 367–379.

Hans OTTE/Michael BEYER/Christian WINTER (Hg.), Landeskirchengeschichte: Konzepte und Konkretionen. Tagung des Arbeitskreises Deutsche Landeskirchengeschichte im Kloster Amelungsborn vom 29. bis 31. März 2006 (Herbergen der Christenheit, Sonderband 14 – Studien zur deutschen Landeskirchengeschichte 7), Leipzig 2008.

P

Christian PETERS, Der Armut und dem Bettel wehren. Städtische Beutel- und Kastenordnungen von 1521 bis 1531, in: Irene DINGEL (Hg.), Gute Ordnung. Ordnungsmodelle und Ordnungsvorstellungen in der Reformationszeit, Leipzig 2014, S. 239–255.

Florence PEYRONNET-DRYDEN/Christof VON AUFSESS, Die Familie der Freiherren von und zu Aufseß. Eine 900-jährige Geschichte. Festschrift anlässlich des 900-jährigen Bestehens der Familie der Freiherren von und zu Aufseß 1114–2014, Aufseß 2014.

Gerhard PFEIFFER (Hg.), Nürnberg – Geschichte einer europäischen Stadt, München 1971.

Carolin PORZELT, **Die Pest in Nürnberg**. Leben und Herrschen in Pestzeiten in der Reichsstadt Nürnberg, 1562–1713 (Forschungen zur Landes- und Regionalgeschichte 7), St. Ottilien 2007.

Frank Präger, Almosenvergabe in einer Landschaft des Fürstentums Ansbach im 18. Jahrhundert, in: Artur Dirmeier (Hg.), Organisierte Barmherzigkeit: Armenfürsorge und Hospitalwesen in Mittelalter und Früher Neuzeit (Studien zur Geschichte des Spital-, Wohlfahrts- und Gesundheitswesens 1), Regensburg 2010, S. 101–109.

Frank Präger, Grenzüberschreitende Wanderungen von Vaganten nach Franken im 18. Jahrhundert, in: Rainald Becker u. a. (Hg.), Akteure – Beziehungen – Ideen. Bayerische Geschichte im interterritorialen Zusammenhang. Festgabe für Alois Schmid zum 65. Geburtstag, Kallmünz 2010, S. 235–245.

Volker Press, Die Reichsritterschaft im Reich der frühen Neuzeit, in: Nassauische Annalen 87 (1976), S. 101–122.

Volker Press, „Korporative" oder individuelle Landesherrschaft der Reichsritter?, in: Erwin Riedenauer (Hg.), Landeshoheit. Beiträge zur Entstehung, Ausformung und Typologie eines Verfassungselements des Römisch-Deutschen Reiches (Schriften zur bayerischen Verfassungs- und Sozialgeschichte 16), München 1994, S. 93–112.

Paolo Prodi (Hg.), Glaube und Eid. Treueformeln, Glaubensbekenntnisse und Sozialdisziplinierung zwischen Mittelalter und Neuzeit (Schriften des Historischen Kollegs, Kolloquien 28), München 1993.

Michael Puchta, Mediatisierung „mit Haut und Haar, Leib und Leben". Die Unterwerfung der Reichsritter durch Ansbach-Bayreuth (1792–1798) (Schriftenreihe der Historischen Kommission bei der Bayerischen Akademie der Wissenschaften 85), Göttingen 2012.

Michael Puchta, Reichsritterschaft, Kanton Steigerwald, publiziert am 29.5.2015, in: Historisches Lexikon Bayerns, URL: http://www.historisches-lexikon-bayerns.de/Lexikon/Reichsritterschaft,_Kanton_Steigerwald (Zugriff: 28.5.2021).

R

Sven Rabeler, Reichsritterschaft, Kanton Altmühl, publiziert am 27.1.2020, in: Historisches Lexikon Bayerns, URL: http://www.historisches-lexikon-bayerns.de/Lexikon/Reichsritterschaft,_Kanton_Altmühl (Zugriff: 28.5.2021).

Marc Raeff, The well-ordered police state. Social and institutional change through law in the Germanies and Russia 1600–1800, New Haven/London 1983.

Gerhard Rechter, Die Seckendorff. Quellen und Studien zur Genealogie und Besitzgeschichte, Bd. III: Die Linien Aberdar und Hörauf. Teil 1 (Veröffentlichungen der GffG IX/36), Neustadt an der Aisch 1997.

Gerhard Rechter/Andreas Jakob, Der Übergang der Fürstentümer Brandenburg-Ansbach und Brandenburg-Bayreuth an das Königreich Bayern, in: Michael Diefenbacher/Gerhard Rechter (Hg.), Vom Adler zum Löwen. Die Region Nürnberg wird bayerisch, 1775–1835. Begleitband zu den Ausstellungen des Stadtarchivs und Staatsarchivs Nürnberg, der Stadtbibliothek Nürnberg, des Stadtarchivs Erlangen, des Universitätsarchivs und der Universitätsbibliothek Erlangen-Nürnberg sowie des Stadtarchivs Schwabach (Ausstellungskatalog des Stadtarchivs Nürnberg 17), Neustadt an der Aisch 2006, S. 261–279.

Gerhard Rechter, **Der fränkische Reichskreis**, in: Andrea M. Kluxen/Julia Hecht (Hg.), Tag der Franken. Geschichte – Anspruch – Wirklichkeit (Geschichte und Kultur in Mittelfranken 1), Würzburg 2010, S. 17–30.

Wolfgang Reinhard, Zwang zur Konfessionalisierung? Prolegomena zu einer Theorie des konfessionellen Zeitalters, in: HZ 10 (1983), S. 257–277.

Wolfgang Reinhard, Konfession und Konfessionalisierung. „Die Zeit der Konfessionen (1530–1620/30)" in einer neuen Gesamtdarstellung, in: HJ 114 (1994), S. 107–124.

Dieterich Reinkingk, **Biblische Policey**. Das ist: Gewisse, auß Heiliger Göttlicher Schrifft zusammengebrachte, auff die drey Haupt-Stände, als Geistlichen, Weltlichen und Häußlichen gerichtete Axiomata, oder Schlußreden, Frankfurt am Main (Spörlin) 1663.

Reinhold Reith, Umweltgeschichte der Frühen Neuzeit (Enzyklopädie deutscher Geschichte 89), München 2011.

Frank Rexroth, Stiftungen und die Frühgeschichte von „Policey" in spätmittelalterlichen Städten, in: Michael Borgolte (Hg.), Stiftungen und Stiftungswirklichkeiten. Vom Mittelalter bis zur Gegenwart (Stiftungsgeschichten 1), Berlin 2000.

Erwin Riedenauer, Kontinuität und Fluktuation im Mitgliederstand der fränkischen Reichsritterschaft. Eine Grundlegung zum Problem der Adelsstruktur in Franken, in: Richard van Dülmen (Hg.), Gesellschaft und Herrschaft. Forschungen zu sozial- und landesgeschichtlichen Problemen vornehmlich in Bayern. Eine Festgabe für Karl Bosl zum 60. Geburtstag, München 1969, S. 87–152.

Erwin Riedenauer, Gestaltung der Landschaft durch die Herrschaft. Begriffe, Modelle, Probleme, in: ZBLG 57/3 (1994), S. 585–600.

Erwin Riedenauer (Hg.), Landeshoheit. Beiträge zur Entstehung, Ausformung und Typologie eines Verfassungselements des Römisch-Deutschen Reiches (Studien zur bayerischen Verfassungs- und Sozialgeschichte 16), München 1994.

Erwin Riedenauer, Die fränkische Reichsritterschaft, in: Alfred Wendehorst (Hg.), Erwin Riedenauer. Fränkische Landesgeschichte und Historische Landeskunde. Grundsätzliches – Methodisches – Exemplarisches (Schriftenreihe zur bayerischen Landesgeschichte 134), München 2001, S. 135–140.

Erwin Riedenauer, Fränkische Reichsritterschaft und römisch-deutsches Reich. Elemente einer politischen Symbiose, in: Erich Schneider (Hg.), Nachdenken über fränkische Geschichte, Neustadt an der Aisch 2005, S. 155–278.

Albert Rigaudiére, Les ordonnances de police en France à la fin du Moyen Âge, in: Michael Stolleis unter Mitarbeit von Karl Härter und Lothar Schilling (Hg.), Policey im Europa der Frühen Neuzeit (Ius Commune, Sonderheft 83), Frankfurt am Main 1996, S. 97–161.

Werner Rösener, Zur Erforschung der Marken und Allmenden, in: Uwe Meiners (Hg.), Allmenden und Marken vom Mittelalter bis zur Neuzeit. Beiträge des Kolloquiums vom 18. bis 20. September im Museumsdorf Cloppenburg, Cloppenburg 2004, S. 9–16.

Volker Rössner, Schlossbau des 18. Jahrhunderts im Ritterkanton Baunach (Veröffentlichungen der GffG VIII/12), Neustadt an der Aisch 2000.

Hans-Christoph RUBLACK, Forschungsbericht Stadt und Reformation, in: Bernd MOELLER (Hg.), Stadt und Kirche im 16. Jahrhundert, Gütersloh 1978, S. 9–26.

Willi RÜGER, Mittelalterliches Almosenwesen. Die Almosenordnung der Reichsstadt Nürnberg (Nürnberger Beiträge zu den Wirtschafts- und Sozialwissenschaften 31), Nürnberg 1932.

S

Martin SCHENNACH, Jagdrecht, Wilderei und „gute Policey". Normen und ihre Durchsetzung im frühneuzeitlichen Tirol (Studien zu Policey und Policeywissenschaft), Frankfurt am Main 2007.

Martin SCHENNACH, Gesetz und Herrschaft. Die Entstehung des Gesetzgebungsstaates am Beispiel Tirols (Forschungen zur deutschen Rechtsgeschichte 28), Köln 2010.

Bernd SCHILDT, Die frühneuzeitliche Policey- und Landesgesetzgebung am Beispiel von Dorf- und Landesordnungen der Grafschaft Schwarzburg aus dem 16. Jahrhundert, in: Heiner LÜCK/Bernd SCHILDT (Hg.), Recht, Idee, Geschichte: Beiträge zur Rechts- und Ideengeschichte für Rolf Lieberwirth anläßlich seines 80. Geburtstages, Köln 2000, S. 229–248.

Heinz SCHILLING, Die „Zweite Reformation" als Kategorie der Geschichtswissenschaft, in: DERS. (Hg.), Die reformierte Konfessionalisierung in Deutschland – Das Problem der „Zweiten Reformation", Gütersloh 1986, S. 387–437.

Heinz SCHILLING, Die Konfessionalisierung im Reich. Religiöser und gesellschaftlicher Wandel in Deutschland zwischen 1555 und 1620, in: HZ 246 (1988), S. 1–45.

Heinz SCHILLING, Die Kirchenzucht im frühneuzeitlichen Europa in interkonfessionell vergleichender und interdisziplinärer Perspektive – eine Zwischenbilanz, in: DERS. (Hg.), Kirchenzucht und Sozialdisziplinierung im frühneuzeitlichen Europa (ZHF, Beiheft 16), Berlin 1994, S. 11–40.

Heinz SCHILLING (Hg.), Kirchenzucht und Sozialdisziplinierung im frühneuzeitlichen Europa (ZHF, Beiheft 16), Berlin 1994.

Hans SCHLOSSER, Zwangsarbeit als Strafe und Gnade. Bayerische Straftäter auf der Ruderbank venezianischer Galeeren, in: Alois SCHMID (Hg.), Von Bayern nach Italien. Transalpiner Transfer in der Frühen Neuzeit (ZBLG, Beiheft 38), München 2010, S. 225–237.

Alois SCHMID, Hirtenleben im vormodernen Süddeutschland, in: Peter FASSL/Wilhelm LIEBHART/Wolfgang WÜST (Hg.), Groß im Kleinen – Klein im Großen. Beiträge zur Mikro- und Landesgeschichte. Gedenkschrift für Pankraz Fried, Konstanz 2014, S. 19–39.

Wolfgang SCHMID, „Am Brunnen vor dem Tore …". Zur Freizeitgestaltung der Stadtbevölkerung im 15./16. Jahrhundert, in: Peter JOHANEK (Hg.), Die Stadt und ihr Rand (Städteforschung A 70), Köln 2008, S. 19–146.

Heinrich R. SCHMIDT/André HOLENSTEIN/Andreas WÜRGLER (Hg.), Gemeinde, Reformation und Widerstand. Festschrift für Peter Blickle zum 60. Geburtstag, Tübingen 1998.

Alois SCHNEIDER, **Grenzlinien spätmittelalterlicher städtischer Territorialherrschaften**. Die Schwäbisch Haller und Rothenburger Landhege, in: Gabriele ISENBERG/Barbara SCHOLKMANN (Hg.), Die Befestigung der mittelalterlichen Stadt (Städteforschungen A 45), Köln u. a. 1997, S. 111–135.

Konrad SCHNEIDER, **Reichskreise und europäisierter Geldumlauf**, in: Wolfgang WÜST/Michael MÜLLER (Hg.), Reichskreise und Regionen im frühmodernen Europa – Horizonte und Grenzen im *spatial turn*. Tagung bei der Akademie des Bistums Mainz, Erbacher Hof, 3.–5. September 2010 (Mainzer Studien zur Neueren Geschichte 29), Frankfurt am Main u. a. 2011, S. 283–301.

Eugen SCHÖLER/Hans RÖSSLER, Die Reichsritter von Eyb – freie Herren in fürstlichen Diensten. Ein Beitrag zur Geschichte des Markgrafentums Brandenburg-Ansbach (Triesdorfer Hefte 6), Triesdorf 1995.

Claudia SCHOTT-VOLM, Policey in der Schweiz. Das Beispiel Zürich, in: Michael STOLLEIS unter Mitarbeit von Karl HÄRTER und Lothar SCHILLING (Hg.), Policey im Europa der Frühen Neuzeit (Ius Commune, Sonderheft 83), Frankfurt am Main 1996, S. 489–509.

Georg SCHRÖTTER, Die Kirche der heil. Elisabeth in Nürnberg (ehem. Deutschordenskirche), Nürnberg 1903.

Georg SCHRÖTTER, Die letzten Jahre der Reichsstadt Nürnberg und ihr Übergang an Bayern, Nürnberg 1906.

Georg SCHRÖTTER, Geschichte der Stadt Nürnberg, Nürnberg 1909.

Ernst SCHUBERT, **Arme Leute, Bettler und Gauner** im Franken des 18. Jahrhunderts (Veröffentlichungen der GffG IX/26), Würzburg 1983.

Gerhard SCHUCK, **Arbeit als Policeystrafe**: Policey und Strafjustiz, in: Karl HÄRTER (Hg.), Policey und frühneuzeitliche Gesellschaft (Ius Commune, Sonderheft 129), Frankfurt am Main 2000, S. 611–625.

Robert SCHUH, Anspruch und Inhalt des Prädikats „hoch" in der politischen und Verwaltungssprache des Absolutismus, in: Erwin RIEDENAUER (Hg.), Landeshoheit. Beiträge zur Entstehung, Ausformung und Typologie eines Verfassungselements des Römisch-Deutschen Reiches (Studien zur bayerischen Verfassungs- und Sozialgeschichte 16), München 1994, S. 11–38.

Robert SCHUH, Das vertraglich geregelte Herrschaftsgemenge. Die territorialstaatlichen Verhältnisse in Franken im 18. Jahrhundert im Lichte von Verträgen des Fürstentums Brandenburg-Ansbach mit Benachbarten, in: JfL 55 (1995), S. 137–170.

Günther SCHUHMANN, **Die Markgrafen von Brandenburg-Ansbach**. Eine Bilddokumentation zur Geschichte der Hohenzollern in Franken (Jahrbuch des Historischen Vereins für Mittelfranken 90), Ansbach 1980.

Nicola SCHÜMANN, Der Fränkische Kreiskonvent im Winter 1790/91: Ein Verfassungsorgan an der Schwelle zur Moderne, in: JfL 62 (2002), S. 231–258.

Christian SCHULZ, **Strafgericht Gottes oder menschliches Versagen?** Die Tagebücher des Benediktinerabtes Georg Gaisser als Quelle für die Kriegserfahrung von Ordensleuten im Dreißigjährigen Krieg, in: Matthias ASCHE/Anton SCHINDLING (Hg.), Das Strafgericht Gottes. Kriegserfahrungen und Religion im Heiligen Römischen Reich Deutscher Nation im Zeitalter des Dreißigjährigen Krieges. Beiträge aus dem Tübinger Sonderforschungsbereich „Kriegserfahrungen – Krieg und Gesellschaft in der Neuzeit“, Münster ²2002, S. 219–290.

Winfried SCHULZE, Gerhard Oestreichs Begriff „Sozialdisziplinierung in der Frühen Neuzeit“, in: ZHF 14 (1987), S. 265–302.

Winfried SCHULZE, Klettgau 1603. Von der Bauernrevolte zur Landes- und Policeyordnung, in: Heinrich R. SCHMIDT/André HOLENSTEIN/Andreas WÜRGLER (Hg.), Gemeinde, Reformation und Widerstand. Festschrift für Peter Blickle zum 60. Geburtstag, Tübingen 1998, S. 429–431.

Karl SCHUMM, Pfarrer Johann Friedrich Mayer und die hohenlohesche Landwirtschaft im 18. Jahrhundert, in: Württembergisch Franken (= Jahrbuch des Historischen Vereins für Württembergisch Franken) N.F. 30 (1955), S. 138–167.

Adolf SCHWAMMBERGER, Die Erwerbspolitik der Burggrafen von Nürnberg in Franken bis 1361 (Erlanger Abhandlungen zur mittleren und neueren Geschichte 16), Erlangen 1932.

Gerhard SEIBOLD, Wirtschaftlicher Erfolg in Zeiten des politischen Niedergangs. Augsburger und Nürnberger Unternehmer in den Jahren zwischen 1648 und 1806, 2 Bde.: Darstellung, Anhang (Studien zur Geschichte des Bayerischen Schwaben 42), Augsburg 2014.

Wolfgang SEIDENSPINNER, Offensive der Ausgegrenzten? Jauner und Räuberbanden in der frühen Neuzeit, in: Otto BORST (Hg.), Minderheiten in der Geschichte Südwestdeutschlands (Stuttgarter Symposion 3), Tübingen 1996, S. 73–90.

Bernhard SICKEN, Das Wehrwesen des fränkischen Reichskreises (1681–1714), 2 Bde., Nürnberg 1957.

Bernhard SICKEN, Der Fränkische Reichskreis. Seine Ämter und Einrichtungen im 18. Jahrhundert (Veröffentlichungen der GffG, Fotodruckreihe 1), Würzburg 1970.

Bernhard SICKEN, Albrecht Alcibiades. Markgraf von Brandenburg-Kulmbach (1522–1557), in: Fränkische Lebensbilder 6 (1975), S. 130–160.

Bernhard SICKEN, Der Fränkische Kreis im Zeitalter der Aufklärung – Institution des Reichs oder staatenbündischer Zusammenschluß?, in: Peter Claus HARTMANN (Hg.), Regionen in der Frühen Neuzeit, Berlin 1994, S. 61–77.

Bernhard SICKEN, Leitungsfunktionen des Fränkischen Kreises im Aufklärungszeitalter: Zwischen Standesvorzug und Sachkompetenz, in: Wolfgang WÜST (Hg.), **Reichskreis und Territorium**: die Herrschaft über der Herrschaft? Supraterritoriale Tendenzen in Politik, Kultur, Wirtschaft und Gesellschaft. Ein Vergleich süddeutscher Reichskreise (Augsburger Beiträge zur Landesgeschichte Bayerisch-Schwabens 7), Stuttgart 2000, S. 149–175.

Bernhard SICKEN, Die Bamberger Direktorialgesandtschaft im Fränkischen Reichskreis: Zur Kritik am Aufwand in der Aufklärungsepoche, in: JfL 79/80 (2020), S. 193–223.

Hannes SIEGRIST/Hartmut KAELBLE/Jürgen KOCKA (Hg.), Europäische Konsumgeschichte. Zur Gesellschafts- und Kulturgeschichte des Konsums (18. bis 20. Jahrhundert), Frankfurt am Main 1997.

Wolfram SIEMANN/Nils FREYTAG, Umwelt – eine geschichtswissenschaftliche Grundkategorie, in: Wolfram SIEMANN (Hg.), Umweltgeschichte. Themen und Perspektiven (Beck'sche Reihe 1519), München 2003, S. 7–20.

Kai Detlev SIEVERS, Absolutistische Sozialgesetzgebung im ordnungspolitischen Horizont. Das Beispiel der schleswig-holsteinischen Armenordnung von 1736, in: Werner PARAVICINI (Hg.), Mare Balticum. Beiträge zur Geschichte des Ostseeraumes in Mittelalter und Neuzeit. Festschrift zum 65. Geburtstag von Erich Hoffmann (Kieler Historische Studien 36), Sigmaringen 1992, S. 279–289.

Thomas SIMON, Policey im kameralistischen Verwaltungsstaat: Das Beispiel Preußen, in: Karl HÄRTER (Hg.), Policey und frühneuzeitliche Gesellschaft (Ius Commune, Sonderheft 129), Frankfurt am Main 2000, S. 473–496.

Thomas SIMON, „Gute Policey". Ordnungsleitbilder und Zielvorstellungen politischen Handelns in der Frühen Neuzeit (Studien zur europäischen Rechtsgeschichte 170), Frankfurt am Main 2004.

Thomas SIMON, Das Policeyrecht des 18. Jahrhunderts als Teil des „Teutschen Privatrechts". Zum Verhältnis von „Recht" und „Policey", in: Rechtsgeschichte – Legal History 19 (2011), S. 309–321.

Andreas SOHN (Hg.), Memoria: Kultur – Stadt – Museum / Mémoire: Culture – Ville – Musée (Herausforderungen 18), Bochum 2006.

Marlene SOTHMANN, Das Armen-, Arbeits-, Zucht- und Werkhaus in Nürnberg bis 1806 (Nürnberger Werkstücke zur Stadt- und Landesgeschichte 2), Nürnberg 1970.

Otto SPÄLTER, **Frühe Etappen der Zollern auf dem Weg zur Territorialherrschaft** in Franken. Die allmähliche Entwicklung der Schriftlichkeit und der Landesorganisation bei den Burggrafen von Nürnberg zwischen 1235 und 1332 (Veröffentlichungen der GffG IX/48), Münsterschwarzach 2005.

Paul SÖRGEL, Der Ritterkanton an der Baunach in den Haßbergen, Hofheim in Unterfranken 1992.

Harald STARK, Elf Höfe und ein Hirtenhaus bildeten ein Dorf: Aus der Geschichte von Braunersgrün im Landkreis Wunsiedel, in: Archiv für Geschichte von Oberfranken 72 (1992), S. 217–256.

Johannes STAUDENMAIER, Gute Policey in Hochstift und Stadt Bamberg. Normgebung, Herrschaftspraxis und Machtbeziehungen vor dem Dreißigjährigen Krieg (Studien zu Policey und Policeywissenschaft), Frankfurt am Main 2012.

Peter-Michael STEINSIEK, Nachhaltigkeit auf Zeit: Waldschutz im Westharz vor 1800, Münster u. a. 1999.

Wolfgang von Stetten, Die Rechtsstellung der unmittelbaren freien Reichsritterschaft, ihre Mediatisierung und ihre Stellung in den neuen Landen. Dargestellt am fränkischen **Kanton Odenwald** (Forschungen aus Württembergisch Franken 8), Schwäbisch Hall 1973.

Michael Stolleis, **Geschichte des öffentlichen Rechts in Deutschland**, Bd. 1: Reichspublizistik und Policeywissenschaft 1600–1800, München 1988.

Michael Stolleis unter Mitarbeit von Karl Härter und Lothar Schilling (Hg.), Policey im Europa der Frühen Neuzeit (Ius Commune, Sonderheft 83), Frankfurt am Main 1996.

Berthold Sutter, Kaisertreue oder rationale Überlebensstrategie? Die Reichsritterschaft als habsburgische Klientel im Reich, in: Heinz Duchhardt/Matthias Schnettger (Hg.), Reichsständische Libertät und habsburgisches Kaisertum (Veröffentlichungen des Instituts für Europäische Geschichte Mainz, Beiheft 48), Mainz 1999, 257–307.

T

Matthias Thumser (Bearb.), Ludwig von Eyb der Ältere (1417–1502). Schriften: Denkwürdigkeiten - Gültbuch - Briefe an Kurfürst Albrecht Achilles 1473/74 - Mein Buch (Veröffentlichungen der GffG I/6), Neustadt an der Aisch 2002.

Günther Tiggesbäumker (Hg.), Die Reichsstadt Nürnberg und ihr Landgebiet im Spiegel alter Karten und Ansichten. Bestände der Stadtbibliothek Nürnberg. Ausstellung der Stadtbibliothek Nürnberg vom 3. September bis 29. Dezember 1986 (Ausstellungskatalog der Stadtbibliothek Nürnberg 97), Nürnberg 1986.

U

Mathias Ueblacker, Die fürstbischöflichen Feuerordnungen für Passau. Brandschutzauflagen ändern die Stadtansicht, in: Susanne Böning-Weis (Hg.), Monumental. Festschrift für Michael Petzet. Zum 65. Geburtstag am 12. April 1998, München 1998, S. 495–505.

Hermann Ulm, Kunreuth in der Mitte des 19. Jahrhunderts und heute. Wandel der landwirtschaftlichen Betriebe und ihrer sozioökonomischen Bedeutung für den Ort, in: JfL 63 (2003), S. 324–339.

Cord Ulrichs, Vom Lehnhof zur Reichsritterschaft. Strukturen des fränkischen Niederadels am Übergang vom späten Mittelalter zur frühen Neuzeit (VSWG, Beihefte 134), Stuttgart 1997.

V

Helfried Valentinitsch, Galeerenstrafe und Zwangsarbeit an der Militärgrenze in der Frühen Neuzeit. Zur Geschichte des Strafvollzugs in den innerösterreichischen Ländern, in: Ders./Markus Steppan (Hg.), Festschrift für Gernot Kocher zum 60. Geburtstag (Grazer rechts- und staatswissenschaftliche Studien 59), Graz 2002, S. 331–366.

Helfried Valentinitsch/Markus Steppan (Hg.), Festschrift für Gernot Kocher zum 60. Geburtstag (Grazer rechts- und staatswissenschaftliche Studien 59), Graz 2002.

W

Friedrich WAGNER, Kanzlei- und Archivwesen der fränkischen Hohenzollern von der Mitte des 15. bis zur Mitte des 16. Jahrhunderts, in: AZ 10 (1885), S. 18–53.

Sigrid WAGNER, Die Dorfgemeinde in den ländlichen Rechtsquellen des kurpfälzischen Oberamtes Alzey, in: Alois GERLICH (Hg.), Das Dorf am Mittelrhein. 5. Alzeyer Kolloquium (Geschichtliche Landeskunde 30), Stuttgart 1989, S. 175–193.

Andreas Otto WEBER, Reichsritterschaftliche Dorfentwicklung in der Frühen Neuzeit am Beispiel von Kunreuth, in: JfL 63 (2003), S. 301–323.

Andreas Otto WEBER (Hg.), Kunreuth. Natur und Geschichte. Gegenwart und Zukunft eines oberfränkischen Dorfes, Kunreuth 2004.

Friedrich WEBER, Geschichte der fränkischen Reichsdörfer Gochsheim und Sennfeld, Schweinfurt 1913.

Matthias WEBER, **Ständische Disziplinierungsbestrebungen** durch Polizeiordnungen und Mechanismen ihrer Durchsetzung – Regionalstudie Schlesien, in: Michael STOLLEIS unter Mitarbeit von Karl HÄRTER und Lothar SCHILLING (Hg.), Policey im Europa der Frühen Neuzeit (Ius Commune, Sonderheft 83), Frankfurt am Main 1996, S. 333–377.

Max WEBER, Wirtschaftsgeschichte. Abriß der universalen Sozial- und Wirtschaftsgeschichte, Berlin [5]1991.

Max WEBER, **Wirtschaft und Gesellschaft**. Grundriß der verstehenden Soziologie, 5. revidierte Aufl., besorgt von Johannes WINCKELMANN, Tübingen 2002.

Dieter J. WEISS, Reform und Modernisierung. Die Verwaltung des Bistums Bamberg in der Frühen Neuzeit, in: BHVB 134 (1998), S. 165–187.

Dieter WERKMÜLLER, Über Aufkommen und Verbreitung der Weistümer. Nach der Sammlung von Jacob Grimm, Berlin 1972.

Dietmar WILLOWEIT, Rechtsgrundlagen der Territorialgewalt. Landesobrigkeit, Herrschaftsrechte und Territorium in der Rechtswissenschaft der Neuzeit, Köln 1975.

Dietmar WILLOWEIT, **Gesetzgebung und Recht** im Übergang vom Spätmittelalter zum frühneuzeitlichen Obrigkeitsstaat, in: Okko BEHRENDS/Christoph LINK (Hg.), Zum römischen und neuzeitlichen Gesetzesbegriff. 1. Symposion der Kommission „Die Funktion des Gesetzes in Geschichte und Gegenwart" vom 26. und 27. April 1985, Göttingen 1987, S. 123–146.

Edward WILSON, Policy in practice: The role of local officials in enforcing religious conformity in the Holy Roman Empire, in: Journal of the Holy Roman Empire 1 (2006), S. 2–18.

Richard WINKLER, **Bayreuth**. Stadt und Landkreis (HAB, Franken I/30), München 1999.

Max WIRSING, Einführung des Kartoffelanbaus in Deutschland durch Pilgramsreuther 1648, in: Zeitschrift für Agrargeschichte und Agrarsoziologie 36 (1988), S. 23–32.

Wolfgang WISCHMEYER, „Die Werck der Lieb sind Gezeugnis des Glaubens". Die Nürnberger Armenordnung von 1522 im Zusammenhang städtischer Sozialgeschichte, Humanismus und „Ratsreformation", in: Österreichisches Archiv für Kirchenrecht 45 1/2 (1998), S. 112–130.

Wolfgang WÜST, **Gemeindeverband und Territorialstaat in Ostschwaben**. Landständischer Partikularismus oder administrative Doppelverantwortung?, in: Peter FASSL/Wilhelm LIEBHART/Wolfgang WÜST (Hg.), Aus Schwaben und Altbayern. Festschrift für Pankraz Fried zum 60. Geburtstag, Sigmaringen 1991, S. 293–306.

Wolfgang WÜST, Die gezüchtigte Armut. Sozialer Disziplinierungsanspruch in den Arbeits- und Armenanstalten der „vorderen" Reichskreise, in: ZHVS 89 (1996), S. 95–124.

Wolfgang WÜST, Die „gute Policey" im fränkischen Reichskreis. Ansätze zu einer überterritorialen Ordnungspolitik in der Frühmoderne. Edition der „verainten und verglichnen Policey Ordnung" von 1572, in: JfL 60 (2000) = Festschrift für Rudolf Endres zum 65. Geburtstag, S. 177–199.

Wolfgang WÜST (Hg.), **Reichskreis und Territorium**: die Herrschaft über der Herrschaft? Supraterritoriale Tendenzen in Politik, Kultur, Wirtschaft und Gesellschaft. Ein Vergleich süddeutscher Reichskreise (Augsburger Beiträge zur Landesgeschichte Bayerisch-Schwabens 7), Stuttgart 2000.

Wolfgang WÜST, Grenzüberschreitende Landesfriedenspolitik: Maßnahmen gegen Bettler, Gauner und Vaganten, in: DERS. (Hg.), Reichskreis und Territorium: die Herrschaft über der Herrschaft? Supraterritoriale Tendenzen in Politik, Kultur, Wirtschaft und Gesellschaft. Ein Vergleich süddeutscher Reichskreise (Augsburger Beiträge zur Landesgeschichte Bayerisch-Schwabens 7), Stuttgart 2000, S. 153–178.

Wolfgang WÜST, Das inszenierte Hochgericht. Staatsführung und blutiges Herrschaftszeremoniell in Bayern, Franken und Schwaben, in: Konrad ACKERMANN/Alois SCHMID/Wilhelm VOLKERT (Hg.), Bayern. Vom Stamm zum Staat. Festschrift für Andreas Kraus zum 80. Geburtstag, Bd. 1 (Schriftenreihe zur bayerischen Landesgeschichte 140), München 2000, S. 282 f.

Wolfgang WÜST, Wege ins Nirgendwo? Die Frage nach den herrschaftlichen Koordinaten in der Landesgeschichte vor 1800. Das Beispiel Franken, in: Blätter für deutsche Landesgeschichte 136 (2000), S. 253–281.

Wolfgang Wüst, Die Akte Seinsheim-Schwarzenberg: eine fränkische Adelsherrschaft vor dem Reichskammergericht, in: JfL 62 (2002), S. 203–230.

Wolfgang WÜST, **Normen als Grenzgänger**. Policey und Wissenstransfer in Süddeutschland vor 1800, in: Konrad ACKERMANN/Alois SCHMID (Hg.), Staat und Verwaltung in Bayern. Festschrift für Wilhelm Volkert zum 75. Geburtstag (Schriftenreihe zur bayerischen Landesgeschichte 139), München 2003, S. 287–306.

Wolfgang WÜST/Georg KREUZER/Nicola SCHÜMANN (Hg.), Der Augsburger Religionsfriede 1555. Ein Epochenereignis und seine regionale Verankerung (ZHVS 98), Augsburg 2005.

Wolfgang Wüst, **Régner par l'évocation du passé.** Culture mémorielle dans les communautés monastiques et coloniales de l'Allemagne du Sud, in: Andreas Sohn (Hg.), Memoria: Kultur - Stadt - Museum / Mémoire: Culture - Ville - Musée (Herausforderungen 18), Bochum 2006, S. 93–123.

Wolfgang Wüst, Zur Rezeption des Augsburger Religionsfriedens in der Frühmoderne. Diskurse in Franken, Schwaben und Bayern, in: Gerhard Graf/Günther Wartenberg/Christian Winter (Hg.), Der Augsburger Religionsfrieden. Seine Rezeption in den Territorien des Reiches (Herbergen der Christenheit. Jahrbuch für deutsche Kirchengeschichte, Sonderband 11), Leipzig 2006, S. 147–163.

Wolfgang Wüst/Nicola Schümann/Ulla Schuh, **Policey im regionalen Kontext**: Rechtssetzung im Alten Reich, im Reichskreis und im Territorium. Beispiele aus Franken, in: Hans-Joachim Hecker/Reinhard Heydenreuter/Hans Schlosser (Hg.), Rechtssetzung und Rechtswirklichkeit in der bayerischen Geschichte (ZBLG, Beiheft 30), München 2006, S. 175–214.

Wolfgang Wüst, Das Hochstift Bamberg als regionale frühmoderne Territorialmacht. Charakteristika eines geistlichen Staates in Franken, in: BHVB 143 (2007), S. 281–308.

Wolfgang Wüst, Bamberg als Hochstift. Zur Typologie geistlicher Staaten in der Frühmoderne, in: Luitgar Göller/Wolfgang F. Reddig (Hg.), 1000 Jahre Bistum Bamberg 1007–2007 - Unterm Sternenmantel. Ausstellungskatalog, Petersberg 2007, S. 236–246.

Wolfgang Wüst, **Nachhaltige Landespolitik?** Fürstenherrschaft und Umwelt in der Vormoderne. Eine süddeutsche Fallstudie, in: ZBLG 70/1 (2007), S. 85–108.

Wolfgang Wüst/Georg Kreuzer/David Petry (Hg.), Grenzüberschreitungen. Die Außenbeziehungen Schwabens in Mittelalter und Neuzeit. Interdisziplinäres und internationales Symposion, Irsee, 22.–24. November 2007 (ZHVS 100), Augsburg 2008.

Wolfgang Wüst, Adeliges Selbstverständnis im Umbruch? Zur Bedeutung patrimonialer Gerichtsbarkeit 1806–1848, in: Walter Demel/Ferdinand Kramer (Hg.), Adel und Adelskultur in Bayern (ZBLG, Beiheft 32), München 2008, S. 349–376.

Wolfgang Wüst, Jagen unter den Markgrafen von Brandenburg-Ansbach: Höfisches Spektakel, ökonomischer Vorteil oder herrschaftliches Kalkül?, in: JfL 68 (2008), S. 93–113.

Wolfgang Wüst, Überterritoriale Werte- und Vertrauensbildung: Geheimnisse, Gesetze, Ordnungen und Satzungen im Austausch, in: Ders. (Hg.), Frankens Städte und Territorien als Kulturdrehscheibe. Kommunikation in der Mitte Deutschlands. Interdisziplinäre Tagung vom 29. bis 30. September 2006 in Weißenburg in Bayern (Mittelfränkische Studien 19), Ansbach 2008, S. 161–186.

Wolfgang Wüst (Hg.), Frankens Städte und Territorien als Kulturdrehscheibe. Kommunikation in der Mitte Deutschlands. Interdisziplinäre Tagung vom 29. bis 30. September 2006 in Weißenburg in Bayern (Mittelfränkische Studien 19), Ansbach 2008.

Wolfgang Wüst, Krieg, Krisen und Katastrophen geistlich kommentiert … Tagebücher und Korrespondenz aus süddeutschen Klöstern und Pfarreien um 1800, in: Franz Brendle/Anton Schindling (Hg), Geistliche im Krieg, Münster 2009, S. 203–224.

Wolfgang Wüst, **Ein frühmodernes Land im Jagdfieber** – Das „ius venandi" der Markgrafen von Brandenburg-Ansbach, in: Ders./Juliane Scheffold (Bearb.), Die Jagd der Markgrafen von Brandenburg-Ansbach in der Frühmoderne (Triesdorfer Hefte 9), Triesdorf 2010, S. 4–35.

Wolfgang Wüst, Mandáty rady a městská „policey" – výzva pro editora, in: Michaela Hrubá/Ludmila Sulitková/ Vilém Zábranský (Hg.), Stav a perspektivy zpřístupňování středověkých a raně novověkých městských knih (Supplementum 1 – Ústecký sborník historický), Ústi nad Labem/Aussig 2010, S. 291–308.

Wolfgang Wüst/Michael Müller (Hg.), **Reichskreise und Regionen im frühmodernen Europa** – Horizonte und Grenzen im *spatial turn*. Tagung bei der Akademie des Bistums Mainz, Erbacher Hof, 3.–5. September 2010 (Mainzer Studien zur Neueren Geschichte 29), Frankfurt am Main u. a. 2011.

Wolfgang Wüst, Ordnung, Recht und Wohlfahrt in Brandenburg-Bayreuth im Spiegel „guter" Policey, in: Georg Seiderer/Clemens Wachter (Hg.), Markgraf Friedrich von Brandenburg-Bayreuth 1711–1763 (Franconia 5. Beihefte zum JfL), Erlangen 2012, S. 103–124.

Wolfgang Wüst, **Chausseen in Franken** – Kunststraßen nach französischem Vorbild, in: Altfränkische Bilder N.F. 9 (2014), S. 22–24.

Wolfgang Wüst, Konsum in Franken – historisch betrachtet, in: Altfränkische Bilder N.F. 10 (2015), S. 22–24.

Wolfgang Wüst, Taverne und Bierkonsum im Spiegel obrigkeitlicher Sorge, in: ZBLG 78 (2015), S. 550–570.

Wolfgang Wüst, Jagd, Falknerei und höfische Repräsentation, in: Georg Seiderer (Hg.), Carl Wilhelm Friedrich von Brandenburg-Ansbach (1712–1757) – der „wilde Markgraf" (Jahrbuch des Historischen Vereins für Mittelfranken 103), Ansbach 2015, S. 63–76.

Wolfgang Wüst, Kloster Michaelsberg in Bamberg – Alltag, Konsum und Ökonomie im Spiegel der Rechnungsbücher 1580–1802/03, in: Norbert Jung/Holger Kempkens (Hg.), 1000 Jahre St. Michael in Bamberg, Bamberg 1015–2015. Im Schutz des Engels (Veröffentlichungen des Diözesanmuseums Bamberg 27), Petersberg 2015, S. 180–187.

Wolfgang Wüst, Im Wald herrscht Recht und Ordnung. Zur Benevolenz spätmittelalterlicher und frühneuzeitlicher Forstwirtschaft, in: BHVB 151 (2015), S. 171–184.

Wolfgang Wüst, Wider *„ehebruch, hurereÿ, unzucht, kuppeleÿ und unterschleipf"* – Policey-Statuten in Kempten im Jahre 1770, in: Allgäuer Geschichtsfreund – Blätter für Heimatforschung und Heimatpflege N.F. 116 (2016), S. 69–106.

Wolfgang Wüst unter Mitarbeit von Lisa Bauereisen (Hg.), Bayerns Adel – Mikro- und Makrokosmos aristokratischer Lebensformen. Referate der internationalen und interdisziplinären Tagung. Kloster Banz, Bad Staffelstein, 26.–29. Mai 2016, Frankfurt am Main u. a. 2017.

Wolfgang Wüst, Die Freien Reichsdörfer Sennfeld und Gochsheim. Politische Gründe für die Einführung der Reformation im Jahre 1540, in: Richard Riess/Emil Heinemann (Hg.), Zur Freiheit berufen. Das ehemals Freie Reichsdorf Sennfeld. Ein Portrait, Oberhausen 2017, S. 59–80.

Wolfgang Wüst, Das reichsunmittelbare adelige Damenstift Edelstetten im Spiegel der „*guten*“ Policey von 1625/71, in: Schwabenspiegel. Jahrbuch für Literatur, Sprache und Spiel 2017 (2018), S. 59–73.

Wolfgang Wüst, Ritterkreis und Reichskreis – Kooperationen für Franken, in: Ders. unter Mitarbeit von Lisa Bauereisen (Hg.), Adelslandschaften – Korporationen, Kommunikation und aristokratischer Konsens in Mittelalter, Früher Neuzeit und Moderne. Tagung in Kloster Ettal vom 16. bis 18. Februar 2017, Frankfurt am Main u. a. 2018, S. 97–126.

Wolfgang Wüst, Paradiesische Zustände? Steuer- und Religionsfreiheit als ein herrschaftliches Lockmittel für Um- und Neusiedler in früher Neuzeit und Moderne / Blissful conditions? Tax and religious freedom as enticement of the monarchs given to immigrants and settlers at the dawn of the early modern period / Rajkie warunki? Wolność podatkowa I religijna jako przynęta władców dla przesiedleńców i osadników w epoce wczesnonowożytnej i u progu nowoczesności, in: Bulletin der Polnischen Historischen Mission / Biuletyn Polskiej Misji Historycznej 13 (2018), S. 55–86.

Wolfgang Wüst, Wider Gotteslästerung, Unkeuschheit, Ehebruch, Neid, Hass und Aufruhr – Policey und Zucht in Nördlingen, in: Rieser Kulturtage. Dokumentation. Band XXI/2016, 9. April–8. Mai 2016, Nördlingen 2018, S. 325–348.

Wolfgang Wüst/Gisela Drossbach unter Mitarbeit von Lisa Bauereisen und Christoph Gunkel (Hg.), **Umwelt-, Klima- und Konsumgeschichte**. Fallstudien zu Süddeutschland, Österreich und der Schweiz, Berlin u. a. 2018.

Wolfgang Wüst, Das Prinzip der Nachhaltigkeit – Holz, Forst- und Waldordnungen als Quellen für ökologisches Wirtschaften, in: Ders./Gisela Drossbach unter Mitarbeit von Lisa Bauereisen und Christoph Gunkel (Hg.), Umwelt-, Klima- und Konsumgeschichte. Fallstudien zu Süddeutschland, Österreich und der Schweiz, Berlin u. a. 2018, S. 315–350.

Wolfgang Wüst, Patrizier – Zum Selbstverständnis reichsstädtischer Oligarchen in Süddeutschland, in: Ders. unter Mitarbeit von Marc Holländer (Hg.), Patrizier – Wege zur städtischen Oligarchie und zum Landadel. Süddeutschland im Städtevergleich, Frankfurt am Main u. a. 2018, S. 35–56.

Wolfgang Wüst, Städte unter Wasser – Der Umgang mit Hochwasser im Spiegel frühmoderner kommunaler Medien, in: Bulletin der Polnischen Historischen Mission / Biuletyn Polskiej Misji Historycznej 14 (2019), S. 251–283.

Wolfgang Wüst, Sicherheit durch Alkohol? Zur Finanzierung städtischer Mauerringe und Toranlagen durch das Um(n)geld, in: Olga Fejtová/Martina Maříková/Jiří Pešek (Hg.), Die Stadt und ihre Mauern. 36. internationale Tagung des Archivs der Hauptstadt Prag in Zusammenarbeit mit dem Institut für Geschichte der Akademie der Wissenschaften der Tschechischen Republik, der Fakultät für Humanistische Studien der Karls-Universität und dem Lehrstuhl für Geschichte der Philosophischen Fakultät der J. E. Purkyně-Universität in Ústí nad Labem (Documenta Pragensia 38), Praha/Prag 2019/2020, S. 513–542.

Wolfgang Wüst (Hg.), Der Fränkische Reichskreis – Fakten, Fragen und Forschung (Fränkische Arbeitsgemeinschaft e.V., Heft 5), St. Ottilien 2020.

Wolfgang WÜST, Flickenteppiche als Metapher für Chaos, Föderalismus und Vielfalt. Eine landeshistorische Perspektive, in: ZBLG 83/1 (2020), S. 39–60.

Wolfgang WÜST, Bier und Brauer im Spiegel städtisch-ländlicher Herrschaftskonzepte – Schwaben und Franken im Fokus, in: ZHVS 113 (2021), S. 251–278.

Wolfgang WÜST (Hg.), **Bacchus küsst Franken**. Aspekte einer europäischen Weinlandschaft (Fränkische Arbeitsgemeinschaft e.V., Heft 6), St. Ottilien 2021.

Wolfgang WÜST, Glaubenskontrolle mit Beichtzettel im katholischen Süden. Osterbeichte – Confessio Pascalis, in: JHVD 122 (2021), S. 9–33.

Z

Fritz ZEILEIN, Das freie Reichsdorf Gochsheim, in: Rainer A. MÜLLER (Hg.), Reichsstädte in Franken. Aufsätze, Bd. 1 (Veröffentlichungen zur Bayerischen Geschichte und Kultur 15/1), München 1987, S. 379–387.

Fritz ZEILEIN, Gochsheim: ehemaliges Freies Reichsdorf. Chronik, historische Gebäude, Erläuterungen, Gochsheim 1991.

Gerd ZIMMERMANN, Territoriale Staatlichkeit und politisches Verhalten, in: Elisabeth ROTH (Hg.), Oberfranken in der Neuzeit bis zum Ende des Alten Reiches, Bamberg 1984, S. 19–31, 77.

Hartmut ZÜCKERT, Allmende und Allmendaufhebung. Vergleichende Studien zum Spätmittelalter bis zu den Agrarreformen des 18./19. Jahrhunderts (Quellen und Forschungen zur Agrargeschichte 47), Stuttgart 2003.

II. Referenzwerke zur „*guten*“ Policey

Wolfgang WÜST (Hg.), Die „*gute*“ **Policey** im Reichskreis. Zur frühmodernen Normensetzung in den Kernregionen des Alten Reiches, **Bd. 1**: Der Schwäbische Reichskreis, unter besonderer Berücksichtigung Bayerisch-Schwabens, Berlin 2001.

Wolfgang WÜST (Hg.)/Nicola SCHÜMANN (Red.), Die „*gute*“ **Policey** im Reichskreis. Zur frühmodernen Normensetzung in den Kernregionen des Alten Reiches, **Bd. 2**: Der Fränkische Reichskreis, Berlin 2003.

Wolfgang WÜST (Hg.)/Nicola SCHÜMANN/Marina HELLER (Red.), Die „*gute*“ **Policey** im Reichskreis. Zur frühmodernen Normensetzung in den Kernregionen des Alten Reiches, **Bd. 3**: Der Bayerische Reichskreis und die Oberpfalz, Berlin 2004.

Wolfgang WÜST (Hg.)/David PETRY/Carina UNTHEIM/Marina HELLER (Red.), Die „*gute*“ **Policey** im Reichskreis. Zur frühmodernen Normensetzung in den Kernregionen des Alten Reiches, **Bd. 4**: Die lokale Policey. Normensetzung und Ordnungspolitik auf dem Lande. Ein Quellenwerk, Berlin 2008.

Wolfgang Wüst (Hg.)/Tobias Riedl/Regina Hindelang (Red.), Die „*gute*“ **Policey** im Reichskreis. Zur frühmodernen Normensetzung in den Kernregionen des Alten Reiches, **Bd. 5**: Policeyordnungen in den Markgraftümern Ansbach und Kulmbach-Bayreuth. Ein Quellenwerk, Erlangen 2011.

Wolfgang Wüst (Hg.)/Regina Hindelang (Red.), Die „*gute*“ **Policey** im Reichskreis. Zur frühmodernen Normensetzung in den Kernregionen des Alten Reiches, **Bd. 6**: Policeyordnungen in den fränkischen Hochstiften Bamberg, Eichstätt und Würzburg. Ein Quellenwerk, Erlangen 2013.

Wolfgang Wüst (Hg.)/Marina Heller (Red.), Die „*gute*“ **Policey** im Reichskreis. Zur frühmodernen Normensetzung in den Kernregionen des Alten Reiches, **Bd. 7**: Policeyordnungen in den fränkischen Reichsstädten Nürnberg, Rothenburg o.d. Tauber, Schweinfurt, Weißenburg und (Bad) Windsheim. Ein Quellenwerk, Erlangen 2015.

Wolfgang Wüst (Hg.)/Marina Heller (Red.), Die „*gute*“ **Policey** im Reichskreis. Zur frühmodernen Normensetzung in den Kernregionen des Alten Reiches, **Bd. 8**. Policeyordnungen zur fränkischen Adelskultur, Erlangen 2018.

Wolfgang Wüst, Die „*gute*“ **Policey**. Gesellschaftsideale der Frühmoderne? Eine süddeutsche **Bilanz**, St. Ottilien 2019.

III. Quellen und Quellenforschung

A

Klaus Arnold, **Dorfweistümer in Franken**, in: ZBLG 38 (1975), S. 819–876.

B

Joseph Baader (Hg.), **Nürnberger Polizeiordnungen** aus dem XIII.–XV. Jahrhundert (Bibliothek des Literarischen Vereins in Stuttgart 63), Stuttgart 1861, ND Amsterdam 1966.

Andreas Blauert/Eva Wiebel, Gauner- und Diebslisten. Registrieren, Identifizieren und Fahnden im 18. Jahrhundert. Mit einem Repertorium gedruckter südwestdeutscher, schweizerischer und österreichischer Listen sowie einem Faksimile der Schäffer'schen oder Sulzer Liste von 1784 (Studien zu Policey und Policeywissenschaft), Frankfurt am Main 2001.

Peter Blickle (Hg.), Deutsche ländliche Rechtsquellen. Probleme und Wege der Weistumsforschung, Stuttgart 1977.

Enno Bünz u. a. (Hg.), **Fränkische Urbare**. Verzeichnis der mittelalterlichen urbariellen Quellen im Bereich des Hochstifts Würzburg (Veröffentlichungen der GffG X/13), Neustadt an der Aisch 1998.

C

Corpvs Constitvtionvm Brandenbvrgico-Cvlmbacensivm. Vollständige Sammlung der vornehmsten so wohl allgemeinen als besondern in dem Marggarfthume Brandenburg-Culmbach in Ecclesiasticis und Politicis Theils einzeln gedruckten, Theils noch nicht gedruckten Landes-Verordnungen und Gesetze, hg. v. Johann Caspar BRUNNER/Philipp Andreas ELLROD, Bd. 1 (1746); Bd. 2, Teil 1 (1747); Bd. 2, Teil 2 (1748), Bayreuth 1746–48.

D

Karl DINKLAGE, **Fränkische Bauernweistümer** (Veröffentlichungen der GffG X/4), Würzburg 1954.

E

Theodor EISENBRAND, Ehehaftordnungen im Hochstift Eichstätt, Diss., Erlangen 1938.

F

Andreas FEULNER, Sammlung der ortspolizeilichen Vorschriften für die Stadt Bamberg: nebst den einschlägigen Königlichen Allerhöchsten Verordnungen und oberpolizeilichen Vorschriften für Oberfranken zum Reichsstraf- und Polizeistrafgesetzbuche, der Reichsgewerbeordnung und Gemeindeordnung nebst dem Wortlaute der betreffenden Gesetzesstellen, Bamberg 1886.

Finanzamtmann FROMLET (Bearb.), Hällische Dorfordnungen, in: Württembergische Vierteljahrshefte für Landesgeschichte N.F. 13 (1904), S. 383–405.

G

Jacob GRIMM, Deutsche Weisthümer, Bde. 1–7, Göttingen 1840–1878, Darmstadt [2]1957.

Erich Freiherr VON GUTTENBERG (Bearb.), Urbare und Wirtschaftsordnungen des Domstifts zu Bamberg, aus dem Nachlass hg. v. Alfred WENDEHORST (Veröffentlichungen der GffG X/7/1), Neustadt an der Aisch 1969.

H

Karl HÄRTER/Michael STOLLEIS (Hg., seit 2004), Repertorium der Policeyordnungen der Frühen Neuzeit, Bde. 1–12, Frankfurt am Main 1996–2017.

Marina HELLER (Bearb.), Bettelordnung, Rothenburg 13.11.1691, in: Wolfgang WÜST (Hg.)/Tobias RIEDL/Regina HINDELANG (Red.), Die „*gute*" Policey im Reichskreis. Zur frühmodernen Normensetzung in den Kernregionen des Alten Reiches, Bd. 5: Policeyordnungen in den Markgraftümern Ansbach und Kulmbach-Bayreuth. Ein Quellenwerk, Erlangen 2011, S. 587–589.

Marina HELLER (Bearb.), Kundmachung: Wie es in Ansehung des ganzlich abzustellenden Gassen=Bettelns, zumahlen auch unerzogener armen Kinder im Waysen= und Arbeits=Haus zu halten, Schweinfurt 1.10.1777, in: Wolfgang WÜST (Hg.)/Marina HELLER (Red.), Die „*gute*" Policey im Reichskreis. Zur frühmodernen Normensetzung in den Kernregionen des Alten Reiches, Bd. 7: Policeyordnungen in den fränkischen Reichsstädten Nürnberg, Rothenburg o.d. Tauber, Schweinfurt, Weißenburg und (Bad) Windsheim. Ein Quellenwerk, Erlangen 2015, S. 599–603.

HISTORISCHER VEREIN FÜR OBERFRANKEN (Hg.), Statistik der Provinz Bayreuth, zusammengestellt von Baron Camille de Tournon – ehem. Zivilgouverneur der Provinz, Präfekt von Rom 1809, mit einem Nachwort von Karl MÜSSEL, Neustadt an der Aisch 2002.

Hermann HOFFMANN, **Würzburger Polizeisätze**, Gebote und Ordnungen des Mittelalters 1125–1495. Ausgewählte Texte (Veröffentlichungen der GffG X/5), Würzburg 1955.

K

Hans-Jürgen KAATSCH, Polizeigesetzgebung in Schweinfurt. Eine Darstellung anhand der reichsgesetzlichen Grundlagen und der reichsstädtischen Polizeiordnungen (Mainfränkische Studien 27), Diss. Würzburg 1976, Schweinfurt 1982.

Susanne KREMMER/Hans E. SPECKER (Hg.), Repertorien der Policeyordnungen der Frühen Neuzeit, Bd. 8: Reichsstädte, Teil 3: Ulm (Studien zur europäischen Rechtsgeschichte 218), Frankfurt am Main 2007.

Johann Georg KRÜNITZ (Hg.), Oeconomische Enzyclopädie, oder allgemeines System der Staats- Stadt- Haus- und Landwirthschaft, in alphabetischer Ordnung, Bd. 96, Berlin 1804.

L

Karl H. LAMPE, Das Zins- und Gültregister der Deutschordenskommende Prozelten von 1379 (Veröffentlichungen der GffG X/6), Würzburg 1966.

Achim LANDWEHR/Thomas SIMON (Hg.), Repertorien der Policeyordnungen der Frühen Neuzeit, Bd. 5: Reichsstädte, Teil 1: Frankfurt am Main (Studien zur europäischen Rechtsgeschichte 169), Frankfurt am Main 2004.

Friedrich Freiherr VON LUPIN, Selbst-Biographie, 2 Bde., Weimar ²1847.

M

Gunter MAHLERWEIN/Thomas RÖLLE/Sigrid SCHIEBER (Hg.), Repertorien der Policeyordnungen der Frühen Neuzeit, Bd. 10: Reichsstädte, Teil 4: **Speyer, Wetzlar, Worms** (Studien zur europäischen Rechtsgeschichte 251), Frankfurt am Main 2010.

Klaus MILITZER (Hg.), Repertorien der Policeyordnungen der Frühen Neuzeit, Bd. 6: Reichsstädte, Teil 2: Köln, 2 Halbbde. (Studien zur europäischen Rechtsgeschichte 191/1–2), Frankfurt am Main 2005.

Ernst Mummenhoff, Die Nürnberger Ratsbücher und Ratsmanuale, in: AZ N.F. 17 (1910), S. 1–124.

N

Helmut Neuhaus (Hg.), Erlanger Editionen. Grundlagenforschung durch Quelleneditionen. Berichte und Studien (Erlanger Studien zur Geschichte 8), Erlangen 2009.

P

Joachim Peters (Bearb.), Verneute Ordnung und Verbott der Hoffart/ Eines Edlen/ Ehrnvesten und Weisen Raths/ der Statt Nurmberg/ was vnter jhrer Burgerschafft/ Innwohnern/ Vnterthanen vnd Verwanthen/ jedem in seinem Standt/ von Manns vnd Weibspersonen/ in Beklaidungen zugelassen und verbotten wird. Gedruckt bey Balthasar Scherffen MDCXVIII, in: Wolfgang Wüst (Hg.)/Marina Heller (Red.), Die „*gute*" Policey im Reichskreis. Zur frühmodernen Normensetzung in den Kernregionen des Alten Reiches, Bd. 7: Policeyordnungen in den fränkischen Reichsstädten Nürnberg, Rothenburg o.d. Tauber, Schweinfurt, Weißenburg und (Bad) Windsheim. Ein Quellenwerk, Erlangen 2015, S. 489–504.

R

Heinrich Rauscher, Dorfordnungen in der Markgrafschaft Ansbach. Unter besonderer Berücksichtigung der Organe gemeindlicher Selbstverwaltung, Diss., Erlangen 1953.

S

Martin Schieber/Irene Stahl (Hg.), Die Nürnberger Ratsverlässe, Heft 1: 1449–1459; Heft 2: 1452–1471 (Schriften des Zentralinstituts für fränkische Landeskunde und allgemeine Regionalforschung an der Universität Erlangen-Nürnberg 23/1–2), Neustadt an der Aisch 1983/1995.

Hans Schlosser, Die ländlichen Rechtsquellen im Blick der Rechtsgeschichte, in: Pankraz Fried (Hg.)/Franz Genzinger (Bearb.), Die ländlichen Rechtsquellen aus den pfalz-neuburgischen Ämtern Höchstädt, Neuburg, Monheim und Reichertshofen vom Jahre 1585 (Veröffentlichungen der Schwäbischen Forschungsgemeinschaft bei der Kommission für bayerische Landesgeschichte 5b – Rechtsquellen aus dem bayerischen Schwaben 1), Sigmaringen 1983, S. 23–34.

Johann Jakob Schmauss/Heinrich Christian Freiherr von Senckenberg (Hg.), Neue und vollständigere Sammlung der Reichs-Abschiede, Welche von den Zeiten Kayser Conrads des II. bis jetzo auf den Teutschen Reichs-Tägen abgefasset worden, sammt den wichtigsten Reichs-Schlüssen, so auf dem noch fürwährenden Reichs-Tage zur Richtigkeit gekommen sind, 4 Teile, 2 Bde., Frankfurt am Main 1747.

Gustaf Klemens SCHMELZEISEN, Polizeiordnungen und Privatrecht (Forschungen zur neueren Privatrechtsgeschichte 3), Münster/Köln 1955.

Joseph Maria SCHNEIDT, Thesavrvs Ivris Franconici, Oder Sammlung theils gedruckter, theils ungedruckter Abhandlungen, Dissertationen, Programmen, Gutachten, Gesätze, Urkunden [et]c. [et]c., welche das Fränkische und besonders hochfürstlich=Wirzburgische Geistliche, Weltliche, Bürgerliche, Peinliche, Lehen=, Polizey= und Kameralrecht erläutern [et]c., Würzburg 1787–1794.

Gustav SCHREPFER, Dorfordnungen im Hochstift Bamberg. Ein Beitrag zur Rechtsgeschichte des fränkischen Bauern, Diss., Erlangen 1941.

Karl SCHUMANN/Marianne SCHUMANN, Hohenlohische Dorfordnungen. Württembergische Ländliche Rechtsquellen, Bd. 4 (Veröffentlichungen der Kommission für geschichtliche Landeskunde in Baden-Württemberg A/37), Stuttgart 1985.

Thomas SIMON (Hg.), Brandenburg/Preußen mit Nebenterritorien (Kleve-Mark, Magdeburg und Halberstadt), 1. Halbbd. (Ius Commune, Sonderheft 111), Frankfurt am Main 1998.

Helmuth STAHLEDER, **Weistümer und verwandte Quellen** in Franken, Bayern und Österreich, in: ZBLG 32 (1969), S. 525–605, 850–885.

U

Mathias UEBLACKER, Die fürstbischöflichen Feuerordnungen für Passau. Brandschutzauflagen ändern die Stadtansicht, in: Susanne BÖNING-WEIS (Hg.), Monumental. Festschrift für Michael Petzet. Zum 65. Geburtstag am 12. April 1998, München 1998, S. 495–505.

W

Matthias WEBER, **Ständische Disziplinierungsbestrebungen** durch Polizeiordnungen und Mechanismen ihrer Durchsetzung – Regionalstudie Schlesien, in: Michael STOLLEIS unter Mitarbeit von Karl HÄRTER und Lothar SCHILLING (Hg.), Policey im Europa der Frühen Neuzeit (Ius Commune, Sonderheft 83), Frankfurt am Main 1996, S. 333–377.

Matthias WEBER, Die Schlesischen Polizei- und Landesordnungen der Frühen Neuzeit (Neue Forschungen zur Schlesischen Geschichte 5), Wien 1996.

Matthias WEBER, **Die Reichspolizeiordnungen von 1530, 1548 und 1577**. Historische Einführung und Edition (Ius Commune, Sonderheft 146), Frankfurt am Main 2002.

Hermann WIESSNER, Sachinhalt und wirtschaftliche Bedeutung der Weistümer im deutschen Kulturgebiet (Veröffentlichungen des Seminars für Wirtschafts- und Kulturgeschichte an der Universität Wien 9/10), Baden/Wien/Leipzig 1934.

Dieter WOLF, Rechnungen als Quelle spätmittelalterlich-frühneuzeitlicher Dorfgeschichte. Zum Wert spätmittelalterlich-frühneuzeitlicher Rechnungen, in: Petterweiler Geschichtsblätter 2/5 (2001), S. 49 f.

Eike WOLGAST, Deutsche Reichstagsakten, in: Lothar GALL (Hg.), „... für deutsche Geschichts- und Quellenforschung". 150 Jahre Historische Kommission bei der Bayerischen Akademie der Wissenschaften, München 2008, S. 79–120.

Wolfgang WÜST, Die „gute Policey" im fränkischen Reichskreis. Ansätze zu einer überterritorialen Ordnungspolitik in der Frühmoderne. Edition der „verainten und verglichnen Policey Ordnung" von 1572, in: JfL 60 (2000) = Festschrift für Rudolf Endres zum 65. Geburtstag, S. 177–199.

Wolfgang WÜST, „Trinck-Geldter": Wein als frühmodernes Zahlungsmittel und Lohn in fränkischen Klöstern, in: BHVB 140 (2004), S. 99–116.

Wolfgang WÜST, Die „gute" Policey in süddeutschen Reichskreisen. Ein Editionsprojekt zu frühmodernen Normen, in: Helmut NEUHAUS (Hg.), Erlanger Editionen. Grundlagenforschung durch Quelleneditionen. Berichte und Studien (Erlanger Studien zur Geschichte 8), Erlangen 2009, S. 391–408.

J. Bildnachweise

Die Nachweise sind am jeweiligen Bild vermerkt.

K. Schriftenverzeichnis

In den Publikationsreihen des Mittelalterlichen Kriminalmuseums Rothenburg ob der Tauber sind bislang erschienen:

I. Kataloge des Mittelalterlichen Kriminalmuseums

Band 1: Hirte, Markus (Hrsg.): „Mit dem Schwert oder festem Glauben". Luther und die Hexen. Darmstadt 2017.

Band 2: Hirte, Markus (Hrsg.): „With the sword or strong faith". Luther and the Witches. Rothenburg ob der Tauber 2017.

Band 3: Hirte, Markus/Deutsch, Andreas (Hrsg.): „Hund und Katz – Wolf und Spatz". Tiere in der Rechtsgeschichte. St. Ottilien 2020.

II. Schriftenreihe des Mittelalterlichen Kriminalmuseums

Band I: Schild, Wolfgang: Die Maleficia der Hexenleut'. Rothenburg ob der Tauber 1997.

Band II: Schild, Wolfgang: Die Halsgerichtsordnung der Stadt Volkach aus 1504. Rothenburg ob der Tauber 1998.

Band III: Schild, Wolfgang: Die Eiserne Jungfrau. Dichtung und Wahrheit. Rothenburg ob der Tauber 1999.

Band IV: Schild, Wolfgang: „Von peinlicher Frag". Die Folter als rechtliches Beweisverfahren. Rothenburg ob der Tauber 2000.

Band IVc: Hinckeldey, Christoph: Criminal Justice through the Ages. Rothenburg ob der Tauber 2016.

Band V: Hinckeldey, Christoph: Rechtssprichwörter und sprichwörtliche Redensarten mit rechtlichem Inhalt. Rothenburg ob der Tauber 1992.

Band VI: Hinckeldey, Christoph: Justiz in alter Zeit. Rothenburg ob der Tauber 2005.

Band VII: Hinckeldey, Christoph: Bilder aus dem Kriminalmuseum. Rothenburg ob der Tauber 1989.

Band VIII: Hinckeldey, Christoph: Pictures from the Medieval Crime and Justice Museum. Rothenburg ob der Tauber 2015.

Band IX: Hinckeldey, Christoph: Grafiken aus dem Kriminalmuseum. Rothenburg ob der Tauber 2018.

Band X: Hirte, Markus (Hrsg.): Rock, Rap, Recht. Beiträge zu Musik, Recht und Geschichte. Darmstadt 2019.

Band XI: Dinzelbacher, Peter: Das fremde Mittelalter. Gottesurteil und Tierprozess. Darmstadt 2020.

Band XII: Hirte, Markus (Hrsg.): Gender, Macht und Recht. Beiträge zu Musik, Recht und Geschichte. Darmstadt 2020.

Band XIII: Hirte, Markus (Hrsg.): 100 Jahre Mittelalterliches Kriminalmuseum. Festschrift zum Museumsjubiläum. Darmstadt 2021.

III. Rothenburger Gespräche zur Strafrechtsgeschichte

Band 1: Jerouschek, Günter/Rüping, Hinrich (Hrsg.): „Auss liebe der gerechtigkeit vnd umb gemeines nutz willenn". Historische Beiträge zur Strafverfolgung. Tübingen 2000.

Band 2: Jerouschek, Günter/Schild, Wolfgang/Gropp, Walter (Hrsg.): Benedict Carpzov. Neue Perspektiven zu einem umstrittenen sächsischen Juristen. Tübingen 2000 (Nachdruck: Gießen 2020).

Band 3: Jerouschek, Günter: Lebensschutz und Lebensbeginn. Die Geschichte des Abtreibungsverbots. Tübingen 2002.

Band 4: Behren, Dirk von: Die Geschichte des § 218 StGB. Tübingen 2004 (Nachdruck: Gießen 2020).

Band 5: Hirte, Markus: Papst Innozenz III., das IV. Lateranum und die Strafverfahren gegen Kleriker. Eine registergestützte Untersuchung zur Entwicklung der Verfahrensarten zwischen 1198 und 1216. Tübingen 2005.

Band 6: Jerouschek, Günter/Rüping, Hinrich/Mezey, Barna (Hrsg.): Strafverfolgung und Staatsraison. Deutsch-ungarische Beiträge zur Strafrechtsgeschichte. Gießen 2009.

Band 7: Blauert, Andreas: Frühe Hexenverfolgungen. Ketzer-, Zauberei- und Hexenprozesse des 15. Jahrhunderts. Gießen 2020.

Band 8: Hirte, Markus/Koch, Arnd/Mezey, Barna (Hrsg.): Wendepunkte der Strafrechtsgeschichte. Deutsche und ungarische Perspektiven. Eine Festschrift anlässlich des 20-jährigen Bestehens des deutsch-ungarischen strafrechtshistorischen Seminars. Gießen 2020.